制造业管理人员玩转大数据

制造业运营管理的数字化实践

韩胜建　马长茗　许云◎编著

机械工业出版社
CHINA MACHINE PRESS

适逢第四次工业革命时代，制造业运营管理需要向数字化转型以驱动创新。作为资深的制造业运营管理从业者，作者致力于通过大数据运用和数字化转型为运营管理赋能并取得了良好的实践效果，为给同业者提供一些有效的工具和方法，特总结编著本书。

本书首先介绍了制造业企业数字化实践现状与创新需求，构建了运营管理数字化的思路和方法等；然后具体阐述了以需求为中心的广义供应链管理数字化、计划和预测管理数字化、预算管理数字化、产品研发管理数字化、生产管理数字化、质量管理数字化、成本管理数字化、物流仓储与库存管理数字化、风险管理数字化等，并归纳了运营数字化的项目管理方法，所有内容模块均附有案例、图表和工具；最后对深度数字化和智能化做了可行性展望。

本书实用性强，采用场景化、案例化写作，图、表丰富，可作为企业高级管理人员、企业运营各职能管理人员（如财务、研发、供应链、生产与质量、IT等）提升数字化能力的案头必备参考书，也可作为高校相关专业用书。

图书在版编目（CIP）数据

制造业运营管理的数字化实践 / 韩胜建，马长茗，许云编著. —北京：机械工业出版社，2024.6

（制造业管理人员玩转大数据）

ISBN 978-7-111-75808-2

Ⅰ.①制⋯　Ⅱ.①韩⋯　②马⋯　③许⋯　Ⅲ.①制造工业－工业企业管理－数字化－研究　Ⅳ.①F407.406-39

中国国家版本馆 CIP 数据核字（2024）第 097026 号

机械工业出版社（北京市百万庄大街22号　邮政编码100037）
策划编辑：李万宇　　　　　　　责任编辑：李万宇　王彦青
责任校对：樊钟英　梁　静　　　封面设计：马精明
责任印制：邓　博
北京盛通印刷股份有限公司印刷
2024年6月第1版第1次印刷
169mm×239mm・23.25印张・1插页・353千字
标准书号：ISBN 978-7-111-75808-2
定价：78.00元

电话服务　　　　　　　　网络服务
客服电话：010-88361066　机　工　官　网：www.cmpbook.com
　　　　　010-88379833　机　工　官　博：weibo.com/cmp1952
　　　　　010-68326294　金　书　网：www.golden-book.com
封底无防伪标均为盗版　　机工教育服务网：www.cmpedu.com

推荐序一

让实践告诉未来

当今处于互联网和信息爆炸时代，加之传播技术飞速发展，各行各业都被汹涌而来的数字化浪潮所包围。如何顺势而为，通过数字化转型进一步优化企业运营管理水平，是大势所趋，也是发展的重要驱动力。在这样的背景下，掌握和运用大数据技能就成为从业者特别是管理人员必须"玩转"的基本技能。从这个意义上讲，韩胜建、马长茗等编著的《制造业运营管理的数字化实践》一书，以"实践"为着力点，可帮助更多在数字化管理赛道上正在努力前行的读者们。

先进的管理理论与自身实际相结合的管理实践，始终是制造业企业获得可持续发展活力的重要途径。企业需要不断在管理方法上下功夫，优化管理理念、管理流程、运营策略，等等。可以说，提升管理效率是一条没有尽头的"长路"。但在当下互联网、人工智能、物联网以及传播技术加持的环境下，信息化和数字化正成为企业管理建设的一条"捷径"，不仅能给企业带来发展的高质量，而且还能为企业带来发展的加速度。

运营管理的实践一再表明，提升管理水平有"秘诀"，那就是先进的发展理念和成功的经验探索。《制造业运营管理的数字化实践》一书中既有理论的归纳、提炼，也有更多值得去学习、效仿的经验、方法。该书围绕"管理数字化"这个核心，对企业数字化实践的现状与创新需求进行了较为全面的梳理，概括了企业运营的数字化战略和应用的广阔前景以及数字化的思路和方法，深入浅出地阐述了以需求为导向的广义供应管理数字化、计划和预测管理的大数据应用，以及预算管理、技术研发管理、生产管理、质量管理、成本管理、项目管理等各个环节的数字化应用知识。无论是作为实践经验探索，还是学理研究成果，这些内容都会为企业重塑核心竞争力开启新思路、探寻新路径。

从现实层面看，企业运营管理中运用数字化是一个新挑战，更是一个新机遇。该书既有宏观的视野高度，又有微观的一线实践，站在掌握未来竞争优势的起点线上，能让管理人员清晰认识到新形势、新条件下实现数字化转型的重要性和紧迫性，可为读者提供思想上的"强心针"和实践上的"指南针"。

总之，有前沿理论、模型、方法、案例，接地气、较全面，是该书的鲜明特征。相信阅读该书，一定会对企业管理人员熟练掌握大数据技能，更好地应对数字化时代挑战，进而为企业创造更大的价值有重要促进作用和借鉴意义。希望该书能够成为数字化环境下企业运营管理领域读者的良师益友，帮助读者在数字化时代的舞台上发光发热，创造辉煌，让有数字化加持的明天更美好。

马国仓

中国新闻出版传媒集团党委书记、董事长

中国新闻出版广电报社社长

推荐序二

数字化是未来生存之道与兴盛之策

随着第四次工业革命的深化和各类先进技术的广泛应用，数字化管理已经成为现代工厂管理的主要管理方式。企业数字化近年来正好在风口浪尖上，韩胜建、马长茗等编著的《制造业运营管理的数字化实践》一书，最大的特点是前沿理论与先进实践的完美融合。作者拥有不同行业20余年大型企业运营管理实践工作经验，促使该书成为理论与实践相结合的代表。正所谓，实践出真知，实践长真才。

该书是在理论指导下的数字化实践，从企业数字化的瓶颈着手，依照市场经济规律和企业管理法则，以需求为导向建立广义供应链体系数字化，逐步推进计划和预算数字化、技术研发数字化、生产管理数字化、质量管控数字化、成本管理数字化、仓储物流数字化、项目管理数字化等关键环节，一气呵成，系统性地阐述了制造业运营管理数字化，有理论依据、有实践案例、有创新观点，从多个角度探讨制造业数字化管理的最佳实践，对实体企业推行数字化有非常好的借鉴意义，可谓开卷有益。

问渠哪得清如许，为有源头活水来。企业运营的一线实践更需要充满活力，《制造业运营管理的数字化实践》一书是干活人写的书，它摒弃了空洞说教，而是接地气地娓娓道来，它既可作为制造业企业运营数字化的优秀向导，又不失其先进学术性。该书图文表并茂，能够让企业各级管理人员一看就懂，拿来就用。很多图表和系统实践案例、建议等都是作者工作中经验的总结，更有作者自创的管理工具，阅读后事半功倍。更为难能可贵的是，该书专门阐述了基于大数据分析的风险管理的数字化，针对制造业运营管理建立风险预警机制等内容，颇有新意。

在我看来，《制造业运营管理的数字化实践》一书既是理论运用，更是实践总结，该书最后对未来制造业的智能化之路的展望，更体现出作者对我国制造业的发展充满了深切的期待。

吾心自有光明月，千古团圆永无缺。我国制造业的发展进入创新的深水区，但前途充满光明。《制造业运营管理的数字化实践》一书让我看到了我国制造业拥有很多兼具理论与实践的复合型人才，我相信在数字化的加持下，我国制造业的智能化时代一定会更快到来。相信自己，相信未来！人生若只有一种满月，那就是心中的满月！

蔺 雷

清华大学、加州大学伯克利分校双博士后

创新创业畅销书作家

作者自序

拥抱时代，创新未来

我们正处于第四次工业革命时代，科技的空前进步和创新给人们带来了琳琅满目的工具和产品，同时也催生了一些踌躇满志的群体盲目自嗨。很多制造业企业，在诸如"物联网、6G、区块链、AI、元宇宙、ChatGPT"等概念雾霾的炒作中，逐渐迷失了方向，在"大数据应用、数字化运营"等本应依托运营管理实践驱动的创新上，却选择最容易也最无价值的论道空谈，或聆听"专家们""何不食肉糜"乌托邦式畅想，此两者均后患无穷。如果一个企业不屑于解决具体运营痛点的数字化实践和创新，那么再先进的数字化概念都不过是空中楼阁。

凡是那些在运营管理数字化方面做得越广、挖掘得越深入、"冷板凳坐得越多"的企业或个人，越能深切地感到时不我待的危机感，他们从"看山不是山、看水不是水"走到"看山还是山、看水还是水"，实现了真正大道至简的蜕变，真正诠释了"唯有脚踏实地，才能仰望星空"。

在数字化时代，如何重新定义企业的价值，仁者见仁，智者见智。笔者认为，企业的价值取决于企业能为市场和客户带来的价值增值，这里的"客户"不仅包括企业的客户、客户的客户、市场上最终的消费者，还包括企业的供应商、供应商的供应商、外包商、合作商、竞争者、企业内部职能部门和员工等多元主体。在数字化创新实践中，制造业企业要不断地夯实、延展自身的核心竞争力，与客户主体动态地彼此赋能增值。优质资源不但稀缺，而且具有集聚效应，为了获取优质客户的支持，企业应该做的就是让自己与优质客户相匹配。强者永远在找方法和资源，在数字化实践中引领着时代的进步。"种一棵树的最佳时间是10年前，其次是现在。"在运营数字化之路上，有的企业已经悄悄种下了一片树林，10年后，这句话仍然成立，只可惜时过境迁，还有人在低吟浅唱中诉说着昨日的故事，没有行动。

本书是我结合自身理论学习和工作实践，并与马长茗和许云合作，花费两年多时间编著而成的，其中马长茗编著了第7章、第8章的正文，许云编著了第7章、第8章、第12章的案例，其余（第1~6章、第9~13章和第12章的正文）为韩胜建编著，全书由韩胜建修正和校稿。由于作者自身能力、知识和时间的局限，书中不足之处在所难免，欢迎广大读者提出宝贵的意见和建议（电话：18962691606（微信同号），邮箱：Charlie_han001@126.com），万分感谢。

韩胜建　敬呈读者

目录

推荐序一　让实践告诉未来
推荐序二　数字化是未来生存之道与兴盛之策
作者自序　拥抱时代，创新未来

第1章　企业制造运营管理数字化实践现状与创新需求 /1
1.1　由几个故事看制造业运营管理的现状　/1
1.2　从宏观政策与实践角度看制造业的数字化需求和挑战　/4
　　1.2.1　制造业数字化的宏观政策与"工业4.0"概要解读　/4
　　1.2.2　制造业运营管理的数字化需求　/8
　　1.2.3　制造业运营管理的数字化面临的挑战　/11
1.3　运营管理数字化的新技术应用和数字化收益　/14
　　1.3.1　运营管理数字化的新技术应用　/14
　　1.3.2　运营管理数字化的收益　/17
1.4　运营管理数字化战略与实施计划　/19
　　1.4.1　运营业务痛点分析和数字化推动前的全面"体检"报告　/19
　　1.4.2　运营管理数字化精进推动战略　/21
　　1.4.3　运营管理数字化的实施计划　/22

第2章　制造运营管理数字化的思路和方法　/23
2.1　企业制造运营的大数据概述和常见问题　/23
　　2.1.1　运营大数据分类和发展趋势　/23
　　2.1.2　运营大数据能力成熟度模型和数据应用的常见问题　/24
　　2.1.3　基于常见问题的数据治理基本方向和障碍　/27
2.2　指标定义、运营大数据分析方法　/28
　　2.2.1　制造业运营管理的基本指标　/28
　　2.2.2　运营大数据分析方法　/31
　　2.2.3　提升制造业运营大数据的竞争力　/35
2.3　运营管理的痛点、数字化PDCA与商业智能　/36

2.3.1　运营管理业务中的痛点复盘　/36
　　　2.3.2　运营管理数字化 PDCA 迭代模型　/37
　　　2.3.3　运营管理的商业智能　/38
　2.4　优化数据资产管理，打造数字化生态　/40
　　　2.4.1　数据资产管理和全域大数据能力　/40
　　　2.4.2　构建企业运营管理数字化的价值环网　/41
　　　2.4.3　打造运营管理的数字化生态　/42
　案例 1：某集团公司依托主数据治理，进而高效搭建数据中台　/43
　案例 2：某企业充分开发非结构化大数据金矿，开辟大数据资产之路　/45

第 3 章　广义供应链管理数字化　/47

　3.1　失去协同的供应链管理现状和思考　/47
　　　3.1.1　由三则小故事说开去　/47
　　　3.1.2　三个故事背后的传统供应链问题思考　/49
　3.2　以市场和客户需求为导向的供应链管理数字化　/50
　　　3.2.1　数字化供应链的必要性和技术趋势　/50
　　　3.2.2　以需求为导向的数字化供应链管理　/55
　3.3　供应链销售管理的数字化　/57
　　　3.3.1　基于客户数据分析的销售九宫格模型　/57
　　　3.3.2　基于数字化的客户画像及信用管理体系　/61
　　　3.3.3　市场和销售大数据的应用　/63
　3.4　数字化闭环的广义供应链管理　/65
　　　3.4.1　数字化供应链采购的实践　/65
　　　3.4.2　数字化驱动采购、生产、销售的闭环供应链管理　/70
　案例 1：某集团企业通过三年数字化长期规划，打造一体化供应链　/74
　案例 2：基于商业画布，某集团供应链数字化创新　/75

第 4 章　计划和预测管理数字化　/77

　4.1　计划和预测业务场景及痛点分析　/77
　　　4.1.1　计划和预测业务常见的场景　/77
　　　4.1.2　市场需求变动引发的计划和预测的挑战及痛点　/78
　4.2　基于系统和数据的全流程计划和预测顶层数字化设计　/81
　　　4.2.1　与计划和预测相关的系统和数据　/81
　　　4.2.2　全流程计划和预测的数字化顶层设计　/83

4.3 计划和预测的数字化管理与执行 / 86
  4.3.1 S&OP 与 MPS 系统实践 / 86
  4.3.2 基于 APS 的生产计划与生产排程的数字化 / 88
4.4 计划和预测的绩效分析与改进 / 91
  4.4.1 计划和预测执行偏差原因分析 / 91
  4.4.2 基于数字化的计划和预测绩效改进 / 96
案例1：某消费电子链主企业基于供应链全流程计划生态管控，
   长期赋能战略目标 / 101
案例2：某服装制造公司通过精准预测实现综合运营绩效显著提升 / 102

第 5 章 预算管理数字化 / 105

5.1 数字化时代的预算管理面临的问题和挑战 / 105
  5.1.1 制造业企业预算管理的问题盘点 / 105
  5.1.2 预算管理面临的挑战 / 106
  5.1.3 企业预算管理数字化的趋势 / 107
5.2 基于数字化的全面预算管理的框架和路径 / 108
  5.2.1 从财务管理体系看全面预算管理 / 108
  5.2.2 全面预算管理的驱动因素和管理目标 / 109
  5.2.3 全面预算管理的设计模型 / 112
5.3 基于数字化的全面预算编制和执行 / 116
  5.3.1 全面预算编制的数字化 / 116
  5.3.2 全面预算编制的方法 / 118
5.4 基于数字化的预算分析和控制 / 124
  5.4.1 基础财务报表和预算服务职能的转变 / 124
  5.4.2 依托战略财务管理的全面预算管理数字化 / 127
  5.4.3 基于全面预算的具体的成本控制举例 / 130
  5.4.4 大数据赋能预算分析与运营绩效改进 / 131
案例1：某企业基于财务共享打造"四化两驱动"的数字化预算体系 / 137
案例2：某企业通过精准成本预算实现业务效益最大化 / 138

第 6 章 产品研发管理数字化 / 140

6.1 产品研发的现状、挑战和数字化需求 / 140
  6.1.1 制造业研发现状和面临的挑战 / 140
  6.1.2 基于实际调研看 IPD（一体化产品研发）研发现状 / 142

6.2 产品研发数字化转型的流程 /144
    6.2.1 加快产品数字研发转型，打造技术创新引擎 /144
    6.2.2 数据驱动产品创新设计过程 /146
    6.2.3 质量是设计出来的 /147

6.3 基于数字化驱动的正向设计 /149
    6.3.1 基于数字化的正向设计是实现 IPD 的必然 /149
    6.3.2 一体化研发亟需数字化协同 /154

6.4 基于数字化研发的绩效提升 /157
    6.4.1 数字化研发的仿真技术 /157
    6.4.2 数字化性能开发解决方案——以数字化车辆研发为例 /159
    6.4.3 数字化研发的绩效分析 /160

案例 1：R 集团深挖客户痛点，数字化设计提升"产品+服务"
    生命周期价值 /162

案例 2：小包装里的大世界——基于客户使用场景的数字化研发
    降本增效 /163

第 7 章 生产管理数字化 /166

7.1 生产管理数字化前的痛点和问题复盘 /166
    7.1.1 生产管理基础瓶颈的原因分析 /166
    7.1.2 数字化前的孤岛式生产模式现状 /167
    7.1.3 生产管理数字化面临系统性的痛点问题 /168

7.2 生产管理数字化的过程路径和过程能力 /169
    7.2.1 生产管理数字化的思维原则、目标与路径 /169
    7.2.2 生产管理中数字化模块依赖与过程路径 /172
    7.2.3 生产管理数字化过程能力 /173

7.3 系统和数据驱动生产管理数字化的落地实施 /175
    7.3.1 生产管理数字化的关键指标及相关表单 /175
    7.3.2 生产管理数字化落地进程步骤 /177

7.4 设备维护保养与能源环境安全数字化实践 /180
    7.4.1 生产设备预测性维护保养数字化 /180
    7.4.2 生产能源与环境安全管理数字化 /182

案例：昆山科望印务依托数字化生产管理成为行业标杆 /184

第8章 质量管理数字化 / 190

8.1 质量管理的数据孤岛现状分析 / 190
- 8.1.1 质量管理的数据孤岛形成原因及数据采集问题 / 190
- 8.1.2 解决数据孤岛的质量管理数字化水平 / 191

8.2 市场环境下的质量管理数字化水平与获利能力 / 192

8.3 全面质量管理数字化流程路径与成熟度模型 / 194
- 8.3.1 全面质量管理数字化流程路径 / 194
- 8.3.2 全面质量管理数字化成熟度模型 / 196

8.4 全面质量管理数字化分段检测流程及工序链效应 / 197
- 8.4.1 全面质量管理数字化分段检测流程 / 197
- 8.4.2 全面质量管理数字化工序链效应 / 207

8.5 产业链协同数字化视角下的质量要素与产销均衡 / 209
- 8.5.1 产业链协同数字化视角下的质量要素 / 209
- 8.5.2 产业链协同数字化视角下的质量与客户及产销均衡 / 211

案例：科斯伍德油墨基于数字化管理打造全流程质量预警机制 / 213

第9章 成本管理数字化 / 217

9.1 成本管理现状和成本管理方法概述 / 217
- 9.1.1 平价时代，成本为王：不合理的成本面面观和成本管控误区 / 217
- 9.1.2 制造业企业的成本管理和成本控制方法概述 / 220

9.2 数字化驱动的全面成本控制方式 / 221
- 9.2.1 与成本相关的市场因素 / 221
- 9.2.2 以新能源汽车TL集团为例的全面降本 / 222
- 9.2.3 基于数字化的全面成本控制逻辑 / 226

9.3 从精益成本管控到数字化成本管控 / 228
- 9.3.1 精益成本管控的方法 / 228
- 9.3.2 成本优化——全面成本管控数字化 / 232

9.4 相关职能的成本控制分析 / 236
- 9.4.1 基于学习曲线的最小二乘法制造成本预测建模 / 236
- 9.4.2 质量成本模型及数据分析 / 239
- 9.4.3 基于TCO的采购成本的数字化管控 / 240

案例1：某企业成本数字化管理进阶之路 / 244

案例2：基于数字化平台建设和供需协同，某大型企业实现深度采购降本增效 / 245

第 10 章　物流仓储与库存管理数字化　/ 248

10.1　现代物流管理的数字化　/ 248
10.1.1　物流管理和物流策略要素　/ 248
10.1.2　数字化物流管理　/ 251

10.2　数字化智能仓储　/ 252
10.2.1　由传统仓储到智能仓储　/ 252
10.2.2　基于数字化的智能仓储物流管理平台　/ 256

10.3　库存管理的数字化　/ 259
10.3.1　制造业企业的库存之殇　/ 259
10.3.2　库存管理指标及指标均衡　/ 260
10.3.3　供应链协同库存　/ 261
10.3.4　基于深度数字化的 VMI（供应商管理库存）实践　/ 266

案例 1：基于运营数字化基础，某电气企业实现智能物流仓储　/ 270
案例 2：中小企业的智能仓储和备件数字化管理实践　/ 271

第 11 章　风险管理数字化　/ 274

11.1　制造运营的风险管理必要性和挑战　/ 274
11.1.1　从一些故事看制造业运营的风险管理　/ 274
11.1.2　风险管理的必要性和挑战　/ 276

11.2　制造运营的风险数据分析　/ 277
11.2.1　制造运营的风险分类　/ 277
11.2.2　数字化风险管理的基本流程　/ 280
11.2.3　数字化风险控制　/ 281

11.3　基于数据全过程运营风险管理　/ 285
11.3.1　建立全流程数字化风险控制管理体系　/ 285
11.3.2　基于风险管理三道防线的数字化管控　/ 287
11.3.3　风险控制仪表盘：动态追踪体系　/ 289
11.3.4　数据安全场景之数据暴露风险　/ 293

案例 1：某集团通过供应链数字化风险控制体系强化供应链韧性　/ 295
案例 2：企业出海风险控制实证分析　/ 298

第 12 章　运营数字化的项目管理　/ 301

12.1　运营数字化项目管理的特征和应对策略　/ 301
12.1.1　数字化项目具有传统项目的一般特征　/ 301

　　　　12.1.2　数字化项目的差异化特征和应对方案　/ 302
　　12.2　数字化项目管理中的大数据资产　/ 307
　　　　12.2.1　组织过程资产和数据资产　/ 307
　　　　12.2.2　制造业运营大数据的现状和挑战　/ 308
　　　　12.2.3　企业运营数据资产的管理　/ 310
　　12.3　数字化项目管理中的数据治理　/ 312
　　　　12.3.1　数据治理项目的特征　/ 312
　　　　12.3.2　企业数据治理项目的拆解　/ 313
　　　　12.3.3　数据质量管理　/ 315
　　　　12.3.4　主数据治理　/ 318
　　12.4　数字化集成平台的项目管理　/ 319
　　　　12.4.1　没有数字化集成平台的痛点和需求目标　/ 319
　　　　12.4.2　数字化集成平台的项目管理要点　/ 320
　　案例1：印智互联赋能某企业的数字化项目总包方案　/ 325
　　案例2：苏州丹卡通过深度数字化走向"专精特新"之路　/ 328

第13章　深度数字化和智能化展望　/ 330

　　13.1　制造业运营创新需要持续开采大数据的金矿　/ 330
　　　　13.1.1　制造业运营数字化绩效和不足分析　/ 330
　　　　13.1.2　企业数字化流程转型　/ 333
　　13.2　构建企业运营全面数字化的设想　/ 336
　　　　13.2.1　数字化是制造业必选之路，而不是可有可无　/ 336
　　　　13.2.2　人工智能及其子领域的应用　/ 337
　　13.3　企业的数字化创新之路——智能制造展望　/ 340
　　　　13.3.1　智能制造的起底　/ 340
　　　　13.3.2　智能制造的展望和现有差距　/ 341
　　　　13.3.3　制造业智能制造的趋势　/ 344
　　案例1：某AI企业的数智化创新与实践应用　/ 346
　　案例2：从机器学习到自动化机器学习之路的实践　/ 348

附录　缩略词的中英文释义　/ 351

参考文献　/ 354

致谢　/ 355

第 1 章

企业制造运营管理数字化实践现状与创新需求

1.1 由几个故事看制造业运营管理的现状

故事 1：企业运营管理在时髦的"高大上名词和空洞概念"中逐步迷失

2022 年年底，某企业的董事长，面对走低的销售额、劣质的新产品和居高不下的运营成本，又开启了他对全体职工的演讲模式，而类似演讲的频率在过去一年高达每周一次。

"家人们，现在是什么时代？乌卡时代早过时了，现在是巴尼时代！乌卡时代是 VUCA，是 Volatile、Uncertain、Complex、Ambiguous 的缩写，分别是易变的、不确定的、复杂的和模糊的含义；而巴尼时代是 BANI，是 Brittle、Anxious、Nonlinear、Incomprehensible 的缩写，分别是脆弱的、焦虑的、非线性的和不可理解的含义。时代变了，因此我们也要改变，计划赶不上变化，这个世界上唯一不变的是变！……"铿锵激昂、掷地有声，动情处频频举起他的招牌手势。

职工们面面相觑，不知道董事长的葫芦里卖的是什么药，难道企业目前运营的困境是巴尼造成的么？该董事长一向以某知名外资电动汽车企业为榜样，立志要做自己行业的老大。虽然 2021 年的年度销售额才 10 亿元，但目标是 3 年上市，大力发展自创品牌和海外电商业务，为此高薪聘请了某知名外企的前任 CEO（首席执行官），两人一拍即合，誓言每年销售额都要翻一番。

企业有远大的战略目标是好事，但更需要把目标落实到运营管理上。如果高层管理会议就是"喊口号和打鸡血"，什么是时髦的新名词就喊什么，诸如"工业互联网、弯道超车、数字化赋能、物联网、区块链……"，或者大谈"企业文化是根"，只是把各类时髦的口号打印得非常精美，贴在大厅门口和办公场所显眼处，那么至于运营管理上具体做了什么就没有人关心了。

有的管理层好高骛远,踌躇满志,也有个别冷静的。如供应链中心负责人兼项目总监多次呼吁强化质量管控和落实供、产、销高效协同,但基本是"鸡同鸭讲"。运营副总继续我行我素,跟着感觉走,导致客户交货延迟频发,海运改空运是家常便饭,各类低级的质量和安全问题层出不穷,已经量产、销售的某款自主研发产品半年内 ECN(工程规格变更通知)高达 89 次,呆滞库存高达 1.2 亿元,成品退货率高达 47%,销售官网上的客户怨声载道……企业运营管理形同儿戏,朝令夕改,每天都在救火,却还在谈什么"计划赶不上变化",就不会起到任何作用了。

故事 2:忽视基本功,企业运营管理浮躁和粗糙,想"走捷径"

某 SMT(表面贴装技术)产品代工企业运营 20 多年至今。该企业曾经对外宣称自身的核心竞争力是"设备最多、价格最低、客户永远至上"。从 2000—2012 年这十多年,诸多行业纷纷与其合作。但是随着行业竞争加剧,该企业的订单逐渐流失,从 2013 年开始,企业对外宣称"转型"做更高附加值的产品,这也吸引了 K 集团采购代表 H 先生前来考察。K 集团是做超精密控制模组的企业,对产品质量和可靠性要求都很高,每年外购 PCBA(印制电路板贴装件)超过 10 亿元,因此该企业的一众高管亲自迎接 H 先生,对与 K 集团合作似乎志在必得。

该企业的销售副总演示了精美的 PPT,亮点是实施了近 10 年的"精益运营"模式,在专家的指引下,快速上马了 CRM 系统、MES 系统、JIT 系统、MOM 系统等。对于 K 集团的需求细节,销售副总拍着胸脯保证没问题,听完"承诺"后,H 先生提出要到制造车间参观学习 1 小时。

走进制造车间,近百台设备很壮观但只有部分在运行,现场随处都能看到液晶显示屏不断地滚动着一些数据和图表,H 先生边走边询问了诸如以下问题,该企业一众高管都不能答复。

"PCBA 需要选择性涂胶工序,现场没有看到设备,若工序委外,那委外商资质如何?"

"按压元件组装都是纯手工作业,现场却发现防静电管控不严格,如何保证质量稳定性?"

"线路检测工序太简单,无法满足,而且功能测试需要 13 类,没有对应设备怎么办?"

"波峰焊和回流焊设备虽然很多,但太陈旧,功能无法满足精密工控 PCBA 组装。"

"在你们的液晶显示屏看板上,看到一个产品的合格率为 105%,机台稼动率为 112%,这是怎么计算出来的?现场设备稼动率粗略估计似乎不到 50%。"

"我们需求的 PCBA 必须是'单件流'管控,确保可以追溯到每个元件,刚才我在手工作业产线的某一个红盒子里拿了一颗不良品,请你们在 2 小时内回复这个不良品的名称和编号。"

另外,H 先生在现场的图样管控、IQC 检验流程、工单和发料细节、工序的首件检验、网板管控等方面也发现了诸多问题,该企业最后回答:"从没见过像你这样的客户采购,这么爱多管闲事!"

该企业所宣称的"精益运营"的本质就是"绣花枕头",金玉其外,败絮其中。该企业连运营基本功都没有做扎实,却幻想通过设备数量多、"专家"指引和先进的系统来弥补自身运营管理的浮躁和粗糙,既没看到病根,还乱用药方,幻想"专家大师"对提升企业运营管理给出"走捷径的妙招",只是在掩耳盗铃和缘木求鱼。

故事 3:盲目多元化、压榨供应商、欺骗客户

2016 年,在稳定运营了 20 多年后,某集团的创始人越来越不满足于"赚辛苦钱",力排众议,非要在现有的三个制造事业部之外,增加一个"投资事业部",正式进军房地产。由于对房地产运营缺乏经验,"投资事业部"就像一个"吸金"的大口,让该集团原本健康的现金流逐渐捉襟见肘,于是大力压缩各类支出,原本正常进展的研发项目被叫停,很多骨干员工陆续辞职,拖欠供应商的货款越来越多,"下个月一定支付"成了口头禅,以至于出现供应商堵门要货款的现象。祸不单行,很快一些客户发现了一些异常,比如产品质量下降、交货期延迟等,于是又上演了"诉苦求原谅"的大戏,找各类借口搪塞,甚至通过扣押客户的模具来逼迫客户继续合作。

2019 年,该集团创始人痛定思痛,低价转手了"投资事业部",集团才逐步迈入正轨。

好了伤疤忘了疼,2022 年,该创始人又雄心勃勃地准备造车,要摆脱现有的"夕阳产业",发誓要快速"弯道超车",发扬初生牛犊不怕虎的精神,在 10 年内赶超知名车企 T 集团。

殊不知,从来没有夕阳的产业,只有夕阳的企业和产品。某知名企业创始人说:"我们的成功很大程度上取决于我们没有做什么。"企业运营应聚焦核心竞争力,首先是做正确的事情,其次是把事情做好,如果方向选错了,停下来就是进步。

初生牛犊不怕虎，还要与虎狼共舞，动物界的食草动物通过美丽的角或花纹来"虚张声势"，如果没有外力的有效保护，在虎狼面前，牛犊的下场可想而知。试图短期内以"外行"超越专业的"内行"，只是在浪费宝贵的资源和金钱。

故事 4：协同性差，祸起萧墙；拿着"旧地图"，却幻想找到"新大陆"

"降本增效是制造业永恒的主题"，这句话是某企业 CEO 的口头禅。但自 2019 年以来，总部和各事业部子公司、各个职能部门之间从摩擦冲突逐步上升到"势同水火"。强化流程管理变成了炫"堵与卡"的各路神技，各人自扫门前雪，CEO 也索性玩起"帝王均衡术"而一言不发。

"你们市场部什么订单都接，数量不多而品种多得很！"制造总监硬怼销售副总。

"为了美观而设计成一体成型，制造的难度太大了，良率只有 58%，只能靠返工打磨？"

"技术部门任性变更图样，导致大量呆滞库存，都算到采购和计划的头上，不公平！"

"所有的物料需求都是紧急的，而大量的成品积压在仓库，到底是谁出了什么问题？"

"好好的工单排程却要临时插一个急单，结果操作员混淆了原料，做出来的全要报废！"

"客户支付了 2 倍的模具费用，为什么委外模具订单需要 2 周才下？谁让你们采购比价了？"

"超出预算就退件，你们财务知道这个新客户多重要么，毛利率 32%，谁才是衣食父母？"

祸起萧墙时，技术、采购、生产、质量、制造、销售等运营职能之间形同仇敌。对很多制造企业来说，市场需求越来越高，多品种、小批量成为常态，企业如果无法做到内部职能高效协同，期望用昨天"粗放"的方式来解决今天和明天的问题，就像拿着"旧地图"，却幻想找到"新大陆"一样。

1.2 从宏观政策与实践角度看制造业的数字化需求和挑战

1.2.1 制造业数字化的宏观政策与"工业 4.0"概要解读

1. 数字经济与制造业数字化的宏观政策

无须争论现在是乌卡时代还是巴尼时代，第四次工业革命的浪潮已迅速掀

第1章 企业制造运营管理数字化实践现状与创新需求

起,为了在全球市场竞争中夺得先机,世界各国纷纷提出新工业化发展战略,努力寻求经济增长的新动能,其中数字经济当仁不让地成为主导力量。数字经济是以数字化的信息和知识作为关键生产要素,以数字技术创新为核心驱动力,以信息网络为载体,让实体经济与数字技术深度融合,不断地提升产业的数字化和智能化水平,是工业经济发展的更高级阶段。

根据中国信息通信研究院2022年发布的《全球数字经济白皮书》(研究报告)看,数字经济为全球经济复苏提供了重要支撑。2021年,47个被测算国家的数字经济增加值规模为38.1万亿美元,同比增长15.6%,占GDP的比重为45.0%;发达国家数字经济领先优势明显,数字经济规模达到27.6万亿美元,占47个国家规模总量的72.5%,占GDP的比重为55.7%。2021年规模排名前10名国家的数字经济规模数据如图1-1所示。

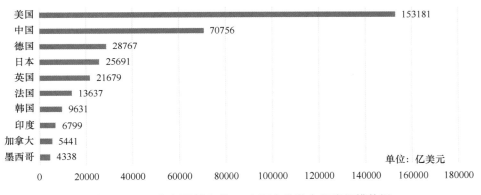

图1-1 2021年规模排名前10名国家的数字经济规模数据

近年来,全球主要国家加快政策调整和战略布局,以制造业的数字化为例,除我国外,部分主要工业大国或联盟针对制造业数字化发布的主要政策见表1-1。

表1-1 部分主要工业大国或联盟针对制造业数字化发布的主要政策

国家或联盟	发布年份	政策名称	政策概述
美国	2012	《美国先进制造业国家战略计划》	发展技术平台、制造工艺、设计、数据基础、数据设施等先进数字化制造技术
德国	2018	《德国高科技战略2025》	到2025年研发投资占GDP的3.5%,并将数字化作为科技创新战略的核心
日本	2020	《数字新政》	加强"后5G"时代信息通信基础投入,提高企业信息化水平,为信息和通信技术提供研发支持等

（续）

国家或联盟	发布年份	政策名称	政策概述
韩国	2020	《基于数字的产业创新发展战略》	通过数字创新成为世界产业强国，计划开展产业价值链智能化，优先实现人工智能的应用等
欧盟	2021	《2030数字化指南》	围绕企业数字化、数字化教育与人才建设等，到2030年75%的欧盟企业使用云计算、大数据和人工智能
东盟	2021	《东盟数字化总体规划2025》	将东盟建成一个由技术和生态系统所驱动的领先数字社区和经济体

作为制造业大国之一，我国对制造业数字化的发展也非常重视，开展了大数据发展的顶层设计、大数据的产业规划、促进制造业与新兴技术的融合、信息化和工业化的融合、推动数字化经济发展、促进国有企业和中小企业数字化转型等工作。我国与制造业数字化相关的部分政策（2015—2022年）如图1-2所示。

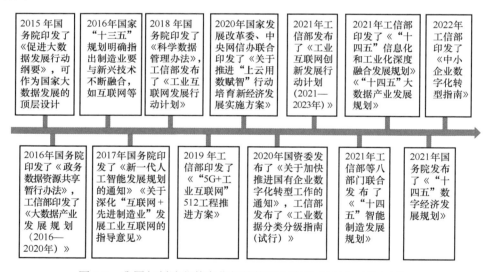

图1-2 我国与制造业数字化相关的部分政策（2015—2022年）

制造业数字化的本质就是将新一代信息技术深度运用到制造业，促进制造业信息化、数字化、智能化发展，无论是美国提出的"工业互联网"，还是德国提出的"工业4.0"或我国提出的"两化融合"，目的都是赋能制造业的精深发展并引导走向智能制造，对这三者从概念上解释一下。

工业互联网是将新一代通信技术与工业生产及工业经济相结合，主要是将设备、生产线、供应商、产品、客户等通过工业互联网平台连接，构建覆盖全产业链的制造和服务体系，打造智能化生产、数字化管理、产业协同价值等。

工业 4.0 是德国对新一代工业发展形式的称呼，主要是利用物理信息系统（Cyber-Physical System，CPS）将生产中的研发、生产、销售、供应链等环节的信息数据化，进而为运营和管理赋能，提升决策效率。

两化融合是信息化和工业化的高层次的深度结合，以信息化带动工业化，以工业化促进信息化，走新型工业化道路，主要体现在技术、产品、业务、产业等方面的深度融合，本质上是打造制造业各环节数字化、协同互通的体系。

2．从"工业 4.0"体系看数字化建设框架

众所周知，人类进入工业化时代后，迄今经历了 4 次工业革命。1784 年英国珍妮纺织机的诞生标志着第一次工业革命（机械化革命）的开始，是由水流和蒸汽驱动机械生产设施引发的；1870 年美国辛辛那提屠宰场的自动化生产线标志着第二次工业革命（电气化革命）的开始，以福特汽车为代表，工业进入了大批量的生产阶段；20 世纪 70 年代开始了第三次工业革命（信息化革命），以 PLC（可编程逻辑控制器）和互联网等信息化为核心技术的自动化逐步发展，新兴技术进步加快；而第四次工业革命就是以现在的"工业 4.0"为代表，通过 CPS 实现物理世界在数字世界的精准映射，实现互联互通，利用智能机器、存储系统、触发和自主控制推动制造业向智能化发展。工业化 4 个时代的技术及生产特征如图 1-3 所示。

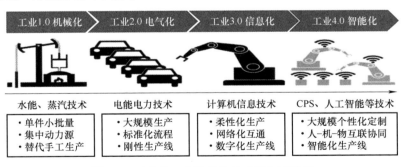

图 1-3　工业化 4 个时代的技术及生产特征

工业 4.0 是一种基于自动化、数字化、网络化的智能生产模式，可自动感知、自动分析、自动决策、自动执行，通过三项集成实现高效的人-机-物的互联协同。三项集成分别是不同企业之间价值网络的横向集成、围绕产品生命周期及横跨价值链的端到端数字集成、企业内部网络化制造系统与生产设备之间的纵向集成,工业 4.0 与工业 3.0 的比较见表 1-2。

表 1-2　工业 4.0 与工业 3.0 的比较

比较维度	工业 3.0	工业 4.0
制造场景	相对单一制造场景	复杂混合的制造场景
管控手段	面向机器,基于可见的因果关系	深度学习,挖掘不可见的因果关系
决策基础	基于经验和知识决策	基于数据和证据决策
解决问题重点	解决可见的现有问题	预防并解决不可见的未来问题
制造闭环范围	设备和过程控制的内部闭环	工业互联网、云计算的大制造闭环
处理的数据	结构化的数据为主	包括大量非结构化数据
生产过程	按给定的计划或指令执行	虚拟仿真与物理实际过程深度融合

虽然工业 4.0 有振奋人心的技术优势,但从实践的角度看,并不是所有的制造业企业都迫切需要步入工业 4.0,如果连工业 3.0 都没有做好,奢谈甚至盲目推动工业 4.0 是荒谬的,工业 3.0 本身一直到现在还是许多企业推进的。企业一定要紧密结合自身的业务需求,逐步推动数字化建设。

1.2.2　制造业运营管理的数字化需求

制造业企业如何在这场大变革中前行,核心动力是以大数据为代表的数字化技术,让数字化赋能制造业发展,势必推动其走向高质量发展道路。如何实现数字化和企业运营管理的深度融合,促进企业向高端化、智能化、绿色化发展,提升综合数字化竞争力,是亟待解决的问题。

1. 制造业概述

制造是指通过对人力、设备机器、原材料和零部件、制造设备系统和流程、制造技术等生产要素的整合与协同,生产出可供使用的制成品或可以销售的最终产品的流程活动。从事制造活动的行业都可看作制造业,从事制造业的法人组织即为制造业企业。若从产品的形态和制造方式看,制造业可以分为连续型制造业和离散型制造业。连续型制造业是指产品在制造过程中一般是不可分离的,以改变物质形态的化学反应居多,制造控制对象主要是压力、温度、液位、流量等参数,如化学工业、冶金、食品和饮料等;离散型制造业是指产品在制造过程中可分离,一般是将零部件和子系统加工、组装、制造出更高一级的产品系统,物质形状和组合发生改变但一般不发生物质形态的根本改变,比如汽车制造业、机械制造业、电器和家电制造业等。根据不同的分类维度,

第1章 企业制造运营管理数字化实践现状与创新需求

制造业还有诸多分类,读者可参阅统计部门的分类,在此不再赘述。

我国制造业经过数十年的高速发展,已经成为世界上门类最完整、规模最大的工业体系,且增长潜力巨大。根据中国工程院等发布的《2020 中国制造强国发展指数报告》看,我国仍处于制造业强国第三阵列,2019 年各国制造业强国发展指数如图1-4所示。

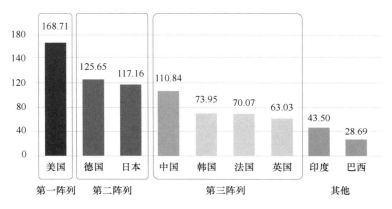

图 1-4 2019 年各国制造业强国发展指数

2. 制造业数字化需求的驱动力

制造业数字化是借助大数据、人工智能、云计算等新技术,重新设计与定义以数字化技术为核心的新商业模式,涵盖了从运营业务的现代化改造和降本增效、创建新业务模式到为客户构建新产品和服务等诸多方面。从宏观层面看,数字化是指数字技术给制造业带来的一系列变化;从技术层面看,数字化是利用现代信息技术等将物理世界中的信息转化为数字和编码,形成可以存储、识别、使用的数据;从商业层面看,数字化是系统化和整体性变革、赋能、重塑,数据是新型的资产和生产要素,它可改变现有的商业模式,如带来增量收入和实现高价值的数字业务的过程和形态。

与数字化相对应的是数字化转型。数字化转型是通过数字化技术更深广的应用,彻底变革企业的业务流程和商业模式,使企业的综合竞争力、运营管理能力、市场洞察力、产品或服务的创新能力等诸多方面实现升级与飞跃。本书基于实践角度,并不严格区分数字化和数字化转型。

制造业数字化需求不是臆想出来的,而是企业的外部、内部驱动力综合作用的结果。数字化外部驱动力包括:客户需求的变化、宏观环境的不确定性、行业发展的趋势等;数字化内部驱动力包括:提升企业的竞争力与盈利能力需求、企业战略发展和转型的需要、差异化的产品或服务创新等。2022年,某协会联盟携手研究机构,对近1000家计划启动或已经启动了数字化项目的制造型企业展开调查,参与者主体是企业中高层管理人员,制造业企业数字化内外部驱动因素调查(多选)统计分析见表1-3。

表1-3 制造业企业数字化内外部驱动因素调查(多选)统计分析

排名	数字化外部驱动因素和占比		数字化内部驱动因素和占比	
	外部驱动因素	占比	内部驱动因素	占比
1	现有客户需求变动加大	83%	提升企业竞争力与盈利能力需求	76%
2	全球宏观环境不确定性增大	67%	企业战略发展或转型的需要	64%
3	相关行业发展的趋势	58%	提升差异化的产品或服务创新	58%
4	新需求个性化、定制化发展迅猛	54%	优化运营模式或降本增效	52%
5	市场劳动力成本趋高	47%	提升数据挖掘和分析能力	48%
6	供应链风险变大	43%	增强客户黏性、提升营销水平	43%
7	同业市场竞争激烈	39%	提高敏捷度和市场反应速度	35%
8	市场原材料价格不稳定	34%	提升供应链数字协同能力	34%
9	数字化技术日臻成熟	28%	建立数据驱动型的组织	20%
10	政策鼓励和支持	13%	挖掘市场潜力、构建生态联盟	9%

3. 制造业企业数字化需求的路径与内容

在数字化路径选择上,不同行业的制造业企业应结合自身现状,设置数字化的优先级。根据调研统计,制造业企业数字化需求路径与方式举例见表1-4。

表1-4 制造业企业数字化需求路径与方式举例

数字化需求路径	占比	数字化方式举例
制造模式数字化	56%	信息技术与运营融合,柔性制造,柔性供应链等
业务管理数字化	47%	移动应用,业务流和数据流无缝对接等
战略和决策数字化	39%	大数据分析,搭建数据驱动决策的管控体系等
研发模式数字化	31%	机电一体化设计,仿真驱动设计,异地协同研发等
服务模式数字化	33%	客户自助服务,预测性维修、维护等
商业模式数字化	26%	针对客户个性化需求精准营销,客户体验等

对于那些已经实施了数字化的制造业企业的数字化工作实施范围来说,根据调研统计,目前制造业企业已经开展的数字化工作内容见表1-5。

表1-5 目前制造业企业已经开展的数字化工作内容

数字化工作	占比	数字化内容概述
管理和流程	69%	管理流程数字化,降本增效,提高流程自动化水平
数据驱动业务	54%	借助数字化推出新产品或新服务,新商业模式提升客户体验

第 1 章　企业制造运营管理数字化实践现状与创新需求

（续）

数字化工作	占比	数字化内容概述
技术运用	51%	引入大数据、云计算、人工智能等技术平台支持未来数字化
战略规划	43%	构建整体数字化战略和愿景，以及长、中、短期目标
安全管理	42%	企业内外部的网络安全和大数据隐私保护
合规与风险	42%	应用某种或多种技术，如大数据、人工智能等降低风险
组织和人才	38%	提升全员尤其是中高层对数字化的认知，培养人才支持数字化

对于那些已经实施了数字化的制造业企业来说，业务职能尤其是具有核心价值的职能，是数字化的重中之重。根据调研统计，目前制造业企业内部已开展数字化的核心职能、阶段和方法（核心部分）见表 1-6。

表 1-6　目前制造业企业内部已开展数字化的核心职能、阶段和方法（核心部分）

数字化职能	数字化阶段和主要数字化方法概述	占比
研发数字化	使用数字化建模、虚拟仿真、验证等数字化工具	51%
研发数字化	从研发到制造，工艺流程设计已使用数字化工具	24%
研发数字化	研发业务端到端数字化（客户需求-企业制造-供应链）	20%
销售数字化	使用数字化工具进行全面的销售管理（如销售绩效等）	49%
销售数字化	借助大数据分析等诸多方式，分析和预测客户需求	21%
销售数字化	借助数字化拓展多渠道营销，如平台销售、B2C 销售等	12%
客户关系管理数字化	已使用 CRM 等数字化软件进行各级客户管理	34%
客户关系管理数字化	售后维修、维护保养业务数字化，如 24 小时在线等	23%
客户关系管理数字化	利用数字化工具开展客户自助服务、客户沉浸式体验等	11%
生产制造数字化	已部分或全部启用数字化设备和数字化软件	33%
生产制造数字化	高级计划排程数字化，以及工单自动下达到设备	17%
生产制造数字化	实现"原料-在制品-成品"全过程的数字化管控	14%
供应链数字化	已使用 SRM 等数字化软件进行各级供应商管理	21%
供应链数字化	已使用 WMS 等数字化软件深度管控物料需求和库存水平	12%
供应链数字化	已实施厂内和厂外物流数字化及智能仓储等	9%

需要强调的是，在制造业企业实施数字化的道路上，从来都不是一帆风顺的，甚至是挑战重重的。从数字化项目的维度看，数字化项目失败的概率高达 70%，这说明很多企业在实施具体的数字化项目上因为各种各样的原因而折戟沉沙。

1.2.3　制造业运营管理的数字化面临的挑战

1. 制造业运营管理数字化实践中的"盲人摸象"

制造业运营管理的数字化这头"大象"太大了，以至于很多人仅仅根据自身角度来理解这头"大象"的局部,而忽视了大象整体的意义,制造业运营管理的数字化"大象"构成如图1-5所示。

图1-5 制造业运营管理的数字化"大象"构成

基于实践角度,在制造业数字化运营的"盲人摸象"问题上,发现有以下几种情形:

1)仅"看到或听说"了"大象",还谈不上"摸",如同小孩在电视里看到了大象。

2)渴望"摸象"太急切和盲目,"摸"的不是真"大象",甚至"指鹿为象"。

3)"摸"的是真"大象",但可惜仅仅是局部感触,而不是全貌感触。

4)终于"摸清"了这头"大象"的全貌,但这并不代表可以拥有这头"大象"的本质价值,而且这头"大象"不是一成不变的,它还在不停地成长,即"知道"远远不等于"做到"。

制造业运营管理的数字化不能停留在"概念的雾霾"里不能自拔,或仅仅停留在理论层面的研究而忽视了实践应用,它必须紧密结合公司战略和业务需求。只有通过落地实施并不断迭代进步,企业才能与这只灵活的"大象"共舞。

在制造业运营管理数字化实践和项目推进的过程中,企业内部人员,甚至不乏高层管理者,对数字化可能存在诸多误解,这些误解也是导致项目失败的原因,对数字化常见的误解及对应正解见表1-7。

表1-7 对数字化常见的误解及对应正解

对数字化常见的误解	对误解纠正后的对应正解
价值是数字化系统和技术提升	价值是企业整体业务能力的全面提升
是某个技术和系统的应用	是业务驱动的多种技术的综合应用

第 1 章 企业制造运营管理数字化实践现状与创新需求

（续）

对数字化常见的误解	对误解纠正后的对应正解
是系统在信息技术（IT）层面的互联互通	是驱动业务的有效数据交换和整合
是上系统或系统重新构建	是基于信息化的精进和提升的进程
有了数据就有了一切	要对数据进行治理，形成数据资产
完全是企业内部改善	内部改善和外部环境驱动的优化、调整
是信息技术（IT）部的工作	领导层牵头，包括 IT 人员在内的全员参与
有捷径可以复制、立即成功	没有捷径，需要长期的实施、试错、迭代

2．数字化实践中的挑战因素分析

在制造业企业实施运营管理数字化的过程中，诸多挑战来自于系统、技术、业务流程、数据、管理、组织、人员、预算等多方面，如系统间信息孤岛问题、数据质量问题、数字化战略缺失、业务融合差、管理人员认识度和支持不够等。结合调研和问卷分析，常见的制造业运营管理数字化挑战因素如图 1-6 所示。

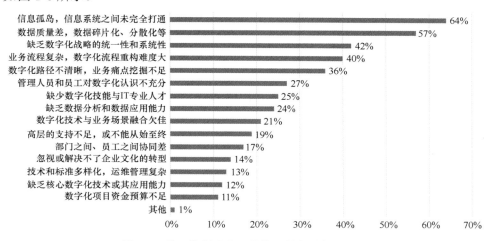

图 1-6　常见的制造业运营管理数字化挑战因素

一个制造业企业在实施运营管理数字化的过程中，如果挑战因素太多，很可能会导致数字化项目的失败。通过分析那些实施数字化项目失败的案例，可知导致数字化失败的常见原因如下。

1）高层领导自身认识度不够，他们往往乐于见到数字化带来的收益，却不能有效协助解决问题。根据调研，数字化决定权 38%在 CEO（首席执行官）手中，33%在 CIO（首席信息官）手中，29%在其他高层领导手中。

2）数字化项目准备不充分就盲目上马，不仅缺失数字化战略，还缺乏基本的商业论证，甚至有的企业过早地把数字化和解决方案当成新业绩的增长点，期望数字化可以带来"四两拨千斤"的效果，这种揠苗助长的做法很难获得成功。

3）迷信数字化技术，而忽略业务的痛点和需求。在调研中发现，那些凡是成功实施数字化项目的企业，无一不是紧密地结合业务需求，用业务实际需求驱动数字化，让技术下沉到业务细节中；相反，仅靠 IT 部门单枪匹马驱动数字化，数字化失败的概率就很大。

4）严重低估数字化难度，以为让 IT 部门在企业内部上一个"数据中台"就可以了。即使要做一个优质的"数据中台"，也需要业务流、系统对接、数据映射等诸多基础，并非一蹴而就的。

5）数字化基础能力不足，专业数字化人才缺乏，数字化预算太低；企业自身基础信息化先天发育不良，风险承受能力有限，如基础信息化投入太大，转换和试错成本高、周期长，导致数字化失败的概率很高。

6）重硬轻软，盲目地购买智能化设备而忽视软件的应用能力；重系统轻融合，盲目购买各类先进系统，结果仅为了系统而上系统，不仅没有带来数字化价值，反而因为水土不服而降低运营效率。

1.3 运营管理数字化的新技术应用和数字化收益

1.3.1 运营管理数字化的新技术应用

运营管理数字化新技术包括商业智能、大数据、人工智能、云计算、区块链、5G 等技术。数字化技术及其数字化功能和支持的概述见表 1-8。

表 1-8 数字化技术及其数字化功能和支持的概述

数字化技术	数字化功能和支持的概述
商业智能和大数据分析	数据面板展示及对业务的描述、诊断、预测、分析等
数字孪生技术	超越现实的一个或多个相互依赖系统的数据映射
大数据中台技术	沉淀系统和数据，实现数据赋能业务和数字化落地
云存储技术	将数据存放在多台虚拟服务器上，可提升存储效率和进行弹性扩展
云计算技术	应用分布式计算技术，实现新型数字资源交付
人工智能（AI）技术	智能规划、智能优化、智能决策等
机器学习、深度学习	复杂的计算学习算法，尤其是对非结构化数据的使用
各类虚拟仿真技术	智能感知，通过模拟物理世界的真实反应而体验

第1章 企业制造运营管理数字化实践现状与创新需求

（续）

数字化技术	数字化功能和支持的概述
工业物联网（IIoT）	利用云端计算完善过程控制，达到高程度的自动化
区块链技术	数据真实、可追溯，且可提升数据的共享价值
5G + 工业以太网	网络技术自身发展，并通过组合满足差异化通信需求
5G + AI、5G + IIoT 等组合	先进网络与其他技术融合，引发应用创新变革
边缘计算技术	网络与计算融合带来的算力下沉与渗透

限于篇幅，此处仅概述工业物联网和数据中台，读者可以自行学习其他新技术知识。

1. 工业物联网

物联网（Internet of Things，IoT）是一种计算设备、机械、数字机器相互关联构成的系统，具备通用唯一识别码（UID），并具有通过网络传输数据的能力，无需人与人或人与设备的交互；工业物联网（Industrial Internet of Things，IIoT）是应用在工业上的物联网，是互联的感测器、仪表以及其他设备和计算机的工业应用程序以网络相联构成的系统，其中包括了制造及能源管理。网络连线可以进行资料收集、交换以及分析，有助于提升生产力和生产率，也有其他的经济效益。IIoT 是由分散式控制系统（DCS）演化而成，利用云端运算完善和优化过程控制，达到较高程度的自动化。

IIoT 系统可以用数字化技术的分层模组架构来评估。设备层（Device Layer）是指实体的元件，如信息物理融合系统、感测器或机器。网络层（Network Layer）包括实体的网络总线、云端计算以及通信协定，这些可以将整合的资料传递到服务层。服务层（Service Layer）是许多处理资料的应用程序，并且将资料整合成为资讯，可以显示在操作者的仪表板上。网络堆栈的最顶层是内容层（Content Layer）或使用者界面。IIoT 的分层模组架构见表1-9。

表1-9 IIoT 的分层模组架构

分 层	层次概述
内容层	使用者的界面设备（屏幕、计算机、智能眼镜等）
服务层	分析资料，并且转换为资讯的应用程序及软件
网络层	通信协定、Wifi、云端计算
设备层	如信息物理融合系统、感测器或机器等硬件

2. 数据中台

数据中台是在企业数字化过程中，为了对业务、系统、数据进行融合与沉淀，构建的实现数据收集、数据治理、数据运营等功能的数据建设、管理、使用体系，是利用数据赋能业务发展的支撑性平台，是新型信息化、数字化应用框架体系中的核心之一。

从技术层面看，数据中台是将业务数据从后台收集后，按照统一规划的数据标准口径，以 API（应用程序编程接口）的方式，通过数据处理、建模分析等应用，为业务部门提供管理和决策支撑。它有效地避免了数据孤岛和技术重复开发的弊端，提升了数据资产价值和用数据驱动业务的能力，可以把数据中台看作是系统后台和业务前台之间的纽带。

从业务层面看，数据中台赋能业务发展的价值包括运营数据管理标准化，业务之间的多方向互联互通，运营管理效率和敏捷度大幅提升，运营绩效的追溯、验证和优化，快速响应业务需求的决策能力和对风险控制预知能力的提升，业务模式创新能力提升等诸多方面。数据中台与业务中台循环及同步的逻辑如图 1-7 所示。

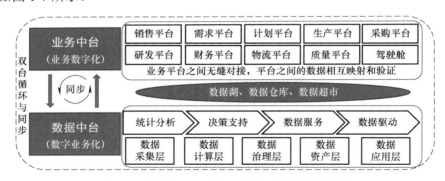

图 1-7 数据中台与业务中台循环及同步的逻辑

数字化不能"唯技术论"，一味追求"金锄头"（工具）而忘记了"锄地本领"（企业运营能力）是不可取的。根据研究，在推动数字化的过程中，高达 67%的管理者仅专注技术变革问题，只有 33%的管理者不仅关注技术变革问题，还重点关注企业自身变革问题。企业变革重要性是技术变革重要性的 15 倍。假如把数字化看作是一座冰山，技术变革是露出水面的部分，更容易被看见和获取；而企业变革是隐藏在水下的部分，不容易被看见和获取。技术变革和企业变革对成功数字化的影响力"冰山"如图 1-8 所示。

另外，很多企业在数字化之前就推动了信息化建设。信息化建设并不完全落伍，更不与数字化割裂或冲突，相反，信息化是数字化的必要条件和基础铺垫。一般地，信息化可以看作是数字化的子集，实现信息化，也就完成了数字

第 1 章　企业制造运营管理数字化实践现状与创新需求

化的部分工作，企业若较好实现了数字化，则必然实现了信息化，全面的信息系统建设是广义数字化的基本前提。有的企业在逐步推动数字化过程中已取得了优异的进展，但他们还习惯把数字化称作信息化或广义信息化，笔者认为这都无可厚非，在概念的标签上锚铢必较没有太大意义，我们应更加重视数字化中具体实践的内容。一般地，数字化是信息化的高级发展，能够更全面地应用信息技术和数字技术来赋能企业业务发展并创造价值。基础信息化和精进数字化的比较见表1-10。

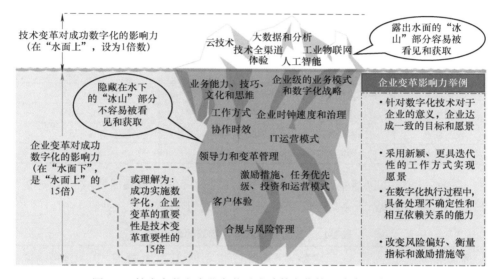

图 1-8　技术变革和企业变革对成功数字化的影响力"冰山"

表 1-10　基础信息化和精进数字化的比较

比较维度	基础信息化	精进数字化
实施范围	局部的或单一的系统、业务	整体的或全面的系统、业务
数据常态	信息孤岛居多	数据共享和映射
推动导向	一般以企业产品为导向	以客户为中心，满足客户需求
实施目标	提升企业竞争优势	提升企业竞争优势+协同共赢
业务驱动力	流程驱动、优化、再造	数据驱动、创新、迭代
团队赋能	团队观念和能力提升	指引团队高效决策和行动
核心应用	信息系统建设与应用	技术与业务的高度融合

1.3.2　运营管理数字化的收益

制造业运营管理数字化的收益包括硬收益和软收益。所谓硬收益是指可以

制造业运营管理的数字化实践

通过数据和指标计算出来的收益,最常见的硬收益是"降本增效"(成本降低、效率提升)。降本的硬收益包括研发成本、采购成本、生产成本、质量成本等的降低。运营管理数字化降本的硬收益见表 1-11。

表 1-11 运营管理数字化降本的硬收益

降本类别	降本计算基准或范围	普遍成本降低幅度
研发成本	新产品开发或迭代成本	15%~30%
采购成本	采购的 TCO(总拥有成本)	5%~15%
生产成本	料、工、费等直接成本	15%~25%
质量成本	预防、鉴定和内外部损失	20%~35%
库存成本	库存占用资金和仓储成本等	25%~40%
呆滞成本	原料、在制品、成品呆滞	25%~35%
物流成本	内部物流成本和外部物流成本等	5%~25%
管理成本	直接管理费用和间接管理费用等	15%~40%
交易成本	开发客源或供应商费用、营销费用等	20%~35%
能耗成本	同一销售额下的能源消耗下降	5%~8%

增效的硬收益包括主营业务增加、研发时效降低、新品研发成功率提高、总体计划效率提升、设备综合效率提升、一次通过率提升等,见表 1-12。

表 1-12 运营管理数字化增效的硬收益

增效类别	增效率计算基准	增效评价	普遍增效幅度
主营业务	现有投入不变所带来的销售增长	增加幅度	5%~15%
研发时效	从开始研发到产品量产的时间减少	降低幅度	30%~40%
新品研发成功率	新产品上市后达到预期销售目标数量占比	提高幅度	15%~35%
总体计划效率	"需求-工单排产-供应链"计划流程速度	提升幅度	35%~50%
设备综合效率	所有制程环节设备的综合效率(OEE)	提升幅度	15%~25%
一次通过率	所有工序均没有任何返工的产品占比	提升幅度	5%~8%
成品不良率	成品检验或客户端不良率下降幅度	降低幅度	20%~35%
完整交付率	客户订单需求准时且完整交付(OTIF)	提升幅度	20%~30%
产品交付期	从收到客户订单需求到交付完成的总时间	缩短幅度	15%~35%
工人生产率	生产工人每人每小时劳动生产率(UPPH)	提升比例	35%~60%
运营人力效率	缩减间接人员(IDL)的效率提升	提升比例	30%~40%
维护保养准时率	设备故障维修或保养的及时率提升	提升比例	30%~45%
服务延伸价值	客户粘性加大,重复订购率提升	提升比例	35%~50%
内外部协同效率	如团队的沟通时间、会议时间的降低	提升比例	30%~60%

注意，表 1-12 中增效幅度的计算是相对增效幅度（百分比），而不是原指标数值的绝对增加比率（百分比）。如某企业数字化前设备的综合效率（OEE）= 72%，数字化后设备的综合效率（OEE）= 83%，设备的综合效率（OEE）绝对增加比率 = 83% − 72% = 11%，但增效幅度 = (83% − 72%)/72% = 15.3%。

制造业运营管理数字化的收益中还有很多软收益，包括运营管理转型、移动业务灵活、客户体验增强、数据素养提升等方面，见表 1-13。

表 1-13 运营管理数字化的软收益

软收益类别	数字化软收益概述
运营管理转型	数据驱动业务，通过高效的数字资产的使用，提升管理能力和绩效
移动业务灵活	数字化提供了安全且随时随地可以获得的移动应用，更方便处理业务
客户体验增强	通过数据收集和分析，更精准满足客户需求和提升客户实际的体验
数据素养提升	企业内部形成"用数据说话"的更高效理念，且增加了协同作战竞争力
企业文化进步	数字化通过优化或创新的业务模式，使得企业文化认同感增强
数字决策提升	由基于经验决策转向基于数字决策，决策和追踪管理更加透明和高效
领导力提升	数字化促使组织从金字塔型领导力向"服务型+协同型"的领导力转变
合作生态优化	企业与客户和供应商的广义供应链生态质量提升，增强合作可持续性
价值观内驱性	如同鸡蛋，价值从内部主动孵化，而不是被外部被动倒逼或打破均衡
未来价值提升	数字化让企业整体竞争力增强从而提升盈利能力（如上市公司股价提升）

需要指出的是，数字化的软收益和硬收益不是完全割裂开来的，而是相辅相成的。与软收益对应的是数字化的软实力，比如某知名手机品牌的"链主"客户长期要求它的供应链体系中的所有供应商持续做数字化，从而与该客户共同进步。那些推动数字化比较突出的供应商就有优先获取新项目、新订单及增加老订单配比份额的权利，这势必导致良性循环，因为业务量和总利润增加而更有实力继续深耕数字化，从而一直保持领先优势并可以吸引其他优质客户与之合作，这些都是数字化软实力带来的硬收益的典范。

1.4 运营管理数字化战略与实施计划

1.4.1 运营业务痛点分析和数字化推动前的全面"体检"报告

在制定企业的数字化战略前，要先对业务的痛点进行深入挖掘，如需求分析、计划能力、预算能力、研发能力等。脱离业务需求的数字化是很难成功的，运营业务痛点分析与转化为数字化的需求举例见表 1-14。

制造业运营管理的数字化实践

表 1-14 运营业务痛点分析与转化为数字化的需求举例

类　别	痛点分析举例	转化为数字化需求	优　先　级
需求分析	被动接单，客户需求变动大	客户和需求分析、预测	高
计划能力	基础数据差、计划可信度低	全链路闭环计划和协调	高
预算能力	基于经验数据，呆板、粗泛	精细化预算和弹性调整	中
研发能力	成本高，研发绩效评价难	精确的投入和产出分析	中
生产效率	OEE 偏低，工单排配低效	深入挖掘 OEE 提升空间	高
质量水平	返工频次高、检验成本高	工序质量水平分析	中
成本控制	管理粗犷，成本分摊靠估算	成本动因的数字化分析	高
库存水平	库存周转率低、呆滞多	与计划数据严格映射	中
风险管控	基本依靠经验和感觉走	风险分析指标和持续跟踪	低

详细复盘了业务痛点及转换对应的数字化需求后，就可以对企业进行一次全面的数字化"体检"，包括基础信息化建设、综合运营能力、战略规划能力等方面。数字化体检报告示例如图 1-9 所示。

数字化体检报告
（"望闻问切"全面体检套餐–高级VIP家庭型客户）

体检客户：×××精密科技集团	体检门诊号：D20220520	体检科室扫描码

客户和家庭成员基本信息：
年龄：23岁；家庭成员：7个分子公司；职业：直供主机厂汽车组件；之前是否体检过：否

序号	体检项目	体检结果	健康参考值	提升健康得分总体建议
1	基础信息化建设	7.9	10	可以尝试数据中台建设
2	综合运营能力	7.6	10	提升综合计划能力和系统对接
3	战略规划能力	6.4	10	提升数字化决策能力
4	业务流程效率	6.7	10	祛除冗余流程，实现全面数据映射
5	内外协同能力	7.3	10	打通与客户及供应商的数据共享
6	整体数据质量	7.1	10	强化数据治理，提升使用效率
7	数据安全风控	5.2	10	强化数据用户管理和存储安全
8	技术和人才储备	6.5	10	适当引入第三方数字化技术
9	数字化预算	10	10	预算充足，需要规划项目优先级
10	企业文化	8.2	10	总体较好，需要提升全员数据素养

请参阅附页每项体检评分说明，包括客户目前亚健康细节描述、详细药物配方和调理计划等。
体检时间：<u>2022年1月—4月</u>　　报告审核：<u>各科室副主任</u>　　报告核准（主治医师）：<u>H主任</u>

图 1-9　数字化体检报告示例

1.4.2 运营管理数字化精进推动战略

在对企业进行全面的数字化体检之后，就可以启动制定运营数字化推动战略。数字化的推动一定要夯实基础、快速试错、小步快跑，并紧密地挖掘和满足业务需求，数字化精进战略地图示例如图1-10所示。

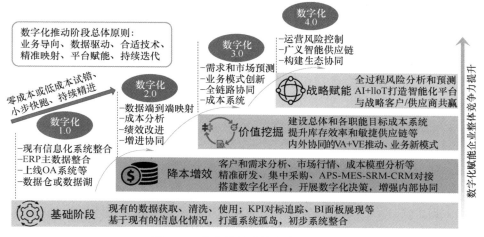

图1-10 数字化精进战略地图示例

企业在制定数字化战略时容易踌躇满志，幻想可以"一口吃成个胖子"，而在实施的时候碰到具体问题和困难时，又容易万念俱灰。综合根据工业信息安全发展研究中心近几年发布的《中国两化融合发展数据地图》及其他相关研究报告来看，我国制造业的数字化存在明显短板，在诸多环节或领域，制造业数字化相对落后于国际同行业的平均水平。就像"种一棵树的最佳时间是10年前，其次是现在"的内涵一样，对于具备一定信息化基础和条件的制造业企业而言，越早推动数字化越好。

在制定数字化战略的同时，企业也可以定义数字化建设的愿景、使命、蓝图或目标等，这些都可以看作是数字化建设的部署。需要强调的是，企业数字化建设是"一把手"工程，或至少需要高层牵头且在企业内达成共识。一般地，企业推动数字化需要高层重点关注以下内容。

1）在组织内构建数字化生态体系，包括自身和团队思维的转变、强化数字化意识、明确数字化目标、培育数字化的示范项目、完善数字化推动必需的预算和资源等。

2）把控数字化的战略方向，包括数字化顶层设计、洞察业务痛点和业务模式创新路径、审核最合适的数字化技术或技术组合、完善数字化的宏观治理机制等。

3）培育长期数字化迭代的人才，包括信息化和数字化技术人才、职能业务数字化人才、数字化项目管理人才等。

1.4.3　运营管理数字化的实施计划

基于数字化战略方向，企业需要对企业数字化制定实施计划，目的是以相对较低的实施成本，有效推动数字化战略的落地。

1）在每个实施阶段均识别关键需求并制定相应子计划，子计划需要涵盖启用的技术或工具、业务流程梳理和协同、业务数据的映射、业务效率提升等。

2）设计数字化体系架构和数据治理框架，利用数字化技术特点，统筹推进数据、业务、技术之间的融合，提升数据资产使用效率，为业务需求赋能。

3）推动具体的数字化项目按照子计划步骤实施，逐步优化运营管理模式，挖掘数据价值，形成数据洞察，驱动业务数字化决策和业务模式创新。

4）评估数字化绩效、经验、教训等，形成项目资产，指导数字化项目迭代或推动其他新数字化新项目等。

【推荐阅读】

可参考笔者的《大数据赋能供应链管理》一书第 1 章的内容。

第 2 章

制造运营管理数字化的思路和方法

2.1 企业制造运营的大数据概述和常见问题

2.1.1 运营大数据分类和发展趋势

制造业企业在推行运营数字化的过程中,无论处于基础信息化阶段、数字化转型阶段,还是未来全面智能化阶段,运营大数据和大数据标准化都是前提。数字化阶段源于产业互联网和物联网的崛起,智能化阶段源于人工智能、物联网的兴起,企业的一切运营均可数据化。新兴工具的出现,主要用于提升数据采集、传输、使用的效率。

一般地,从运营管理的角度看,运营大数据可分为经营数据、生产数据、质量数据等。制造业运营数据的分类见表 2-1。

表 2-1 制造业运营数据的分类

数据大类	数据子类	数据概述	数据来源	数据系统
经营数据	销售、财务、供应链、人力资源等	经营主数据、交易数据、经营要素和绩效数据等	系统或平台	ERP、CRM、SRM 等
生产数据	研发、原材料、生产过程、工艺参数、半成品、售后服务等	BOM 数据、工单和计划排产数据、加工和检验数据、物料编码及名称等	自动采集或系统	MRP、MES 等
质量数据	原材料、半成品、成品等质量数据	质量检测数据、合格率、均值及标准差统计等	自动采集或系统	ERP 等
设备数据	设备功能、运行状态等	规格和精度等参数、设备稼动率、维保数据等	自动采集或系统	EAM 等
环境数据	车间环境数据、设备诊断数据等	温湿度、空气清洁度、气压、废弃物排放等	自动采集	监测设备等
能耗数据	耗电、耗水、耗气等	电、水、气使用量,设备功率等	自动采集	机房设备等

从交易角度看，运营大数据可分为外部数据（如市场数据、客户数据和供应商数据）、内部数据、衍生的数据（如指标数据）等；从数据本身特性看，运营大数据可分为基础数据、结构化数据、半结构数据、非结构数据等。

当今制造业运营大数据呈现指数级增长的井喷趋势，驱动因素包括但不限于以下内容。

1）从已经产生的大数据看，近30年运营大数据比30年前人类制造业历史所产生的运营大数据总和还多，而且随着时间的推移，运营大数据的体量必然呈指数级持续增长。

2）制造业人员越来越重视运营大数据的利用。人们越是利用和依赖大数据，生成的大数据就必然更多，大数据已是制造业企业的生产要素之一。

3）大数据系统和大数据技术的不断创新、迭代和发展，使运营大数据来源越来越多样化，比如除了 ERP 等常见的系统数据外，还有 PLM、CRM、SRM、MES、WMS 等系统的数据，还有很多企业借助技术手段，深挖半结构化和非结构化大数据的使用，而工业物联网技术让制造业所有要素皆可数据化及互联成为可能。

4）除了大数据的广度外，大数据深度也在发展，即大数据的颗粒度越来越完善，比如设备的检测、监测数据采集从分钟精确到秒，加工精度更细，产品体积更小等。

5）人们在大数据使用过程中和使用之后所衍生的大数据或处理后的大数据，比如使用数字孪生技术过程中的模拟数据、使用数据平台后产生的分析报告和预测报告等。

若不限于制造业运营大数据，仅以在线数据为例，移动性（如智能手机和计算机）、云计算、互联网和物联网、在线交易、大数据商业化以及数字经济本身的高速发展等，都在推动大数据指数级增长，这些大数据同样对运营大数据产生长远的影响，蕴含着机遇以及提升大数据的应用能力，比如运营流程数据化，推动运营管理无纸化；大数据传递和流程自动化，充分利用移动设备；挖掘更深入，在大量非结构性数据中挖掘商业价值；运用云计算技术，将运营拆解成迅速部署的解决方案等。

2.1.2 运营大数据能力成熟度模型和数据应用的常见问题

运营大数据的广度和深度在不断发展，但只有充分获取准确的大数据，并且对这些大数据充分使用，运营大数据才能发挥它的价值。这里要纠正两个最常见的误解：首先，并不是说非要用多大的数量和范围的数据才是大数据应用；其次，并不是非要从所有渠道、杂乱无章的数据做了统计分析才叫应用大数据。运营大数据虽然宏观上浩渺无穷，但在微观层面存在于运营管理的工作之中，不仅看得见，还摸得着，一点都不高深，如何恰到好处地获取和运用大数据才是我们的重点，仅仅泛泛谈论大数据没什么益处。

评判一个制造业企业的运营大数据能力，可以用运营大数据能力成熟度来评估。评估维度包括战略认知、数据形态、数据应用、数据资产等方面。根据笔者的实践复盘，递进式运营大数据能力成熟度评估模型如图 2-1 所示。

图 2-1　递进式运营大数据能力成熟度评估模型

若仅从数据和分析的角度看，把企业的数据和分析能力分为基础级、机会级、系统级、区分级和变革级，对每个阶段的数据特征和分析特征均做了描述。企业数据和分析的成熟度模型如图 2-2 所示。

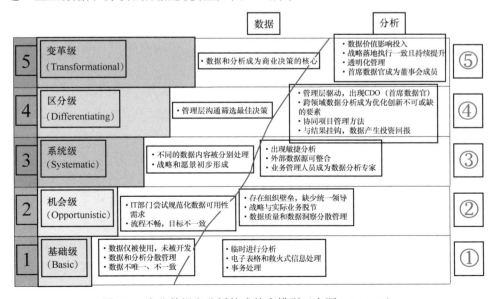

图 2-2　企业数据和分析的成熟度模型（来源：Gartner）

制造业运营管理的数字化实践

在推动运营管理数字化的实践中，我们惊奇地发现，很多制造业企业在基础的数据质量、数据报表、数据规划和应用上，都存在着诸多问题。其中，常见的运营数据质量问题分析见表 2-2。

表 2-2 常见的运营数据质量问题分析

问题点	数据问题描述	业务场景举例	对应的危害性举例
不完整	必要的数据不齐全	质量检测和分析维度不全	不良品流入客户端
重复性	重复数据普遍	客户订单数据重复被计算	业务虚假繁荣
不准确	不能准确反映真实业务	库存数据和实物不一致	库存绩效失真
不一致	不同的统计维度相矛盾	降本额与财务成本矛盾	降本效果作假
不及时	数据收集的太慢	需求预测数据提供滞后	错过最佳商机
无效性	数据值与定义域矛盾	销售量单位"公斤"错填为"吨"	业务虚假繁荣
不合理	指标数据远超可能性	"客户满意度"指标为100%	业务形式主义
多标准	数据口径标准不统一	月度汇率换算有若干标准	业务理解不一致
不连续	数据在业务上断层	更换ERP时部分数据遗失	业务无法追溯
零散性	手工与系统共存	手写工单和MES工单均有	降低管理效率
成本高	数据获取模式超预期	为了获取数据而盲目上系统	花钱多+数据孤岛

除了以上基础的运营数据质量问题外，还有基础的数据报表常见问题如下。

1）报表需求不精确，企业运营管理者们缺乏明确的决策目标，他们往往不能精确地知道自己具体要分析或决策什么，很容易对数据分析人员提出一些很宽泛的报表需求（如"降本增效"），这导致不同的人对报表需求理解很不一致。

2）IT 报表很多，但使用频率很低，主要的管理报表可能就有 100 多个，甚至很多数据被收集、处理和存储，但在业务上却没有使用，俗称"黑暗数据"，这浪费了大量的资源。

3）报表缺乏针对性和有效性，要么仅仅是堆砌事实，缺乏提炼，分析价值低，决策价值更低；要么逻辑不清，数据和指标很多但关联性差，阅读者深感水中望月、雾里看花。

4）数据口径不一致且缺乏映射，比如生产部门、销售部门、采购部门与财务部门在同一个指标上各自都有一套数据，部门之间坚持使用各自的报表，数据之间甚至是矛盾的，职能部门之间彼此互不认账，谁是谁非也无法评判，总之报表细节上是一堆"糊涂账"。

5）制作报表效率低，往往导致错失业务决策时机甚至市场商机。有两个最常见的原因：其一是由于对数据分析工具使用能力的缺乏，而不仅仅是工具本身的先进与否；其二是在制作报表之前花费了大量的时间在数据搜集、清洗、验证等低价值的数据工作上。

6）报表和数据不是持续积累和迭代，而是朝令夕改，报表格式年年改，数据指标月月变，管理层脑袋一发热，忙坏一堆"表哥表姐"。为了报表而做报表，历史数据无法被追溯，更谈不上提升运营管理的效率。更为可笑的是，相同本质的问题重复出现，他们为失职所找的"借口"居然每次都不同。

就像"盲人骑瞎马，夜半临深池"，没有最基本的数据质量和报表质量作基础，"让数据驱动运营管理决策"就成了空谈，周而复始、恶性循环，从而很容易导致企业内"五多"现象，即数据多、报表多、临时手工多、运营会议多、争论内耗多。管理者和"表哥表姐"都很迷惘，前者抱怨报表不能及时拿到，拿到报表还不准确等；后者抱怨业务部门不配合、数据太分散、千辛万苦收集和清洗数据后做的报表管理者还"不领情"。

2.1.3 基于常见问题的数据治理基本方向和障碍

国际数据管理协会（DAMA）认为数据治理是对数据资产管理行使权力和控制的活动集合；国际数据治理研究所（DGI）认为数据治理是一个通过一系列信息相关的过程来实现决策权和职责分工的系统，这些过程按照达成共识的模型来执行，该模型描述了谁能根据什么信息，在什么时间和情况下，用什么方法，采取什么行动。本质上，数据治理是组织中涉及数据使用的相关管理行为。

数据治理的范围通常包括数据标准、数据架构、数据质量、数据安全、数据应用等方面。根据数字化实践，数据治理要紧密结合业务需求，下沉到实际的运营管理和业务流程中，充分利用企业现有的运营数据、数据系统和数据平台等资源，将业务的具体需求转化为对数据层面的需求，通过高效的数据治理输出相应报表、预警、建议等，精确且及时地指导或驱动业务行动，产生真正的效益，并通过持续迭代满足新增的业务需求。从业务中来、到业务中去的数据治理模型如图 2-3 所示。

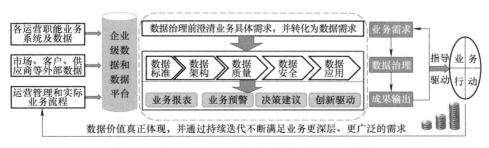

图 2-3 从业务中来、到业务中去的数据治理模型

制造业运营管理的数字化实践

运营数据治理的水平是企业运营管理数字化的核心决定因素之一，是实现业务数字化、流程驱动升级到数据驱动的重要一环。虽然数据治理的重要性大家基本达成了共识，但在数据治理过程中存在许多来自组织、人才、技术等方面的障碍。根据调研分析，实现数据治理目标的障碍如图2-4所示。

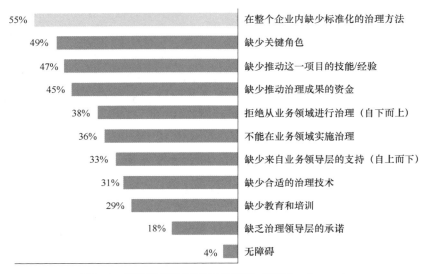

图2-4 实现数据治理目标的障碍（来源：Gartner）

因此，在企业运营管理数字化的过程中，数据治理是一项逐步克服障碍、长期优化和迭代的工作，需要组织职能、业务流程、数据需求、数据技术和成果输出等不断融合、循环，并非一朝一夕可以实现。

2.2 指标定义、运营大数据分析方法

2.2.1 制造业运营管理的基本指标

管理大师彼得·杜拉克说过："你如果不能衡量它，就不能管理它。"制造业运营管理也是如此，企业在构建运营管理分析体系的过程中可以遵循基础"三部曲"：首先要根据企业的战略目标和业务流程，建立衡量业务效率和绩效的指标体系；其次要围绕指标体系，借助 BI（商业智能）等工具构建基于数据分析的报表报告体系；最后形成长期稳定的数据驱动业务的运行机制，基于业务需求更新的不断优化和迭代，逐步建立和完善数据管理的长效企业文化。

运营管理指标的制定要以企业的战略和计划为指引，不仅要关注结果，还

要关注过程，且要体现指标层次和逻辑性，确保指标可以被测评。关键的运营指标包括运营分析指标（衡量运营效率和效果）和运营绩效指标（衡量组织或个人的业绩表现）。制造业运营管理的基本指标可分为运营战略决策层指标、运营策略管理层指标、运营执行层指标等，指标分层要自上而下，数据支持要自下而上。

1．运营战略决策层指标

YTD（Year to Date，年度迄今为止）数据和绩效一般可以在战略驾驶舱中体现，业务需求用户主要为企业高层管理者。战略决策层指标示例见表2-3。

表2-3 战略决策层指标示例

指标名称	指标描述	数据支持
销售目标达成率	实际销售总额/目标销售额	各工厂数据加权平均
降本预算达成率	实际降本额/目标降本额	各工厂数据加权平均
（净）利润率	反映集团的总盈利能力	各工厂数据加权平均
现金流增长率	总现金流定比和环比增长率	各工厂数据加权平均
应收账款周转率	公司应收账款周转速度的比率	各工厂数据加权平均
净资产收益率	销售净利率×资产周转率×权益乘数	各工厂数据加权平均
总库存周转率	库存周转效率和资金占用等	各工厂数据加权平均
战略客户投诉率	对质量、交付、服务等的投诉	各工厂客户投诉加总
供应链风险系数	断供、重大付款风险等	各工厂数据加权平均
产品市场占有率	核心产品的市场占有率变动	行业内排名报告
股票价格上涨率	衡量企业的总价值变动情况	股票市场价格

指标部分举例和解释说明如下。

1）YTD可以先精确到月，再精确到周，最后精确到日。

2）总体目标达成率、目标利润达成率和工厂业绩息息相关，但需要看每个工厂的业绩，比如总目标达成，但有的工厂超额完成任务，有的工厂可能未完成。

3）应收账周转率 ＝（赊销收入净额/应收账款平均余额）× 100%

＝ [2 × （当期销售净收入 − 当期现销收入）/

（期初应收账款余额 ＋ 期末应收账款余额）] × 100%

产品市场占有率还可以分为现有产品和新产品占有率。通过市场占有率的变动看产品竞争优势的变动情况，从而决策对价格如何进行调整，比如怎样才可以平衡老产品和新产品定价等。

2. 运营策略管理层指标

YTD 数据和绩效一般在各业务职能的 BI 面板中体现，用户一般为企业运营部门的中层管理者。该级指标包括预算管理指标、研发运营指标、生产运营指标、质量运营指标、成本管理指标等。生产运营指标示例见表 2-4。

表 2-4 生产运营指标示例

指 标 名 称	指 标 描 述	数 据 支 持
综合稼动率 OEE	实际生产能力相对生产能力的比率	MES 数据
一次通过率	所有工序均没有返工的合格品占比	MES 数据
原材料耗损率	（实际耗损-标准耗损）/ 标准耗损	MES 数据
零部件耗损率	（实际耗损-标准耗损）/ 标准耗损	MES 数据
标准工时降低率	（实际工时-标准工时）/ 标准工时	MES 数据
人均产值提升率	平均员工生产率，增加产值/标准产值	MES 数据
计划工单完成率	满足客户 OTD，成品被按时生产的比率	MES 数据
产能利用率	实际产能/理论产能	MES 数据
半成品周转率	类似库存周转率，半成品周转效率	WMS 数据
维修及时率	（故障维修完成时间-标准时间）/ 标准时间	EAM 数据

指标举例说明：

1）OEE = 可用率 × 表现性 × 质量指数 = 时间开动率 × 性能开动率 × 合格品率 × 100%。

2）投入产出比（ROI）是反映项目投资经济效果的指标，如设备的投资效益。

质量运营指标示例见表 2-5。

表 2-5 质量运营指标示例

指 标 名 称	指 标 描 述	数 据 支 持
成品合格率	合格产品占所有产品的比率	TQM 数据
质量客诉率	被投诉批次/总出货批次	TQM 数据
制程巡检合格率	在制程端检验合格批/总批次	TQM 数据
来料合格率	IQC 检验供应商原材料、零部件合格率	TQM 数据
检验及时率	来料、制程、成品检验结果的及时性	TQM 数据
检验误判率	质量检验的误判批次/总检验批次	TQM 数据
质量改善率	质量改善完成批次/总不良批次	TQM 数据
改善报告及时率	异常改善报告按时提供批次/总不良批次	TQM 数据

3. 运营执行层指标

运营执行层指标主要体现在具体的作业层面，也是基础的指标，如工单数量、工单开出及时性、订单数量等。

基于上述指标的分类分析,可以通过商业智能(BI)展现,比如通过高层管理控制室展现战略决策层指标,中间管理层(中层)BI 展示策略管理层指标,而在基层(如车间)中通过看板等方式展现运营执行层指标。各类运营指标与 BI 关系示意图如图 2-5 所示。

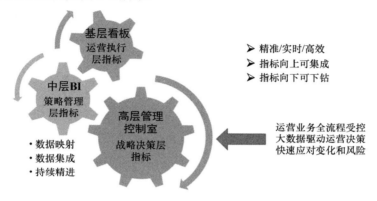

图 2-5　各类运营指标与 BI 关系示意图

2.2.2　运营大数据分析方法

根据目标制定的 SMART 原则,即:明确具体的、可衡量的、通过努力可以实现的、战略相关性、有时间期限,大数据分析赋能运营业务管理的目标及步骤如下。

1)基于公司的战略需求,建立内外部高度协同的管理和流程机制,确保业务数字化。

2)梳理业务流程数据,构建系统间端到端数据映射的、敏捷的业务报表体系。

3)甄选最佳数据分析工具,逐步搭建业务中台和数据中台的循环迭代体系。

4)提升业务分析的广度与深度,由描述性、诊断性、预测性分析逐步过渡到规范性、自主性、创新性分析,从而赋能业务发展和模式创新,积累和提升数据资产的使用价值。

运营大数据分析过程中基础的三个元素:一是业务指标、大数据和报表体系;二是业务诊断分析报告、诊断结论和业务行动建议;三是基于业务诊断报告做出决策或改善计划。

大数据分析是企业决战大数据时代的关键手段，包括运营管理在内的所有商业决策都要依靠大数据分析，擅长大数据分析的企业可以有效地赋能运营业务发展和创新。大数据分析的类型、方式和赋能业务场景示例见表 2-6。

表 2-6 大数据分析的类型、方式和赋能业务场景示例

分析类型	分析方式举例	赋能业务场景举例
描述性分析	描述/汇总报告	过去业务发生了什么，问题是什么，出现在哪里
诊断性分析	业务诊断报告	精准识别业务发展趋势的原因、相关因素
预测性分析	预测建模/外推	接下来大概率会发生什么，组织应如何准备行动
规范性分析	优化/试验设计	最佳决策和行动计划是什么，结果大概率怎么样
自助性分析	机器学习	组织能从数据和数据分析中学到什么
监测性分析	动态模拟	基于时间序列环境和结果的变动，如何调整战略
创新性分析	数据孪生/虚拟	业务模式如何创新，以及对创新结果的虚拟推演

制造业运营管理形成大数据分析能力的关键因素包括三个层面：在组织层面，要对战略计划和业绩驱动因素、业务流程精益化、竞争优势的抉择、绩效管理重点形成共识；在技术层面，要保证大数据的质量和相对先进的数据分析技术；在文化和人才方面，要确保管理层的清晰认知和鼎力支持、务实互助的企业文化、全员总体较高的大数据素养等。

早在 2017 年，基于对成熟大型企业的充分调研，在咨询公司 New Vantage Partners 发布的《大数据执行报告》中就提到，80.7%的受访企业高管认为其大数据计划是很成功的；48%的人认为其公司已经在大数据投资方面取得了客观的成效；仅有 1.6%的受访者认为他们在大数据方面的努力以失败告终。同时，43%的人认为"缺乏企业内部协同"是大数据分析转型过程中的最大阻碍；41%的人甚至特别指出，中高层管理人员是那些大数据分析转型失败的罪魁祸首；86%的受访者声称其公司努力营造"数据为本"的文化，但只有 37%的人认为是真正取得成功的。

大数据分析进阶的特征与业务特征分析如图 2-6 所示。

若从大数据分析的技术和对应的效用价值层面看，对各个阶段的特征总结如下。

1）在 1.0 级阶段，企业主要通过 ETL（提取-转换-加载）的模式获取小数据，效用是回答"运营业务上发生了什么"，以及管中窥豹地分析问题的表面现象或直接原因等。

2）在 2.0 级阶段，企业会借助标准化软件，IT 人员与业务人员开始逐步协

同,仍以小数据为主、大数据为辅。本阶段的效用是改善了一项或多项运营业务,但疑惑可能是:如何全面理解和改善运营业务?未来市场变动趋势如何?企业应该如何面对?

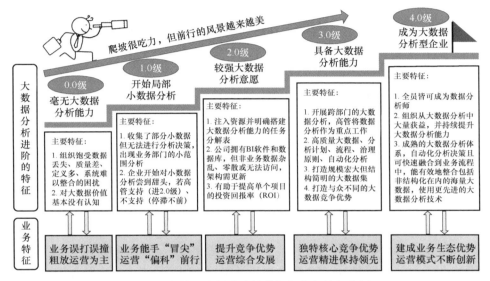

图2-6 大数据分析进阶的特征与业务特征分析

3)在3.0级阶段,小数据和大数据均是主要业务资源,且分析不再是孤立的,而是与运营业务管理流程、系统紧密融合的。比如营销分析不仅是为营销活动提供信息,还会被立即整合到实时报价体系中及财务分析中;同理,采购数据分析和优化建议也会被快速融入计划系统,从而确保最佳库存数量。除此之外,在该阶段,大数据分析不仅要为制定运营决策服务,还要为研发新产品等服务,为新产品和服务背书托底。此阶段大数据分析俨然是提升企业运营绩效、提升企业价值的重要驱动因素。但更大的瓶颈可能是:这需要专业的分析人员甚至数据科学家设置计算机模型和算法,但该资源并非大量存在或唾手可得的。

4)在4.0级阶段,人工智能和机器学习被广泛应用。人工智能和认知技术已是当今世界最具颠覆性的技术力量,往往由机器创建模型和算法,根据数据孪生等快速模拟实际业务,进而迭代出更优的模型和算法,甚至通过对大数据训练就能创建和迭代模型与算法。根据摩尔定律,每18个月计算机的大数据计算能力和速度就可翻番,而未来AI对大数据模型和精准算法的迭代能力翻番时间会更短,可能只要1个月甚至是1周,彼时新摩尔定律产生,这对企业运营的业务模式创新、高效的产品研发和创新如虎添翼,大数据分析将当仁不让成为运营业务持续增值和企业价值增值的首要驱动因素。

近年来，众多国际知名科技公司早已开发出开源的机器学习资源库，SAS 分析软件也添加了机器学习的路径，增强基于假设的大数据分析，IBM 的 Watson 系统可以以 API（应用程序接口）方式将其链接到其他软件上，这些都已是"过去式"。未来，AI 系统可以在短期内创造出成千上万个模型，且模型和算法更精确。无论大数据分析工具如何更新，企业大数据分析技能是日积月累的，"罗马非一日建成"，幻想 AI 科技的进步可以让企业大数据分析能力从 0.0 级阶段直接跃升到 4.0 级阶段是痴人说梦，相反那些已经积累多年大数据分析经验的企业或集团公司，相对更可能进阶到 4.0 级，如 Cisco（思科）已将原人工创建的数十个倾向性模型转化为由机器学习系统创造和生成的数万个模型。

基于常规运营管理的需求，对 4.0 级的场景做一个保守预测：目前某大型跨国集团在全球有 5000 家核心客户，集团提供 20 个主要产品和服务品类，满足市场上 1000 种细分应用的需求，平均每个销售小组负责 10 个核心客户，一个最常见的运营管理需求是，集团需要针对每个核心客户和潜在新客户制定销售和营销策略（即需求和订购倾向性建模），集团已经完全拥有了图 2-6 所示的 3.0 级的大数据分析能力，且拥有 10 名资深数据科学家，他们可在 1 个月内勉强搭建 50 个不同的订购倾向模型（基于大数据和假设条件等模拟，具有较高参考价值但并非十分精确），若充分利用人工智能和机器学习技术，第 1 月可将模型从 50 个增加到 200 个，第 2 月增加到 1000 个，半年后模型总数超过 10000 个，这些模型可迅速使用集团已积累的 100 亿条数据，且每个月自动生成超过 10 亿条新数据，每条数据都能预测某客户的干系人（对客户订购行为可产生影响的任何部门或员工）购买某个产品或认可某种营销方式的倾向，通过快速自动分析和模型自动优化、迭代后，AI 一共生成了 8000 种对不同客户"量身定做"的最精准策略组合，集团只需要雇用 2 名大数据人员监测 AI 工作，超过 99%的模型没有任何人为干预就可完成，不到 1%的模型仅需要偶尔微调。不难看出，想要达到 AI 建模和算法的相同效果，10 名数据科学家是杯水车薪。孰优孰劣，一目了然。

在运营管理过程中，摆在管理者面前的一个重要问题是：企业如何快速且高效地利用大数据分析来提升企业运营竞争力、构建独特的竞争力、驱动运营创新能力。要解决这个问题，就必须搭建最基本的体系架构来保证运营大数据本身的竞争力，体系架构包括但不限于大数据平台基础、大数据管理、大数据转换、大数据存储、大数据分析、大数据可视化等方面。大数据分析与大数据体系架构控制塔如图 2-7 所示。

第 2 章 制造运营管理数字化的思路和方法

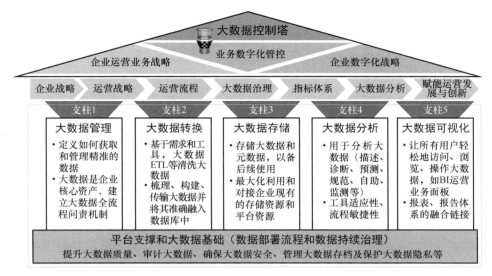

图 2-7 大数据分析与大数据体系架构控制塔

2.2.3 提升制造业运营大数据的竞争力

大数据竞争将成为企业竞争的重要组成部分，而大数据竞争的本质就是运用大数据分析来构建独特的竞争力，衡量大数据竞争力有效性的标志有以下方面。

1）大数据用户可实时访问大数据和报告，大数据、报表、报告等动态更新。

2）大数据工作者将时间重点花在分析大数据上，而不是收集、清洗数据上；运营管理人员更关注利用大数据改进运营流程和提升绩效，而不是在各类系统中筛选数据。

3）大数据分析被融入产品和服务中并促进高效协同，大数据管理部门（如IT 部门）与业务部门之间，以及各职能部门之间，均采用一致的大数据，从不争论谁对谁错。

4）企业级的大数据全流程管理已落地，组织将大数据和大数据分析看成是战略资产，并不仅仅简单地搭建数据仓库、上马数据中台、购买一些数字化工具或系统等。

5）大数据分析人员可自主搭建数据分析模型，如使用边缘分析法，初步具备机器学习能力，运营管理者也能从中获取高度自动化决策并及时实施业务行动。

6）大数据分析能够充分地融合来自内外部、多层级数据源，企业与客户、供应商等合作伙伴能够实现合理范围内的大数据自动共享，企业初步建立大数据业务生态体系。

制造业运营为何进行大数据竞争？马斯克公开宣称特斯拉公司的技术可以随意被使用，特斯拉汽车经常性地大幅降价的原因就是成本更低了，这么简单直白的商业"第一性"理由，虽然竞争对手可能不喜欢，但市场和客户却很喜欢，相似产品、服务、技术等，差异性在逐步缩小，而运营流程、运营效率、运营成本、运营决策的差异化将成为衡量企业核心竞争力高低的决胜因素。大数据分析就是从运营流程和关键决策中挖掘出价值，比如业务流程上优化、更高效的研发设计、比竞争对手更精准地识别优质客户、确定最优的价格、最合适的库存水平、产品区分度、决策最优化、最优并购方案、最佳股权分配等。

为了培育大数据竞争力，企业要管理和协调企业层面的资源，要培养大数据分析型领导团队、人才和企业文化，搭建大数据分析架构及使用分析新技术等。高层要积极地推动大数据分析，敢于对大数据竞争进行战略押注，把大数据分析作为业务管理方法及支持运营战略性的独特竞争优势。

2.3 运营管理的痛点、数字化 PDCA 与商业智能

2.3.1 运营管理业务中的痛点复盘

在实际制造运营管理中，因为数据、系统、模型的缺失，导致诸如研发管理、销售管理、生产制造、质量管理、成本管理等职能部门在实际业务管理中面临诸多痛点。运营管理中的业务痛点和原因举例见表 2-7。

表 2-7 运营管理中的业务痛点和原因举例

职能部门	运营管理业务中的痛点举例	痛点原因
研发管理部门	市场调研不充分，定位不准确，新产品不被市场认可	缺少市场数据分析
	研发与工艺设计不能融合，制造成本和质量成本高	缺少数据分析工具
	研发-供应-生产-销售环节没有打通，经常出现卡点	缺少流程数据支撑
销售管理部门	无法预测未来需求，或凭经验预测导致很不准确	缺少客户管理系统
	盲目开发新客户，也不能精准快速对接需求	缺少销售模型搭建
	销售与计划、生产、库存等职能不能协同	缺少内部数据中台
生产制造部门	稼动率较低且因为各种因素而无法有效提升	缺少全面计划控制
	设备协同程度低，异常设备维修费时且成本高	缺少设备维护保养数据库
	生产换模频繁、原材料浪费情形严重	缺少产能最佳排配

(续)

职能部门	运营管理业务中的痛点举例	痛点原因
质量管理部门	质量管理主要依托于检验和控制,没有任何前置	缺少全流程质量管理
	缺少质量成本精准控制,容易导致质量过剩	缺少质量精准模型
	来料检测效率太低,而且浪费大量成本和时间	缺少 SRM 系统对接
成本管理部门	成本管控维度太粗,"吃大锅饭"情形严重	缺少成本数据分类
	预算和业务成本控制脱节,业财脱节、各管各的	缺少全面预算
	降低成本的方式流于表面,按下葫芦浮起瓢	缺少全面成本控制

2.3.2 运营管理数字化 PDCA 迭代模型

PDCA 是通过计划(Plan)、执行(Do)、检查(Check)、处置(Act)四个阶段来达成目标的方法论。运营管理数字化 PDCA 迭代模型基于运营管理业务中的痛点复盘,归纳出运营业务数字化需求和具体目标,通过数字化规划、数字化设计、运行效果和偏差分析、纠正偏差行动等循环,并通过多轮迭代,从而达成数字化目标并赋能业务发展与创新,如图 2-8 所示。

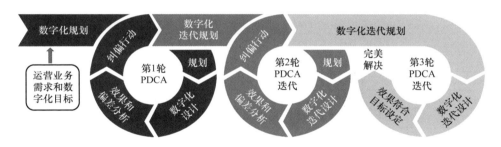

图 2-8 运营管理数字化 PDCA 迭代模型

图 2-8 中所示的 3 轮迭代并不是说一定是 3 轮,也可能是 2 轮迭代或更多轮的迭代,对该模型解释如下。

1)紧密交互业务,数字化目标从业务中来,最后到业务中去(赋能业务发展)。

2)任何数字化不可能一开始就被完美规划,因此要小步快跑、快速试错和持续迭代。

3)一个数字化小目标被完美解决(尝到甜头)后,要接着进行其他数字化尝试,因此这里的"完美解决"仅就特定的数字化项目,而不是企业整个运营数字化,除非企业的运营数字化完全达到智能化,否则数字化之路仍任重而道远。

4)不完美是数字化进程中的常态,但不完美的数字化要远远优于没有任何数字化行动,任何细小的数字化进步都是值得赞扬的,就像大数据运用进阶是靠经验和实践积累一样,数字化的进步也要依靠积累和不断进步。

5)企业要充分利用现有的条件(如基本信息化条件),越早推动数字化越好,就像"种一棵树的最佳时间是 10 年前,其次是现在",如果 10 年前没来得及推动数字化,那最佳策略就是现在要立即启动。

6)在数字化过程中,并不是说非要大量的投入才配叫"数字化",不同行业、不同企业要因地制宜,很多初级数字化可能只需要小成本甚至不花成本。

在开展数字化之前,要精准地提炼具体运营管理中的业务需求,并恰当地转化为数字化的需求和数字化规划,可以使用 5W4H 的问题清单,精准提炼数字化需求的 5W4H 模型见表 2-8。

表 2-8 精准提炼数字化需求的 5W4H 模型

需求提炼维度	澄 清 内 容	问 题 延 伸
Who(用户)	用户和干系人	内外部关联的用户还有哪些
What(内容)	数字化需求澄清	是否可以和其他数字化项目合并
Why(目标)	数字化的目标	目标是否符合 SMART 原则
When(时间)	业务什么时候用	其他时间可否用,或可否被其他用户用
Where(场景)	在什么场景下用	能否用于其他职能的场景
How(方法)	数字化路径和方法	有没有其他更高性价比的方法
How much(花费)	数字化支出预算	该项预算是否是高优先级且被批准
How long(耗时)	项目交钥匙要多久	关键里程碑时间节点是否清晰可控
How often(频率)	数字化迭代频率计划	迭代是否能更深入满足业务需求

2.3.3 运营管理的商业智能

早在 2016 年,Gartner 对 84 个国家的近 3000 名 CIO(首席信息官)进行调查发现,商业智能和数据分析已经连续 5 年成为技术公司最重要的技术。Gartner 定义商业智能(Business Intelligence,BI)为"一个包括应用、基础设施、工具、能通过可访问和分析信息来改进决策、优化性能和最佳实践的概括性术语"。根据对 CIO 的调研,BI 被制造业所熟知,近 8 成的受访者对 BI 达到比较了解或非常了解的程度,且比较关注 BI 技术进步和市场动态。对于 BI 的功能,76%的受访者认为 BI 是支撑企业决策的数据可视化服务;而 67%的受访者认为 BI 是把数据转化为一整套方案。制造业运营使用 BI 优先解决的业务问题(多选)如图 2-9 所示。

第 2 章　制造运营管理数字化的思路和方法

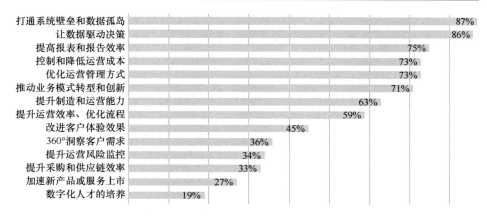

图 2-9　制造业运营使用 BI 优先解决的业务问题（多选）

制造业运营使用 BI 优先解决的技术问题（多选）如图 2-10 所示。

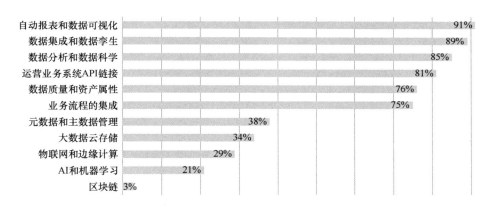

图 2-10　制造业运营使用 BI 优先解决的技术问题（多选）

BI 常见的运营业务应用场景如下。

1）搭建运营管理控制室，赋能企业战略实施、预算执行、业务分析、绩效评价、持续改善的高效、闭环平台，关键运营指标数据由系统自动计算，多层级、多维度展示和数据下钻，提供数据在管理上的佐证，从而大幅提升运营管理效率。

2）实时的业务职能的报表、报告，通过规避人为干预，提高数据准确性、数据可获得性和自助分析等方式，让业务部门从繁琐的数据搜集和分析中解放出来，专注于业务本身，从而提升业务效率。

3）打通企业内系统烟囱和数据孤岛，释放 IT 人员价值，通过整合多系统的数据、提供 API 接口等方式实现数据的共享与协同，不仅 IT 人员的价值得到认可，而且更有利于 IT 人员从"取数机"的低价值功能中解放出来，可以在深层次的数字化上释放价值。

2.4 优化数据资产管理，打造数字化生态

2.4.1 数据资产管理和全域大数据能力

数据资产管理，有利于提高业务数字化和数据业务化的双循环、双融合效率，加速运营管理数字化的推进和创新。数据资产管理（Data Asset Management，DAM）是对数据资产进行规划、组织、开发、交付、保护、协调和控制的职能与流程，其目的是保障企业数据资产的持续增值与对企业运营管理的长效赋能。DAM 的难点和瓶颈包括但不限于如下方面。

1）数据质量太差，诸如主数据、源数据"垃圾进、垃圾出"，难以形成数据资产。

2）信息化过程中缺乏统一管理，导致数据孤岛和数据烟囱林立，阻碍数据资源的共享。

3）数据治理效率和数字化平台开发效率都太低，数据资源、数据分析报告等可获得性呆板。

4）数据管理和运营业务之间不能完全融合，甚至割裂不能统一。

5）数据共享、流通与数据安全、隐私之间的矛盾，很难做到最佳均衡，容易顾此失彼。

6）数据资产浪费现象严重，不能持续迭代和增值，且这种浪费更不容易被组织发现。

7）企业管理层重视度不够，组织内对 DAM 没有达成战略共识与明确的管理路径及流程。

以数据孤岛为例，2022 年某机构对大中型企业内部数据管理的角度进行原因调查（多选）显示，47%的干系人认为是由于缺乏数据资产化的思维和统一的认知；58%的干系人认为是由于缺乏处理数据孤岛问题所具备的专业能力和工具；61%的干系人认为是由于不同类型的数据分散在不同业务系统、部门等；64%的干系人认为数字化业务占比的提升带来了新的数据孤岛；高达 82%的干系人认为提升企业全域大数据能力，对数字化或数字化转型非常重要。提升企业全域大数据能力包括建设数字驱动型文化、全方位大数据应用并打造新

的商业模式、催生数字创新、快速适应市场变化、实现卓越运营、深入客户洞察及提升客户体验等。全域大数据能力建设不仅要消除数据孤岛，还要兼顾非结构化数据和半结构化数据的使用。

对于如何实现全域大数据能力、加速推动大数据运营模式转型的举措（多选），包括将数据治理固化到运营业务流程中，通过利用数据提升运营敏捷度和效率，数据共享，建立基于数据资产的决策模型等（见图2-11）。

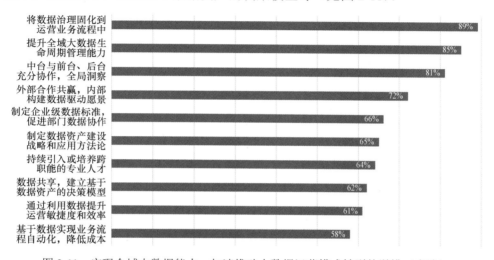

图2-11 实现全域大数据能力、加速推动大数据运营模式转型的举措（多选）

DAM能力的评估包括但不限于：在制度方面，DAM体系完整、规范，指导性清晰；在组织方面，可以有效地追溯数据的具体责任人；在流程方面，对数据资源和交付的管控完整且精准；在技术方面，启用相对先进的大数据平台、云计算、AI等相关工具；在价值提升方面，具有应用、服务和持续运营的能力等。

2.4.2 构建企业运营管理数字化的价值环网

哈佛大学教授迈克尔·波特于1985年在其著作《竞争优势》中提出了价值链模型，并将企业活动分为基本活动和支持活动，而创造利润的路径无外乎是满足客户需求和实现组织战略。在这个中心思想下，数字化时代的制造业企业应以客户为中心，通过数字化驱动运营战略，将各个职能如预算、销售、研发、生产、供应链、项目、成本等有机地集成起来，形成内外部价值网。价值链模型和价值环网模型如图2-12所示。

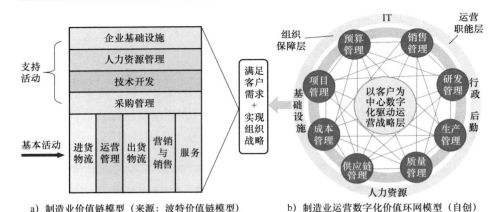

a）制造业价值链模型（来源：波特价值链模型）　　b）制造业运营数字化价值环网模型（自创）

图 2-12　价值链模型和价值环网模型

2.4.3　打造运营管理的数字化生态

对企业级的大数据做全生命周期管理，是打造运营管理数字化生态的前提，大数据全生命周期管理一般包括以下方面。

1）大数据规划：包括大数据架构、大数据分布、大数据流等。

2）大数据规范：包括大数据标准等。

3）大数据应用方案：包括大数据获取、交付、存储和使用方式。

4）大数据创建和获取：大数据的来源渠道等。

5）大数据存储：存储的工具，如数据仓库、数据湖、数据超市等。

6）大数据加工和使用：如 ETL、数据分析、数据挖掘等。

7）大数据归档和恢复：归档的分类，以及对误删、误处理数据的恢复。

8）大数据销毁：按照大数据销毁标准和流程予以销毁。

在做好大数据全生命周期管理的基础上，制造业企业可以尝试搭建数字化生态，从而保障企业运营数字化长期、稳定的发展与创新。数字化生态包括企业内部数字化生态和企业外部数字化生态。

1. 建立企业内部运营数字化生态循环

构建企业内部运营数字化生态，包括在组织和战略上，要形成全员大数据素养和数字驱动运营的战略设计；在业务和流程上，要实现业务数字化和职能流程协同；在平台和技术上，要搭建数据中台和 BI 商业职能，并提升技术使用和人才培养等。这些方面要在企业内部实现充分融合，企业内部运营数字化生态循环如图 2-13 所示。

第 2 章　制造运营管理数字化的思路和方法

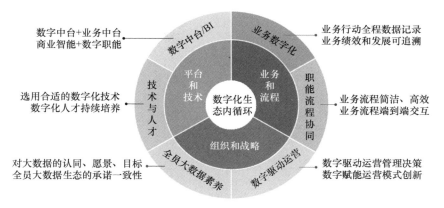

图 2-13　企业内部运营数字化生态循环

2．建立企业外部运营数字化生态循环

在基本完成构建企业内部运营数字化生态之后，企业可以尝试构建外部数字化生态，紧密与客户、政府、第三方机构、供应商、委外商、合作商等外部干系人组织实现充分融合，运营管理从"看得透"到"看得高"，再到"看得远"，打造合作供应的持久生态。企业外部运营数字化生态循环如图 2-14 所示。

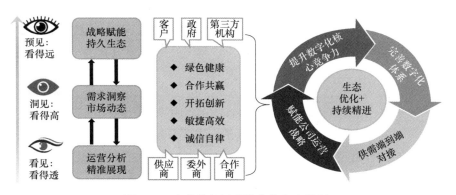

图 2-14　企业外部运营数字化生态循环

案例 1：某集团公司依托主数据治理，进而高效搭建数据中台

某汽车配件制造公司在 2019 年之前，报表逻辑不清、决策全凭经验、数据分析工具匮乏、数据质量差且不规范，用 CEO 张总的话说就是"苦数据问题久矣"，于是上下同心，决心用 3 年时间实现运营管理初步数字化。

主数据（Master Data）是指用来描述企业核心业务实体的数据，是跨越各

制造业运营管理的数字化实践

业务部门和系统的、价值高、数量少、影响大的基础数据，素有"黄金数据"之称，比如客户数据、项目数据、产品数据、物料数据、制造流数据、供应商数据、人员数据等。经过头脑风暴和"诉苦会"，充分收集意见，该公司主数据前 5 大痛点见表 2-9。

表 2-9　该公司主数据前 5 大痛点

主数据痛点	痛 点 描 述	业务场景举例
多头	数据入口多、重复录入数据多	相同供应商代码被多次维护，采购分散
不一致	编码不统一、分类不清晰	物料编码"一对多"太普遍，业务整合难
无标准	缺乏数据统一管理，数据质量差	不同的人盘点库存时，从来都没有一致过
不能共享	各职能部门随意定义主数据	数据解读上"公说公有理，婆说婆有理"
无法交互	主数据之间无法精准映射	产品、项目在不同系统中，要手工下载分析

经过主数据标准体系、主数据模型管理（分类、标识、编码规则等）、主数据清洗、主数据发布管控（设置映射关键字段等）、主数据权限管控（模型新增、审核、发布）、主数据运维管理，实现了主数据集中管理、全局共享。

集团全员尝到了主数据治理的"杠杆效应"，包括运营效率提升、销售业绩增长、业务流程敏捷化、决策准确度提高、全员创新热情高涨、对客户市场反应加快等，而后趁热打铁，在充分评估内部需求和甄选最佳数字化工具选型后，成功地推进了轻装版的数据中台。该集团公司轻装版数据中台赋能运营管理如图 2-15 所示。

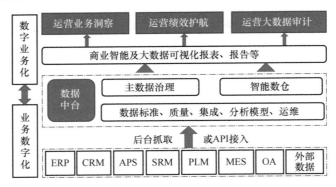

图 2-15　该集团公司轻装版数据中台赋能运营管理

【案例评析】

该集团公司之所以能成功地实现初步数字化目标，经验和教训都有很多，但关键的成功因素是 CEO "体察民情"且亲自挂帅及长期支持、几乎全员都是项目干系人、清晰的问责制度和奖惩制度、稳打稳扎推进、持续精进及迭代的实施计划等。

案例 2：某企业充分开发非结构化大数据金矿，开辟大数据资产之路

某高科技企业在 3 年前主要投资结构化数据处理，且已取得了相当大的成效，但非结构化数据应用仅停留在标签类。该高科技企业高层决定将结构化、非结构化、半结构化以及其他数字资产统一置于大数据管理体系下，认同这些都是企业重要的数字资产。非结构化数据可提供业务全场景、持续洞察，更精准驱动运营决策、行动、绩效创新等，从而进一步提升企业核心竞争力。在技术上该企业有能力并坚决支持 AI 和机器学习挖掘领域智能，实现异构、海量大数据高效汇聚和清洗加工，并以中台的思路构建非结构化数据的处理能力。该企业第一阶段基于挖掘非结构化数据的业务目标和需求见表 2-10。

表 2-10 第一阶段基于挖掘非结构化数据的业务目标和需求

运营领域	业务目标	转化为对非结构化、半结构化数据的需求
营销领域	产品精准营销	社交媒体非结构化数据，形成精准客户画像
研发领域	缩短上市时间	通过概念设计收集众筹和独立站等反馈的数据进行分析
生产领域	智能制造监控	通过 CPS 自动分析设备生产过程图像，流程仿真优化
	设备预测性维护保养	实时扫描设备、自动监控运转状态，最佳时间维护保养且降本
质量领域	质量事故预防	对产品质量检测自动化多维度扫描，质量事故前就预警

在第一阶段，该企业基本实现了非结构化数据应用的业务目标后，团队通过 AI 和机器学习等先进工具，不断迭代非结构化数据应用成果，紧接着，团队又持续在智能客服、生产流程优化、能耗管理、高级自动排产、智能库存等细分运营领域也推动了非结构化数据的运用，基于 3 年对非结构化数据应用的经验，该企业基本实现了全方位大数据资产。全方位大数据资产运作进阶体系如图 2-16 所示。

【案例评析】

该高科技企业多年来在信息化和数字化领域一直步步为营、勤恳务实，虽然在 3 年前就取得了较为优秀的数字化成绩，但并没有止步不前，而是敢于继续尝试"啃硬骨头"，充分挖掘了非结构化大数据价值，强有力地推动数字化深

入,从水到渠成地构建了全方位大数据资产体系。不难推测,后续在高质量、高水平的大数据资产运作下,该企业在未来可步入数字化 4.0 阶段,即全面智能化阶段。

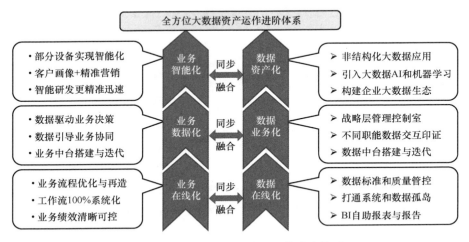

图 2-16 全方位大数据资产运作进阶体系

【推荐阅读】

可参考笔者的《大数据赋能供应链管理》一书第 2 章的内容。

第3章

广义供应链管理数字化

3.1 失去协同的供应链管理现状和思考

3.1.1 由三则小故事说开去

故事 1：某知名集团企业采购部的"降本增效"大会

2023 年 1 月，某集团总部张灯结彩，集团采购部隆重召开"2023 年度工作会议暨降本增效动员大会"，参加会议的有集团采购部全体人员，以及受邀的集团董事长、集团销售副总、集团运营副总等。集团采购部的贾总在大会上设立了采购降本目标，2023 年的采购成本要比 2022 年同比下降 15%，通过价低质优让产品成本有战略优势，为集团 2023 年的战略目标做出应有的贡献。

集团董事长微笑着说："贾总能把采购成本下降 15%，这是好事情，但是如何保证品质，如何做到价低质优？请形成会议结论。"

大家积极发言，头脑风暴。采购部 A 说，首先对大宗物料实行竞标，在开标日宣布中标情况，还可以口头承诺下调价格，极限压价；其次对于小宗物料，每次不少于三个供应商比价送货。采购部 B 说，不断开发新供应商，每隔一个阶段降价更换新供应商。采购部 C 说，直接给出降价 15%的目标价格进行邀约，看看有没有人合作……

会议讨论很热烈，形成的会议结论就是降价目标和各种降价手段。销售副总、运营副总摇头离开。

故事 2：某知名集团企业年中"生产提质增效"大会

2023 年 7 月年中的"生产提质增效"大会召开了，议题包括生产成本、生产率、良品率等。生产部郁总监拿着一张 A 车间良品率报表，脸色沉重地质问 A 车间主任："怎么提质增效的？良品率还不如 2022 年，××主任，你怎么搞的？还能不能带好 A 车间？"

A 车间主任也是有备而来，他不但承认了良品率的下降，还说出另外一个客观事实，绝大部分原料的质量都是按标准的下限采购的，有 40%以上的批次都是走特采验收的。统计发现我们生产率全面下降，产量能持平都是更多的加班生产出来的。A 车间主任继续分析说，A 车间绝大多数是熟练技术工，设备也几乎没有故障，效率上不去、良品率偏低的原因就是原料质量下降。只有 DA0501 产品的原料质量维持，良品率也是好于去年的。A 车间主任反问："原材料降本了，难道只是降低采购价格就完事了么？不应该考虑材料的使用成本吗？" A 车间产品的生产成本和良品率差异分析见表 3-1。郁总监非常郁闷地看着手中的报表，他思考着销售部会如何看待生产，供应链如何做闭环管理，如何在公司的管理层会议上探讨这个问题……

表 3-1 A 车间产品的生产成本和良品率差异分析

产品代码	原料采购降本率	生产成本增长率	2022 年良品率	2023 年良品率	良品率差异
DA0201	15.2%	23.7%	98.1%	97.5%	−0.6%
DA0202	14.7%	19.5%	98.3%	98.0%	−0.3%
DA0203	5.1%	0.3%	99.2%	99.5%	0.3%
DA0204	16.5%	22.4%	98.5%	97.0%	−1.5%
DA0501	4.3%	0.2%	98.3%	99.5%	1.2%
DA0502	16.1%	21.9%	96.8%	95.4%	−1.4%
DA1001	14.8%	20.4%	99.2%	96.9%	−2.3%
DA1002	4.8%	1.7%	98.4%	99.0%	0.6%
DA1003	16.9%	22.3%	99.6%	96.7%	−2.9%

故事 3：某知名集团企业年中"销售创优增效"大会

该企业在年中"销售创优增效"大会上，各路销售精英云集，各区域销售经理轮番上台，谈目标讲方法，确保销售目标的达成。

销售雷总监很冷静，作为统管销售与市场的关键人物，他手里有一份上半年客诉统计和分析表（见表 3-2），在销售业绩的基础上潜藏着问题，虽然今年进行了客户精细化管理，围绕"三力"（渠道力、产品力、品牌力）持续增强影响，期望提升客户满意度，但客诉率却比去年增加了 135%。雷总监年初要求强化"品牌路径、服务路径、用户路径、生态路径、智能化路径"，但经过全体人员的努力，客诉率增加了 135%，意不意外？雷总监第二天在集团管理层会议上提出如何让采购、生产、销售协同作战，共议结果导向，而不是过程导向。

表 3-2　上半年客诉统计和分析表

月　份	出货次数	客诉次数	客　诉　率	客诉问题根因分类			
				原　材　料	制程工艺	包　装	其　他
1	134	26	19.4%	22	1	1	2
2	129	28	21.7%	21	2	3	2
3	135	24	17.8%	19	1	2	2
4	155	31	20.0%	27	3	1	0
5	146	28	19.2%	23	1	2	2
6	142	25	17.6%	20	2	2	1

3.1.2　三个故事背后的传统供应链问题思考

"降本增效"似乎是当今所有企业共同的运营管理目标，大多数企业认为采购降本效果最好最直接。但每个企业既是买方也是卖方，采购价格下降 10%是净利润，但有谁去跟踪应当成本和最合适质量标准？谁去统计材料在生产过程中是否影响效率？对设备速度影响多少？半成品及制成品的良品率如何？使用该品项材料的成品流入市场后，客户满意度如何？这些都是影响企业未来的关键因素。企业采购成本恰恰不是客户最关心的，客户最关心的是成品。无原则地降低成本、忽略质量的企业是不长久的。比如 2003～2010 年手机品牌满天飞的时代，价格较高的手机品牌活下来了并发扬光大，而众多便宜品牌早已销声匿迹。

传统的供应链管理无法让采购、生产、销售协同作战与发展，问题包括但不限于如下。

1）供应链信息跨系统无法协同共享，各自为战。传统供应链缺乏统一的管理信息平台，缺乏对供应链上相关人员的协同管理，且业务运营效率低下。

2）业务流程没有全面线上化、信息化。部分或全部作业仍然采用手工作业方式，大量的"表哥""表姐"使用五花八门的表格处理业务。

3）传统供应链链路较长，各个环节没有被实时记录。各个细分职能的流程存在卡点，不增值流程节点多，没有对整体实时监控。

4）业务流缺乏有效追踪和监督。某个变动因素的影响没有在全链路上追踪，导致绩效表现走向了价值工程的反面。

5）系统孤岛现象严重。无论是系统还是数据，均没有实现端到端的集成。

6）没有前置反馈机制，事前管控缺乏。比如制造工艺的质量控制如何在进料检验中就能被卡住，库存呆滞如何在计划和采购联动中率先实现提前控制等。

企业必须构建以需求为导向的供应链管理数字化，通过定量分析、需求预测、产品模型、产品生命周期等数字化管理，实现业务全程监控、数据互联互通、信息实时反馈，形成数字化闭环供应链管理。以上述故事的供应链降本增效为例，需要在需求端、产品开发制造端、采购与生产端、仓储物流端实现闭环供应链协同。供应链降本的闭环逻辑如图3-1所示。

图3-1　供应链降本的闭环逻辑

3.2　以市场和客户需求为导向的供应链管理数字化

3.2.1　数字化供应链的必要性和技术趋势

1. 供应链数字化的必要性

无论是乌卡（VUCA）时代还是巴尼（BANI）时代，企业面临的市场不确定性因素都在增多，制造业企业的竞争环境剧烈变化，如对市场需求变化的反应速度加快、科技快速进步导致产品生命周期大幅缩短、供应链交付周期持续缩短、质量需求多元化、成本要不断降低、服务要求不断提高、产业链协同横向和纵向加深并更加灵活等。

而传统的企业供应链运营存在一定的滞后性，具体表现为企业内部运营管理对供应链合作伙伴的狭隘对抗性和竞争性高于合作性；供应链职能范围的局限，在销售、生产、采购等环节各自为政，存在不同程度的部门墙；数据系统落后，内部系统没有打通，与外部客户与供应商间的联系也没有打通，缺乏战略合作伙伴关系的基本保障；缺乏对市场和客户需求的跟踪与管理，如呆滞库存多，而被需求的产品往往缺货；企业运营过于重资产化，既没有充分利用市

第3章 广义供应链管理数字化

场外包资源,也没有形成自身核心竞争力等。

供应链是以客户需求为导向,以提高质量和效率为目标,以整合资源为手段,实现产品设计、采购、生产、销售、服务等全过程高效协同的组织形态。供应链管理就要把供应商、制造商、仓储物流、零售商、客户等资源有效地组织在一起,从而达到供应体系价值最大化。它既要管理和均衡各层级利益相关者,也要来连接内外部流程,还要构建多方并行的网络和生态。除了商流、物流、资金流、信息流外,还有增值流。各个环节必须要有增值。供应链完整形态如图3-2所示。

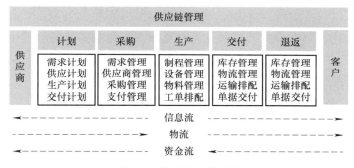

图 3-2 供应链完整形态

当前,第四次工业革命和产业变革加速发展,国际贸易和产业分工格局发生了重大调整,全球产业链、供应链面临重大冲击,风险不断加大。在复杂性、不稳定性、不确定性显著增强的发展环境中,传统供应链存在的各种问题日益凸显,阻碍了制造业企业的数字化、智能化转型。

而基于工业互联网的数字化供应链是以工业互联网为基础,以大数据、人工智能等新一代信息技术为手段,通过以客户为中心的平台模型、多渠道数据,实现供应商、制造商、分销商、零售商全面连接、高效协同、智能决策的数字化网链结构。传统供应链与数字化供应链的比较见表3-3。

表 3-3 传统供应链与数字化供应链的比较

比较维度	传统供应链	数字化供应链
驱动力量	以企业为中心的产能驱动	以客户为中心的需求驱动
驱动流程	离散、历史经验或数据驱动	端到端统筹、基于大数据实时驱动
链路形态	线性结构的串联	网状结构的并联
实现方式	以交付网络的构建为主	供应链端到端的可视化
需求预测	基于经验的分析与预测	实时、智能分析和预测,如AI工具
数据共享	信息孤岛,非实时信息交换	全链信息共享和沟通

（续）

比较维度	传统供应链	数字化供应链
柔性弹性	经常供应中断，风险难掌控	偶尔的中断可快速恢复，风险可控
物流运输	传统劳动密集型运输	智慧化物流运输
风险成因	需求波动和信息传递失真	数据管理漏洞和网络安全风险
组织结构	以企业为中心的线性结构	以客户为中心的网状结构或立体结构

数字化供应链的目标包括供应链计划与预测优化、多元化寻源与采购、柔性化生产管理、订单精准交付、数字化客户服务、深度数字化降本增效、获取竞争优势、提升行业整体价值等。供应链需要进行数字化转型的原因主要有以下几个方面。

1）全球化和日益增加的不确定性和复杂性，企业需要供应链可视性、精细化的成本控制、可预测性风险管理、需求增加、全球化供应链。

2）数字经济的发展促进了供应链数字化转型，数据成为供应链变革的驱动力，技术、管理、模式创新驱动供应链的数字化、网络化的变革。

3）工业4.0带来的新兴技术驱动，第四次工业革命让世界经济由"信息时代"迈入"数字智能时代"，人工智能、物联网等技术驱动供应链革新。

4）传统的商业模式向数字化的商业模式转型，如制造服务化或制造+服务新的商业模式、线上+线下新零售的商业模式等。

5）以客户为中心的需求市场给供应链带来新挑战，市场和客户需求愈加复杂多变、超个性化，需要敏捷响应、优质服务的数字化供应链与之对应。

供应链数字化是企业数字化转型的关键，优秀的供应链数字化水平有望降低管理成本80%，降低设计和工程成本10%～30%，缩短市场投放时间20%～50%，减少库存持有成本20%～50%，从而大幅提升企业的竞争力，数字化供应链配套的管理功能如下。

1）供需平衡：要精准预测和把握客户的多元化、个性化、定制化需求，有效驱动供应链计划、采购、生产、交付、售后服务等业务活动。通过业务流、物流、资金流、数据流的高效协同，实现供给端和需求端的精准对接，并保持供应链系统整体的动态平衡。

2）数据驱动：实时完整地采集、存储、处理、传递供应链上下游相关环节的数据，并通过建模分析、数据挖掘、数据孪生等技术赋能供应链决策，提升供应链管理透明化和智能化水平，实现供应链全流程追溯、实时响应、精准预测、实时决策等。

3）弹性灵活：在供应链业务活动全流程对接和端到端集成的基础上，及时、有效地感知、评估与应对市场需求波动和供应链风险，以保障供应链整体业务连续性、稳定性、灵活应对性等。

4）生态协同：构建供应商、制造商、服务商、经销商以及客户等供应链主体组成的生态体系，通过数据驱动全方位的信息覆盖、生产要素高效匹配，深化主体之间优势资源、核心能力的协同，实现多赢、共生、共创，促进供应链整体价值的提升。

5）模式创新：构建数据与资源共享平台，驱动商业模式创新，各种核心资源和能力通过平台的方式集聚，将客户需求直接转化为生产排单，建立以客户为中心的数字营销服务体系，高效对接并满足客户的个性化定制需求，并实现产销动态平衡。

6）服务延伸：供应链网络化协同通过信息技术与物流配送网络的支撑，实现全渠道的需求订单、便捷支付、物流配送之间的有效融合交互衔接，平台的客户与供应商建立网络化合作。同时通过大数据、云计算、物联网、人工智能等信息技术，探索各类网络营销方式，实现产品监测追溯、远程诊断维护、产品全生命周期管理等高附加值服务。

7）客户体验：客户需求的碎片化、个性化、场景化趋势驱动产品运营状况的数据闭环，为产品研发、响应客户需求提供基础，借助工业互联网平台的集聚和交互功能实现海量用户与企业间的交互对接、需求征集，如需求调研、产品推广、订单设计、个性化生产到交付使用和售后服务，让客户沉浸式参与其中，增强客户黏性和忠诚度。

要实现渠道扁平化、营销精准化、客户体验场景化、生产定制化、交付即时化、库存共享化、交易线上化、业务全球化等，就必须供应网路协同、集合架构。供应链端到端全方位数字化服务能力如图3-3所示。

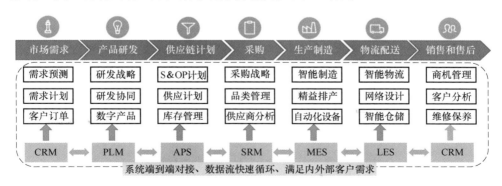

图3-3 供应链端到端全方位数字化服务能力

2. 数字化供应链新技术的应用

Gartner 在 2018—2020 年发布了 8 大供应链技术趋势，除了人工智能、物联网、区块链、高级分析等流行的技术外，超级自动化和数字化供应链孪生逐渐排名靠前，其中数字化供应链孪生是基于更多企业的供应链数字化的新基建，能更大范围挖掘数据价值，通过数据在物理场景和虚拟空间模型仿真互传，辅助业务决策和流程优化。数字化供应链孪生甚至可发现潜在的客户和客户需求，并及时做出反应、提供高效服务。Gartner 公布的 8 大供应链技术趋势（2018—2020 年）见表 3-4。

表 3-4 Gartner 公布的 8 大供应链技术趋势（2018—2020 年）

趋势排名	2018 年	2019 年	2020 年
1	人工智能	人工智能	超级自动化
2	高级分析	高级分析	数字化供应链孪生
3	物联网	物联网	持续智能（CI）
4	智能事物	机器人过程自动化	供应链治理与安全
5	会话系统	自主事物	边缘计算和分析
6	机器人过程自动化	数字化供应链孪生	人工智能
7	沉浸式技术	沉浸式体验	5G 网络
8	区块链	供应链中的区块链	沉浸式体验

而从 Gartner 在 2021—2023 年发布的 8 大供应链技术趋势看，开拓、优化和扩展成为三大主题。可操作的人工智能、智能运营成为开拓性技术，驱动变革供应链运营模式，增强智能化决策；通过资产利用率、员工潜能的提升和行业需求整合来达到供应链优化；而供应链架构重组、网络弹性供应链和供应链整合服务也是重要的发展趋势。Gartner 公布的 8 大供应链技术趋势（2021—2023 年）见表 3-5。

表 3-5 Gartner 公布的 8 大供应链技术趋势（2021—2023 年）

趋势排名	2021 年	2022 年	2023 年
1	超级自动化	超级自动化 2.0	可操作的人工智能
2	数字化供应链孪生	下一代机器人	开拓智能运营
3	沉浸式体验与应用	自主事物	移动资产优化
4	边缘生态系统	数字化供应链孪生	优化行业云平台
5	供应链安全	无处不在的分析	优化员工敬业度
6	环境社会治理	安全网络	扩展组合应用架构
7	嵌入式人工智能和分析	生态系统合作	扩展网络弹性供应链
8	增强数据智能	可持续发展工具	扩展供应链整合服务

3.2.2 以需求为导向的数字化供应链管理

企业既要低头拉车赶路（努力运营），还要抬头看天（洞察市场和需求变化），期望用昨天的传统供应链管理经验，解决当下的市场和客户需求，还幻想赚取明天丰厚的利润，就是一个乌托邦之梦，比如，很多企业所生产的产品并不是市场和客户需要的，所生产的产品并没有放在正确的地方，目标客户群体错误等。如何把市场终端的信息有效地传达到供应链的各个环节，就需要建立以需求为导向供应链管理的数字化。

以需求为导向供应链管理的数字化，需要建立五星目标（5R），以 5R 目标为核心，形成闭环。供应链管理的数字化围绕 5R 指标展开运营活动，5R 目标就是以需求为导向的供应链管理的数字化，在正确的时间、正确的地点，把正确的产品按照正确的价格投放给正确的客户。以需求为导向的数字化供应链管理的五星目标如图 3-4 所示。

图 3-4 以需求为导向的数字化供应链管理的五星目标

在企业内部，供应链管理以客户需求为导向，以提高质量和效率为目标，以整合资源为手段，实现产品设计、采购、生产、销售、服务等全过程高效协同的组织形态。在供应链管理实战中，以需求为导向的供应链管理的数字化流程如图 3-5 所示。

以需求为导向的供应链管理的数字化的核心阶段如下。

1）市场需求预测、客户管理、实时反馈与精准应对。企业需求预测是指针对目标客户群体习惯性购买，利用市场预测方法，得出实际的产品需求数量。市场需求预测要基于调研数据，对未来一定时期的市场需求量及影响需求诸多因素进行分析,寻找市场需求发展变化的规律,为营销管理人员提供未来市场需求的预测性信息。

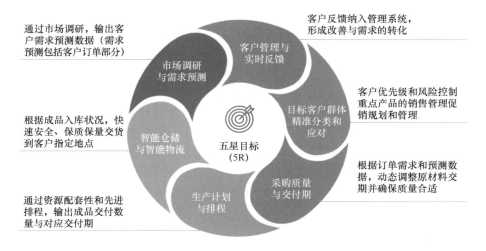

图3-5 以需求为导向的供应链管理的数字化流程

2)采购质量与交付期。在买方市场的环境下,厂家一般都会满足客户交付期要求,采购部"降本增效"产生漏斗效应,当来料标准游走在标准范围的下限时,设备效率、损耗率、车间返工率逐步显示出无法量化的成本。采购原材料低质量标准的漏斗效应如图3-6所示。

3)生产计划与排程。所有的预设计划在实际执行中偏差会不断加大。比如根据原材料差异化,可统计出设备效率、半成品率、返工率,按照实际生产能力计算出实际交货期。生产排程计划需要追加的反馈点包括:同品类原材料造成设备效率降低,统计效率损失,量化金额,及时反馈采购、财务、销售、管理层;紧急插单造成换单损失需要量化金额,反馈到财务、销售、管理层。要在整个系统中找出真正的贡献者和伪装贡献者。若便宜的同类原材料造成设备效率降低、返工率增加、良率降低等,从而会损失更多的成本,那么在这个品项中采购就是伪贡献者,甚至是负贡献者。

图3-6 采购原材料低质量标准的漏斗效应

4）成品仓储与物流。在正确的时间，把正确的产品，送达正确的地方，交给正确的客户。仓储与物流也是打通最后的关键一公里，承担最后的攻坚战。剩余的目标客户群体和客户管理与反馈是销售端，不断开发客户，实时反馈客户意见，优化公司产品，循环反复。

以需求为导向供应链管理的数字化，就是以 5R 为目标基础的"三率五度"。以需求为中心的数字化供应链"三率五度"基石如图 3-7 所示。

图 3-7 以需求为中心的数字化供应链"三率五度"基石

3.3 供应链销售管理的数字化

3.3.1 基于客户数据分析的销售九宫格模型

现代营销学之父科特勒将营销定义为管理有价值的客户关系，其目的是经济有效地触达目标用户并推动用户购买相关产品或服务。销售数字化并未改变营销的内核，而是利用数字化技术与产品加速用户触达及价值转化的过程。销售部门是企业的利润中心，其他部门都可视为成本中心。常用销售指标分类示例见表 3-6。

表 3-6 常用销售指标分类示例

以管理为导向的指标	以经销为导向的指标	以服务为导向的指标
客户复购率	区域销售目标	销售额
管理干部数量	一次性进货量	客户复购率
销售额	团队规模	业绩增长率
毛利率	回款率	客户满意度
销售费用	净利润	建议采纳率

指标体系取决于产品的竞争力水平和销售的数字化管理水平。产品的竞争力水平是指产品符合市场需求的程度及在市场中的地位，其中销售额、毛利率、回款率是三个核心指标，其他是衍生指标。在产品的成长期和成熟期阶

段,销售的数字化管理水平程度可以正向影响产品的销量、提高销量水平。数字化管理水平对销售数量的影响如图 3-8 所示。

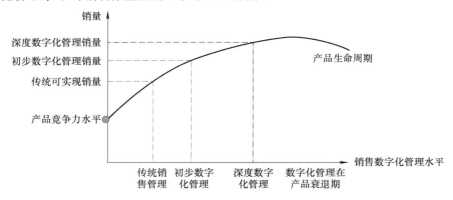

图 3-8　数字化管理水平对销售数量的影响

销售管理的数字化要从获取客户开始。把客户划分为认知(Awareness)、兴趣(Interest)、购买(Purchase)、忠诚(Loyalty)四个阶段。获取客户阶段分类如图 3-9 所示。

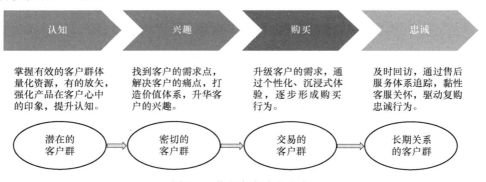

图 3-9　获取客户阶段分类

销售数字化通过解决供应链链路上存在的问题,促进客户转化,通过漏斗式的层层筛选,将潜在的客户发展为 C 类客户(一般客户),通过客户画像等逐步甄选出 B 类客户(重点发展客户)、A 类客户(重要客户)、AA 类客户(战略合作客户)等。全流程客户管理示例如图 3-10 所示。

销售中供应链管理的数字化将销售漏斗成交客户数量及时有效地反馈给供应链前后端,整个系统能随时掌握销售动态。前端及时做好采购管理,后端做好计划与排程。基于销量、销售利润的高(A)、中(B)、低(C)划分,销售数字化九宫格管理模式示例如图 3-11 所示。

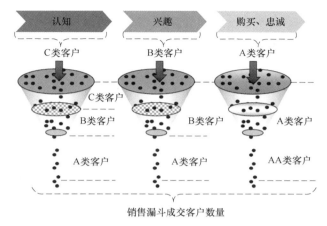

图 3-10 全流程客户管理示例

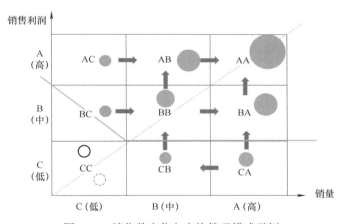

图 3-11 销售数字化九宫格管理模式示例

某企业是汽车整车厂的一级配件供应商,2023 年基于销售数字化九宫格管理模式的客户分析示例见表 3-7。

表 3-7 2023 年基于销售数字化九宫格管理模式的客户分析示例

客 户	销售额/万元	利润额/万元	毛 利 率	销售额增长率	利润额增长率	收款周期
甲	9500	475	5%	30%	−25%	150 天
乙	9450	756	8%	25%	−15%	120 天
丙	8500	935	11%	5%	3%	90 天
丁	7200	936	13%	8%	10%	75 天
戊	6800	1836	27%	2%	5%	30 天
己	5400	1512	28%	3%	6%	30 天
庚	4500	855	19%	5%	5%	45 天
汇总	51350	7305	14%	12%	0.5%	86.3 天

不难看出，CA 类客户（如甲和乙）虽然贡献销售额较大，但利润贡献是较小的；而 AC 类客户（如戊和己）虽然销售额较小，但是利润贡献非常大。与 2022 年相比，该企业对客户甲和乙的销售额大幅增长，但利润额却大幅下降，且收款周期最长，远超过平均值 86.3 天。而对于行业内头部客户戊和己，虽然业界公认其增长潜力和市场前景更好（预估年度增长 40%以上），但该企业对其销售额却没有大幅增加。该企业本应该把放在客户戊和己的资源重心却放在了甲和乙上，导致销售额比 2022 年增长了 12%而利润却仅增长了 0.5%；若再从公司财务成本看，假设该企业对所有供应商的付款周期加权平均值是 60 天，那客户甲和乙占用了本企业大部分现金流，而客户戊和己却为本企业节约了现金流（均有 30 天的额外正向差）。

通过销售数字化九宫格管理模式，可清晰地识别不同客户对本企业的贡献度，从而在整个供应链的链路上，各个环节重视和服务好优质客户，同时把消耗公司资源多，但利润贡献低的客户进行调节，逐步增加 AC 类客户，同时把 AC 类客户逐步向 AB 类、AA 类客户方向发展。数字化九宫格是对已成交客户的甄选，对整个销售系统战略调整决策。

定位越往对角线右上角越好，基于企业资源搭配，精准决策，比如企业赛道、战略、资源掌控度、外协力度和外协资源等，包括但不限于如下。

1）公司赛道的发展，比如与新能源类客户 T 公司合作刚起步，目前在 AC 类，可向 AB 类方向发展。

2）产品类别（如生产换线难度系数）和不同客户的交叉。

3）公司现有稼动率状况，假如产能非常吃紧，对待 CA 类客户要么提价，要么外包出去。

4）灵活的自制和外包策略等，当然这需要很强的分析和充沛的外包资源。

5）降本增效的努力优先花在更重要的客户身上，是否能带来辐射，比如获取更多订单份额。

6）提价策略（一般客户上），比如通过合同规定对原料随行就市的涨价或降价等。

7）战略性亏损必须严格控制，用在有更多潜力的头部客户身上，对那种依靠补贴的客户要格外小心，未来八成是头部客户企业的陪衬，企业要严格控制风险和赊销额度等。

8）密切关注客户动态，如核心客户的投资策略、发展策略等均要无比紧密地获取信息。

3.3.2 基于数字化的客户画像及信用管理体系

1. 客户画像与客户生命周期管理

仅对 B2B 客户的画像分析，客户画像通过外部数据和内部数据的综合使用，对客户基本信息、行业影响力、相关风险等分析，归纳出战略重要性和发展规划，同时与客户战略关系的评估，基于数字化客户画像示例如图 3-12 所示。

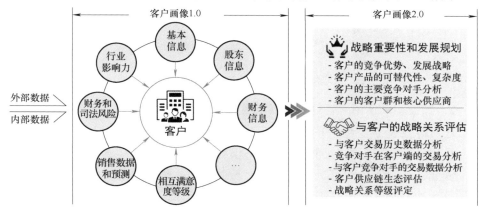

图 3-12　基于数字化的客户画像示例

为了获取精准的客户画像，需要搜集、甄选和使用各类内外部数据。内部数据主要包括与客户的交易历史记录分析、内部评价数据、满意度数据等；外部数据包括行业报告、上市公司报告、第三方调研数据、客户的其他供应商反馈信息、本企业竞争对手和客户其他品类产品或服务的提供商的评价等，总之对客户赛道、行业、客户的产业链和供应链、盈利率、资产负债率、现金流、舆情等全面获悉和分析。

基于销售平台的数字化销售管理常见的营销数据分析技术有：卡方自动交互检测法（CHAID）、综合分析法、计量经济学建模法、终身价值分析法、市场试验法、多元回归分析法、价格优化法、搜索引擎优化法（SEO）、支持向量机模型（SVM）、时间序列试验法、提升建模法等。无论使用什么方法，都需要将客户生命周期管理和销售业务全过程管理结合起来，客户生命周期管理和销售业务全过程管理的协同如图 3-13 所示。

销售管理的数字化重点抓好销售额、毛利率、回款率的动态管控，利用销售漏斗开发客户，正确运用九宫格动态管好客户，根据客户画像和信用度管理，把资源集中在较高价值的客户上。

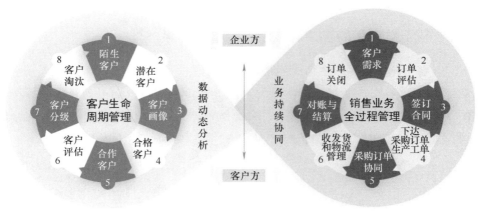

图 3-13　客户生命周期管理和销售业务全过程管理的协同

2．数据驱动信用管理体系的精准管控

若财务报表上主营业务收入和毛利率都很好看，但仅停留在账面上是不够的，货款必须要相对按时回笼资金，不仅有利于企业持续运营，也防止过高风险、资金链断裂等风险等。在与客户交易过程中，赊销是最常见的销售模式，主要包括赊销额度（产品销售后但未收到货款的金额）和赊销周期（产品销售日与实际收到货款日期的平均天数）两个维度。

产品销售出去（发货）且被客户接收，但实际货款没有按时收取的原因如下：相关单据没有及时传递给客户，没有及时与客户对账，没有及时开出发票，客户没有及时在他们内部系统做账、申请等，销售没有及时提醒客户，财务没有提醒销售跟催客户等诸多情形。

假设某企业对某重点客户的销售额达 50%，净利润率是 5%，若客户的付款周期（赊销周期）是 3 个月，另外 3 个月商业承兑汇票，若不幸该客户恶性倒闭，相当于 10 年对该客户业绩归零，如果合作超过 10 年尚感一丝平衡，如果只合作了一两年而已，那就是"赔本赚吆喝"亏大了。就像农夫为了抓一个云雀，结果不仅云雀没抓住，家里 10 只正常下蛋的老母鸡还都被云雀"带走"了。另外，销售务必和财务紧密结合，任何风吹草动都要立即共享信息，罗马不是一天建成的，同样大厦也不是一天倾覆的。

因此需要对客户信用管理等级表进行分析，赊销的管控（赊销额度和赊销周期同时管控）如下。

1）A 级客户包括近三年世界 500 强母公司及其全资子公司、国央企总部及三级控股子公司、国资委下辖重点企业、集团内特定的战略客户等，且信用评级为 A 类。

2）B 级包括国内上市企业、行业排名前十企业、信用评级为 A 类。

3）C 级包括一般性企业，信用评级为 B 类。

4）D 级属于风险类客户，包括未签署任何合同的客户、各类贸易商、现货商、代理商等，且信用评级为 C 级或者 D 级，企业严格控制赊销交易额度。

企业可以根据相关维度对不同客户滚动评分，除了信用等级，还有行业赛道、市场地位、信用等级、销售额、毛利率等。客户滚动评分示例见表 3-8。

在确保企业的业务并不是绝对依赖某一两个客户的高风险前提下，客户群在精不在多，将企业的资源聚焦在优质客户群上，并提供优质的产品和优质的服务，从而使企业保持良性循环，但在现实中，一些行业的竞争厂家早已饱和，因为门槛低，还有企业大力去买设备扩产能，在红海市场中加剧"内卷"，忘记了产品价格是由市场供需决定的这个基本的市场逻辑。

表 3-8 客户滚动评分示例

评分维度	占比	客户 1 评分	客户 2 评分	客户 3 评分	客户 4 评分
行业赛道	15%	15	10	12	8
市场地位	10%	10	8	7	10
信用等级	30%	15	30	25	10
销售额	20%	10	16	10	8
毛利率	25%	13	20	15	10
汇总	100%	63	84	69	46

3.3.3 市场和销售大数据的应用

1. 市场和销售大数据的分类及价值

当前市场和销售中的大数据可以协助企业提高潜在客户质量、销售机会、目标客户开发精确性、区域规划、赢利率、销售前景预测准确率、销售收入、客户生命周期、销售周期内活动有效性等。还有助于改进客户关系管理系统（CRM）、客户终身价值（CLTV）预估准确性、降低客户获取成本（CAC）及管理客户驱动的指标等。归结上述大类来看，市场与销售中大数据应用的一阶品类分析如图 3-14 所示。

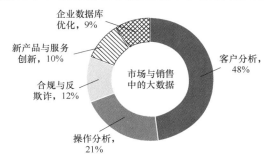

图 3-14 市场与销售中大数据应用的一阶品类分析

从细节功能上看，市场和销售端的大数据至少有以下应用。

1）完善客户关系，并让营销方案更成功。如通过大数据地域分析来优化销售策略及市场投放计划等。调查显示，58%的首席营销官（CMO）认为在搜索引擎、邮件及手机营销方面，大数据发挥着最大影响力，其中 54%的 CMO 相信大数据及分析将会长久地在他们营销策略制定过程中扮演着至关重要的角色。

2）最大限度地优化定价体系。根据统计，企业有 7 成以上的收入来源于其标准产品，而决策中有 30%无法定出最好售价。大数据可根据不同客户和产品关系组合进行等级差别定价策略，在销售量持平下，提高 1%的售价平均可增加毛利率 8.7%，差别定价有助于提高最佳盈利能力。

3）更高的客户参与度、忠诚度和全方位的客户体验。利用先进的大数据分析让企业对商业增长点有更准确的理解，从而增加收益、减少运营成本；而基于大数据的客户价值分析（CVA）技术在保持和衡量客户关系的过程中缩短了销售周期、提高了销售效率。

4）增加潜在客户、减少客户流失。大数据可以带来更深层次的客户信息，提高客户的重复下单概率，36%的营销人员运用数据分析和数据挖掘，驱动更精准的市场策略。

5）完善销售平台和技术。将大数据嵌入到情境营销中，并用不断变化的客户和需求、销售、服务、渠道等因素与平台不断集成并创建可扩展的系统分析，使之不断完善。

2．从对客户快速报价看内部数据价值

当客户接到终端客户需求，或自行研发某个产品时，其成本核算的准确性和速度对准确的市场决策和快速推向市场至关重要。假设客户对重点品类的部件保持 3～5 家长期配套的供应商，客户往往让这些供应商准备报价，越快且越准确越好。这样的场景很常见，那如何满足客户要求呢？

1）夯实内部数据库，并持续使用和挖掘，内部数据使用价值越大。

企业内部各类成本数据库示例见表 3-9。

表 3-9　企业内部各类成本数据库示例

数 据 库	责 任 部 门	数据库功能、协同和扩展
产品 BOM 数据	研发部	精准定义公司 BOM，如研发 BOM、生产 BOM、采购 BOM 等
产品数据库	研发部	根据现有成品数据库可快速模拟相似产品并分析差异
产品标准成本	财务部	系统实时动态地更新针对成品的料工费等标准成本数据
部件成本构成	采购部	建立品类采购部件和原材料成本和模型，可快速计算

(续)

数 据 库	责 任 部 门	数据库功能、协同和扩展
制造工时成本	制造部	包括人工成本、机器工时成本、设备分摊成本等
能耗成本	基建部	包括水、电、气等能耗成本和厂房及折旧等成本
管销研成本	财务部	如根据经验值获取的销售成本、SG&A 成本、研发费用等

2）组建跨部门报价小组，快速核价并阶段性报告给客户。

如何最佳组合报价的快和好的均衡，期望精确地给客户报价，协助客户抢到市场机会的同时，也在帮助企业自身抢到该项目，用时间换空间，做到先开枪后瞄准，若等到万事俱备的时候，市场机会可能已经失去。

动态的标准成本数据库、动态的 BOM 成本构成、工时费用、管理费用等都是满足客户报价需求的必要条件，在内部数据充分准确的基础上，基于时间对客户报价递进关系示例见表 3-10。

表 3-10 基于时间对客户报价递进关系示例

报 价 等 级	报 价 时 效	报价偏差率	对客户的功效
初始快速报价	4 小时内	±15%	协助客户快速对机会做出决策
相对精准报价	12 小时内	±10%	让客户相对精准地快速抢占市场
精准报价	24 小时内	±5%	让客户放心在内部启动项目
可交易报价	48 小时内	0	让客户可立即下出订单

长此以往形成客户习惯和黏性，让客户一有新项目首先想到你（本企业）。达到上述目标根本不难，但 90%的企业做不到，因为它需要长期的数据积累、使用、优化和迭代，需要 BOM 成本架构、快速计算、协同作业、相似产品的成本模拟（料工费、管销研）等能力。即使流标或失去业务机会，也可以就成本部分快速分析，甚至要帮客户一起分析。

通过签署长期战略协议，通过报价的同时，诚实告知客户自己的优势、成本和利润，比如对那些高科技赛道的核心客户（如头部企业），作为配套企业要紧随他们的脚步，甚至为了客户的项目，企业投资多少都让核心客户及时知道。除了报价，也包括加强对客户售后服务的支持。

3.4 数字化闭环的广义供应链管理

3.4.1 数字化供应链采购的实践

1. 数字化采购的"五化"建设到成熟度进阶模型

扪心自问，到底什么样的采购才是数字化时代制造业企业所需要的？传统的功能要具备，而且要兼有战略增值功能，要从"小采购"到"大采购"。"大采购"的战略框架示例如图 3-15 所示。

图 3-15 "大采购"的战略框架示例

传统的采购职能和打法已无法适应企业数字化战略需求，对数字化采购的进阶包括采购线上化、采购集成化、采购自动化、采购智能化、采购生态化。数字化采购的"五化"进阶建设如图 3-16 所示。

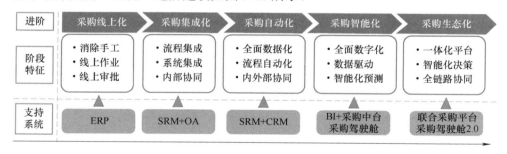

图 3-16 数字化采购的"五化"进阶建设

采购线上化是指采购全面在 ERP 上运行，消除手工作业，以线上订单作业为起点，扩展到采购全流程、全组织线上化，推动透明化采购，各环节流程的数据均可在线上被查看和使用。

采购集成化是指通过 SRM 和 OA（办公自动化）系统，将各级、各类供应商与企业物料需求、生产计划、库存水平等链接起来；同时企业内部采购与其他各相关职能建立高效沟通和内部协同。

采购自动化是依托采购业务全面数据化，实现采购全流程的自动化处理，如采购需求自动收集与汇总、基于需求的自动寻源、供应商资质自动筛选、订单自动发出、收货与入库自动感知、库存自动盘点、自动对账、自动支付等全流程自动化。

采购智能化是基于全面数字化采购数据中台等系统集成，通过采购大数据驱动 BI 等实现端到端对接和集成共享，辅助以 AI（人工智能）等先进技术动态分析和预测，如智能寻源、智能评价与管理供应商、智能预测、智能风险预警等，实现全流程可追溯、可分析、可预警等。

采购生态化是基于一体化联合采购平台或集成化系统，使企业内部、供应商、客户端、物流商等实现集成共享、生产协同、需求协同、补货协同等全面协同，供需网状、立体化实时响应，让大采购在整个产业链上可被全过程实时跟踪，形成产业链上各参与主体的共享、共赢生态。

根据 2023 年某供应链协会的一份专业线上调研，制造业企业数字化采购与其他行业（如电商和 2C 端等）比较相对落后。虽然 70%的企业采购系统接入 ERP、OA、SRM、CRM 等，一定程度上实现了内外部协同、采购各环节可追踪等，但数字化采购的深入阶段（如全面自动化、智能化、生态化等）尚有较长的路要走。数字化采购阶段调研分析（多选）见表 3-11。

表 3-11 数字化采购阶段调研分析（多选）

阶 段 归 类	数字化采购表现和基本实现功能的概述	占 总 数 比
线上化初级	无纸化采购作业在 ERP 等系统上实施	84%
线上化高级	除了 ERP，还上线了 OA 等内部关联系统	71%
集成化初级	基于 SRM 等系统实现从下单到入库可视化	65%
集成化高级	打通 SRM 和 CRM 的数据对接实现内外部协同	47%
自动化初级	基本实现自动来料检测、入库与发料等作业	23%
自动化高级	从客户需求到满足客户需求全流程数据分析、驱动	17%
智能化初级	快速精准响应个性化需求对接，并及时迭代	12%
智能化高级	供应链智能化预测，并实现初步智能化决策	7%
生态化初级	网络化生态产业链初步形成，各参与主体实现共赢	2%
生态化高级	成熟立体化生态产业链和以责任为中心的命运共同体	0%

需要强调的是，空喊时髦的大词或给自己贴高大上的标签，而没有真正长期落地实施和进步，在企业数字化采购转型之路上毫无意义；无数案例证明，那些迫于焦虑心态而仓促生搬硬套一些系统或工具，期望在层级上"弯道超车"的企业，往往不是"买椟还珠"就是"东施效颦"，亦或兼而有之。并不是所有的制造业企业都需要立即进入自动化、智能化和生态化，不仅要根据自身的发展阶段

和实力,还要依托产业链上的定位和实际需要,如对"链主企业"来说,向自动化、智能化、生态化升级则责无旁贷。数字化采购成熟度模型如图3-17所示。

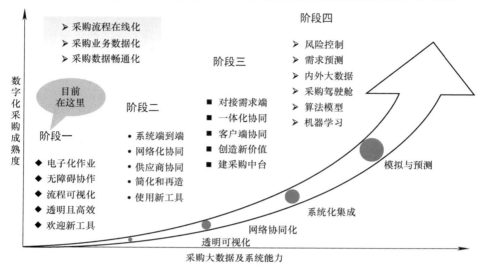

图 3-17　数字化采购成熟度模型

多数企业只处在数字化采购的阶段一,数字化采购就是通过互联网及数字技术,将传统线性采购推向业务在线、集成协同、数据驱动、生态智能,同时实现阳光透明、降本增效创新。数字化采购贯穿产品从采购需求、部件或原料购买、生产、检验、入库到使用的全生命周期过程。对内,采购部门要和生产、仓储、财务等部门协作,制定需求和采购计划,完善供应商绩效评价和内部协同;对外,采购部门要将整个产业链、供应链资源进行协同管理,形成平台化、生态化模式。

数字化采购让买卖关系逐步由"采购交易""竞争合作"递进到"供应链生态的共生、共赢、共创",通过数字化工具筛选最匹配的供应商,为企业和客户提供数字化采购服务,将内外部资源和数据端到端互联,实现供需精准且高效对接、最佳配置资源,实现供应链生态共享共赢的长期战略联盟。

2. 数字化采购的推进切入点和典型实践复盘

(1) 集团内的深度集中采购,一剑多雕功效

除了成本分析外,通过大数据分析、AI 分析(对系统规格和产品描述进行检索分析)把规格标准化、统一化、供应商主数据和料号主数据优化,一箭多雕,顺便分析了当地化采购、TCO 分析等,把最好的供应商甄选出来,增强战略合作。

第 3 章　广义供应链管理数字化

（2）采购无缝衔接内外部系统

通过 ERP 向两端延伸和扩展，实现系统集成，比如从企业 ERP 中的采购模块延伸到 SRM（供应商关系管理）系统、MES（制造执行管理）系统等，甚至还链接了供应商端系统，使企业内外部系统集成化，实现采购全流程无缝衔接，提升效率。

（3）采购全过程可追溯及双循环协同

从招投标流程电子化起始，实现企业以招投标流程电子化为基础，不断向内部相关业务管理场景数字化延伸，实现采购全场景数字化，同时通过 SRM 等系统使用，将采购过程与供应商管理无缝链接起来，采购过程与供应商管理过程的双循环协同如图 3-18 所示。

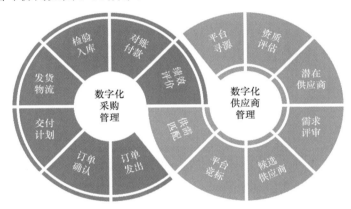

图 3-18　采购过程与供应商管理过程的双循环协同

（4）建立集团采购商城，打通数据壁垒，实现一体化采购协同

集团企业将自身不同事业部、分子公司的系统资源、供应链资源整合，针对公用性较强的品类（如 IT、行政用品、MRO 用品等）结合集团内需求和外部平台，实现双向渗透和一体化采购协同，打通数据壁垒，协同增效。采购商城的数字化收益示例见表 3-12。

表 3-12　采购商城的数字化收益示例

价值或功能	采购商城平均收益	实现途径
采购降本	采购降本 10% 左右	集团内需求整合、利用平台资源集中议价
减少备库	降低库存 70% 左右	平台资源更多（卖方备库多），交付周期更短
职能转变	被动采购转主动采购	从繁琐的事务性采购转变为主动服务型采购
效率提升	管理效率提升 80% 左右	从提出需求到满足需求全部线上快速作业
业财一体化	实现全面预算管控	对事业部、各部门精准预算和透明监控

（5）基于数据分析建立精准的供应商体系

选对、选准供应商是采购工作的核心，买卖双方的业务战略上要做到门当户对，可通过卡拉杰克矩阵和波士顿矩阵的结合博弈分析，追求业务战略上的同频共振，事半功倍。精准选择供应商模型如图 3-19 所示。

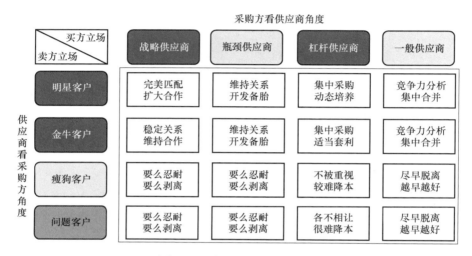

图 3-19　精准选择供应商模型

优质的供应商除了提供性价比较高的产品、准时交付等基本服务外，还应该长期配合数字化采购，动态更新。一般地，同一品类的供应商既不能过于集中（如独家供应导致供应风险加大，不利于竞争、驱动降本等），也不能过于分散（如 10 多家供应商供应同一产品，不利于集中采购和降本策略的实施）。数字化采购价值的进阶见表 3-13。

表 3-13　数字化采购价值的进阶

阶　　段	采 购 价 值	具 体 概 述
一	阳光透明	集中采购、招标采购、最低价格
二	降本增效	降低人力成本、TCO 采购总拥有成本，采购策略优化
三	战略协同	供应商协同、质量管控、供应商培养战略、战略支撑属性
四	价值创造	规划创新、互利共赢、资源整合、主动管理与增值

3.4.2　数字化驱动采购、生产、销售的闭环供应链管理

数字化闭环供应链是用数据驱动需求评审、研发、采购、生产到销售的全链路管理，通过数据驱动可以提升各个职能的附加值，比如让市场部更加知己

知彼、精准评估最佳产品组合；让研发部紧密配合客户需求和后端制造、让研发的新品更畅销；让销售部提高生产要求认知、如何接单才能让生产率最大化；让采购部关注订单数据变化带来的影响，比如某个公用零部件或原料用量大幅调整，则及时反馈到销售部，然后销售部及时分析是客户需求的重大变动还是市场的重大变动等。

世界经济论坛发布的《第四次工业革命对供应链的影响》白皮书指出，那些有效运用了数字化和大数据等技术的企业，其运营成本大幅降低的同时也大幅增加了营业收入。表 3-14 的统计数据适用于深度运用了数字化和大数据的 79.9%的制造业企业、85.5%的物流服务业企业和几乎所有的零售业企业等。

表3-14　供应链数字化和大数据带来的影响统计

行 业 分 类	平均运营成本降低幅度	平均营业收入增加幅度	数据涵盖企业占比
制造业	17.6%	22.6%	79.9%
物流服务业	34.2%	33.6%	85.5%
零售业	7.8%	33.3%	98.7%

基于传统线性供应链，比较容易实现订单作业处理数字化，根据客户需求或订单，从需求确认到需求系统的对接，比如 CRM、APS、MRP（BOM）、WMS、SRM、MES、WMS、LES、财务系统等；将物流、信息流、数据流融合在一起，比如通过供应链中心控制塔，使用预测建模来识别利润较高的客户、价值较大的客户以及流失可能性最高的客户；将公司内部获得的数据与从外部渠道（包括第三方数据、社交媒体等）获得的数据整合在一起，以便全面了解客户；优化供应链，衡量任何潜在意外故障的影响，通过数据模拟来生成货物运输的替代方案；分析历史销售量和价格趋势，实时确定最优价格，并从每笔交易中获得尽可能高的收益；通过试验来衡量某项工作对企业的整体影响或对客户转化率的影响，如衡量广告及营销策略影响消费选择的程度，并且将试验结论应用于日后的数据分析等。

1）利用数据分析吸引并留住优质客户、客户互动转化为有效销售、管好客户生命周期。

2）利用数据分析优化产品的定价、实现品牌管理、提供个性化产品和服务。

3）利用大数据分析优化供应商管理流程、链接客户和供应商、物流管理等。

供应链管理中常见的大数据分析技术包括容量规划法（替代计划的迭代分

析)、要素组合法、供需匹配法(优化库存,减少超量和存货、缺货,优化送货流程、等待时间和吞吐量等)、位置分析法、创建模型法、路径优化法、资源调度法、情景模拟分析法(供应链、产品资源、存货仓库和其他约束条件等)。可以触发和解决的问题如:库存状况如何?是否对销售旺季的到来做好了充分的准备?为什么某个供应商的表现大不如前?重大自然灾害对某项业务会产生多大影响?考虑市场供需最新状况和本产品的特性,未来应该维持多大的零件库存?如何改善业务网络,从而提高企业的盈利能力和成本效益?

当然在解决或回答上述这些可能的广义供应链场景问题时,企业需要建立最基本的绩效指标体系,并实现指标体系的纵向和横向互联。指标体系的纵向是指通过指标的层级(如战略层、策略层、运作层)由上而下进行业务分解、下钻、数据颗粒度的精细化及映射,同时将数据分析结果由下而上递进和佐证;而指标体系的横向是指不同指标之间的映射和关联,不会产生各个指标都很好,就是企业整体运营不好,或每个治疗方案看似很有效,可惜最后病人(企业)还是死了的情形。某企业供应链分层部分指标设计示例见表3-15。

表3-15 某企业供应链分层部分指标设计示例

内容	战略高层	策略中层	运作基层
订单	存货周转天数 及时齐套发货率 客户订单及时率	合同平均运作周期 物料及时齐套率 综合急单率	收发货订单和批次数 期末库存额、平均库存额 安全库存额
采购	采购成本降低率 采购到货及时率 一次性合格率	供应商降价幅度 采购平均到货周期 来料检验良率	采购下单金额 采购到货时间 来料检验批次
物流	发运及时率 库存准确率 客户投诉率 客户满意度 物流资产收益率	人均每天工作量 接收、拣料差错率 工作计划及时完成率 出口货物运输损毁率 物流设备利用率	人均每天接收批次 平均拣料周期 人均每天出库记录 人均每天维修金额 设备使用年限

同时,对待外部资源和合作伙伴,广义供应链从业人员都要把他们当成客户看,打造生态供应链。某企业生态供应链共赢共创的参与角色和战略示例见表3-16。

表3-16 某企业生态供应链共赢共创的参与角色和战略示例

角色	重点任务	实施战略与方法
技术服务商	数字化集群	支持"链主"扩大产业链数字化价值,扩大数字化集群
客户采购方	供应链整合	上下游环节资源整合、流程简化、协同与数据共享

(续)

角　　色	重点任务	实施战略与方法
一级制造商	开放共享	将供应链各节点的资源和数据开放，打造生态供应链
各级供应商	价值提升	降本增效，并为产业供应链整体价值提升精准对接
物流服务商	优化共赢	共享资源和最佳配置，提升整体产业链运作效率、减少浪费

如果一个企业能获得市场平均利润外的利润，它一定是做了别人做不到的事或具备了别人不具备的资源、条件、竞争力等，而不是简单粗暴转嫁自己的成本压力，无论是对客户端还是对供应商端，一定不能长久。试想如果跟本企业合作的供应商都是长期亏损或零利润状态，这种不均衡一定迟早被打破，而维持长期合作才是王道。有的企业为了减少自身库存，让供应商的货物一直在路上跑，且还沾沾自喜、自作聪明以为"羊毛出在狗身上、猪来买单"，何其幼稚荒谬。因为买单的是客户，但最后一定是企业为自身违反市场规律的任性而买单（市场没有免费的午餐）。相反，那些通过深度数字化与客户和供应商均达成多赢的企业才值得学习。供应链数字化多维度降本经验值统计见表3-17。

表3-17　供应链数字化多维度降本经验值统计

成本种类	数字化手段	降本比率
采购价格成本	精准集中采购	5%～20%
物流和仓储成本	物流资源协同	30%～45%
资金成本（如库存等）	精准预测、协同计划	30%～50%
渠道成本（销售或采购）	缩短交易链条	40%～50%
售后维护保养和服务成本	售后服务平台	30%～50%
供应链管理成本	数字化流程再造	25%～40%
供应链风险控制成本	数字化风险控制预警	25%～45%

深度数字化实践同时也提升供应链各个运营环节的效率和响应速度，全链路协同性增强。某企业供应链数字化多维度增效经验值统计示例见表3-18。

表3-18　某企业供应链数字化多维度增效经验值统计示例

效率或效益种类	数字化手段	提升比率均值
研发一次性成功率	智能化预测市场和客户需求	15%
与客户研发需求匹配度	数字化协同共创产品	18%
产品设计和开发速度	在线定制订单	26%
需求预测准确度	智能需求预测、同步策略	23%
供应商寻源精准率	线上寻源、智能化筛选供应商	40%
采购全流程速度提升	自动化采购、订单派发等	53%

（续）

效率或效益种类	数字化手段	提升比率均值
成品生产率	先进排产、远程控制、人机协作	24%
库存周转率	智能化仓储管理	28%
物流配送速度	智能运输路线优化	21%
售后服务速度	智能客服、预见性维护、远程专家	27%
质量检测效率提升	线上AI自动检测、适配组装	32%
决策速度提升	BI实时控制室等	43%

案例1：某集团企业通过三年数字化长期规划，打造一体化供应链

某汽车配件集团企业针对十多个事业部和分子公司的"散养"供应链管理现状，计划通过三年时间打造数字化供应链，密切配合供应链体系治理和数据治理双轮驱动战略，三年目标建成集团内供应链数据生态。数据驱动广义供应链三年规划示例如图3-20所示。

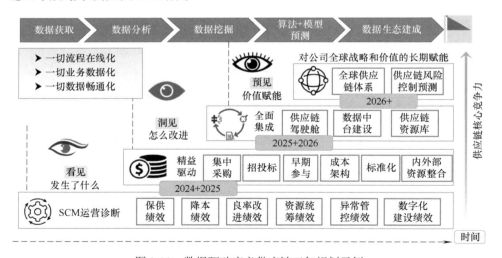

图3-20 数据驱动广义供应链三年规划示例

该企业期望通过三年数字化供应链规划，打造对关键运营职能服务的一体化供应链体系，一体化供应链体系见表3-19。

该企业通过一体化供应链的数字化监视，实现了内外部协同，对内供应链与研发、制造、客服等核心职能的协同，对外实现了与客户与供应商的协同。

第3章 广义供应链管理数字化

表 3-19 一体化供应链体系

细分供应链	达成功能	系统对接
研发供应链	供应商早期参与,研发所需的材料和零配件等及时供应	PLM+SRM
采购供应链	按照客户需求,购买生产所需要的原材料和零配件	ERP+MRP+SRM
制造供应链	在自制资源之外开发外协商、委外商、设备维修商等	MES+EAM
物流供应链	建立全球物流供应商体系,发展智能物流和智能仓储	PLS+WMS
销售供应链	分销商和代理商管理、海外物流仓配货、增强营销协同	ERP+CRM
客服供应链	系统运营商管理、维护保养配件服务等	ERP+CRM

案例2:基于商业画布,某集团供应链数字化创新

商业模式的创新要以价值创造和市场需求为核心,借助数字化平台进行广义供应链的系统性创新。某集团公司通过数据挖掘实现客户价值的增长,对产品和服务进行了创新,其核心资源和关键能力也有创新。基于商业画布的深度运营数字化需求如图3-21所示。

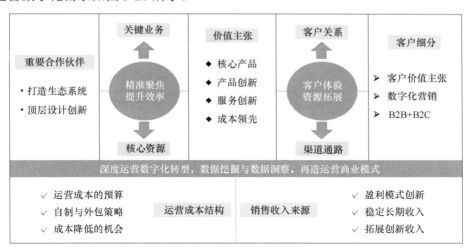

图 3-21 基于商业画布的深度运营数字化需求

基于商业模式的供应链数字化评价体系示例见表3-20。

表 3-20 基于商业模式的供应链数字化评价体系示例

序号	评价指标	权重(%)	指标要求	得分(%)
1	模式创新	20	在行业内率先使用先进供应链模式	15
2	成本优势	15	在行业内同等规模下具有成本领先优势	12
3	客户价值	15	聚焦行业核心客户,提升客户体验	13

（续）

序号	评价指标	权重（%）	指 标 要 求	得分（%）
4	稳定保供	10	确保内外客户的需求被及时满足、不断货	10
5	协同生态	10	重要的合作伙伴满意度高、愿意长期合作	8
6	业务增长	5	充分利用企业资源，保持在平均值以上增长	4
7	持续发展	10	供应链的模式具有长期性、迭代精进基础	9
8	资源聚焦	5	扬长避短、充分发挥企业核心资源价值	5
9	风险可控	10	供应链战略风险和运营风险在可控范围内	9

在广义供应链的功能上，实现了以下创新。

1）对供应商、供应商的供应商的管控。

2）对客户、客户的客户，以及 B 端和 C 端客户的服务。

3）平台的高效使用，如 MRO 等非生产类、备品备件类实现平台海量资源共用。

数字化供应链控制塔及两端链接如图 3-22 所示。

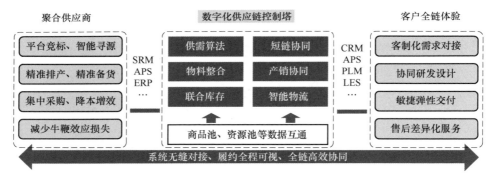

图 3-22　数字化供应链控制塔及两端链接

第 4 章
计划和预测管理数字化

4.1 计划和预测业务场景及痛点分析

4.1.1 计划和预测业务常见的场景

场景 1：没有协同的计划功能让销售与工厂对立

某企业生产 13 种电动滑板车且兼有内销和外销，2022 年，面对客户需求变动，销售部不停地调整需求计划，这涉及不同产品和数量排列组合的变动，工厂为此叫苦不迭，每月初的管理层会议变成吵架会。

"你们销售计划数据也太不靠谱了吧，三天两头变，玩魔法有意思么？"

"客户需求在变，难道是销售部想变动计划么，若连去年的业绩都达不到，我更急！"

因为生产计划是工厂独立制定的，销售计划一改，工厂就要修改生产计划，一开始工厂还认真对待，后来直接跟着感觉走，这导致客户下单的滑板车型号时常断货，而客户不下单的滑板车型号却生产太多、积压很多。生产副总说是销售部门没有明确告知什么是畅销产品所致，事已至此，就请销售部卖给客户积压的型号吧。而客户的订单岂能说改就改，客户很快就转买竞争对手的滑板车，从此该企业的销售部和工厂彻底对立、恶性循环。

场景 2：小计划系统太多，大家各玩各的"独门武器"

某企业虽然年度销售额就 10 多亿元，但对数字化系统的投入却很"大方"，而这些系统也兼有各自的"小计划模块"。销售部用 CRM 来看市场和客户的需求，工厂计划员喜欢用 MRP 来排物料需求计划并发给采购去下单（采购用 SRM 系统，但被动接需求没有任何计划和预测责任），生产部喜欢 MES 来执行工单计划……在专家的建议下，做了几次"面子工程"的 VMI（供应商管理库存）和 JIT（准时交付）项目，最后也都以失败告终。

该企业要求统一计划职能，为此设置了 S&OP 专员，该专员有丰富的大厂计划经验，但发现很难协调现有的系统融合，且数据往往延迟或不准确，索性用 Excel 完事。

最近又要上某个机构研发的 IAPS，即智能化 APS（先进计划和排程）系统，企业高层把计划的"重任"寄希望在这个新系统上。

场景 3：盲目追求"零库存"让供应链一直掉"链子"

某企业生产精密模组，客户和应用行业较多，这导致物料的种类和数量非常繁杂、库存居高不下，不得不在仓库外临时搭个棚子放包装纸箱。2023 年初，运营副总裁要求计划经理牵头，要向某知名汽车公司学习全面"零库存"计划，无条件执行 JIT 策略。

全面"零库存"说得容易做到难，难度系数就像让一个 250 斤的大胖子在一个月内变成窈窕少女。果然，运营副总裁的"宏伟策略"实施了不到 1 个月，瓶颈物料开始频繁断料，物料不齐套就导致生产无法正常进行，很多原本正常海运的出货不得不安排空运，这造成内部运营成本的大幅提升。除此之外，客户投诉交付期延迟陡增数倍，而供应商同样也怨声载道，比如原本正常一个批次的送货被迫分成若干批次，导致供应商物流成本提高，"羊毛出在羊身上"，很快采购就收到了供应商集体要求涨价的"报复"，这严重影响了采购降本增效，以至于采购部向业务部哀求可否让客户少下一些订单，最后在内外交困之下，运营副总裁把计划经理当成了"宏伟策略"实施失败的"背锅侠"，草草免职以平众怒完事。

"这年头还有嫌客户订单多的，真是奇葩中的奇葩。"业务副总无奈地摇头叹气。

在制造业企业的计划和预测实践中，还有诸多其他场景，限于篇幅，不再逐一罗列。

4.1.2 市场需求变动引发的计划和预测的挑战及痛点

1. 市场和客户需求在持续变化，且变动趋势越来越大

制造业企业既要"低头拉车"，更要"抬头看天"，近年来，专家们陆续抛出"乌卡时代"和"巴尼时代"的概念，广义供应链的全球化模式在变动，十多年前尚且常见的"少品种、大批量"需求订单（即接到几个大订单就能养活企业一两年）似乎销声匿迹了，取代的是个性化定制为主"多品种、小批量"

的需求模式。市场需求和客户要求越来越"刁钻",伴随着 AI 技术的进步,行业内的产品和服务创新如雨后春笋,企业想维持长期"一招鲜"产品再也不可能,而传统生产要素(即原材料、劳动力、生产设备等)的成本却在不断攀升,势必形成"夹心饼干"或"天花板和地板双层挤压"效应。

正所谓"市场趋势浩浩荡荡,顺之者昌、逆之者亡",全球市场需求模式的变动引发了企业间竞争模式的变动,风险和机遇并存。奉劝企业的运营管理者们,永远不要埋怨市场和环境的变动,企业在应对市场需求上,要永远坚持两个最基本原则:

1)市场需求以及它的过去、现在和未来的变动趋势永远都是 100%对的。

2)假如企业运营管理者们感觉有错,请参考第 1)条原则执行。

逻辑上两个原则的本质是一样的,由其引申出的结论就是:天底下永远没有蹩脚的市场需求,而只有蹩脚的企业组织和蹩脚的运营管理能力。

2. 计划和预测的挑战及企业常见的困境

计划和预测能力,就是运营管理的第一核心能力,而市场和客户需求的变化,给企业的计划和预测职能带来诸多挑战。市场和需求变化对计划和预测挑战见表 4-1。

表 4-1 市场和需求变化对计划和预测挑战

挑战领域	市场和需求变化对计划和预测挑战的细节
供应链全球化	计划编排上要充分考虑收货和交付的国际物流和报关等问题
交付周期变短	急单增多,确保按时对客户交付的承诺,且不会增加成本
需求预测变难	市场变化莫测、产品更迭加速,预测中的变量和不确定因素变多
实时响应变难	紧急插单、设备故障、物料问题等变多,导致对计划执行的影响
库存压力变大	因为预测更不准确带来原材料、半成品、成品库存积压更严重
降本压力更大	库存成本、换模成本、延期交付成本等均有上升趋势
质量难度加大	各类 BOM 的 SKU 变多,容易导致混料、错料等额外质量问题
数据关联性差	现有可用数据往往是静态数据,而运营业务是动态
职能之间脱节	销售、生产、采购等职能之间不能在计划上互相融合
粗放模式掣肘	计划要向精益和敏捷转变,但改变现有粗放现状不是一蹴而就

因为这些客观存在的挑战,企业常见的现状和困境如下。

1)供应链风险变大:若供应商过于分散,有的可能是定制客户指定的国外供应商,基于零部件齐套考量,即使其中有 1 个零部件出现断供,就会导致生产中断。

2）客户或订单流失：客户定制急单变多而不能达成对客户的交付承诺，甚至无法及时告知客户准确交付期，导致客户满意度降低并去寻求竞争对手的厂家。

3）需求预测偏差大：主要体现在两个极端，一是过于自信，导致库存呆滞；二是过于保守，导致交付周期变长或损失业务机会，预测的动态调整和灵敏反应并非易事。

4）资源冲突频发：多品种小批量对生产排配、工序平衡要求更高，不同的干系人会在内部争抢资源使用的优先级，这容易造成全员心理上资源紧张的"内卷和内耗"，如果每件事情都是紧急和高优先级的，那等同于没有一件事情是紧急和高优先级的。

5）系统之间难融合，顾此失彼：比如计划员遗漏产能因素就把交付期回复给客户，生产经理无法立即确定未来某个时间点的设备负荷，无法确定开工时间和完工时间等。

6）计划死板、永远赶不上变化：计划编制和更新能力欠缺导致计划更新速度慢，比如业务上的确需要某个客户的紧急插单，要么计划更新不准确，导致其他需求被严重干扰；要么等到准确的计划数据更新完成后，该客户的需求交付已达不成。

7）"表哥""表姐"忙于应付：每个领导都要看计划数据且指标不清晰、不统一，而现有系统没有现成数据，手工数据太多，低价值的计划工作量很大，没有对计划数据的基本分析，更不可能对数据进行深度挖掘。

而计划和预测能力的欠缺最容易导致牛鞭效应，牛鞭效应除了由于需求变动被一连串阶段（如客户-零售商-代理商-经销商-销售中心）逐层放大，也可能由于批量汇总、工序的更高效批量处理、更换作业时间长、换模导致工时损失和头部物料损失等考量，以及某道或多道中间工序必须批量处理、计划者的顾虑（比如过于担心前置期较长）等。比如某企业生产小型测试设备，预测销售量、销售接单量、实际生产量和库存量示例见表4-2。

表4-2 预测销售量、销售接单量、实际生产量和库存量示例

各维度数量/台	1月	2月	3月	4月	5月	6月	7月	8月	9月	10月	11月	12月
月度预测销售量	1800	1900	2500	1900	1700	2200	2500	3100	3300	2900	1800	1200
月度实际销售接单量	2252	2437	1745	1441	2580	2344	2897	2981	2719	1697	973	417
月度工厂实际生产量	1723	2864	3567	1738	515	2512	2683	3296	3803	2841	759	509
月末工厂库存量	-529	-102	1720	2017	-48	120	-94	221	1305	2449	2235	2327

当企业生产过多，都会增大牛鞭效应，当产品更新换代、客户及市场需求

下滑时，牛鞭效应可能导致工厂大量的呆滞库存，因过量生产导致的牛鞭效应示例如图 4-1 所示。

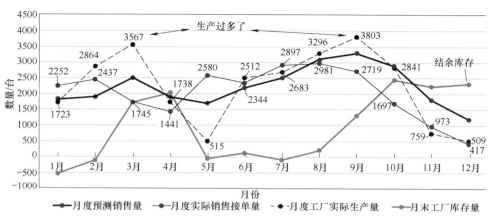

图 4-1　因过量生产导致的牛鞭效应示例

4.2　基于系统和数据的全流程计划和预测顶层数字化设计

4.2.1　与计划和预测相关的系统和数据

与计划和预测相关的常见系统有 ERP、PLM、MES、SCADA、WMS、CRM、SRM、APS 等。

1）ERP（Enterprise Resource Planning，企业资源计划）是制造业企业常用的资源计划软件，理论上 ERP 应包括业务流程管理、产品数据管理、进销存管理、物流运输管理、人力资源管理、定期报告系统等。生产模块普遍功能弱，难以满足企业生产计划排程需求。

2）PLM（Product Life-cycle Management，产品生命周期管理）是一款应用于企业内部或在产品研发领域具有协作关系的企业之间的支持产品全生命周期的信息的创建、管理、分发等应用系统和解决方案，比如最常见是对图样和文档进行管理。

3）MES（Manufacturing Execution System，制造执行系统）是面向制造业企业生产管理和执行的生产信息化管理系统和制造协同管理平台，一般包括制造数据管理、工单排产管理、生产调度管理、设备管理、工装治具管理、看板管理、生产过程控制、数据集成分析等管理模块。技术上 MES 系统主要使用条形码、二维码和 RFID 等技术的实时生产数据采集等。

4）SCADA（Supervisory Control and Data Acquisition，数据采集与监视控制系统）是以计算机为基础的生产监控和调度自动化系统，辅之以传感器技术、神经网络技术等。

5）WMS（Warehouse Management System，仓储管理系统）是依据业务规则和运算逻辑，对数据、资源、行为、存货和分销等运作流程和结果进行高效管理的软件系统。

6）CRM（Customer Relationship Management，客户关系管理）系统是企业协调与客户在销售、营销和服务等业务上的交互，从而更为精准管理客户的软件系统。

7）SRM（Supplier Relationship Management，供应商关系管理）系统是企业协调与供应商在采购原材料和零部件等业务上交互，从而更为精准管理供应商的软件系统。

8）APS（Advanced Planning and Scheduling，高级计划与排程）是对企业相关影响计划的资源（如物料、机器设备、人员、供应、客户需求等）和约束条件做同步、实时的模拟和计算处理，并通过持续计算对生产计划进行对比和优化，是解决较为复杂生产计划排程的工具。

制造业企业的核心计划和预测数据包括：销售数据、技术数据、生产数据和采购数据，而 ERP、PLM、MES、APS 等信息系统数据存在交叉关系，若系统之间没有集成，则所需数据需要多次录入，增加了数据维护工作量和出错概率，且每个系统都是一座信息孤岛；若能实现集成和共享，就能提高系统维护效率和精准率。生产计划关键数据和作用见表 4-3。

表 4-3 生产计划关键数据和作用

数据类型	数据内容（具体字段可扩充）	对计划的作用
销售数据	客户订单及交货期、销售预测、历史销售等	计划源头
产品数据	产品资料、产品品类、工艺路线、工艺参数等	产品依托
技术数据	BOM（产品结构、原材料、部件、制造流程）等	BOM 逻辑
库存数据	原材料、半成品、成品、备件等库存	缓冲幅度
资源数据	设备数据、人员数据、班别数据、外协资源等	制约因素
标准产能	基于现有资源所计算的车间、设备等最大产能	制约因素
采购数据	供应商订单及交货期、前置期、历史采购等	库存计算
前置期	交付、生产、物料采购、研发等环节前置期	零基运算
逻辑数据	约束模型、项目甘特图、产品甘特图等	计划算法

4.2.2 全流程计划和预测的数字化顶层设计

1. 全流程计划和预测的业务流程

全流程计划数字化首先要在企业内部,基于运营战略计划,夯实 S&OP(销售和运营)计划、MPS(主生产计划)、物料计划、车间生产计划、采购计划、委外计划等;其次要与供应商端、客户端在计划战略前瞻、计划引擎和计划执行等层面实现端到端的协同。全流程计划业务流如图4-2所示。

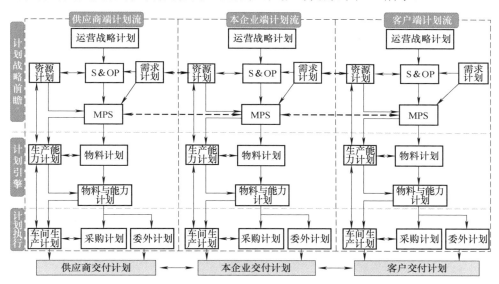

图 4-2　全流程计划业务流

需求预测数字化的业务流逻辑同图 4-2,不再赘述。

需要强调的是,全流程的计划和预测纵向上不仅需要从上而下,还需要从下而上,不同层级运营管理者需全面支持各层次的决策,且预测属性要与决策属性相一致。运营战略计划、S&OP、MPS 决策比较见表 4-4。

表 4-4　运营战略计划、S&OP、MPS 决策比较

决策维度	运营战略计划	S&OP	MPS
聚焦层次	总销售量或产出量	项目或产品	原材料、零配件、在制品等
高层参与	全程参与	重大调整时参与	不参与
预测频率	一年一次	每月或每季度一次	滚动不变
预测跨度	年或季度	从1个月到1年	从1天到1周
管理投资	高投资	中投资	低投资

（续）

决策维度	运营战略计划	S&OP	MPS
数据成本	高成本	中成本	低成本
使用技术	运营模式抉择判断	需求计划和预测	移动平均、指数平滑等

2．全流程计划和预测的系统和数据流程

在系统和数据流上，全流程计划和预测数字化需在企业内部基于客户需求订单和预测（数据可来自 CRM 系统），并基于 PLM 和 ERP 的预算逻辑，融入 APS 系统并分解到 MRP Ⅱ 系统和 MES 系统；同理 MRP Ⅱ 系统分解到 SRM 系统和 WMS 系统，并充分形成数据内循环和互相映射；在数据的外循环上，与客户的需求和预测及对供应商的需求和预测实现无缝对接。全流程计划和预测的系统和数据流程如图 4-3 所示。

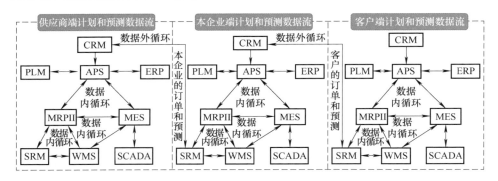

图 4-3　全流程计划和预测的系统和数据流程

3．以企业战略为导向的计划和预测的关键指标及生产模式

企业战略包括成本领先战略、差异化战略、集中化战略或它们的组合。成本领先战略是企业有能力在研发、生产、销售、服务等领域把成本降到最低限度且能继续保持竞争力；差异化战略是产品和服务在产业内具有特色，可带来额外的溢价，且溢价大于差异化增加的成本；集中化战略是企业集中资源满足特定购买客户群或细分市场，可再分为集中成本领先战略和集中差异化战略。以企业战略为导向的计划和预测的关键指标见表 4-5。

表 4-5　以企业战略为导向的计划和预测的关键指标

企业战略	计划和预测优先指标	优先数据需求
成本领先战略	预测准确率、运营成本及下降率	历史产销数据、成本细分数据等
差异化战略	新产品销售占比、市场份额占比	滚动产销量数据、细分产品利润数据等
集中化战略	客户利润率、长期客户保有率	客户销量增长数据、客户利润数据等

第 4 章 计划和预测管理数字化

基于战略需求和产品（或产品组合）的特性，可以将生产模式分为 MTS、MTO、ATO、ETO 等模式，如图 4-4 所示。

MTS 备货生产方式	库存风险低（即使A客户需求下滑，很容易转卖给B客户，如通用耗材和零部件等）或客户需求稳定，只是分批交货，如供货汽车主机厂、大卖场等，如果发生断货，企业需要支付高额赔偿金。
MTO 订货生产方式	客户的订单同以往订单一致，仅仅是反复订货；或客户的交货期要求比较宽裕，可以接单后再生产，如机床等大型设备产品。
ATO 订货组装生产方式	根据需求预测，对从原材料、零部件准备到半成品先进行半生产，等客户订单正式确认之后再进行快速组装出货的生产方式，它既能有效控制库存，还能给客户承诺较短的交货期。
ETO 定制设计生产方式	不同的客户或同一客户每次订货都需要重新设计或设计迭代，比如船舶等产品；也适用于在现有产品基础上专门满足特定客户的需求，如某款车现有5种颜色，客户要求第6种颜色等情形。

图 4-4 以战略需求为导向的不同生产模式

4．以协同为导向的"助人+自助"计划和预测模式

计划和预测的职能不要被人为割裂，计划和预测数字化的推动和深入需要相关部门全员参与。这需要组织习惯的改变，与传统方式相比，以协同为导向的"助人+自助"计划和预测模式见表 4-6。

表 4-6 以协同为导向的"助人+自助"计划和预测模式

职能人员	传统方式	"助人"式协同举例	"自助"式协同举例
销售人员	直接下发需求	与各部门例会协商等	熟知生产和计划排配模式等
计划人员	衔接作用欠佳	主导 S&OP 协调周会等	有理有据的数据支撑和预测等
生产人员	工单排产呆板	及时更新生产执行进度等	资源状态下的优先级排序等
采购人员	接需求下订单	物料齐套率实时共享等	采购成本和交付计划的均衡等
仓储人员	单一收货发货	库存状态每周、每日更新等	实时盘点并严格账物一致等
研发人员	下发技术变更	推动新旧版本顺利过渡等	熟知 ECN 对采购和生产等的影响
质量人员	单一检测功能	辅导各类质量改善和 TQM 等	项目早期参与且懂技术和生产
项目人员	传话筒功能	项目和产品的全流程管理	在组织内推动敏捷项目管理等
IT 人员	与业务脱节	数据驱动预测并迭代改进	持续创新计划和预测的算法等
财务人员	单一预算管控	不同计划决策的财务分析	熟知业务和流程并与之融合等
管理人员	拍脑袋下命令	推动各职能与计划协同	熟知计划与业务关联逻辑等

计划和预测数字化驱动企业内部职能部门的协同，而协同的程度也是数字化的必要条件之一。当企业在取得内部协同的"助人+自助"计划和预测模式且形成业务习惯后，也要向外部协同，这包括但不限于如下：

1）充分与客户协同。比如职能团队踊跃对客户新项目早期参与，如熟悉客

户应用场景并提出最佳 DFM 报告和建议等；项目职能实时密切关注客户的产品生命周期和各个阶段的需求情形；在客户内部分享本企业交付产品的制造流程和制约条件等；即使当战略客户提出紧急交付需求时，销售人员根据自身企业的生产状况与客户协商，可能客户虽然下了一个 1000 件的急单，但经过沟通其实最紧急的是 200 件，剩余 800 件可以延后 2 周交付亦可，这些宝贵的信息获得是不需要成本，但当内部产能吃紧时，该信息对生产最优化排配工单却至关重要，正所谓"知己知彼，百战不殆"。

2）充分与供应商和委外商协同。比如新项目启动时就邀请战略供应商早期参与；谦虚学习供应商的制程并聆听诉求；辅导供应商提升质量水平，并充分利用本企业条件协同供应商优化交付和降本，而不是强制要求；培训供应商对广义供应链和相关体系认知，包括熟悉本企业和终端客户应用场景状况（比如汽车主机厂若断线 1 小时，就会导致巨大损失），鼓励本企业和供应商各职能部门之间交流改进经验，这些协同细节，对顺利推动和深化计划与预测的数字化作用都不可低估。

4.3 计划和预测的数字化管理与执行

4.3.1 S&OP 与 MPS 系统实践

1．S&OP（销售与运作计划）

站在运营计划职能的干系人角度，不同的干系人要求如下。

1）从客户或市场的角度来看：订单提前期（lead time）短、准时交货率高、急单满足率（断货率）较好、产品组合选择灵活度高、新产品样品交付速度快、设计变更应对速度快及完成周期短、投诉应对速度快、从样品到量产的产能爬坡速度快等。

2）从本企业的角度来看：有效产出率或生产率高、料工费浪费减少且其成本持续降低、库存水平低（或库存占用资金少）、库存周转率高、呆滞库存少、交付周期短等。

3）从供应商和委外商角度来看：交货期相对充裕、急单频率低、零部件通用化程度高、采购均衡化率高、订单数量适中、订单稳定性高、计划和预测公布频率高且准确度高等。

综合不同干系人的要求，对 S&OP 提出较高的数字化要求：生产组织精准高效、生产周期缩短、缩减计划和调度人员、产线数据准确及时、内部物流配送准确高效、计划周期适中、计划精度高、预测相对准确、计划修订及时且影响低、术语标准且统一、数据共享化程度高等。为了达到要求，从数据的输入和输出角度看，S&OP 的输入和输出如图 4-5 所示。

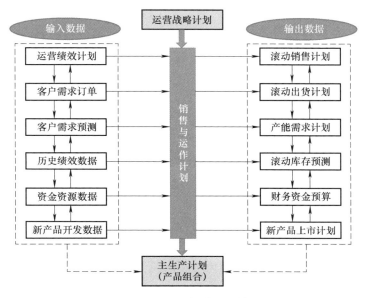

图 4-5　S&OP 的输入和输出

2．MPS（主生产计划）实践

MPS（主生产计划）是对 S&OP 的分解，即定义企业生产哪种产品或产品组合，且必须与 S&OP 相一致，它驱动资源需求计划并依据企业生产能力来计划生产出的产品和时间。MPS 的影响因素和限制因素的数据输入如图 4-6 所示。

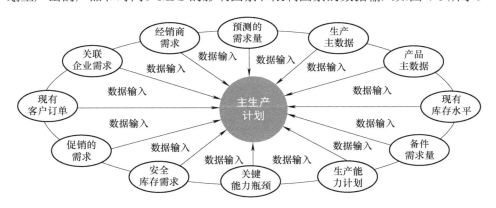

图 4-6　MPS 的影响因素和限制因素的数据输入

基于数据输入，MPS 的输出是基于优先级排序的产品或产品组合及对应交付时间，一般的 MPS 的形成步骤包括：

1）确定产线和产品类映射：如产线和产品系列的精确且灵活的搭配。

2）确定交期：如基于产量计算客户和对应交付产品的生产完成交期。

3）计算产量：基于滚动需求更新计算每天甚至每小时需要生产的产品数量。

4）分配资源：基于产线和产品系列所需产量而分配的设备、人员、物料等。

5）规划工序：尤其是确定瓶颈工序，并计划如加班、外包等方式来满足需求。

6）循环监控与调整：定期监视 MPS 执行状况，必要时可动态调整。

基于这些步骤，按照 MPS 需求主时间表排出优先级顺序，基于 MTO 生产方式的动态 MPS 显示数据表示例见表 4-7。

表 4-7 基于 MTO 生产方式的动态 MPS 显示数据表示例

优先级	客户	成品代码	同步补货提前天	未生产订单量/件	生产应当完成日期	分配生产量/件	缓冲库存/件	绝对可用量/件	物料齐套率	生产车间	关键设备状态	人员状态	按期完成概率
紧急	BWM	B321	5	214	3/23	214	65	−149	100%	车间 1	良好	100%	100%
紧急	TSL	T234	6	188	3/24	188	52	−136	100%	车间 2	良好	100%	100%
紧急	BWM	B322	5	156	3/25	156	73	−83	100%	车间 1	良好	100%	100%
高	TSL	T201	7	347	3/25	347	80	−267	100%	车间 2	良好	100%	100%
高	BWM	B323	8	190	3/26	190	87	−103	100%	车间 1	良好	100%	100%
中	WLE	W102	10	210	3/26	110	62	−48	100%	车间 3	良好	100%	100%
中	BDY	B321	5	316	3/27	180	92	−88	100%	车间 4	良好	100%	100%
低	WLE	C001	4	282	3/27	0	75	75	82%	车间 3	维修中	93%	待更新
低	BDY	C001	4	174	3/28	0	0	0	82%	车间 3	维修中	93%	待更新

4.3.2 基于 APS 的生产计划与生产排程的数字化

1. 生产计划与排程

若 S & OP 与 MPS 确定企业整体制造计划与预测客户或产品的需求，那生产计划就是管控工单输入与执行，达成交付期承诺，协调内部可用的生产资源，并协调原材料、零部件、备品备件、耗材等需求，满足动态的供需平衡，可以通过系统和数据进行管控，与生产计划编制相关的制约因素包括但不限于：

1）客户订单排配：如按照优先级排序后的产品品类、数量、交付时间等。

2）工艺设计：如不同的制造工艺、配比的 BOM 和对应数量等。

3）设备能力：如关键设备和数量、前后工序配套、专用配件配套等。

4）原材料和零部件：如外购或自制、可领料的库存数量、在途数量等。

5）人员工时：如品类的产量定额、班次、人员的出勤等。

6）能源供应：如确保水、电、气正常供应等。

核查这些制约因素不仅对生产计划和排程至关重要，也对实际生产业务的顺利运转不可或缺。在此基础上要做好产能预测、正式计划、生产投产、生产控制和综合分析的全流程管控。生产计划业务流和数据流循环如图 4-7 所示。

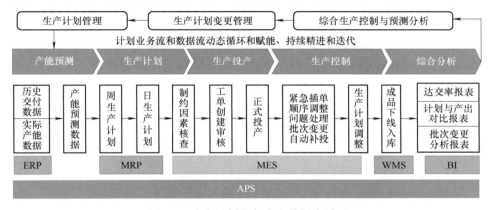

图 4-7　生产计划业务流和数据流循环

要实现生产计划业务流和数据流的双循环和双向赋能及改进，必须要打通各类数据，建立符合业务和生产场景的算法，比如通过捕获传感器以及生产设备性能等数据，建立预测模型；通过实时监测预警设备健康状况提前获取生产设备潜在的故障，从而缩短设备停机时间；链接客户动态需求的输入及采购数据，促进销售、市场、财务、生产和采购之间的协作；采用多层级、多维度平衡需求与库存的关系，满足客户交付需求且维持合理库存水平，这都能有效提升生产率、提高资产性能、有效降低运营成本。仅从数据角度来看，生产计划的数据输入和输出见表 4-8。

表 4-8　生产计划的数据输入和输出

数据的输入	算法和处理	数据的输出	支持业务举例
订单产品型号、交付期等	库存成品匹配	准确交付期	让销售汇报客户
预测产品型号、交付期等	最优产线排程	最佳工单排配	全员有序生产
生产 BOM、工艺、设备映射	生产能力核算	优先级排配	充分利用现有条件
物料 BOM、库存、在途映射	齐套优化计算	缺货需求	让采购按时补货

从技术上看，AI、运筹学算法、深度学习等技术让生产计划和排产能力不断增强，可实现精确到分钟排产；通过数据驱动多目标优化指标和指标模组，可同时兼顾各项效率、交付期和成本指标；通过交互式 BI 面板能实现不同场景维度选择和分别呈现、不同生产时间轴上的绩效对比及与目标对比等，并能自动且快速生成各类报表等。

2．APS 系统和动态核查

传统 ERP、MRP 等基础生产计划是基于不受限制的生产能力、稳定的采购周期、生产周期等计算，越来越不适应动态需求变化以及"小批量、多品种"的复杂生产模式，APS 系统和计划模式应运而生，可满足在需求约束、生产能力约束、原材料和零部件约束、物流约束、预算约束等条件下实现最优生产计划和排程，最大化平衡准时交付、设备利用率、相对较低成本等综合绩效。智能制造的 APS（有的称作"IAPS"）包括 AOS（辅助作业系统）、SMS（仿真模拟系统）、DES（决策评估系统）、PMS（态势检测系统）等模组。

APS 涵盖了从销售订单、库存、生产计划、物料齐套、工单排程等过程，是支持全流程、细粒度、实时响应、多维度优化的系统。APS 强调生产计划要与生产排程紧密结合，从而优化管理流程、提升生产率、降低生产成本。APS 系统的基本功能架构如图 4-8 所示。

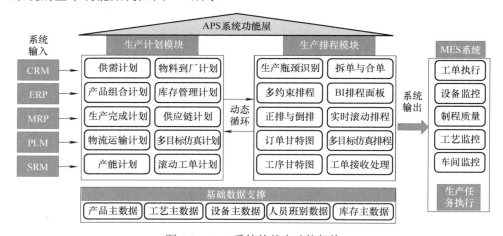

图 4-8　APS 系统的基本功能架构

APS 的生产计划模块可以满足 MTS、MTO 等多种生产模式，制定出采购计划、库存计划和生产计划，同时兼顾产能、资源、原材料等约束，以平衡交付期、低成本和合理库存的需求；APS 的生产排程模块是通过多目标仿真、多约束排程等技术优化生产顺序。APS 也可与 CRM、ERP、MRP、PLM、SRM、MES、WMS 等系统实现数据端到端对接与集成，如 MES 具有资源监控、生产单元分配、生产进度分析、过程管理、历史追踪、维修管理、质量管理、人力管理、文档管理和数据采集等功能，APS 充分与之对接，可以让生产数字化管理更加精细化。

让 APS 充分发挥价值的不是 APS 本身，而是使用工具的组织和人员。在计划和预测业务中，要借助 APS 工具，做到滚动核查、敏捷应对、快速响应，基本步骤如下：

1）未完成订单的评审和排配，并可快速回复客户准确的交付期。

2）精确到每日和每班的生产计划要至少提前 3 天做好，并分发给制造部。

3）按照每月、每周、每日的系统更新和排查，频率可以每日进行 2 次及以上。

4）当日计划禁止更改，确保车间和生产线按部就班正常生产。

5）次日可调整 20%，次日后一周内可调整 50%，本周后可随时调整。

6）如上正向计划和逆向核查不停循环，及时发现问题并进行解决。

为了确保动态调整的计划一直是最优计划，计划部门人员一定要勤快且有良好的服务心态，通过对各部门尤其是对生产部门的服务和协同，可大幅降低相关成本，并带来效率和效益的大幅提升。基于 APS 的生产计划和排程数字化带来的收益见表 4-9。

表 4-9 基于 APS 的生产计划和排程数字化带来的收益

相关成本降低	效率或效益提升
总体制造成本降低 5%~10%	直接劳动生产率提升 25%~50%
总库存成本降低 35%~50%	对紧急订单处理效率提升 50%~80%
生产相关浪费降低 5%~15%	单件流/小批量的质量追踪效率提升 35%~60%
物流成本降低 10%~25%	客户满意度评分提升 10%~25%
管理成本降低 15%~30%	制造综合竞争力可提升 10%~50%

4.4 计划和预测的绩效分析与改进

4.4.1 计划和预测执行偏差原因分析

从广义上看，计划 = 预测 + 决策。当然不同的制造业企业，甚至是同产品类别的企业之间，都面临着不同的商业模式、客户群体、供应商群体、计划和预测执行偏差原因。计划和预测执行偏差原因归根结底主要有两大类，首先是用任何预测方法都会产生偏差，从长期看，绝对精准的预测是不存在的；其次是企业自身原因，在执行计划和预测的时候，很多因素导致计划与预测的执行偏差。

1．任何预测方法，长期看都会有偏差

预测的本质是对未来一定时期的市场需求量及影响需求诸多因素进行分析研究，寻找市场需求发展变化的规律，为营销管理人员提供未来市场需求的预测性信息。常用的市场需求预测方法示例见表 4-10。

表 4-10　常用的市场需求预测方法示例

预测方法	难易程度	对数据要求	偏差度	缺点
基于购买意向调查法	容易	低	高	仅适用于短期
综合销售人员意见法	容易	低	高	经验不靠谱
德尔菲（专家）法	容易	低	高	仅单独预测
市场试验法	中	低	中	忍受长时间
直线趋势法	低	中	中	过于机械化
时间序列分析法	低	中	中	受制于经验
统计需求因素法	低	高	中	受制于经验
相关因子模型法	高	高	低	算力要求高

以直线趋势法为例，运用最小平方法，以直线斜率表示增长趋势的外推预测方法。公式为：$Y = a + bX$，其中 a 是直线在 Y 轴上的截距，b 是直线斜率，Y 是预测目标值，X 是时间。在已知 n 个观察值（X_i, Y_i）的情况下（$i = 1, 2, \cdots, n$），求出参数 a、b，然后建立直线趋势方程进行预测。

已知某新能源汽车配件厂，2022 年最后 2 个月和 2023 年前 3 个月某轿车的某配件（甲产品）市场销售额，运用直线趋势法预测 2023 年 4 月的销售额，并将预测数据作为该企业采购、生产、销售的计划，利用直线趋势法预测方法的基本数据见表 4-11。

表 4-11　利用直线趋势法预测方法的基本数据

维度	2022 年 11 月	2022 年 12 月	2023 年 1 月	2023 年 2 月	2023 年 3 月	2023 年 4 月
销售额 Y/万元	1000	1200	1400	1500	1700	
时间 X	−2	−1	0	1	2	3
XY	−2000	−1200	0	1500	3400	
X^2	4	1	0	1	4	

根据表 4-11 中数据可知：$\sum Y = 6800$；$\sum XY = 1700$；$\sum X^2 = 10$；代入公式 $Y = \sum Y/n + \sum XY/\sum X^2 \times X$；

$Y = 6800/5 + 1700/10 \times X = 1360 + 170X$

将 2023 年的 $X = 3$ 代入可得 $Y = 1360 + 170 \times 3$

则 $Y = 1870$（万元），即直线趋势法预测 2023 年 4 月甲产品的销售额为 1870 万元。可以用这种简单的模型粗略指导企业的销售和运营工作。

再以时间序列分析法为例，该方法将某种经济统计指标的数值，按时间先后顺序排列形成序列，再将此序列数值的变化加以延伸并进行推算，预测未来发展趋势。产品销售的时间序列（Y），其变化趋势主要受趋势（T）、周期（C）、季节（S）、不确定因素（E）四种因素的影响，还可以细分为时间序列平滑模型（简单移动平均法、加权移动平均法、一次指数平滑法、二次指数平滑法）和时间序列分解（乘法模型、加法模型）等。上面使用直线趋势法预测的 2023 年 4 月的销售额为 1870 万元，而实际由于新能源汽车需求的激增，该部件 2023 年 4 月的销售额为 2580 万元。若以单一指数平滑预测法为例，设定平滑系数 $\alpha = 0.1$，单一指数平滑预测法与系统误差分析见表 4-12。

表 4-12　单一指数平滑预测法与系统误差分析

数据时期	实际需求	系统预测需求	预测误差	绝对误差	平均方差	平均绝对离差	误差（%）	平均绝对误差（%）	路径信号值
1	1000	980	−20	20	400	20	2.00	2.00	−1.00
2	1200	1230	30	30	650	25	2.50	2.25	0.40
3	1400	1410	10	10	467	20	0.71	1.74	1.00
4	1500	1580	80	80	1950	35	5.33	2.64	2.86
5	1700	1640	−60	60	2280	40	3.53	2.82	1.00
6	2580	1870	−710	710	85917	152	27.52	6.93	−4.29

从该方法看，2023 年 4 月（数据时期为 6）的实际需求是 2580 万元，远远超过预测的 1870 万元，主要是因为客户的需求突然增多，而这也影响到后端生产、采购、仓储等各个环节。

2. 运营职能之间的层层加码导致偏差和错误的加大

因为预测总会有偏差，如汽车主机厂的需求具有导向性和中心性。从销售方来说，可以设想的场景是，由于需求数量本身没有按照预测发展，可能导致销售人员无视生产计划和 TOC 制约条件，强行要求制造工厂增产，制造工厂根据之前的教训，知道如果出现任何筹备失误或故障等生产相关的因素（人、机、料、法、环等任何一个或多个因素），会导致生产计划和期望业绩之间出现较大的偏差，需求计划和预测的错误和偏差，将从销售预测开始，到生产计划、采购计划、订单确认，错误和偏差每一步都可能层层加码，导致最后出现更大的错误和偏差。业务流程中数据错误和偏差传递示意图如图4-9所示。

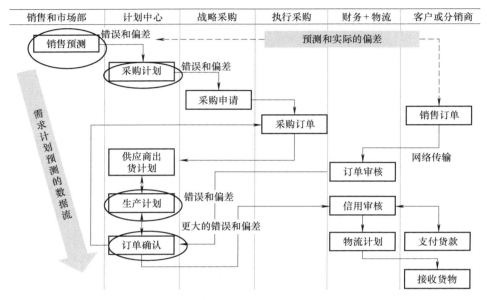

图4-9 业务流程中数据错误和偏差传递示意图

就像导弹发射后做抛物线飞行并最后命中目标，计划和预测的理想状态就是在运动中（持续运营）不断发现偏差、不断纠正偏差的过程。遗憾的是企业在实际运营中会将偏差层层加码，而不是层层纠偏。计划和预测的理想状态与运营中层层加码的状态比较如图4-10所示。

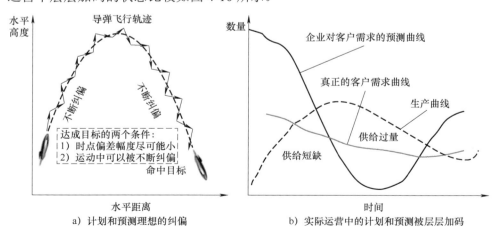

a) 计划和预测理想的纠偏　　b) 实际运营中的计划和预测被层层加码

图4-10 计划和预测的理想状态与运营中层层加码的状态比较

3. 企业运营的内外部问题让"计划和预测"职能背黑锅

计划和预测有偏差,很多制造业企业往往因此就索性不重视计划和预测了,用几个销售接单员接单(对外),然后由几个物料计划员在企业内跑来跑去(对内),这就算是对计划和预测的执行,动不动就用"计划没有变化快"来搪塞。其实恰恰相反,企业应该多花些资源在计划和预测上,一个制造业企业具有良好的计划和预测的数字化执行,一般至少具备以下三点。

1)企业知道任何预测方法都是有条件和缺点的,但本企业的预测偏差尽可能小。

2)根据不同业务场景和数据分析,企业感知到计划和预测取决于各种因素的组合,结合自己的优点,扬长避短,让这种偏差在企业可控范围内。

3)不是为了计划而计划,也不是为了预测而预测,计划和预测职能提升了企业运营的绩效,如总体成本降低、运营效率提升等。从计划和预测数字化运行长期看,企业可以实实在在地获益,且这种获益不是通过转嫁给客户或供应商而获得。

越有价值的东西一定越稀缺,而越稀缺一定越难获得。相关因子模型法最好,但是它需要长期的数据积淀、经历过很多次预测和实际测试的相对精准的拟合模型、因子完整性以及因子之间的影响因素等。每家企业的痛点不一样,从狭义上看,如果一个企业连基本计划执行都做不好,能做好需求预测概率是 0。在企业执行计划和预测的运营业务中,往往碰到很多导致计划和预测执行不到位的情形,运营自身瓶颈或问题影响计划和预测执行因素分析示例见表 4-13。

表 4-13 运营自身瓶颈或问题影响计划和预测执行因素分析示例

瓶颈或问题维度	瓶颈或问题细节	影 响 分 析
商业模式	多品种、小批量、多变更	影响维度变多,加大计划和预测执行难度
客户端问题	删单、加单、变更订单成为常态	打乱原有的执行步骤甚至全盘影响
供应商端问题	不能按时供料或质量异常	物料不齐套,就绪的工单无法正常生产
流程人力	制造的关键人力缺失	无人操作设备,计划工单无法正常排产
设备和模具、治具	设备宕机和/或模具、治具异常	设备和/或模具、治具维修或购买耽误生产
工艺和工序	新产品不能正常衔接和生产	降低生产率或设备被迫等待分析原因
能源因素	区域性电力等能源限制	计划待产的设备无法全开或被迫暂时停产
数据本身问题	不能实时、完整、准确更新	数据本身错误导致计划和预测的错误

此外,还有诸如其他常见的痛点,如市场需求波动大、客户提供的预测与实际订单偏差大、客户紧急订单多且交付期短、产品规格变更频繁、内外部信息不透明、数据对接不畅通、部门之间衔接困难或低效、强势供应商对

核心部件的卡控导致采购周期过长、库存居高不下、企业成本优势逐步被削弱等。

4.4.2 基于数字化的计划和预测绩效改进

在常态的多品种、小批量的需求模式下，除了客户和市场需求的多变性，计划和预测绩效也受制于企业自身原材料和零部件、设备与产能、人员、模具、工装治具等多种因素的约束，如生产计划是以期间项目或产品为对象分析，决定了工厂生产活动的排列组合方式和优化水平，并确保成本的最低化。生产计划包括生产步骤、生产日程、生产资源的分配、生产数量、交货期、库存（最佳安全库存设定，最低的原料库存、半成品库存、滞留库存和呆滞库存）最优化等管控。

1．构建 APS 系统对计划绩效改进

1）提高计划作业效率，通过信息和数据的拉通提供快速高效的细分工具。

2）提升 OEE，通过合理分配设备、模具、人员等，准确计算和均衡产线能力。

3）提高设备稼动率，通过提升设备衔接，减少换模等提升有效作业时间。

4）降低生产成本，通过工序平衡、合单与分单组合，减少切换损失（如多耗物料）。

5）实时监控计划的执行进度，减少人员作业和人员工作负荷。

6）提高交期承诺准确率，可通过准确评审、预留缓冲、物料齐套、产能模拟与调节等方式。

完善的 APS 系统至少包括基础数据和基础数据的端到端映射、计划调度基本模型和算法、核心优化算法等方面。完整 APS 的基础数据和算法功能示例见表 4-14 所示。

表 4-14 完整 APS 的基础数据和算法功能示例

一阶维度	二阶维度	三阶维度
基础数据	客户订单	销售预测、销售订单、生产订单、计划工单、客户和产品映射等
	产品工艺	制造 BOM、物料 BOM、生产制程、工艺路线、作业工序、工站等
	企业资源	下属工厂、车间中心、设备模具、班组成员、供应商、外协商等
计划调度	计划策略	排程规则、排程优先级、产能约束、物料约束、资源均衡评估等
	计划结果	订单交付、采购备料、工单、工序、资源准备等计划，产能负荷分析等
	可视化	客户交付、工单、工序、采购订单、库存变动、资源变动甘特图等

(续)

一阶维度	二阶维度	三阶维度
组合模型	能力模型	资源类型、标准工时、采购周期、生产率、BOM精进、外协触发等
	优化规则	目标参数、计划种类、筛选规则、分源规则、异态模拟等
	约束限制	资源约束、工艺约束、产能约束、供给约束、外协约束等
核心算法	滚动计划	正排计划、倒推计划、混合计划、计划模拟、对客户交付期承诺等
	瓶颈优化	插单优化、环线优化、拆单优化、合单优化、资源优化、约束优化等
	全局优化	遗传算法、神经网络、启发算法、模拟算法、数据孪生、机器学习等
分类计划	细分输出	需求计划、产能计划、物料计划、生产计划、库存计划、物流计划等

需要说明的是，再完美的 APS 系统也不是万能的，它需要运营端的支撑包括但不限于如下。

1）标准化很重要。如生产工艺和物料规格的标准化，假如一个企业的紧固件只有 7 个规格，而同类竞争对手却平均有 28 个，后者管理难度是前者的数倍，且成本双向损失，前者在物料规格变更的时候，影响最小化。同理还有模组的积木化，如新老版本产品的 70%原材料和/或零部件相同，只有个别工序（如喷涂颜色）有差异而已。

2）基础数据很重要。比如制造 BOM 和采购 BOM 的准确率、各类标准化工时的准确性等。大数据分析帮助企业发现预测与实际偏差的概率，并按照 PDCA 循环不断增强学习能力而迭代出更精准的模型和算法。

3）通过大数据孪生等不断实时模拟，并持续发现并分析预测与实际偏差的概率，从而在实际的运行中更快、更精准地回复客户的交付期，而且不会以总成本增加或其他工单延迟为前提。可以设想，一个重要客户下出了一个量产阶段的大订单，如果企业可以在 4 个小时内将这个订单分配到每个机台、每个班组以及每颗物料，并立即核算出成品完成时间，再通过供应链物流时间核算后回复客户最终交付时间，这基本就是一个相对完美的 APS 系统，有的企业甚至可以将这个时间压缩到 1 小时内，这都是长期运营管理的精益化与系统和数据不断优化的结果。

4）内部系统协同很重要，APS 不是单独作战，就像下象棋一样，最后一定赢在全盘部署协同方面。APS 一定要结合 ERP、PLM、MES、MOM、WMS 等系统和对应的流程进行使用。企业的物联能力、工业自动化、制造精益化等程度都对 APS 潜能的发挥起到重要的支撑作用。

5）外部协同也很重要，比如前接供应商端，后接客户端和市场端，对于一个广义供应链或产业链的链主，手握决策核心大权，更要谨慎、如履薄冰,牵一发而动全身。那种把损失转嫁给供应商和终端客户的企业,一定不会长久。

通过智能的优化算法,制定预计划排产,监控计划与实际的偏差,动态地调整计划排产,从而深度融合系统集成,完善APS系统的精深数字化功能。

2. 计划和预测绩效改进目标与方法

在APS系统辅助下,期望实现的改进目标包括但不限于战略精进、财务增效、组织协同、收益辐射等。计划和预测绩效改进目标见表4-15。

表4-15 计划和预测绩效改进目标

改进维度	干系人	改进方式和绩效提升
战略精进	客户	改进生产率、快速回复客户交付期、提升客户满意度
财务增效	股东	降低运营总成本、减少库存资金占用、提升库存周转率
组织协同	各级职员	信息共享、数据透明、价值协同、减少内耗、提高业务水平
收益辐射	供应商	数据共享、风险背书、弹性补货、联合库存、减少牛鞭效应

基于APS系统的计划和预测绩效改进方法如下。

(1) 通过订单分配规划,高效均衡产能计划

以产能模型为中心,基于客户期望交付日期、动态产能负荷、工艺限制、物料齐套等各类约束条件,以智能化算法做模拟,解决交付期精准计算、最佳工单派送、最合适的外协商资源运用、合适库存和供应商最佳送货、补货时机等,规划手段如下。

1) 动态地设置客户订单在不同事业部和工厂间的排配、产能的适当预留等。

2) 车间、产线、班组的产能平衡调节与动态模拟。

3) 长、中、短的物料交付期计划,保持最合理安全库存的设置等。

通过上述规划手段,做到及时发现并分析资源瓶颈、平衡资源最佳利用、优化库存水平,支持S&OP快速决策、快速且精准回复客户交付期等绩效提升。

(2) 通过智能资源优化调度减少产能浪费和物料浪费

生产的产品或机种切换、设备停工待料、设备故障或质量异常、辅助资源约束(如模具、工装、刀具、夹具等)是产能浪费的主要原因,过早或过多地生产是库存浪费的原因。

1) 计算交期约束,通过关键路径、PERT方法等缩短生产周期。

2) 通过中短期物料采购排列、在途齐套排配等减少不必要机种的切换频率、物料和时间损失等。

3）基于优先产能的排程和计划约束、资源约束和辅助资源约束提高设备利用率。

（3）在多约束和目标优先级排列中计算最佳决策

基于数学和运筹学模型算法（如最优路径、多目标求解、混合优化等）和目标优先级（如交付周期优先、效率优先、成本优先、多目标均衡等）做调度方案。

1）用运筹学模型集成、自定义算法、多目标线性优化等快速找到最优解。

2）基于 TOC 约束条件、数据动态变化，实现一键式物料计划与排程，并快速发现和处理异常。

（4）提升销售、生产、采购之间的供需满足的时间精度

以订单为基础建立强关联，提升最佳供需对接计划，如优化目标库存、精益采购策略、物料组合替代、最佳批量补货、拉式物料计划等。基于 APS 系统的供需精准对接模型如图 4-11 所示。

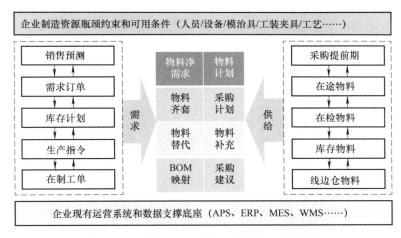

图 4-11　基于 APS 系统的供需精准对接模型

企业现有系统的集成与精细化数据的及时与自动采集、长期历史大数据的积累等都是支持 APS 系统快速响应的必要条件。企业在实际计划和预测业务管理过程中要不断地模拟、归纳、反思模型是否还能更好一些，对业务的决策支持更实时、准确一些，回复客户交付更迅速与弹性一些等。系统集成为运营计划流保驾护航如图 4-12 所示。

若企业实施数字化较长时间后且取得了相应的改进，如某汽车精密部件企业通过三年多的深耕，制造提前期缩短了 40%、总库存减少了 50%、生产率提

升了 45%，大幅缩短产出时间，实现对客户需求的快速响应、客户黏性和忠诚度空前、管理费用大幅下降等，企业可以更加专注核心能力的提升，使得公司人均销售收入增加，比如将非核心的生产业务外包出去，通过减负让供应链更加敏捷、高效，从而实现良性循环。

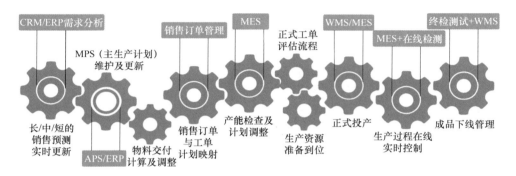

图 4-12　系统集成为运营计划流保驾护航

3．基于深度数字化的集成 JIT 实践

原有的粗放的生产模式逐步被精益和敏捷所替代。在制造业运营实践中发现，很多企业喊了十几年"JIT""精益""敏捷""柔性"等，但运营的本质仍是粗放经营模式。一个运转良好的 JIT 体系，至少要具备流程设计（JIT 的集成端到端链条）、产品设计（BOM 层次的扁平化和统一化）、制造计划与控制（拉式系统、快速流动）、人和组织因素（持续改进、培训和全能手培育），做到适时、适量、适品，实现相对零库存、零提前、零失误、柔性制造和消除浪费等目标。基于数字化的 JIT 的辅助系统包括但不限于如下。

1）基于 BOM 和工艺的工程设计系统集成：比如可将非核心制造环节剥离和外包出去。

2）SMED（快速换模系统）：比如可以做到模具顺利切换不超过 30 分钟。

3）TPM（全面生产维护系统）：全面预防维护、全面生产维护等。

4）Poka-Yoke（防差错系统）：流程中实时评估产品的质量、缺陷分析，降低质量成本且全面产品质量改进等。

5）数据系统：如销售业绩数据、需求和销售预测数据、生产计划数据的映射等。

某企业基于 JIT 的理念和相关系统辅助，在生产前、生产中、生产后均做好计划管控重点。基于 JIT 理念的全周期的生产排程见表 4-16。

表 4-16 基于 JIT 理念的全周期的生产排程

生产过程	管控重点	管控方法
生产前	需求计划和主生产计划	整合 CRM+ERP 等端口和历史数据，销售预测实时更新
生产中	生产计划的变更管理	整合 MES+WMS 等端口，基于变更需求调整生产排程
生产后	执行绩效和预测分析	基于 APS 的报表分析、比较目标等提升预测水平

实践中的数据流和业务流统一如图 4-13 所示。

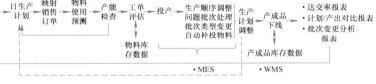

图 4-13 实践中的数据流和业务流统一

经过两年的精益求精的实践，如运营副总主持每周 S&OP 会议充分检讨、逐步改善，实现了订单响应时间缩短 80%以上、产品准确交付率达 95%以上，产能利用率提升 25%以上，预测准确率提升 30%以上，库存周转天数缩短 50%以上等。

在一些内外部协同细节上做精做细，对内协同现场看板实时且精准反映生产过程的实际工况、生产设备状态、工单生产进度、紧急插单和维护保养作业进度等，另外每台设备的工序作业时间表、物料配送时间表、工具准备时间表等均一目了然。对外协同包括如不同客户、不同产品的自制和外购选择，物流和外包（外协）企业管理也是生产计划的管控对象，上下游企业关系也越来越密切，一起推动 BOM 和作业标准化，逐步推动深度敏捷化。

不同制造业和不同企业都还有其他亮点实践，鉴于篇幅，不再逐一分析改进方法。

案例 1：某消费电子链主企业基于供应链全流程计划生态管控，长期赋能战略目标

某链主企业以研发作为核心竞争力，多年前也是碰到库存高、紧急购买成本高等问题，但现在全球产业链、供应链体系已经形成完整生态，而基于供应链全流程计划生态管控功不可没。在产品的生命周期有 Plan（产品构想阶段）、

EVT（工程验证与测试阶段）、DVT（设计验证与测试阶段）、PVT（生产验证与测试阶段）、MP（量产阶段）、EOL（产品生命周期结束阶段）等阶段。基于产品不同生命周期阶段的计划重点见表 4-17。

表 4-17 基于产品不同生命周期阶段的计划重点

周期	战略重点	计划重点	协同重点
Plan	需求评估	精美的设计亮点	鼓励供应商大胆建言并做可行性分析
EVT	快速成形	工程验证可行	设计雏形样品，鼓励供应商开软模并买单
DVT	快速研发	样品迭代及时性	制造和装配顺畅，供应商高成本生产并买单
PVT	快速上市	顺利进入量产	组件制造和装配顺畅，供应商降低成本生产
MP	满足交付	产能最大化	帮助供应商物料全球调货，鼓励降本增效
EOL	减少呆滞	减少牛鞭效应	统计呆滞库存，并为供应商承担损失

应帮助供应商解决问题、动态更新供应商体系、及时淘汰无法配合的供应商、计划和预测的战略不断调整。100%满足公司战略的方法如下。

1）占领市场，抢时间，战略重点是以时间换空间，不会为 5%的降本而丢了市场。

2）协同研发，如针对 DFM 报告双向建议和意见，不断地迭代和更新给客户。

3）帮扶供应商，比如基于强大的供应链体系提前帮助供应商全球调配关键物料。

4）永远不要让努力的供应商吃亏，有错误决策，应自己买单，而不是转嫁给供应商。

5）数据循环，持续精进，数字化如逆水行舟，不进则退。

【案例评析】

优秀不是一天而成，该企业似乎没有一个制造工厂，但又时刻在控制制造，广义供应链无时无刻不在控制之中，而且彼此学习、良性竞争。长期战略是与供应商一起做数字化提升，对供应商而言，跟优秀客户一起合作的过程也是自身数字化能力提升的过程。

案例 2：某服装制造公司通过精准预测实现综合运营绩效显著提升

某服装生产和销售集团具有多家工厂、各级代理商、零售商和门店，集团现有运行良好的计划和预测体系如图 4-14 所示。

第 4 章 计划和预测管理数字化

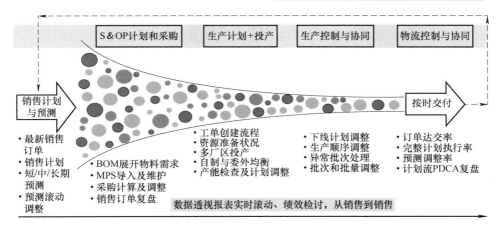

图 4-14 集团现有运行良好的计划和预测体系

在现有体系下，企业与经销商、代理商、店铺之间基本实现了需求计划、生产满足、按时交付的协同，但经过广泛的调研和分析发现，基于现有工厂生产周期，瓶颈是如何精准地根据季节、区域、款号 SKU（含款式、颜色、7 个级别的大小区分等细分 PN）、店铺等维度，对 2 周以内的备货做预测，既不会让店铺缺货（尤其是爆款衣品），也不会过季后导致大量服装积压。店铺备货预测表字段名称（部分）见表 4-18。

表 4-18 店铺备货预测表字段名称（部分）

衣品年份	衣品季节	款号	衣品名称	上市日期	预计下架日期	预计销售天数	已上市天数	上周销售	累计销售	现有库存	在途库存	今年上市日到测算日的周转率	去年同期上市日到测算日的周转率	款式消退系数	去年同期周转率	去年销售家数	预计出货日到下架日同期周转率	预计新备货店铺销售件数	店铺消退系数	预计备货家数	市场保有量	预计补单件数	确定下单件数

预测的基础数据包括：精确的 SKU、PN 和实际衣品的对应关系，过往 5 年的销售历史数据、销售分析表等。其中部分关键字段的定义如下：

1）周转率 =（该衣品去年上市日到测算日之间的销售额/店铺在库月平均库存额）× 100%。

2）款式消退系数是基于销售分析设定的加乘系数。①当年新款：拉取已销售 1 年的款式，加权平均测得消退系数为 0.8；②老款：通过当年备货且销售出去的数量对比今年上市日到测算日的周转率与去年上市日到测算日的周转率得出消退系数；老款季末对比去年上市日到测算日的周转率与前年上市日到测算日的周转率得出消退系数，计算值＜0.8 取自身的消退系数，计算值＞0.8 取值 0.8（注：新款定义为衣品年份是当前集团新出的款式，否则为老款）。

3）店铺消退系数＝去年销售家数/销售期内曾经铺货家数。

通过不断将预测数据与实际销售数据比较，对模型微调和优化，初期绩效提升统计如下。

1）工厂急单、插单减少约 65%；平均生产周期缩短 15%，生产成本降低 10%。

2）店铺因为无货而导致销售损失降低 75%，且同时季末备货呆滞数量减少 80%（原处理方式是疯狂打折促销，或留存为明年的库存，无论哪种方式均导致了额外损失）。

3）合理的"既要、又要、且要"逻辑在实践中是可以实现的，但前提是目标清晰、具备了必要的条件，如数据和精准的模型、模型迭代等，而不是无视条件的眉毛胡子一把抓。

【案例评析】

大道至简并不是坐而空谈论道、思考简单化，而是要求模型和测算系统要尽可能全面且准确，最后的输出要简单，精准指导实践。

【推荐阅读】

可参考笔者的《大数据赋能供应链管理》一书第 6 章的内容。

第 5 章 预算管理数字化

5.1 数字化时代的预算管理面临的问题和挑战

5.1.1 制造业企业预算管理的问题盘点

制造业企业的预算管理是企业战略目标落地的重要手段,也是贯彻运营业务全过程的管理工具,其基本功能包括战略支持、资源配置、业务协调、全员参与、循环监控、弹性指引等,但很多企业的预算管理还停留在重编制、轻执行,重静态、轻动态,重管控、轻赋能的状态,制造业企业的预算管理具体问题盘点如下。

(1) 预算职能与业务职能脱节,缺乏协同

预算管理通常以财务预算为核心,缺乏业务场景化,业务数据与财务数据不能有效转化,财务不了解业务需求,业务也看不懂财务预算。

(2) 预算过于粗犷和呆板,缺乏灵活性

很多企业仅停留在年度预算的管理范畴,预算很粗犷,无法适应运营的内外部环境的变化和企业各种复杂场景的需求,无法支持运营管理者有效的决策和资源配置。

(3) 预算系统孤岛林立,缺乏数据集成

预算主数据残缺或滞后,运营业务系统、预算系统、财务系统之间相互孤立,虽然各自系统中有大量的有效数据,但数据集成程度低,形成数据孤岛,数据无法联动。

(4) 预算成了紧箍咒,缺乏服务和赋能

预算在执行的过程中,为了降低风险和追求流程的完整性,财务部门容易层层设卡、规避自身作业风险,成了业务部门的紧箍咒,没有服务业务发展的理念,更没有赋能。

（5）预算无法实现闭环管理，缺乏管理互联

预算职能不能实现战略导向-计划拆解-预算支持-绩效赋能-持续改进联动的作用，无法满足运营精细化管理，也不能赋能业务发展并及时对业务变化做出决策指导等。

（6）忽视全面预算管理体系的构建，无法支撑整体运营决策

由于缺乏预算体系的顶层设计，预算模块的功能参差不齐，导致没有纵横贯通的全面预算管理体系，难以动态满足企业的资源配置、及时决策支撑和调整策略等需求。

除上述问题以外，还有其他问题，如管理层重视度不够，业务部门参与度不高；片面追求系统上的自动化和联动性，难以满足高频预测需求；预算管理对异常状况不能及时采取预防和改善措施，从而无法及时优化运营策略；预算数据采用人工填报，容易导致"数字游戏"等。

5.1.2 预算管理面临的挑战

很多制造业企业的运营管理层都知道预算管理的重要性，甚至要兴师动众地推动全面预算管理，然而在实际的预算工作中，却面临诸多挑战，具体包括以下几个方面。

1）市场环境和需求的重大变化，如大幅增加或大幅下滑，预算前难以预测趋势。

2）企业的业务或不同业务组合本身发展不稳定，波动幅度过大且难以预测。

3）企业收购或兼并了其他企业，或进行多元化经营，对新业务缺乏历史参考数据。

4）财务部门和业务部门的协同困难，往往互相不认账。

5）业务数据和财务数据很难做到端到端对接，数据端口和数据口径不一致。

6）预算流程过长，编制基础薄弱，对业务的指导作用往往滞后。

7）预算本身缺乏考核与评估，导致预算可信度欠佳并形成恶性循环。

8）高层管理人员主观干预核心数据，从而使得预算从基础上失真。

9）业务需要动态地配置资源，从而调整业务策略，预算的滚动更新不及时。

10）预算模块和预算模型的设计很难做到科学精准，如容易进入模拟会计核算误区。

11）数据多种类、多口径，不仅业务报表五花八门，就是财务报表也不能统一。

12）业务需要自动化和智能化的预算支持，但这需要满足相应的条件且并非一蹴而就。

在实际的预算管理工作中，企业和预算管理者还可能遇到其他情形的挑战。

5.1.3 企业预算管理数字化的趋势

传统的单一的预算管理和预算系统越来越显得力不从心，难以满足制造业企业对预算管理的一体化需求。预算管理维度包括时间维度、预算系统、数据流、数据决策、数字化工具、全面预算核心、业务预警和管理职能核心等。预算管理数字化的趋势见表5-1。

表5-1　预算管理数字化的趋势

预算管理维度	数字化前	数字化后
时间维度	以年度为主，可拆分到月	月度滚动循环，可拆分到周
预算系统	单一预算系统，强调刚性	全面预算系统，柔性实时滚动
数据流	从上而下，以数据下达为主	数据流多向交互，与业务数据映射
数据决策	报告数字结果，没有决策	智能分析和智能决策，赋能运营管理
数字化工具	单一的预算产品和系统	一体化预算平台，如预算中台
全面预算核心	仅预算的内容全面	预算内容和预算业务场景等均全面
业务预警	静态管理，毫无预警能力	动态模型偏差分析和及时预警
管理职能核心	目标管理，以监控为主	价值创造，引领和服务业务职能

预算管理的数字化就是通过企业预算中台能力构建自上而下的目标、预测和测算、运营业务数据紧密映射、绩效偏差分析和预警、决策指引从而创造价值的新模式。

企业一体化管理诉求和数字化技术发展同时推动预算管理由"目标管理、强化监管"向"业务赋能、价值服务"转变，通过灵活的、轻量化、业务场景化的预算模型和智能化管控，赋能业务及时准确决策和业务最优化发展，充分地将预算管理和企业具体业务活动相融合，形成"业务-管理-财务"相融合的多向交互、动态指引、闭环管控、优化迭代的持续改进模式，最大化发挥预算管理的服务赋能和价值创造的核心职能。

需要强调的是，根据企业的实际需求，无论是否建立预算中台，科学精确的预算模型至关重要,而预算模型是数据、业务场景、绩效指标的综合体,其中数据是驱动预算管理数字化的核心。只有在实时、准确、完整数据和数据模型的基础上,使用先进的数字化工具如数据中台、人工智能、机器学习等才能如虎添翼,否则就是舍本逐末、买椟还珠。在实际的企业预算管理中,很多企业连基本的数据标准化、数据治理的基本功都不具备的情形下,仓促追求并上马 AI 和中台等先进工具,收到的往往是东施效颦的结果。

5.2 基于数字化的全面预算管理的框架和路径

5.2.1 从财务管理体系看全面预算管理

1. 全面预算在财务体系中的地位

2022 年 3 月,国务院国资委印发了《关于中央企业加快建设世界一流财务管理体系的指导意见》,世界一流财务管理体系包括 1 个目标、4 个变革、5 个职能和 5 大体系。世界一流财务管理体系示例如图 5-1 所示。

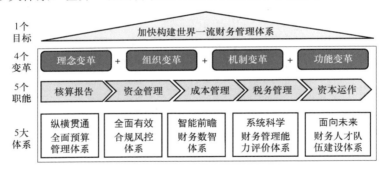

图 5-1 世界一流财务管理体系示例

其中在"5 大体系"中,完善纵横贯通的全面预算管理体系位居第一重要地位,实施策略和方式包括以下六个方面。

1)完善覆盖全部管理链条、全部企业和预算单元,跨部门协同、多方联动的全面预算组织体系、管理体系和制度体系,实现财务预算与业务、投资、薪酬等预算的有机融合。

2)建立高效的资源配置机制,实现全面预算与企业战略、中长期发展规划紧密衔接。

3)完善预算编制模型,优化预算指标体系,科学测算资本性支出预算,持续优化经营性支出预算,搭建匹配企业战略的中长期财务预测模型。

4）统筹兼顾当期效益和中长期资本积累，以财务承受能力作为业务预算和投资预算的边界。

5）加强预算执行跟踪、监测、分析，及时纠偏。按照"无预算不开支、无预算不投资"的原则，严控预算外经济行为。

6）强化预算执行结果考核评价，增强刚性约束，实现闭环管理。

因此，全面预算管理是财务管理的前置控制手段，是企业洞察内外部资源需求、精准的资源配置、提升资源的使用效率、落实和实现企业战略目标的重要一环。

2．数字化全面预算管理对企业运营的价值

1）它是企业运营战略落地的推手，助力企业将战略目标分解、转化为各职能的工作并作为绩效重要参考基准，且以 PDCA 循环不断的纠偏和提升运营绩效水平。

2）提升集团对事业部、分子公司之间的管理与协同，通过对业务运营全过程的监控等方式，快速发现问题和相关风险，并通过横向和纵向比较分析等驱动业务管理水平提升。

3）推动业财融合、以数治企，如以财务指标为核心的企业 KPI 指标定义，以财务核算的标准成本作为企业成本管理的参照基准，并分析业务相关维度、结构比例、趋势、影响因子等。

4）企业对新赛道、收购与兼并、出海等发展规划的参考基准，避免过于激进的业务拓展从而导致较高的企业运营风险、资金链风险等，保证企业发展规划的稳定与可持续发展。

5）它是企业全面数字化的推手，有助于推动企业管理信息化、平台化到数字化的精进，通过一体化财务指标的核算与得失检讨等方式，有助于提升和促进分子公司之间、不同职能部门之间的协同。

6）它是企业资源优化配置的手段，促进企业价值最大化目标的实现，将企业有限资源投在最优赛道、客户、项目、产品上，不仅可保障企业稳定发展，而且能不断地做优做强。

5.2.2 全面预算管理的驱动因素和管理目标

1．全面预算管理的驱动因素

传统的预算管理通常有两个假设条件：一是经营环境和外部市场供需相对

可预测；二是企业内部组织和商业模式相对稳定，这两个假设条件往往都不存在。经营环境变化多端、市场竞争愈发激烈、数字化技术日新月异等均让传统预算管理遭遇空前挑战。

全面预算管理可有效赋能战略落地、及时决策、最佳资源配置等精确化管理需求。企业驱动全面预算管理的因素和解决运营业务问题概述见表5-2。

表 5-2　企业驱动全面预算管理的因素和解决运营业务问题概述

驱动全面预算管理的因素	解决运营业务问题概述
企业战略落地需求	对企业战略目标和运营各业务职能的一体化赋能
运营精细化需求	管理从相对粗放转向精细化，要求预算管理精细化、灵敏化
数据动态调整需求	预算的刚性与弹性的平衡，业务数据和预算数据实时同步
业务实时支持需求	当业务计划动态更新时，可立即更新预算数据并支持业务决策
管理数据共享需求	预算管理数据和不同业务职能数据端到端打通并实时联动
业务财务融合需求	对外部市场变动和内部变动因素的动态模拟并映射到财务绩效
资源最佳配置需求	全面动态衡量和最佳配置企业内外部资源并平衡预算协调
业务实时控制需求	预算执行追踪与绩效考评自动化，全面提升业务工作效率
风险预测和防范需求	业务扩张、商业模式变动等内外部风险实时防范（如现金流）

2．全面预算管理的目标和进阶

全面预算管理的目标要紧盯企业的战略目标，并紧密结合运营管理和职能业务发展的需求，最佳均衡资源配置和协调责权利关系，并保障组织体系、业务流程、全面预算流程的协同，充分发挥战略分解-预算管控-实时追踪与考核-流程优化与再造-预算赋能与精进的动态迭代和持续精进的目标管理。全面预算管理目标环如图5-2所示。

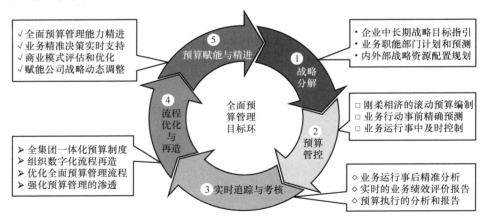

图 5-2　全面预算管理目标环

基于全面预算管理的目标环可以看出，全面预算管理的落地和实施，也是落实和实施企业战略的过程，全面预算管理是企业战略分解落地的重要工具，是优化资源配置的关键方式，是加强企业一体化、协同化管控的重要手段，是提升企业运营精益化、敏捷化的重要推手，是企业动态业务发展方向的核心指引，因此，全面预算管理的潜在价值是巨大的。

为了达成全面预算管理的目标，企业需要在组织、流程、模型、数据、系统等角度对全面预算管理的成熟度等级定位和摸排，以便更好地定位目前预算管理水平的现状和迭代提升目标。基于不同评价维度的预算管理成熟度见表5-3。

表5-3 基于不同评价维度的预算管理成熟度

维度	预算管理1.0	预算管理2.0	预算管理3.0	预算管理4.0
组织	仅财务参与	业务参与有限	业务参与全面	业务参与成为习惯
流程	无流程	着手建设中	有一定整合与协同	与战略、绩效等融合
模型	财务费用	业务预测粗放	预算和预测精细化	弹性预测和预算分析
数据	五花八门	梳理主数据	数据质量基本满足	数据质量完全满足
系统	表格为主	有初步系统	预算和分析成熟	智能化预算及分析体系

若从数字化角度看，不同阶段的特征如下：

1）预算管理1.0阶段属于起步阶段，这个阶段往往预算数据口径都未统一，如主数据不一致、财务核算标准化程度低、预算管理依托于线下手工台账管理。

2）预算管理2.0阶段属于初建阶段，这个阶段预算科目相对统一，对预算业务、主数据和财务核算标准化进行了一定程度的梳理。

在上述两个阶段，最常见和亟须解决的问题是：缺乏完整的预算管理体系，预算编制的数据缺乏配套的管控和考核管理；相关预算系统、各个业务系统之间是烟囱式的数据孤岛，大量的数据没有被有效使用且被割裂；运营业务计划和预算编制之间割裂等。

3）预算管理3.0阶段是数字化预算的发展阶段，这个阶段预算管理制度和预算体系比较完善，主数据和财务核算的标准化比较成熟，系统孤岛现象基本解决，预算管理与企业战略、运营计划、业务绩效之间初步融合。

4）预算管理4.0阶段是数字化预算的成熟阶段，这个阶段预算管理达到了业财充分融合的预算体系，并依托智能化、一体化的数字化预算和预测平台，完善战略转型和业务动因为基础的弹性预算、预测编制和分析模型。预算管理与企业战略、运营计划、业务绩效之间端到端无缝对接和充分融合，完全达到了全面预算管理的目标和功能要求。

5.2.3 全面预算管理的设计模型

1．全面预算管理的管理体系和功能设计

企业全面预算管理体系包括战略管理、预算体系、预算管理+预算内容、预算期间、业务执行、财务核算、决策分析等，如图 5-3 所示。

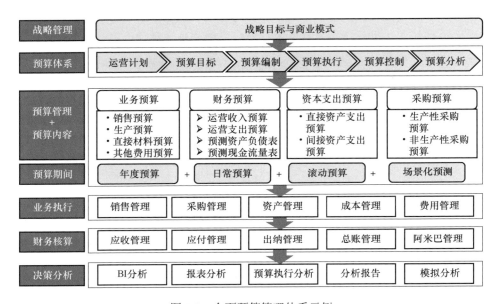

图 5-3 全面预算管理体系示例

全面预算管理体系的宏观方向，有预算策略、管理深度、预算职能、制度纵深、执行控制、预算平台、预算方式、管理颗粒度等维度。企业全面预算管理三阶段进阶计划见表 5-4。

表 5-4 企业全面预算管理三阶段进阶计划

维　　度	阶段一：夯实基础	阶段二：全面推广	阶段三：深度优化
预算策略	一体化策略	业务化策略	敏捷化策略
管理深度	财务数据导向	职能管控导向	业务驱动导向
预算职能	新增预算职能需求	集团业务衔接顺畅	业务和预算互为倚重
制度纵深	增补制度覆盖广度	提升制度广度和深度	精确到细分部门责权利
执行控制	集团和分子公司	推广到部门控制与考核	深入控制和分析体系
预算平台	关键系统模块对接	完全消除孤岛、数据同步	业务预测模拟和决策
预算方式	年度预算为主	年度预算+滚动预算	滚动预算+场景化预测
管理颗粒度	关键指标为主	全面指标体系和映射	全周期业务追踪和分析

2. 全面预算的数字化系统架构顶层设计

全面预算的系统架构，应基于数据、模型、算力、算法等维度，赋能各级管理者实时调整企业经营策略。强大的预算管理数字化平台是核心，是进行数据存储、模型搭建、数据分析、及时决策、柔性管理的重要技术保障和基础支撑。

全面预算管理需要构建横向到边、纵向到底的管理体系，实现企业级预算、业务职能级预算、场景化预算"三位一体"的闭环联动。全面预算管理系统分为数据基础和系统层、数据预算核算层、运营绩效管理层和战略决策层四个层面。全面预算的数字化系统架构如图5-4所示。

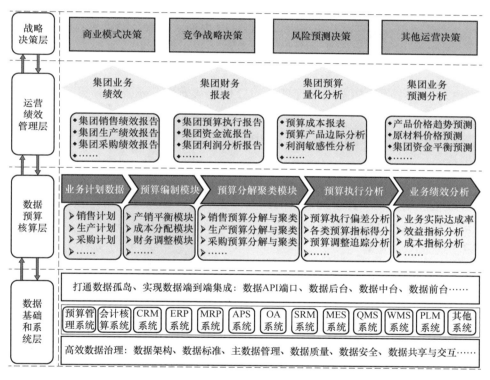

图5-4 全面预算的数字化系统架构

（1）数据基础和系统层

数据基础和系统层涵盖数据治理、预算管理系统和各类业务系统、数据接口与共享平台等，高效的数据治理是这个基础层级的基础。在这个基础上，打通数据孤岛并实现端到端的数据集成，并通过 API 接口等方式，实现数据平台的贯通。

（2）数据预算核算层

数据预算核算层是基于滚动的业务计划数据，由预算编制模块、预算分解聚类模块、预算执行分析模块和业务绩效分析模块等构成。各模块通过 API 接口等互通互联，从而确保业务和财务全流程线上运转和实时追踪与管控。

（3）运营绩效管理层

运营绩效管理层是实现全员、全业务、全流程和全视角全面预算的关键层级，是强化以集团层面为中心，并细化到各分子公司的业务运营活动、财务运营活动、成本控制活动等。从整体上把握集团运营管理状况，并根据实际情形做出及时、准确的调整，具体要做好预算的四个"花"，简要解释如下。

1）有钱花：是初始约束条件，通过战略规划，预算金额以及其他需求等。

2）花出去：是静态结果评价，如分析预算执行结果、横向和纵向比较分析等。

3）不乱花：是动态过程管理，如分析运营效率、预算差异管理和检测预警等。

4）花得好：是广义效益辐射，如通过复盘预算管理效率、执行效率和修正模型等。

（4）战略决策层

战略决策层是支持管理决策的深度赋能层级，是为集团和分子公司的高层管理者提供交互式的决策支持，如商业模式决策、竞争战略决策、风险预测决策和其他运营决策等。

1）商业模式决策：在内外部资源最佳组合方面实现企业效益最大化。

2）竞争战略决策：如成本领先战略、差异化战略和集中战略的选择和组合选择等。

3）风险预测决策：动态风险预测并依此做出风险管理策略和实施等。

4）其他运营决策：如产品和产品组合策略决策等。

需要强调的是，以上四个层级是上下联动的关系。从预算策略和分解实施上看是从上而下，从预算的执行和反馈上看是从下而上，它们是互为统一、相辅相成的关系。

3. 业务、财务融合的全面预算管理双循环设计

全面预算管理的引擎上接企业战略、运营计划、商业模式，下承相关管理职能。全面预算管理的引擎和价值驱动如图 5-5 所示。

第 5 章 预算管理数字化

图 5-5 全面预算管理的引擎和价值驱动

全面预算管理需要通过预算的财务流和运营执行的业务流统一，具体表现如下。

1）财务闭环流包括滚动预算目标，实时预算控制，预算执行实时追踪，预算执行偏差分析，财务端的收益成本分析，赋能运营决策（如建议报告等），资金的平衡需求（如决策后资金的需求变动和供给方式最佳排配等），投资融资计划（如业务发展和投资计划，以及为满足资金使用需求而做的资金获取方式，利用留存收益、吸收直接投资、发行股票、发行债券、银行借款、商业信用、融资租赁、发行短期融资券等）。

2）业务闭环包括运营业务战略、运营业务计划、内外资源需求、滚动预算目标、实时预算控制、业务绩效评价、业务改进提升计划、业务改进提升追踪等。

3）滚动预算目标、实时预算控制两个环节是业务闭环和财务闭环的公共流程部分，也是实现业务闭环和财务闭环的纽带。

基于业务闭环和财务闭环的业财融合全面预算管理如图 5-6 所示。

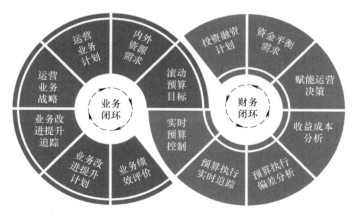

图 5-6 基于业务闭环和财务闭环的业财融合全面预算管理

5.3 基于数字化的全面预算编制和执行

5.3.1 全面预算编制的数字化

1. 全面预算编制的基础和流程

企业全面预算编制要体现以经济效益为出发点、由价值定量描述、以市场为导向、以全员参与为保障、以财务管理为中心等基本原则，以业务流、数据流、资金流和人力资源流为基础，为企业带来全流程、全价值覆盖，未雨绸缪、承前启后、稳扎稳打、价值赋能和创新收益。全面预算编制体系包括预算管理的组织体系、指标体系、分析体系、控制体系和数据技术的支持等方面。

基于数字化的全面预算管理的基础条件包括以下内容。

1）完善预算管理的组织体系，包括董事会、预算管理决策机构、预算管理委员会、总经理、预算管理日常工作机构、预算执行单位、预算责任中心等。其中，预算责任中心包括成本中心、费用中心、收入中心、利润中心、投资中心等。

2）盘点和设计关键预算驱动因素，并落实到相应的部门，如销售数量、销售价格、原材料单价、单位定额、单位成本、标准费率等。

3）可设计多维度的灵活预算，以销售预算为例，销售收入的维度包括客户维度、分销渠道维度、产品维度、时间维度、部门维度、区域和销售员维度等。

4）建议业务预算和财务预算相互融合的完整模型，如上一节的阐述。

5）充分考虑会计核算的基础，如对费用预算的分类管理，坚持权责利清晰原则等。

基于上述基础工作，全面预算编制的流程如图 5-7 所示。

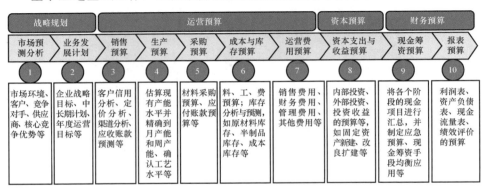

图 5-7 全面预算编制的流程

业务发展计划是全面预算编制的基础，年度业务发展计划上承企业战略规划，下启引导预算管理。基于战略分解和落地的业务发展计划来自各运营部门，涵盖完整的业务链，是价值创造过程的根基，也是全面预算管理提供精细化的框架与依据，同时让预算管理真正配合企业战略目标，利用"刚性+柔性"的灵活编制方法构筑完善的资源配置计划，指导运营活动的改善和提升，从而保证战略目标的达成。

2．全面预算编制的滚动预算模式

一般地，制造业企业有五种基本的预算编制方法，概述如下。

（1）固定预算

固定预算又称为静态预算，按固定的预期业务量编制的成本费用预算。优点是简单便捷，缺点是没有考虑预算期内可能发生的变动。

（2）弹性预算

弹性预算又称为变动预算，具有一定的伸缩性，主要是根据业务量变化的预算。优点是更加紧密结合业务发展，缺点是对变动趋势预测的准确性要求高。

（3）零基预算

零基预算是指从零开始完全编制一个全新的预算，逐项审议并确定预算额。优点是预算编制准确，避免了不必要的浪费，缺点是费时费力，编制成本高。

（4）增量预算

增量预算是在之前期间预算的基础上做调整从而得出下一期间的预算。优点是省时省力，缺点是预算编制粗犷，可能导致资源浪费。

（5）滚动预算

滚动预算又称为连续预算或永续预算，是在编制预算时，将预算与实际财务年度脱离，随预算执行的进度而不断延伸预算期，在每一期的期末，删除已过去的那部分预测，加上新一期的预测，预算包含的时间跨度基本不变（如12个月），进行持续滚动的更新。

1）预算是前一年制定的，到实际执行时，情况可能发生了变化，原来的假设可能不再完全适用，要有最新的预测来指导经营决策。

2）滚动预算一般不作为更新的考核指标，以确保在目标设置上预算的权威性。

3）滚动预算做的事不是不断地修改目标，而是不断地修改预期的结果，以指导最新决策。

滚动预算是在年度预算技术上,根据月度业务场景预测数据变动等。月度滚动预算编制示意图如图 5-8 所示。

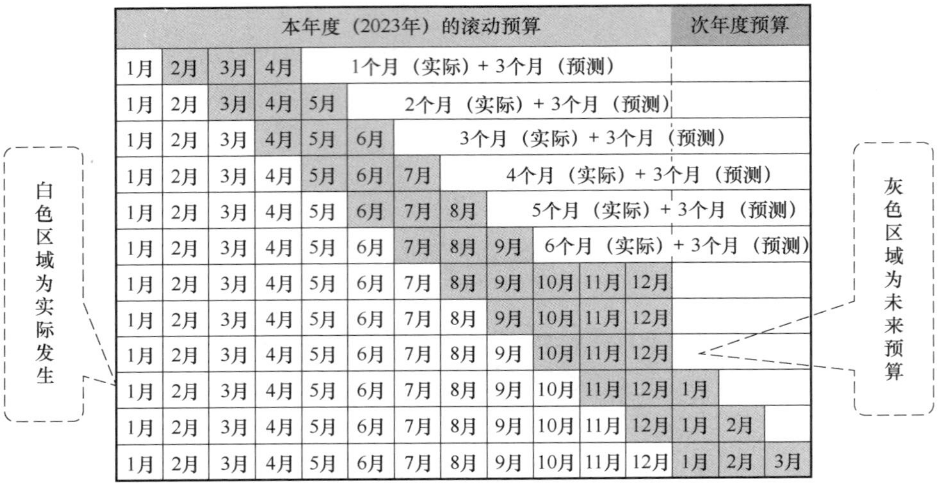

本年度（2023年）的滚动预算												次年度预算		
1月	2月	3月	4月	\multicolumn{11}{l	}{1个月（实际）+ 3个月（预测）}
1月	2月	3月	4月	5月	\multicolumn{10}{l	}{2个月（实际）+ 3个月（预测）}
1月	2月	3月	4月	5月	6月	\multicolumn{9}{l	}{3个月（实际）+ 3个月（预测）}
1月	2月	3月	4月	5月	6月	7月	\multicolumn{8}{l	}{4个月（实际）+ 3个月（预测）}
1月	2月	3月	4月	5月	6月	7月	8月	\multicolumn{7}{l	}{5个月（实际）+ 3个月（预测）}
1月	2月	3月	4月	5月	6月	7月	8月	9月	\multicolumn{6}{l	}{6个月（实际）+ 3个月（预测）}
1月	2月	3月	4月	5月	6月	7月	8月	9月	10月	11月	12月			
1月	2月	3月	4月	5月	6月	7月	8月	9月	10月	11月	12月			
1月	2月	3月	4月	5月	6月	7月	8月	9月	10月	11月	12月			
1月	2月	3月	4月	5月	6月	7月	8月	9月	10月	11月	12月	1月		
1月	2月	3月	4月	5月	6月	7月	8月	9月	10月	11月	12月	1月	2月	
1月	2月	3月	4月	5月	6月	7月	8月	9月	10月	11月	12月	1月	2月	3月

白色区域为实际发生　　灰色区域为未来预算

图 5-8　月度滚动预算编制示意图

根据企业业务管理需要,还可以拆分到周,部分费用类预算甚至可以细分到日,做好三比(实际与预算比,实际与预测比,预算与预测比)。滚动预算也可以用这种模式,比如 8 月初可以基于前 7 个月的实际额度和后 5 个月预测额度做滚动预算。

5.3.2　全面预算编制的方法

根据预算编制的起点不同,全面预算编制方法有资本起点预算、销售起点预算、成本起点预算、现金起点预算、利润起点预算、综合平衡预算等。基于不同预算编制起点的预算编制方法比较见表 5-5。

表 5-5　基于不同预算编制起点的预算编制方法比较

全面预算编制方法	适合周期	预算编制的优点	预算编制的缺点
资本起点	初创期	量入为出、追求发展	可能产生盲目投资和浪费
销售起点	成长期	适应市场、以销定产	产品过度开发、成本管理不够
成本起点	成熟期	销售稳定、收益稳定	忽视新产品开发、不利于长远发展
现金起点	衰退期	规避财务危机和风险	保守运营而错失企业发展机会
利润起点	无特定时间	收入和投资的均衡	逐利而忽视企业自身价值发展
综合平衡	无特定时间	多角度、长期战略	编制过程复杂,仍需其他方式配合

1. 以销售为起点的预算编制

以销售为起点的预算编制为例，它是以销售收入为指导指标，以利润和现金回笼为辅助指标的预算方式，比较适合成长期的企业和以企业价值最大化为目标的企业，特征是"以销定产、以产定采（采购）"。在编制上，首先企业根据市场销售预测，参考企业预算期间的目标利润，合理确定预算期间企业的销售指标；其次，各部门在销售预测的基础上，编制采购、生产、库存和成本费用预算；最后财务部门根据这些预算，综合所掌握的各类信息，在销售预算、成本费用预算的基础上，编制利润预算，去计算企业预算期内可获得的利润。"以销定产、以产定采"的销售起点预算模式如图 5-9 所示。

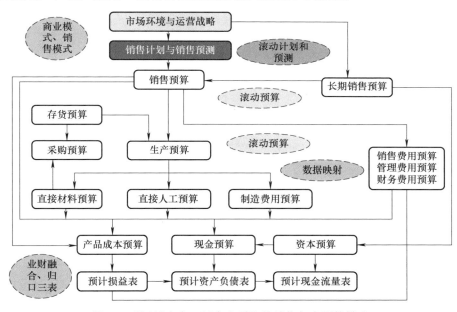

图 5-9 "以销定产、以产定采"的销售起点预算模式

销售预算需要考量预算期内销售价格、销售数量、销售市场区域、销售产品的品类、销售人员和销售收入等因素分别编制具体的销售预算，之后再汇总编制企业的全部销售预算。

1）销售收入预算：根据企业综合销售的目标值分解为各种产品的销售数量和销售单价、销售退返、折让和退货，在此基础上确定销售收入预算总额。

2）销售成本预算：按地区类别和销售数量，每单位产品制造成本编制销货成本预算。

3）销售毛利预算：销售收入预算-销售成本预算=销售毛利预算。

4）销售费用预算：广义是指市场活动成本，狭义是指销售部门的费用。可以以过去实际费用为基准；依据销售收入或毛利目标值；由目标利润倒推；考虑是否随销售收入增加而变化，变化的幅度是多大；依据单位数量计算。其中变动销售费用有：差旅费、促销费、广告宣传费、运输费、业务费用等；固定销售费用有：销售人员工资、折旧费、租金、保险费等。

内部因素包括销售政策和营销策略，如信用政策、付款条件、客户授信（付款周期和授信额）、产品政策、渠道政策、促销政策、销售能力等；外部因素包括经济形势、季节变动、市场需求和竞争对手的销售量、价格、渠道等。基于内外部因素制定产品组合和阶梯价格（价格弹性）策略，产品价格策略示例见表5-6。

表5-6 产品价格策略示例

产品	产品周期	高价格销量	中价格销量	低价格销量	运营策略
A-1	新品上市	1000	1200	1400	差异化+撇脂战略
B-1	成长期	30000	40000	50000	市场渗透
C-1	成熟期	30000	50000	80000	成本领先战略
D-1	衰退期	5000	6000	7000	停产、维持现状
C-2	产品迭代	10000	15000	22000	差异化+成本领先
D-2	产品创新	6000	6500	7300	差异化+成本领先

不同的价格会有不同的销售数量，这是价格弹性的相关性。所谓价格弹性，就是价格提升或下降的幅度导致销售额提升或下降的幅度。

通过详细计算价格弹性，得出最佳组合策略，甚至可以通过不同的客户、不同的产品组合的模型，得到最佳收益，这里可以是最大销售额，也可以是最大利润额，甚至是最佳销售额和最佳利润额均衡化。

注意成本可能有差异，比如本例中B-1和C-1的产品，有规模效应，除了计算销售的价格弹性之外，还要考虑成本差异因素、竞争对手的策略因素等，从而动态地计算最佳销售价格和销售量。另外，还需要平衡不同的销售渠道，如代理商、经销商、门店、网上直销（B2C业务）等。基于销售经验的销售数量预算见表5-7。

表5-7 基于销售经验的销售数量预算

人 员		销售量Q	概率P	QP值	期 望 值
销售经理	最高预测	1000	0.3	300	870
	最可能预测	900	0.5	450	
	最低预测	600	0.2	120	

(续)

人　　员		销售量 Q	概率 P	QP 值	期　望　值
销售主管	最高预测	1200	0.3	360	860
	最可能预测	800	0.5	400	
	最低预测	500	0.2	100	
销售人员	最高预测	1100	0.3	330	895
	最可能预测	850	0.5	425	
	最低预测	700	0.2	140	

销售定量分析法有：加权平均法、指数平滑法、趋势预测法、因果预测分析法、购买力指数法等。此处仅以加权平均法、指数平滑法举例概述。

加权平均法举例：若 2023 年 1—6 月份实际销售量是 750 件、780 件、820 件、850 件、840 件、790 件，若按照最近三个月的实际销售量为基准且权重分别为 25%、30% 和 45% 计算，则第 7 个月的预测销售量 = 850×25% + 840×30% + 790×45% = 820 件。

指数平滑法举例：某企业 2022 年销售产品 5000 吨，实际销售量是 5480 吨，设产品销售量的平滑系数是 0.7，则预测 2023 年的销售量 = 5480×0.7 + 5000×(1−0.7) = 5336 吨。

预算深度融合业务，充分支撑业务预测。构建"以销定产，以产定采"的联动预算体系，实现动态化预算编制。"以销定产，以产定采"的供应链费用预算示例见表 5-8。

一般地，该预算管理方式的痛点是销售、生产、采购进行独立的财务预算，难以实现融合联动、相互支撑并对市场变化做出及时应对，使得预算管理对于业务发展的支撑作用难以发挥。因此，需要深入梳理集团销售、生产、采购、售后、研发等全环节业务流程，明确业务逻辑，厘清各部门在预算编制流程中的职责和任务，确保预算编制分工明确、有序执行，加强产供销预算的深度衔接及动态联动，实现集团"以销定产，以产定采"的预算管理目标，对于业务预测具有很强的指导性。

2．其他预算起点方式概述

除了以销售为起点的全面预算方式外，其他常见预算起点方式概述如下。

（1）以成本为起点的预算管理方式

首先是以市场竞争具体状况确定目标成本；其次将目标成本按照项目和责任中心进行分解，如直接材料、直接人工、制造费用等；再次以市场收入为起点编制收入预算，在细分基础上做最佳均衡；最后根据收入预算和成本预算等编制利润预算。该方式以成本为主导考核指标，以收入和利润为辅助指标。

制造业运营管理的数字化实践

表5-8 "以销定产，以产定采"的供应链费用预算示例

预算维度	1月	2月	3月	4月	5月	6月	7月	8月	9月	10月	11月	12月	全年合计
出口欧洲预销售计划/台	800	1200	2000	1300	1400	1450	1150	850	1100	1900	1500	500	15150
BOM含税/元	3700	3700	3700	3700	3700	3700	3700	3700	3700	3700	3700	3700	—
组装费含税/元	249	249	249	249	249	249	249	249	249	249	249	249	—
供应商应付货款/元	3602530	5625773	7119520	5243675	5583002	5391953	4207487	3633459	5230951	7057664	4812444	1419167	58927625
海运（含税）/元	160713	241070	401783	261159	281248	291293	231025	170758	220981	381694	301337	100446	3043507
报关+清关（含税）/元	13560	20340	33900	22035	23730	24578	19493	14408	18645	32205	25425	8475	256794
保险（含税）/元	13560	20340	33900	22035	23730	24578	19493	14408	18645	32205	25425	8475	256794
关税（不含税）/元	177688	266532	444220	288743	310954	322060	255427	188794	244321	422009	333165	111055	3364968
惩罚性关税（不含税）/元	581792	872688	1454480	945412	1018136	1054498	836326	618154	799964	1381756	1090860	363620	11017686
陆地到仓运费（含税）/元	90400	135600	226000	146900	158200	163850	129950	96050	124300	214700	169500	56500	1711950
对欧洲预算汇总/元	4640244	7182342	9713803	6929958	7399000	7272808	5699200	4736029	6657806	9522232	6758156	2067738	78579316

(2) 以利润为起点的预算管理方式

首先确定目标利润；其次将目标利润分解为收入预算、成本和费用预算、融资和投资预算等；再次，在细分基础上做最佳均衡，并得出利润预算和资金预算。该方式以利润为主导考核指标，以收入和融资投资为辅助指标。

(3) 以现金为起点的预算管理方式

首先是资金管理部门依据各预算单位的责任范围，做出相关规定；其次各责任单位根据资金管理部门的要求和自身的实际倾向做出现金流量预算并向上呈报、逐级汇总；再次预算管理部门将各责任单位编制的现金流量进行汇总，并"量入为出"平衡统筹安排，该方式以现金流为考核指标，以利润和销售收入为辅助指标。

(4) 以资本为起点的预算管理方式

首先由资本需求量对投资总支出进行规划；其次对项目可行性分析决策，选择风险适中、收益较高的项目；再次分析项目资本支出的时间安排；最后研究筹资方式，指定筹资预算。该方式以投资净现值为考核指标，以现金收支平衡为辅助指标。

(5) 综合平衡的预算管理方式

首先以盈利指标为起点，分析企业内外部环境和关键成功因素，确定企业的战略规划和目标；其次分别从财务、客户、内部运营、学习和创新四个方面确定各责任单位的相关考核指标和目标值。该方式不是单纯考核某一个指标，而是对四类指标进行综合考核。

3. 财务小数据、业务中数据、市场大数据的融合

财务小数据是企业管理者和财务人员初期拥有的数据，业务中数据是企业运营中产生的相关经营信息和数据，市场大数据是与企业所处行业相关的一系列内外部经营相关的海量数据。全面预算管理的数据应以财务小数据为起点，以业务中数据为基础、以市场大数据为助力，通过对业务职能的协同与整合实现企业战略运营目标，适用最适合的预算模型指导运营行动计划和最佳资源配置方案，从而赋能业务和支持运营决策。因此，这三类数据是全面预算管理的血液，也是脉络。只有通过数据驱动，才能让全面预算管理和业务活动进行充分融合，形成业财融合的双向数据互动模式，使预算管理能够真正驱动企业发展。全面预算的数据和彼此映射及验证关系示例如图5-10所示。

凡事预则立，不预则废。全面预算需要深度融合业务，充分支撑业务计划和预测，依托数据对资金、业务、人力资源等整合与配置以降低风险和损失，提高企业的管理水平和经营效率，实现企业价值最大化。

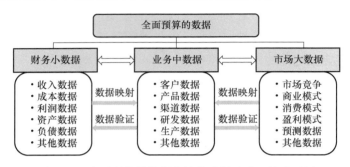

图 5-10　全面预算的数据和彼此映射及验证关系示例

5.4　基于数字化的预算分析和控制

5.4.1　基础财务报表和预算服务职能的转变

1. 财务报表基础性和绩效衡量作用

基本的财务报表如资产负债表、利润表（损益表）、现金流量表等基本财务报表，不仅要精确核算出对应的数据，而且要读透并可以从多角度诊断企业的财务状况，有效地支撑企业运营决策、企业战略的实施与调整、投资和融资决策等。基础财务报表像汽车仪表盘，显示企业是否安全、平稳地运行；也像一张晴雨表，真实地反映企业的运营和财务状况。

（1）合适的现金流是企业的血液

做好资金计划，精确地预测现金流，监控运营风险，从而让现金流风险维持在一个较低水平。在这个基础上，不断分析企业整体资金的利用效率和各个模块职能的资金利用率，不断提升现金资本的利用率。

（2）企业内控的绩效和效率反映到财务报表分析上

企业的内控包括降低各职能成本和费用（如生产、研发、采购、销售等），提升运营效率，提升最佳质量管控效率，增强可靠性、协同性、凝聚力。在这个基础上实现相关财务资料的及时、有效处理和严格控制，保证各类财务数据的真实性、实时性和准确性。从财务角度看，企业运营指标包括获利能力分析、偿债能力分析、资产管理效率分析、发展能力分析等。企业运营效率效果指标示例见表 5-9。

表 5-9 企业运营效率效果指标示例

指标名称		指标计算公式	指标值	期望值	评价
偿债能力	流动比率	流动资产/流动负债	1.71	2.0	需优化
	速动比率	速动资产/流动负债	1.23	1.0	需优化
	现金流动负债比率	经营活动产生的现金流量净额/流动负债	0.34	0.50	需优化
	资产负债率	负债总额/资产总额	0.39	0.55	需优化
	产权比率	负债总额/所有者权益总额	0.7	1.2	需优化
	已获利息倍数	息税前利润/利息支出	19.7	8.0	需优化
营运能力	应收账款周转率	销售收入/平均应收账款余额	3.16	6.0	需改进
	存货周转率	销货成本/平均存货	5.61	12.0	需改进
	流动资产周转率	销售收入/平均流动资产	1.66	3.0	需改进
	固定资产周转率	销售收入/平均固定资产净值	3.67	5.0	需改进
	总资产周转率	销售收入净额/平均资产总额	1.11	1.5	需改进
盈利能力	销售净利率	净利润/销售收入×100%	5.4%	8%	需提升
	销售毛利率	(销售收入−销售成本)/销售收入×100%	17.9%	25%	需提升
	总资产报酬率	(利润总额+利息费用)/平均资产总额×100%	6.4%	10%	需提升
	净资产收益率	净利润/平均净资产额×100%	10.8%	8%	良好
发展力	销售收入增长率	(本年销售收入−上年销售收入)/上年销售收入	39.1%	30%	良好
	资本积累率	本年所有者权益期增额/上年所有者权益合计	11.4%	10%	良好
	总资产增长率	本年总资产增加额/上年资产总计×100%	4.6%	8%	需关注

指标需要综合分析,不能偏颇,不能唯利润论,利润对企业发展是重要,是企业生存和持续运营的保障,是企业效益和运营绩效的表现。在某种程度上代表企业形象,但过于追求利润,会不利于企业长久发展和价值提升。价值管理与利润管理的比较见表 5-10。

表 5-10 价值管理与利润管理的比较

比较维度	价值管理	利润管理
企业价值	长期利益和长期价值	忽视资金的机会成本,关注短期利益
股东价值	以股东利益最大化为目标	长期不利于股东信心
客户价值	长期价值、赋能客户	短期快速从客户上获益
员工价值	企业与员工共同成长,鼓励创新	企业把员工看作为成本支出
运营效率	整体提高	片面追求短期利润提升
运营质量	系统性的扎实	容易导致部门和个人英雄主义
运营成本	逐步稳定降低	短期低,长期可能变高
内控方式	以企业为中心,协同和整合	以自我部门为中心,锱铢必较
创新导向	热情高,不贪图短期	低,尤其是长期见效的创新

对于企业全体员工,绩效指标要以价值创造做相应调整,并建立有效激励制度。若企业虽然账面利润很多,但如果应收账款收不回来,则利润就是虚的。企

业真正的财富是在保证利润和现金流的基础上实现企业价值的持续增长。

2. 以全面预算为起点驱动战略财务的服务职能

业务部门往往不了解财务部门的要求,也不知如何提供全面预算所需的数据,他们需要财务培训和讲解,最重要的是赋能,强调财务的服务作用。本质上,业务部门没有人愿意被层层卡关,而更愿意被协同和服务。

(1)财务对业务放权,预算分析、监管和控制集权

与业务部门沟通的过程中,全面预算管理人员要深入学习业务流程、业务管理的基本知识,如采购、生产、销售、存货等业务;不能只从预算权力的角度去卡关,更不能是业务部门的"太上皇",正常业务活动的开展要大力支持。而预算监管包括事前、事中和事后的全面监管控制,并不是说整天去干预、麻烦、骚扰业务人员,使其不能正常运营;当出现较大的异常和风险时,适度介入干预;对于小异常、小风险适当提醒,在这个前提下精进强化财务的监管权力。

(2)全面预算管理的基本功扎实、纵深横向都专业

基本功包括但不限于基础财务报表的实时动态更新,且准确无误,会计做账滴水不漏,既快又好,各项收益和各类成本的精确核算,可做到多维度、多视角、多层次的分析且彼此作证,既能做到战略全瞻,且在分析颗粒度上深入,可以明察秋毫。这样打出全面预算专业的硬拳头,在重大检讨会议上用大数据和专业分析说话,才能让其他业务职能部门心悦诚服。

(3)财务数据系统和其他职能数据系统充分协同

在全面预算管理上,企业要实现业财融合,系统和数据的畅通是关键,财务部门不仅做好记账、报税、财务报表等基础工作,还要对业务做好分析、预算和决策支持等服务性工作,促进运营业务良性发展。要让业务部门深切地感知到与财务部门的融合,不仅不会阻碍自身工作开展,还会助力自身业务的发展。

(4)做好基础财务数据标准统一化,不能朝令夕改

财务数据标准的统一,有利于基本的财务指标快速呈现。这里的统一标准往往没有对错好坏之分,比如不同币别的换算标准,对于制造型企业来说,用月初、月末、月中甚至是平均值都是可以的,参考中国银行的汇率数据即可,不必要钻牛角尖,只要集团和事业部、分子公司之间做到统一就好。而对于模型等非标准的范畴,可以迭代优化。

(5)把各类数据盘活,预算数据资产化

这里的盘活包括两方面:一方面是历史数据的充分使用,要让数据动起来;另

一方面是数据的实时准确性。在全面预算管理的数字化实施过程中，如工时、费率、人效指标等标准成本需要实时动态优化。比如统计某产品的料工费成本，仅从用料的角度，根据采购价格加权平均相对较好，这里要考虑主材行情的波动、下单日期和到货入库日期的差异、生产使用日期的差异、成品出货日的差异等。

除此之外，还有人力薪酬预算体系和制度，如合理设置基本薪资、间接薪资、绩效薪资等，设置动态有竞争力的薪酬体系、提成体系等。一个好的制度，可以让"坏员工"变成好员工，反之导致劣币驱逐良币。一个好的改善，可以给公司带来 20 万元的收益，奖励员工可能只需要 1000 元，就可大幅调动员工创新和改善的积极性。

5.4.2 依托战略财务管理的全面预算管理数字化

1. 战略财务的层次和精进

战略财务的三个层次：一是与企业战略相关，重视财务决策；二是通过预算、绩效、资产管理等对运营过程控制；三是依托外部环境和各方资源，强化运营活动分析、绩效评价、投入产出分析、业务决策和行为结果分析等，长期为运营管理赋能、提升市场竞争力。

基于全面预算的要求，战略财务要将运营长期目标和未来发展规划转换为财务预测模型，并预设在不同的运营模式、投资和筹资活动下，模拟和分析企业现金流、利润、资产、负债等变动状况，通过最佳财务战略方案实现企业资金均衡高效地流动，从全局性、长期性和创造性角度对企业资金进行高效规划，最大化实现企业财务目标和运营目标。

通过战略财务，全面预算管理数字化要实现战略导向、预算迭代、财务共享、业务赋能等服务职能的循环，协同运营业务、业务放权，依托数字化、自动化监管集权。全面预算管理数字化的专业精进如图 5-11 所示。

图 5-11 全面预算管理数字化的专业精进

全面预算的本质是资源的精准配置和监控，并充分考虑资源配置背后的成本和效率约束，通过预算模型可以直接由系统计算得出，自动化决策，刚柔并济（刚的部分交给系统和模型，人力重点放在柔和战略分析上），强调预算管理和运营业务管理融合后的实时变动和影响（线性和非线性）、速度和反应、灵敏与弹性，依据数据共享与集成，业务整合、动态模拟等实现全面预算从隐性到显性的转换，长期赋能企业创新，获取竞争优势。

全面预算管理的滚动预算，不仅事前充分考虑预算编制的动因，预算结果要与业务密切相关，还要根据实际以适当频率调整，使得预算和实际业务偏离相对较小，应当具备更加细化的时间颗粒度和业务及作业维度颗粒度，开展差异化、精确化资源配置。

企业的财务共享中心还可以基于平衡计分卡的 5 个维度，即客户、财务、内部业务流程、学习与成长、信息系统来提升企业全面预算管理的绩效。

1）发展客户关系，强化客户的忠诚度，并为新客户和新市场提供高效的服务。

2）推出创新产品和服务，满足目标客户的需求。

3）以低成本、短时间提供高质量的客户化产品和服务。

4）发挥全员技能并激发潜能和积极性，持续改进工艺流程、质量和反应时间。

5）充分运用信息技术、数据库和信息系统。

数字化新型财务能力（管控+分析+决策指引）、战略支撑能力、财务内控能力、价值创造能力等，基于成熟的管财融合、业财融合和数字化技术底座。财务共享和数字化融合如图 5-12 所示。

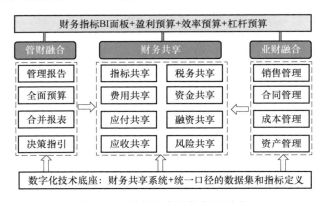

图 5-12 财务共享和数字化融合

不同职能部门之间的融合是基本运营管理的条件（也称为"业业融合"），如销售、财务、研发、工程、技术、制造、计划、采购、仓储、物流、关务等之间的协同。

2．结合新的环境和业务场景的预算调整

预算调整的前提和原则为：

1）内外部跨职能、一体化业务流程速度、效率和质量相结合。

2）链接客户和供应商，广义供应链的供应、生产和交货等过程一体化。

3）为满足不同客户的精准需求，同时避免多品种、小批量经营方式而带来的高成本。

4）全球产业链布局下的供应链竞争，保持对市场的敏感性。

5）技术创新、洞察客户需求，开发、迭代甚至颠覆性创新的产品和服务。

6）减少监督和内耗，企业要重视那些 1%的超绩效员工，并配备更多的资源。

7）推动精益改进，建立以客户为中心的组织，进行成本管理和成本驱动。

8）符合公司发展战略与年度经营目标，影响年初销售与其他预算的执行等。

常见的伪需求预算调整申请的场景有：销售部抱怨经费不足，该开拓的销售渠道没有去做，眼睁睁看着业务机会流逝；采购部抱怨采购价格上升等，原则上不调整。如果之前预算确实苛刻，超预算审议流程，而不能随意调整，如在未来 6 个月内责成相关部门调整经营活动，消化差异。

预算调整的特殊事项有：国家管理政策和规定发生重大变化（如环保和减排要求等）；公司战略变化引起组织结构的调整；外部市场环境和市场需求变化较大；公司的经营范围、业务种类变化（如收购等）；公司内部资源发生变化，预算调整以刚性为主、柔性为辅。预算项目调整的申请、上报、审批、下达等程序应与预算编制的流程相同。预算变更申请表示例见表 5-11。

表 5-11 预算变更申请表示例

项目名称	原预算指标值	申请调整额	调整后预算指标值	批准调整额	批准后预算指标值	调整理由

预算变更申请表需要经办人、财务负责人、总负责人签字后生效。集团 CFO、集团预算管理委员会（单次金额和年度累计金额双重设计），要求预算增

加,如果发现之前他多赚的钱比申请增加的预算还少,就要听他讲故事。基于完成的预测申报、审批程序,各编制单位提出方案,事业部和集团绑定,并滚动预测未来 12 个月的经营状况,滚动预测的流程为原始预测–最新预测–结果分析、改进方案–改进行动(PDCA 循环)等。

5.4.3 基于全面预算的具体的成本控制举例

材料成本对于企业营业成本来说至关重要。提到材料成本控制,企业最本能的反应就是通过采购进行成本控制,但这是远远不够的。

材料成本 = 材料价格 × 材料用量

= 材料设计用量 ×(1 + 材料损耗率)× 材料价格

= 材料设计用量 ×(1 + 套料损耗 + 加工损耗 + 不良损耗)× 材料价格

从公式中,我们可以发现,影响材料成本的预算控制环节至少有五个,而采购控制只能影响其中的质量损耗和材料价格两个因素。

(1)材料设计控制

产品设计决定了 80%的产品成本,因此,产品成本首先是设计出来的,其次才是控制出来的。客户一般不会为超出需求的功能付费,不能创造客户价值的功能应该一律删除。

在产品设计中,产品零部件标准化率很重要。通过提高产品零部件的标准化水平,可以取得批量采购的价格优势。材料设计控制是一种事前的标准控制,通过 BOM 表与年度预算的编制和事中控制相衔接,在预算执行过程中,通过产品分析反馈可以进一步优化产品设计。

(2)损耗控制

生产损耗可以分为套料损耗、加工损耗和不良损耗三大类。

有的企业在生产加工前需要对物料进行切割,尚未对物料进行加工就产生的损耗为套料损耗。降低套料损耗的方式就是提高套算技术水平,充分利用物料、减少边角料损耗。如果企业能通过技术手段将套料损耗降低至行业水平以下,则具有成本竞争优势,可直接为企业贡献利润。

加工损耗,即在加工过程中产生的损耗。加工损耗由加工工艺决定,如机械加工中的加工余量等,企业通常通过工艺研发来提高加工精度和收率得率指标。因此,企业年度研发预算应与加工损耗预算联动,并且研发预算的考核应当考虑纳入相关的工艺指标。

不良损耗,主要受设备和模具完好率、原材料质量和人员操作技能等因素影响,其结果通常表现为生产材料单耗的上升和不合格品率的提高。

在编制预算时,各类损耗都要设定一个目标值。套料损耗和加工损耗主要通过技术手段进行控制;不良损耗则需要融入质量管理、设备管理、采购管理等业务管理活动中去,要对超预算的损耗进行细分并追踪至业务端和操作层。

(3)采购价格与采购成本控制

采购预算的控制核心是对物料采购单价的控制,需要对物料进行分类,如战略物料、瓶颈物料、杠杆物料、一般物料等并制定出对应的采购策略,如招标采购、集中采购等,同时需要平衡项目和产品的全生命周期、库存水平、库存风险和最佳采购批量的问题,是将总拥有成本降到最低。

采购成本节约率是采购部门重要的预算考核指标,企业要将供应商动态优化率、集中采购率、招标率等过程性指标纳入采购预算绩效考核中,从而加强采购预算执行的事中控制。

5.4.4 大数据赋能预算分析与运营绩效改进

1. 预算分析和考核的兜底作用

预算数字化转型的核心目标有三个:事前精确预测、事中及时控制、事后精准分析,可指引业务改进。全流程贯穿财务监测作用,在预算数字化转型的进程中,这三个目标是循环作用、轮回推进的。事前、事中、事后的数字化预算过程如图5-13所示。

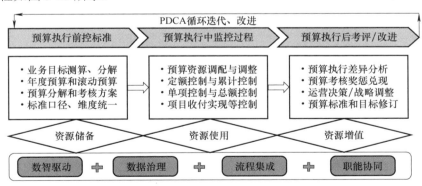

图5-13 事前、事中、事后的数字化预算过程

精准的分析结果除了提供有力的决策支撑外,还能发现预算管理中的漏洞,倒逼企业优化预算管理体系以及相关业务领域的管理;同时精细化的预算管理体系也使得预算执行的控制点更加明确,可以更有针对性地采取控制措施。只有深

入业务场景的预算管理才更加精细,可挖掘的底层数据也更丰富,从而切实提升预算效率效果和企业的经营管理效益。而运营绩效目标管理应当多维度、内外兼修,充分考虑市场与竞争对手的变化,应当兼顾财务目标和非财务目标。

2. 基于预算数字化从财务到业务

业务绩效分析的目的是为了改进运营绩效。

1)业财融合,实时且精准发现业务执行差异,以下为相关场景问题和改进办法。

① 销售额没有达标,是丢了客户还是客户需求减少,丢单分析?
② 销售毛利率下降,是哪里出现了偏差?
③ 库存不降反升,原因在哪里?呆滞库存由哪些因素导致?
④ 内部设备资源稼动率正常、产能不紧张,为什么还要生产外包?
⑤ 相关费用为何又在升高?为何计划海运改成空运?

运营管理者需要从系统的经营数据中通过因素分析,或自定义的组合分析,或从表到账到业务,层层下钻至业务流明细,精准定位导致偏差的具体业务动因,找出改进经营目标差异方案。

比如当销售计划调整,产销衔接的信息将被实时同步给供应链、财务、人力和市场等关联部门,各个部门在采取业务行动时能更高效协同。

2)预算差异分析。

预算差异分析是为了改进运营绩效,预算差异分析要遵循抓大放小、差异趋势、分析根本原因、厘清责任、改进跟踪、利弊分析等原则。预算差异分析的基本原则见表 5-12。

表 5-12 预算差异分析的基本原则

基本原则	基本要求	方式方法
抓大放小	运用例外管理,重点分析重要差异	对指标值设定重大差异的影响金额底线
差异趋势	重点分析连续三个月持续增长的趋势	指标差异率超过一定百分比的变动趋势
分析根本原因	抓住差异影响的根本原因	与业务部门沟通检讨、顺藤摸瓜
厘清责任	主要责任部门归属要定义明确	依职责权限表向内索要解释并检讨
改进跟踪	在下期运营中实施并分析绩效	责成责任部门列出改进方案和改进计划
利弊分析	无论有利差异或不利差异都应分析	有利差异背后是否隐藏风险或其他不利因素

预算分析要基于分析对象和相关定义,对预算执行差异分析后,要落实改进措施并实施追踪等步骤,对未来运营绩效做出预测等。预算执行差异分析步骤和报告内容示例见表 5-13。

表 5-13 预算执行差异分析步骤和报告内容示例

步　　骤	分　析　纲　要	具　体　内　容
1	确定分析对象	确定差异分析对象、差异标准和优先级、分析方法等
2	预算执行分析	业务部门预算执行进度状况、差异额和差异幅度分析
3	差异原因分析	根据差异重要程度分析内外因素并落实预算责任到位
4	改进措施对策	调整、修正、改进差异的行动方案、方法、期限等
5	改进措施追踪	应对上期预算差异的改进措施执行情况跟踪和复盘
6	未来运营预测	结合市场、行业、客户、前景等，基于业务目标进行预测
7	重点事项备注	宏观政策变动、企业变革、运营资源的重大增减等

在预算执行差异分析和 PDCA 精进过程中，数字化预算对业务的价值实现了六个转变，分别是从目标管控型向业务赋能型转变、从静态目标管理向动态运营引导转变、从业管松散到业管融合转变、提升业务运营效益从粗略化向精细化转变、资源配置从静态向实时动态转变、预算方式从经验智力化向智能化的转变等。预算执行差异分析的六个价值转变如图 5-14 所示。

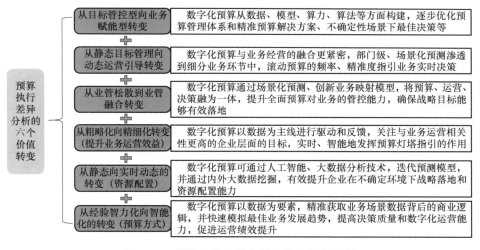

图 5-14　预算执行差异分析的六个价值转变

3．精细化预算执行分析示例

（1）精细化预算执行分析的业财管逻辑

精细化分析不仅仅是报表分析、指标分析（如同比、环比、趋势比、预算比、目标比等），还要结合业务，找到数字和指标背后的业务，结合业务找到数据动因（抓手），从而简明扼要地指导业务发展和决策，以利润预算差异拆分的逻辑示例如图 5-15 所示。

制造业运营管理的数字化实践

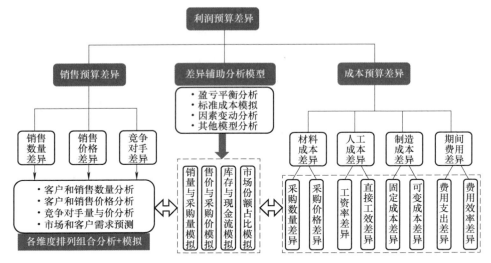

图 5-15 以利润预算差异拆分的逻辑示例

以利润预算差异拆分的逻辑解释如下。

1）分析的企业主体维度可以是集团、事业部、分子公司、区域等。

2）分析的频率可以是月度、季度、年度分析，还可以是淡旺季分析等。

3）可以基于所有客户或特定客户（行业客户、区域客户甚至单个关键客户等）；还可以基于所有产品或爆款单件产品等。

4）销售预算差异和成本预算差异之间还可以分析，比如销售价格适当调整后有利于销售量大幅增加和对市场或客户的销售占有率大幅提升，基于盈亏平衡模型下的规模经济，可以降低采购单价、提升生产率、降低损耗和期间费用等，通过模拟和学习核算最佳售价决策。

通过财务的成本分析，以财务为中心，业财管融合，财务一个口径，倒逼业务数据准确。

1）标准成本（人工、原材料、设备等）分类、品类管理、部门成本中心代码等。

2）结构的比例、趋势、原因分析，与业务去沟通，摸排业务场景和相关因素。

3）每个月举行会议，将与之前的差异成本、与友商的差异成本推送给运营负责人。

4）下个月追踪，通过实际业务数据反应改进状况如何？

5）改进验证有效方式如何？上次改进如何？

第 5 章 预算管理数字化

6）财务验证是否通过（务实还是务虚，让业务细节无处遁形）？

7）评出月度、季度和年度成本改进的冠亚军；所有干系人都奖励，形成"比、学、赶、帮、超"的氛围。

对客户的 AR（应收账款），收款的任何问题死盯、盯死，客户连续 3 个月延期货款（每次延期都在 1 个月以上），系统自动对该客户信用降级，要求销售缩短客户付款周期或减少赊销额度，从而降低风险。

经过差异分析发现某个产品销量占比较高，但却是亏本在做，财务预算委员会可追问销售和内部当初是如何报价的？如果报价的拆分假设条件错误或不准确，比如总成本都比售价高，成本也降不下来，如果此时订单充足，那要么对客户涨价，要么干脆放弃整个赔本的业务。

在差异分析过程中，首先要确保财务指标和数据准确，对业务的精细化偏差分析准确无误，然后倒逼业务数据准确。实践证明，财务预算数据和指标分析越用越准、越用越有利于形成数据资产，而且内部形成数据素养习惯，这是一个良性循环。

1）提升组织运营的效率是根本，而运营效率提升后，更有利于数字化全面预算的实施，信息及时有效沟通和传递，财务和各业务职能之间、各个业务职能之间均完全融合在一起。今天的业务场景研发部指挥财务部和销售部，明天可能销售部指挥研发部和制造部，后天制造部指挥销售部和采购部，大家都感到正常，都在为别的职能部门和整个企业服务，均能协同"共事"。

2）决策执行是否迅速，马上响应，消除一切无意义的甩锅和内耗。财务主导的数字化预算，不可能一步到位、十全十美，可先固化、再优化、再创新。口径一致、手段一致、心态一致，力出一孔，利出一孔。

（2）基于企业损益结构的分析示例

某生产和销售汽车精密模组件的集团企业在 2022 年发现利润总额下滑明显，于是在 2023 年初启动"百亿企业千里马"计划，大力招聘行业的销售和管理精英，可 2023 年利润总额提升，反而出现亏损，而同年某竞争对手（友商）与自身资质和成品相仿，却实现了 18.8%的利润率。某集团企业损益结构百分比分析见表 5-14。

表 5-14 某集团企业损益结构百分比分析 （单位：百万元）

分析维度	2021 年	占比	2022 年	占比	2023 年	占比	2023 年友商	占比
营业收入	2380	100%	2450	100%	2502	100%	2680	100%
营业成本	1330	55.9%	1340	54.7%	1360	54.4%	1355	50.6%

制造业运营管理的数字化实践

（续）

分析维度	2021年	占比	2022年	占比	2023年	占比	2023年友商	占比
税金及附加项	92	3.9%	100	4.1%	125	5.0%	122	4.6%
销售费用	330	13.9%	350	14.3%	470	18.8%	320	11.9%
研发费用	135	5.7%	178	7.3%	184	7.4%	153	5.7%
管理费用	185	7.8%	287	11.7%	352	14.1%	198	7.4%
财务费用	16	0.7%	21	0.9%	46	1.8%	27	1.0%
利润总额	292	12.3%	174	7.1%	−35	−1.4%	505	18.8%

基于损益结构百分比分析，通过与竞争对手比较，得出该集团企业2023年亏损的原因如下：

1）管理费用超高，该企业在2023年通过猎头招聘了来自各行各业的职业经理人，光副总裁就增加了5人，他们又分别新招了各自的下属若干人，这是管理费用绝对增加值1.2亿元的主要原因。

2）销售费用过高，该企业招聘了非本行业的外企销售副总裁，他的主要成功经验是消费性产品的电商平台销售，在2023年启用类似电商的促销手段，但对集团销售总额的提升收效甚微。

3）研发费用较高，该企业期望打造自身产品的品牌，期望摆脱"为主机厂做嫁衣"的行业地位，但2023年自主研发的3款新品却是研发性价比（研发和试验费用及研发人员薪水）较低的产品，市场接受度不高，且现有的前三大客户均没有采用该企业研发的新品。

4）财务费用较高，财务风险提升，而2023年是总体亏损，通过融资方式保持运营更是增加了运营风险。

5）营业成本较高，经过与竞争对手比较，料工费均相对竞争对手较差。某集团企业与友商的营业成本比较见表5-15。

表5-15　某集团企业与友商的营业成本比较

与友商比较维度	本企业比率	友商比率	差异根本原因分析（本企业角度）
直接原材料占比营业收入	43.7%	42.8%	采购价格优势略低、生产耗损偏多
间接辅料占比营业收入	1.1%	0.9%	采购分散、未实现MRO精益管理
直接人工占比营业收入	3.9%	2.7%	检测工位人工作业多、人效偏低
制造费用占比营业收入	5.7%	4.2%	设备稼动率低、生产排程不经济
总占比营业收入	54.4%	50.6%	料工费等成本均比友商高

预算执行分析的效应是，先做正确的事情，再把事情做正确。找对问题，才能改进问题；方向错了，停下来就是进步。总之做预算分析的目的是提升运营绩效，改进效率；不能为了分析而分析。

第 5 章 预算管理数字化

案例 1：某企业基于财务共享打造"四化两驱动"的数字化预算体系

某企业经过四年多的数字化预算基础，从核算财务、企业财务到集团财务控制，建立战略财务、经营管控财务、共享财务、财务赋能业务等策略，实现财务内控、价值创造和战略支撑。"四化两驱动"的数字化预算体系如图 5-16 所示。

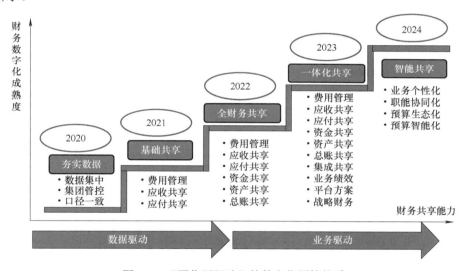

图 5-16 "四化两驱动"的数字化预算体系

1）个性化：数字化预算管理将更加注重企业的个性化需求，针对不同企业的业务特点和管理需求，定制化预算管理解决方案，提高预算管理的适应性和灵活性。

2）协同化：数字化预算通过协同化的方式来实现跨部门和跨地区的预算管理，提高预算管理的整体效益和协同效应。

3）生态化：数字化预算将预算管理与企业战略规划、绩效管理、风险管理等相关管理环节有机结合，形成全面协同的管理生态圈，提高预算管理的整体效能。

4）智能化：随着人工智能技术的不断发展，未来预算管理将越来越智能化，采用自动化和智能化的方式来实现预算编制、审核和执行等过程，提高预算管理的效率和质量。

5）数据驱动：未来预算管理将更加注重数据的收集、分析和应用，通过数据驱动的方式来提高预算决策的准确性和精细化程度。

6）业务驱动：数字化预算为业务价值增值和赋能业务管理效率提升服务。

【案例评析】

每个企业的真理是不一样的，但真理往往在精算的范围内。

案例2：某企业通过精准成本预算实现业务效益最大化

某企业期望通过提升稼动率降低成本，从而给客户让利，薄利多销。

先知己（自己成本的精打细算），精确盘点自己的优势，并强化优势。

1）企业管理层少，管理成本分摊少，把节约的管理费用于奖励绩优员工。

2）原材料是集团分公司生产，采购成本比同行业竞争对手可节约3%左右，而且优先供应。

3）量大订单用自动化设备，量少订单用手工制作的小设备；制造成本比同行低15%。

产能、单位成本精密核算（可拆分的字段行更多），换模换料的原料损耗全部纳入计算，质量成本计算如制造费用可单列。某企业A产品的数据计算见表5-16。

表5-16 某企业A产品的数据计算

生产数据		单位成本拆分和分摊/元				收入预算		
生产量	稼动率	原材料	制造费用	管理费用	单位成本	价格/元	毛利率	毛利润额/元
10000	26%	7.01	2.70	0.27	9.98	11.98	16.7%	20000
15000	39%	6.94	2.67	0.19	9.80	11.72	16.4%	28800
20000	52%	6.82	2.61	0.14	9.57	11.39	16.0%	36400
25000	66%	6.67	2.52	0.11	9.30	11.05	15.8%	43750
30000	79%	6.44	2.41	0.09	8.94	10.54	15.2%	48000
35000	90%	6.12	2.26	0.08	8.46	9.96	15.1%	52500

注意表5-16中的价格是根据预算反推的价格，并不是实际售价。

先知己（核算自己的数据细节），然后再知彼（客户端），通过适当让利给客户，通过规模效应增加客户黏性，良性循环。基于公司的发展战略，对不同的客户让利多少，报价多少最合适，精算出来，对客户销售预算分析示例见表5-17。

表 5-17 对客户销售预算分析示例

客户	月需求量	供货厂家	销售量	货款期	销售价格	调整后价格	预算销售量
甲	16000	2 家	5000	30 天	11.72	11.05	8000
乙	21000	2 家	6000	60 天	11.98	11.39	9000
丙	45000	3 家	8000	60 天	11.72	10.54	18000

客户丙的需求量大，客户本身更可能吸引竞争对手，企业可对客户丙实施相对更低价策略。

经过调研和内部会议，客户丙的行业和赛道是非常好的，而且客户丙是上市公司，有稳定的利润率，因此客户丙的供应商大概率也会有稳定利润。以客户为中心的前提是精准地知道以哪些客户为中心，不是盲目地漫天撒网，要把资源聚焦在那些战略客户上。

由于让利给客户丙而获取了更多份额的订单，且增强了战略合作的服务，比如每天的 JIT 送货，让客户满心欢喜，因为节约了仓储费用和库存费用，但同时因为出货量大，几乎都是满车送货，分摊到每个产品上的货车物流成本几乎可以忽略不计。同时企业的研发人员每隔两周拜访客户丙一次，与客户丙的研发人员、客户丙的客户研发人员一起协同做精深的 VA（价值分析），通过工艺改进、最佳回料比例、最佳质量标准等降低浪费，增值部分的收益三方均分，长期更增加了客户黏性。

预算和业务长期滚动，协同改进，这对制造业企业尤其是中小型企业具有很大的指导意义。

【案例评析】

企业要最大化发挥自身优势，并将资源配置在"刀刃"上。

第 6 章 产品研发管理数字化

6.1 产品研发的现状、挑战和数字化需求

6.1.1 制造业研发现状和面临的挑战

1. 制造业企业研发面临的常见问题

1）设计变更频繁,可能是内部原因,也可能是外部原因。
2）新产品上市后,经常发生质量问题和客户投诉等,顾头不顾尾,无法兼顾。
3）售后产品维护、调试,维修人员疲于奔命。
4）新产品研发成本过高,产品生命周期属于亏损状态。
5）新产品研发与制造脱节,现有生产条件难以满足,批量不稳定。
6）研发规格要求过高,供应商生产率低或质量问题严重,成本升高。
7）新产品研发项目经常延期,丧失快速进入市场的最佳良机。
8）新产品研发风险难以评定和预测。
9）客户与供应商对自己的研发细节均无法共享。
10）顾客需求无法拿捏,往往会被高估或低估。
11）顾客提出产品定制需求,但自身没有经验、无所适从。
12）竞争对手很容易模仿,蚕食市场份额。
13）关键研发人才留不住,流失严重。

2. 研发面临的挑战

1）客户需求变化大,产品生命周期越来越短。
2）客户要求产品使用简单与产品研发复杂的矛盾。
3）个性化需求越来越多。
4）国内外企业对知识产权保护力度加强,不小心就可能侵权。
5）竞争对手仿制水平不断提升,竞争压力越来越大。

6）仿制的逆向设计之路越来越窄。

7）数字化科技日新月异，如 5G、物联网、大数据、AI 等。

8）其他方面的挑战，如缺乏高层的支持等。

3．研发的重要地位

（1）研发对产品总成本的影响

研发不仅仅是产品推向市场的核心功能，也对企业运营的其他职能发挥起到重要作用，在产品研发概念阶段和产品设计开发阶段，对总成本的影响占比之和为 80%，成本大都是设计出来的。研发对成本的影响如图 6-1 所示。

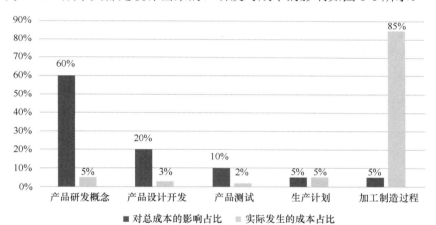

图 6-1　研发对成本的影响

（2）研发对产品质量的影响

结合 FMEA（失效模式分析）的理念，质量不是检验出来的，是制造出来的，但更是设计出来的，比如供应端供应不上，发现是设计部门问题，质量人员被派驻到供应商端，质量部不仅要会做质量检测，还要提前介入到研发和工程中去。研发对企业广义产品质量的影响如图 6-2 所示。

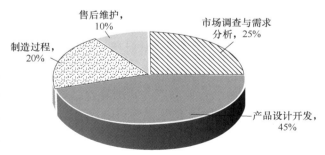

图 6-2　研发对企业广义产品质量的影响

6.1.2 基于实际调研看 IPD（一体化产品研发）研发现状

低成本曾是我国制造业运营的关键竞争优势，但如今我国制造业正大力推动技术创新与智能产品设计，仅在 2009—2019 年间，我国的研发总投入上升了近 3 倍，高达 5150 亿美元。我国研发支出早已超越德国和日本，仅次于美国，但研发需要兼顾质量和实际经济效益。

2022 年，某知名调研机构对我国 18 个研发集中型行业包括汽车业、工业机械、电信设备、电子行业等大中型企业进行了调研，被调研企业在我国平均拥有约 2000 名研发人员，且约 68%的受访者拥有超过 10 年的研发经验。

在"以客户为中心"和"效率驱动型创新"上表现突出，但在"工程设计"和"技术驱动型创新"上仍有较大的提升空间。近几年，我国企业亟需降低对国外核心技术的依赖呼声日益增高，80%的受访者认为将出现研发投入新增长，受访者几乎都认同我国企业研发经费的增长力度，将超过各行各业的世界平均水平。我国境内企业投入的研发经费情况如图 6-3 所示。

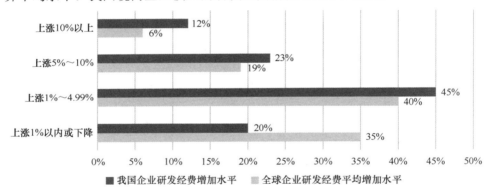

图 6-3　我国境内企业投入的研发经费情况

受访者也就"自身行业何时能实现关键核心技术自主可控"表明了自己的意见。50%以上的受访者认为自身行业已实现或两年内可以实现该目标；62%的受访者认为所处行业的产品研制能力已达到国际领先/最高水平，或在 5 年内可实现该目标。图 6-4 所示为受访者对我国研发水平信心提升。

虽然各行业的研发水平都有长足进步，但大多数企业必须持续提升，才能赢得技术领先地位。受访者称，目前最大的挑战仍然是人才的流失以及基础技术或创新产品长期研发。我国境内企业实现自主创新且可控的占比情况如图 6-5 所示。

第 6 章 产品研发管理数字化

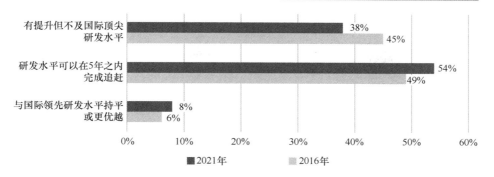

图 6-4 受访者对我国研发水平信心提升

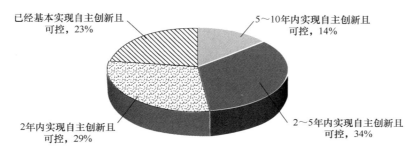

图 6-5 我国境内企业实现自主创新且可控占比情况

在创新能力升级上,我国制造业企业机遇很多,将在高风险的长期研发项目上投入更多资源。根据受访者的估算,我国企业投放了约 68%的研发经费在下游(客户端)的活动中,如增加产品特性、提升产品性能、削减现有产品的零部件成本等。各类研发活动平均占用时间比例调研如图 6-6 所示。

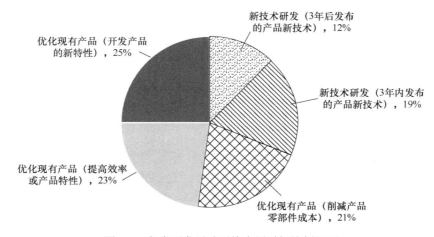

图 6-6 各类研发活动平均占用时间比例调研

制造业运营管理的数字化实践

超过 80%的受访者称自己的企业已经建立了不同的体系方法积极推动创新，如创新日历、创新会议、创意评估看板等。其中仅 20%的受访者认为他们的体系已经成熟，并已卓有成效。

速度先行，受访者认为首要任务是提高上市速度、技术革新速度并缩短产品设计周期；其次才是提高新产品的质量。速度和质量的提升将会降低研发成本、增加销量、提升新产品的投资回报率，从而实现产量提升。

受访者公认在未来 5 年的三大优先举措是 IPD（一体化产品研发）流程、更为敏捷的研发（软件+硬件）、数字化研发。数字化研发需要培养和强化如电气与电子工程、机器人学、自动化与控制系统、AI（人工智能）、模型算法、数据挖掘和管理等方面的人才。企业研发策略和数字化研发内容见表 6-1。

表 6-1 企业研发策略和数字化研发内容

策略区分	数字化研发涉及内容举例
亟待优化	一体化产品研发、成本管理、产品路线图规划、产品质量设计、产品管理
快速搭建	研发项目管理、研发数据管理、研发文档管理、门径管理
精进学习	软件敏捷研发、硬件敏捷研发、数字化研发流程、精益研发
继续夯实	产品生命周期管理、研发管理系统、系统研发工程

超过 70%的受访者称，他们企业的 IPD 流程已十分健全，未来 5 年的研发运营重点将放在持续扩展和优化上；仅 40%的受访者称自身已经完全实现敏捷研发，而已实现研发流程数字化的企业仅占 20%。这种"高度重要"和"发展不足"之间的悬殊表明，我国制造业企业在未来 5 年必须实现敏捷研发和研发流程的数字化。

6.2 产品研发数字化转型的流程

6.2.1 加快产品数字研发转型，打造技术创新引擎

1. 产品研发数字化不是一蹴而就

产品研发市场竞争愈发激烈，企业需加快研发数字化试点部署、软硬件敏捷开发、改善一体化产品研发的流程，但高达 75%的企业在启动数字化研发项目时，都难以走出最初的试点阶段，原因包括较高的成本、模糊的目标、匮乏的人才、缺乏高层支持等。企业很难优化配置研发资源，也很难精准选择最佳数字化技术合作伙伴。因此，制造业企业的研发数字化转型需要系统性的规划，包括数

字化技术、敏捷研发方法论、全流程的研发业务、内外需求精准把控等。

多数研发数字化转型失败的企业典型特征是没有根据自身产品特点确定合理的设计工具、分析工具和文档数据管理系统，对数字化系统和工具生搬硬套，没有在通用软件产品上进行有针对性的二次开发，以适应自身研发管理需求。同时，没有优化、再造基于数字化研发模式的流程，仅仅是在原有开发模式、技术路线上粗暴地对数字化工具进行堆叠，高价购买了数字化工具却并没有提升研发效率和质量，成功的研发数字化肯定要一个"蝶变"的过程。

2．数据驱动的产品创新研发

传统的产品研发方案分析与产生过程所需的知识依赖于专家经验，加大了产品研发风险；调研市场需求手段和方法落后，不仅获取的信息和数据量较少，还耗时长，既不能全面反映市场实际需求，也导致研发过程严重滞后于市场变化；主观的产品设计的方案，容易导致错误的评价结果。

数据驱动的产品创新研发，需要基于创新设计的要求，分别对数据来源、数据特性、数据获取手段等方面内容进行分析，设计一套完整的数据驱动产品研发流程框架，如设计过程、需求分析、方案产生、性能评价等，其本质是需求挖掘、功能转化及技术开发过程的集合，并以此实现产品价值改进和提升，是洞察市场需求及设计产品属性新方案构思、选优、完善的过程。产品研发相关数据和内容举例见表6-2。

表6-2 产品研发相关数据和内容举例

研发相关数据	数据内容举例
运营数据	企业内外部数据，如ERP数据、BOM数据、账目数据及产品客服等
设备数据	工业设备、电子仪表、传感器及个体终端产生的数据
社交数据	微博、知乎、脸书等网络社交媒体平台产生的数据
电商数据	购物网站产生的数据，如商品清单、网络评论、购买数量
机构数据	通过知识产权局的网站及商业检索引擎合法获取专利数据等
市场数据	竞争对手的研发动向及相关政策的细节信息
供应链数据	供应链及物流，以及市场上零部件、元器件等可获得的条件
成本数据	数据处理成本、存储成本、分析成本、人机交互系统和维护成本等

产品创新研发是不断深入挖掘客户需求、精准分析设计约束及创造高质量方案的过程，数据具有足够的深度和广度，深度上不仅要求内容上能够精准反映客户真实需求、具有较高价值密度，能够为产品研发设计提供丰富且详实的信息；广度上需要全面获取各类数据避免盲目研发，比竞争对手更快、更准地发布新产品。

6.2.2 数据驱动产品创新设计过程

同时设计相关系统对数据进行管理;支持数据分析结果的导出,以支持市场需求分析、产品方案生成及综合性能评价等创新设计任务的开展。数据驱动产品创新研发框架如图 6-7 所示。

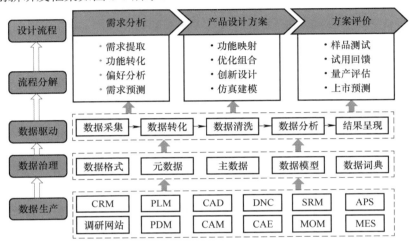

图 6-7 数据驱动产品创新研发框架

数据是实施数据驱动产品创新研发若干关键技术的基础,具体包括以下三个方面。

1. 数据驱动客户需求分析

需求分析是产品创新研发的基础环节,是企业全面了解市场现状、准确预测市场变化及快速提升客户满意度的关键,直接影响后期的方案设计及性能评价结果。数据驱动客户需求分析关键技术体系见表 6-3。

表 6-3 数据驱动客户需求分析关键技术体系

研发需求相关	关键技术举例
需求信息提取	关联数据、数据提取、数据清洗、数据分类、数据库储存
需求功能转化	功能描述、质量要求、失效模式分析、研发数据库储存
需求偏好分析	情感关联、情感分析、功能偏好、客户群分析、购买动因、分析报告
需求趋势预测	市场预测、时间序列、回归建模、分析算法、分析报告

2. 数据驱动设计方案拟定和输出

设计方案拟定和输出是为满足客户需求的方案组合优化及创新设计的过

程，并对模块进行优化组合，以得到最优的整体创新设计方案。数据驱动设计方案输出的关键技术体系见表6-4。

表6-4 数据驱动设计方案输出的关键技术体系

设计方案相关	关键技术举例
功能方案映射	功能需求分析、产品结构分析、设计原理归纳、相似度和标准化计算
方案优化组合	物理细节设计、标准模组组合与装配、研发方案组合、仿真技术
整体创新设计	创新与冲突分析、关键技术模块、仿真推理、分析算法、实例数据库

3．数据驱动产品设计方案评审

为了降低制造、销售及服务等方面的风险，需要对拟定和输出的设计方案性能进行评审，确保满足客户需求。数据驱动设计方案评审的关键技术体系见表6-5。

表6-5 数据驱动设计方案评审的关键技术体系

方案评审相关	关键技术举例
产品性能获取	性能数据词典、实例检索、主题分析、浅层挖掘、隐层挖掘
指标数值分析	性能模块、性能等级划分、性能函数、聚类分析、需求映射确认
方案择优评价	实际性能输出、方案成熟度分析、分析算法、神经网络、评价报告

需要强调的是，数据驱动产品研发的过程需要由市场部、销售部、研发部、工程部、制造部、财务部、法务等部门组成。把产品、设计、研发、销售等协同起来。

6.2.3 质量是设计出来的

以设计公差为例。

1．公差数据设计的原则、作用和基本步骤

产品质量首先是设计出来的，其次才是制造出来的。公差设计是产品研发设计与产品制造的纽带，它直接影响产品成本和良率。若公差过于宽松，装配时会出现各种匹配问题；若公差过于严紧，不利于降低相关成本与质量不良率、报废率等。公差设计是在满足产品功能、性能、外观和可装配性等前提下，最佳地定义和分配零件和产品的公差，优化产品设计，以最小的成本和最佳质量来制造产品。公差数据设计的作用如下。

1）优化产品设计。

2）模拟装配后的产品是否满足功能、外观、尺寸等要求。

3）提升和简化零件的可装配性。

4）合理设计零件的公差，以减少制造成本。

5）根据公差要求和制程能力预测产品不良率。

6）当制造和装配过程中出现问题时，可作为问题原因分析的参考基准。

2．公差设计和精算的步骤

1）定义公差的关键尺寸和公差要求，如涉及间隙和高低差的外观要求、装配要求、性能要求、可靠性要求等关键尺寸。

2）定义尺寸链，它是在零件装配关系中，由相互关联的尺寸按照一定的顺序首尾相连的封闭的尺寸组，尺寸链的长度越短越好。

3）绘制尺寸链中尺寸的正负，从关键尺寸的任一端点开始绘制单向箭头，顺着整个尺寸链绘制，得到一个闭合的回路。

4）将非对称公差转换为对称公差，比如"15＋0.20/－0"改成"15±0.10"。

5）公差计算有极值法和均方根法两种。通常在稳定的制程中，极值法确保所有尺寸都在公差范围内，因为要求过高导致零件不良率较高，会提高零件和组件的制造成本，一般适合制造工艺刚启动阶段或小批量产品；而均方根法则默认制程能力稳定，实际尺寸是正态分布，用概率统计分析落在上下限的概率非常小，因此比极值法宽松，零件和组件的制造成本较低，一般适合制程工艺比较成熟或大批量产品，且有成熟 SPC 管控能力。

模拟 1：当零件尺寸都是 ±0.1 时，关键尺寸 X 的累积公差。

模拟 2：当装配上的关键尺寸的公差要求是 ±0.5，零件的公差要求（假设尺寸链中的每个尺寸的公差相同），基于极值法和均方根法的两个模拟示例如图 6-8 所示。

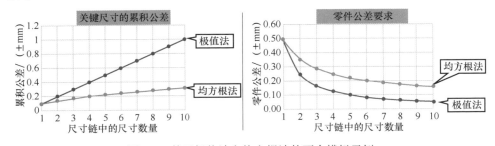

图 6-8　基于极值法和均方根法的两个模拟示例

因此，零件的制程能力决定了公差分析中尺寸公差的设定，适当宽松的零件公差要求，防止零件过度约束，避免对零件尺寸不必要的公差要求造成质量过剩

第 6 章 产品研发管理数字化

和成本浪费；简化产品的装配关系，缩短尺寸链；对关键定位特征尺寸公差提升制程管制，对其他尺寸就可以允许相对宽松的公差要求，在做公差分析时，公差要符合一致性，如在图样中的公差标注与公差分析中的公差确保严格一致。

6）基于公差的适配性要求做装配工序的最佳部件搭配。无论是过盈配合、过渡配合与间隙配合的装配要求，对装备的部件（如机械件的腔体和轴）均可通过线上的检验，自动根据公差要求，做编号匹配，在组装的过程中最佳适配。简易时可用通止规，复杂时可用线上自动测试。对实际尺寸的公差上下限分级、分类，让产品装配时既提升装配效率，也降低对超出公差的不良品判别的比率，即那些单个部件超出公差判别不良，很可能通过精准搭配获得最终的良品组装件。

6.3 基于数字化驱动的正向设计

6.3.1 基于数字化的正向设计是实现 IPD 的必然

1. 正向设计与逆向设计

跟随仿制的逆向设计策略和逆向工程能力难以产生创新性设计，产品的功能、性能、可靠性远低于被仿制对象，而且无法建立真正的研发体系，根本原因就是逆向设计天生不足。

美国科学家 Paul Rook 早在 1980 年就提出软件工程 V 模型，目的是减少瑕疵和错误的概率。V 模型是对研发瀑布模型的修正，强调了验证活动，它反映了测试活动与分析和设计的关系，理想产品设计过程的起点是涉众需求，经过需求定义、功能分解、系统综合、物理设计、工艺设计、产品试制、部件验证、系统集成、系统验证和系统确认等阶段，最后完成产品的验收。该模型不仅是标准的对称模型，且设计的起点较高，正向设计和逆向工程区分如图 6-9 所示。

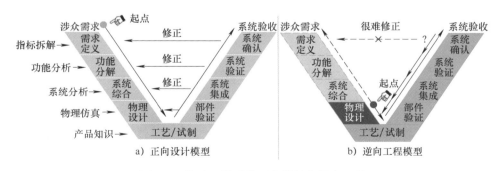

图 6-9 基于 V 模型的正向设计和逆向工程

从数字化研发角度看，只有正向设计体系才能提供架构性和颠覆性创新，逆向工程是一个跟踪仿制的模型，由于缺少需求定义、功能分解和系统综合三个重要的子过程，所以很难对产品进行大幅创新，再高明的仿制也只能产生最好的二流产品。物理设计是常见的逆向设计起点，即仿照已经存在的产品，完成图样绘制，进入试制和验证各阶段，完成产品交付或推向市场。但当 V 模型的右边出现问题时，由于没有左边可对应，所以只能回溯到前一阶段查询和解决问题，如果解决不了就导致设计失败，稍好的做法是部分追溯和还原仿制对象的本源，逆向工程模型是不对称的残缺模型，且设计起点较低。

2．正向设计能级和研发成熟度模型

依据产品设计的起点可以评判一家企业的设计能力，如从 V 模型的哪个阶段入手设计产品，可以把企业设计能力和成熟度分为五级：仿制级、逆向级、系统级、正向级和自由级。企业设计成熟度和特征见表 6-6。

表 6-6　企业设计成熟度和特征

发展等级	定位基础	主要特征说明
仿制级	基于图样的制造	理解物理参数后结合现有制造工艺，必要时少量改进
逆向级	基于现有产品设计	可根据现有的产品逆向设计成相对创新的产品
系统级	基于系统架构设计	可根据产品的功能架构对系统架构做设计与仿真分析
正向级	基于功能分析设计	对产品或系统的技术需求和指标具有清晰的物理设计等
自由级	基于用户需求设计	完全自由地将需求转化为技术和物理设计与系统验证

依据上述企业研发成熟度的维度和特征，研发数字化高成熟度的特征见表 6-7。

表 6-7　研发数字化高成熟度的特征

维度	高成熟度的特征
跨职能团队	团队完整、角色清晰、内部培训、协同力强、具有完整的绩效体系
产品战略	产品战略和业务战略形成合力、产品发展路线清晰，配套业务计划和方案
研发流程	一体化全生命周期研发流程和清晰的作业活动，完整的数据库和项目经验库
阶段评审	完整的跨部门参与的各阶段评审和作业流程，项目变更相对严格管控
技术管理	建立完成业务层级结构和业务计划，具备成熟的异步开发模式和能力
方法工具	具备成熟且合适的设计软件，改善工具、方法和系统，容易获得关键数据
系统机制	具有完善的项目管理系统和研发过程评估指标、成本和获利能力分析机制

3．研发数字化转型的三个阶段

研发数字化转型包括精益化阶段、正向化阶段和数智化阶段。研发数字化转型的三个阶段见表 6-8。

表 6-8 研发数字化转型的三个阶段

维　　度	阶　段　一	阶　段　二	阶　段　三
转型级别	精益化	正向化	数智化
驱动力	流程驱动	模型驱动	智能驱动
数字化重心	流程数字化	模型数字化	知识数字化
流程	标准化	敏捷化	场景化
数据	专业包数据库	集成化数据库	数据孪生
收益	效率提升	创新能力	反脆弱性

1）在精益化阶段，通过精益研发框架的构建，规范了研发流程、协同研发数据，实现产品研发的流程化和标准化，使得研发工作按照流程开展，研发过程可视、可控、协同，每个研发活动均有数字化工具支撑。

2）在正向化阶段，基于系统 V 模型，从涉众需求开始，需求定义、功能分解、系统综合、物理设计、工艺设计、产品试制、部件验证、系统集成、系统验证、系统确认、产品验收等全过程完全用数字化模型管控，并做到高效协同和知识积累，模型驱动集成化，使系统快速规划、敏捷设计、高效制造与精准保障。

3）在数智化阶段，将研发过程所需的知识和数据进行梳理和加工，形成数字化形态的智能研发知识插件，支撑研发活动过程的数字化、自动化。通过建立与物理产品对应的数字孪生体，持续提升物理产品的智能化特征。基于 AI 技术将专家经验和数据整理并自动推送，并通过分布式并行工程方法及虚拟产品设计和验证平台，支持数字孪生技术的研发。

4. 数字化研发的 PLM 和 PDM 的系统协同

（1）PLM 系统功能和成熟度

PLM（产品生命周期管理）系统是实现数字化、精细化管理的研发系统和工具之一，核心功能包括：产品主数据（如名称、版本、类型、生效日期、失效日期）、产品状态或生命周期的现状与未来预测、产品文档（如 CAD 模型、工艺文件）、BOM（物料清单）数据等。

PLM 系统的成熟度分为五个递进等级，由低到高每个阶段实现的功能如下。

1）实现 CAD 数模、图样、工艺文件等文档的集中和版本管理。

2）实现团队协作、过程规范的项目制研发管理。

3）实现工程变更和数据的全流程可追溯。

4）实现工程文档、项目管理、工程变更、配置管理、全局性 BOM 结构迭代和一体化，并在内部运营职能部门之间如销售、市场、工程、采购、制造、售后等共享、协同和集成，如项目管理协同、业务过程管理的协同和业务数据协同管理。

5）在上个阶段基础上又实现了在产业链级（如客户端、本企业和供应商）内的共享、协同和集成，如可定制化的解决方案。

（2）PDM 系统与集成

PDM（产品数据管理）系统覆盖从产品的市场需求分析、产品设计、制造、销售、服务和维护等整个生命周期中的数据和信息，结构可分为用户界面层、功能模块与开发工具层、框架核心层和系统支持层等，相应的数据库都建立在系统平台上，同时与 CAD（计算机辅助设计）、CAPP（计算机辅助工艺过程设计）、MIS（管理信息系统）、MRPⅡ（制造资源计划）等系统打通。从产品设计、分析、制造、工艺规划到质量管理等方面应用产生的数据孤岛都链接在一起，进而对产品的周期生命数据做到了统一管理，比如将零件属性、产品结构关系、工艺加工信息（如工序、员工工号、工时、原材料等）实时且准确地对接到 ERP 和 MES 系统中，实现了数据库与信息模型的统一、全局共享，实现数据层双向、动态、端到端集成。

（3）PDM 和 PLM 协同模型

敏捷性、模块化、可维护性轻量化的 PLM 系统将逐渐取代单一、庞大、固化、封闭的传统 PLM 系统。与 PDM 协同的 PLM 是产品全业务过程改善、数据治理的有效手段，基于 PLM 和 PDM 需要数据端口协同，PDM 和 PLM 协同需求端、设计端和制造端架构示例如图 6-10 所示。

通过 PDM 和 PLM 的协同，可构建产品数字化操作标准，避免研发工程师频繁更替造成各类数据偏差；构建产品有效数据源，规避数据冗余失真，确保源头清晰一致；也可构建定义产品的虚拟配置信息，全面管理产品数字核心资产，便于后续改型、迭代、改进，包括但不限于各类文档、产品历史数据、工艺数据（工艺过程规划、制造路径规划、生产程序等）、各类标准（工序类型、工序名称列表、工段名称列表、质量管控点列表、生产检验标准列表、缺陷名称列表、半成品类型、成品类型、维修模式、维修结论等），这些研发数据资产，实时地赋能产品生命周期阶段，包括设计、验证、试生产、发布、失效等阶段。

仅以 BOM 为例，对制造业企业，有 DBOM、MBOM、PBOM、CBOM 等。DBOM（Design BOM）即工程 BOM，体现了产品在工程上的结构；MBOM（Manufacturing BOM）即制造 BOM，体现了产品在制造上的需求，如区分制造件和采购件；PBOM（Process BOM）即工艺 BOM，将 MBOM 进一步细分到作业单元和设备，以及对应的工艺参数等；CBOM（Cost BOM）即成本 BOM，是财务核算相关成本的逻辑。有的企业还设置 SBOM（Software BOM）即软件 BOM，是需要在出厂前录入各控制单元的软件清单。根据业务流程各类常见 BOM 系统和数据如图 6-11 所示。

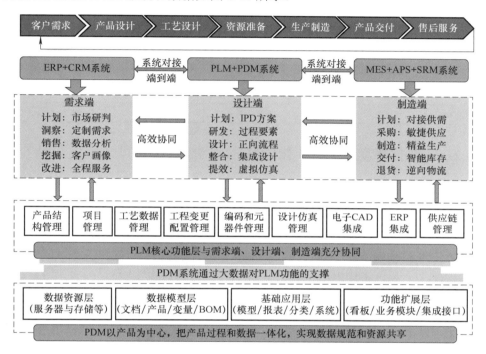

图 6-10　PDM 和 PLM 协同需求端、设计端和制造端架构示例

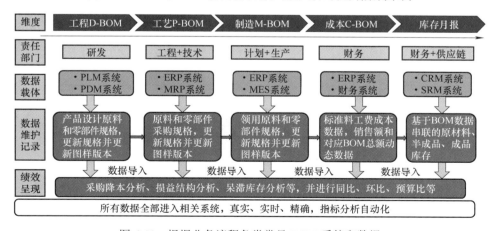

图 6-11　根据业务流程各类常见 BOM 系统和数据

以工艺 BOM（P-BOM）为例，工艺 BOM 表字段内容示例见表 6-9。

表 6-9 工艺 BOM 表字段内容示例

1	2	3	4	5	6	7
工厂	BOM 层级	0 层物料编码	父项物料编码	子项物料编码	物料名称	规格型号
8	9	10	11	12	13	14
物料属性	BOM 版本	数据状态	计量单位	用量/分子	用量/分母	子项类型
15	16	17	18	19	20	21
辅助属性	用量类型	是否跳层	固定损耗	变动损耗率	替代策略	替代方式
22	23	24	25	26	27	28
替代主料	生效日期	失效日期	基础资料属性	联副产品	备注 1	备注 2

6.3.2 一体化研发亟需数字化协同

1. 数字化研发变更和迭代管理

研发变更涉及完整记录更改过程中涉及的相关数据，如更改原因、更改内容、干系人意见等，系统可查询、可追溯。同时将被更改零件通过 BOM 映射相关产品及影响性分析、更改产生的新任务及时传递到相关职能部门，并与下游系统集成，保持数据准确一致。

数字孪生对深度数字化研发非常重要。数字孪生是现有或将有的物理实体对象的数字模型，通过实测、仿真和数据分析来实时感知、诊断、预测物理实体对象的状态，实现需求定义-功能设计-逻辑设计-系统仿真-物理设计-设计仿真-实物试验等过程的闭环管理，关键能力包括如下。

1）数字模型设计，使用系统建模工具及 CAD 工具等开发出满足技术规格的产品虚拟原型，如需求模型、功能模型、结构模型、数字化样机等，精确地记录产品的各种物理参数，并以 BI 面板方式展示，通过一系列验证手段来检验设计的精准程度。

2）模拟和仿真，通过一系列可重复、可变参数、可加速的仿真试验，来验证产品在不同外部环境下的性能和表现，在设计阶段就可验证产品的适应性。

数字化研发的降本提质增效的经验值统计见表 6-10。

表 6-10 数字化研发的降本提质增效的经验值统计

维　度	统计指标内容	指标统计解释	指标经验值
提质	需求设计达标率	准确且快速识别客户个性化需求	85%
提质	文档版本准确率	文档、规格、BOM 版本交互无错误率	99%

(续)

维度	统计指标内容	指标统计解释	指标经验值
降本	降低研发成本率	提高设计再用率，减少/规避重复设计	40%
降本	降低沟通成本率	跨部门信息共享，实现无纸化研发	75%
增效	BOM 的准确率	统一 BOM 的数据源，避免导致错误	99%
增效	缩短产品交付周期率	加快产品设计，促进经验共享	40%
增效	变更流转时间降低率	设计变更在内外部流转时间缩短	45%
增效	BOM 变更执行效率提升	产品各级 BOM（批量）被快速执行提升	80%

2．研发与客户端、制造端、供应商端的充分数字化协同

（1）研发与客户需求端（客户端）的数字化协同

精益研发由 Research（研）和 Design（发）构成，Research 比 Design 更重要，研发人员都会画图，但可能不擅长设计，即使擅长设计，可能欠缺需求调研和场景代入。"研"是精准发现问题并通过研发转化为产品需求，然后才可将产品需求加到产品设计方案中；"发"是从方案到细节，以客户需求为起点和中心。结合企业商业模式挖掘客户的研发需求涵盖如下。

1）基础功能：产品业务流程涉及的功能。

2）核心功能：所有延伸功能都是围绕其进行延伸的。

3）付费功能：产品商业化，客户愿意买单的功能。

4）延伸功能：完善生态，优化用户产品使用体验，商业模式常见的分析模板称为商业模式画布。商业画布维度对研发的具体要求见表 6-11。

表 6-11 商业画布维度对研发的具体要求

维　　度	对研发的具体要求
客户群体	目标用户是哪些人？哪个群体作为优先攻略的重点
关键业务	我们能为用户做什么？产品解决的是什么需求
价值主张	常见需求场景艺术加工后灌输给相应目标用户
渠道通路	通过什么渠道跟用户接触？什么渠道的沟通效率最高
客户关系	用户希望和我方建立什么样的关系？两者需要达到平衡
重要合作	谁来配合？产品涉及哪些环节、对象、资源？资源涉及哪些业务
核心资源	维系业务正常运转、维持产品持续盈利的核心资源有哪些
成本结构	做这件事哪里需要花钱？建设成本和运营成本是多少
收入来源	该怎么获取利润？企业怎么赚钱？卖的是什么？赚谁的钱

需求分析分为两个阶段：前半段的核心是分析需求的真实性和验证需求解决方案（产品）的可行性，包含需求收集、需求分析、方案验证；后半段核心

则是系统思考产品过程中可能遇到的问题并提出解决方案，包含构建商业模式、规划产品路线、制定发展战略，在需求上涵盖产品需求、功能需求、迭代需求。系统挖掘需求的5W2H法见表6-12。

表6-12 系统挖掘需求的5W2H法

维　度	分析范围	分析内容
Who	明确目标客户	研发设计关键因素，更好体验、服务、渠道、流量
What	客户遇到的问题	客户痛点挖掘分析，设计方向、功能和需求
When	产生需求的时刻	需求持续时间和发生频率，判断解决问题优先级
Where	产生需求的场景	构建需求场景，挖掘需求属性和动机，优化设计
Why	客户需求原因	挖掘客户动机并建立情感联系，理解客户行为逻辑
How	满足需求的方式	构建研发设计的一体化业务流程及可靠性
How Much	满足需求的成本	涵盖技术建设、团队、服务、数据分析、运营推广等

（2）研发与制造的数字化协同

降低失效（研发失效和过程失效）模式分析，研发与制造的数字化协同如图6-12所示。

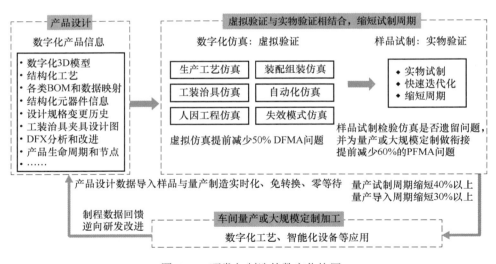

图6-12 研发与制造的数字化协同

（3）研发与供应端的数字化协同

数字化研发离不开供应商的协同，某电动两轮车车架的研发协同需求如图6-13所示。

第 6 章 产品研发管理数字化

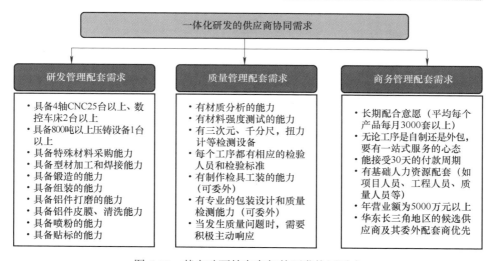

图 6-13 某电动两轮车车架的研发协同需求

6.4 基于数字化研发的绩效提升

6.4.1 数字化研发的仿真技术

1. 基于数字化仿真全面实施集成产品开发管理（IPD）

（1）仿真是正向研发相关活动的核心

正向研发所面临的风险高，需要虚拟设计和虚拟验证，通过仿真将研发风险在虚拟环境中暴露，并反向驱动虚拟的设计改进；仿真允许尝试不同的设计方案，节省研发成本和时间。

（2）仿真是正向研发数字化能力的核心

仿真是基于数字化模型、仿真精度、计算速度的数字化研发能力提升，如数学仿真、系统仿真、控制仿真、液压仿真、功能模型仿真等。随着 AI 等技术的广泛应用，大数据仿真越来越重要。

（3）仿真必须和验证相结合

没有验证的仿真是没有工程价值的，但仿真验证的技术门槛比仿真本身要高很多，懂验证、会验证的研发从业者比较稀缺。

基于数字化的正向设计体系包括基于模型的定义、基于模型的产品数据平台、基于模型的系统工程、基于模型的物理设计与仿真、基于模型的数字化试验、基于模型的数字化制造等方面，如图 6-14 所示。

制造业运营管理的数字化实践

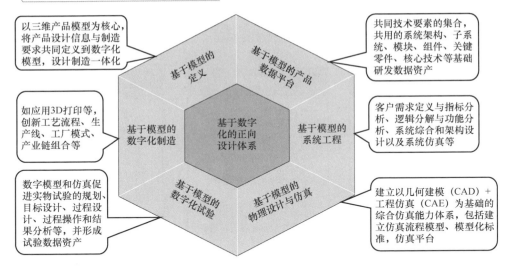

图 6-14　基于数字化的正向设计体系

2．研发数字化平台

研发数字化平台不仅在企业内部实现研发体系的一体化和智能化，且从产业链视角提升研发体系与外部资源的协同，包括客户资源和供应链资源等，提升企业与产业链的协同研发能力。

1）在内部建立研发创新平台和支撑功能模组，如研发创新管理、产品创新管理与生命周期管理、需求转化与设计管理、基础数据管理等；要将产品和开发模型无缝链接起来。

2）对外部建立市场和客户需求管理平台，如市场调研平台，通过 CRM、SRM 等系统对接客户需求与供应商早期参与等，并通过 BI 控制室展现研发战略执行状况和研发绩效分析、预算管理等。研发数字化平台示例如图 6-15 所示。

企业应借助平台和系统优势深度提升研发绩效，包括但不限于如下。

1）基于云平台的产业链协同研发管理，把企业内部产品研发流程扩展到产业链流程，建立跨企业的大项目研发管理体系。

2）依托正向设计流程，利用物联网、数据孪生、AI 等技术构建研发数据资产，如对全产业链、全生命周期的质量数据分析，从而对研发质量问题进行提前防控，并逐步尝试开发智能产品。

3）深度运用工业 IaaS（基础设施即服务）和 PaaS（平台即服务）支持集团化项目研发、产业链更广泛协同研发、更全面的智能产品研发等。

第 6 章 产品研发管理数字化

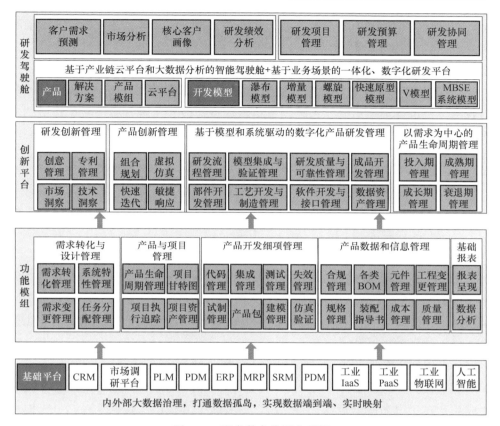

图 6-15 研发数字化平台示例

6.4.2 数字化性能开发解决方案——以数字化车辆研发为例

头部企业可基于正向研发,设计数字化车辆性能开发解决方案,将工程设计流程从传统车企的以试验验证为中心的设计方法转变为闭环系统驱动的正向产品,向市场推出优质性能和创新性的车型。限于篇幅,仅概要介绍运用较为普遍的三类实践。

1. 车辆数字化研发一体流程

1)在概念设计和造型阶段,对动力传动系统、空气动力学、电气和控制系统等进行整体建模,通过稳态、瞬态、频率域分析优化整体方案、架构、整车性能目标等。将设计目标分解到子系统和零部件上,快速确定子系统和零部件的规格,并保证子系统和零部件之间的兼容性和匹配度。

2)在工程设计阶段,以 CAD 模型为基础进行动力学分析、机电一体化分析、空气动力学和热力学分析、零部件强度分析、疲劳耐久性分析以及振动噪声分析等。利用多学科兼容平台，确定子系统和零部件的模型和尺寸设计方案、系统装配和加工制造方案等。

3）在验证和设计定型阶段，使用数字孪生技术在虚拟环境中仿真设计。利用数字样机进行虚拟试验，为物理样机试验设计最佳试验方案，减少样机试验次数和现场故障数量。基于试验与仿真相关性分析、混合仿真等技术，形成闭环的性能验证等。

2．基于 CAE 仿真的数字化研发降本增效

基于 CAE 仿真技术进行数字化开发，可提升 CAE 仿真效率，降低研发成本，缩短产品研发周期。随着 AR、VR 和 MR 技术的发展，CAE 仿真数字化开发可分为以下三个阶段。

1）CAE 仿真系统自动化开发。如通过软件开发或二次开发等实现自动化执行，某车企建立了 CAE 自动化仿真系统，围绕整车安全、车身底盘耐久等性能开发仿真自动化工具，完成功能模块 100 多个，建立 6 大 CAE 仿真自动化平台，总体仿真效率提升了 42%。典型实践例子是车身料厚灵敏度分析建模自动化，分析周期由原来近 40 小时缩短至 3 分钟。

2）CAE 仿真流程自动化开发。打通 CAE 仿真分析流程各个环节，如某车企成功开发了汽车底盘设计分析系统，该系统分为模型和数据处理、分析模型创建、计算、报告生成等模块，将知识和经验转化为标准分析流程，设计水平和分析效率均获提升。

3）CAE 仿真智能化开发。借助人工智能（AI）和机器学习（ML）提升 CAE 仿真的准确性和实时性，从而真正让 CAE 仿真智能化。某汽车技术中心基于径向基函数（RBF）神经网络近似模型和多目标遗传算法对某防护组件进行优化设计，优化后可以在 6 公斤 TNT 爆炸冲击下保持完整性。

3．数字化研发加速汽车产业链的价值延伸

未来智能网联汽车产业将依托"制造+服务"进行精准营销、线下服务等，如车内数字化生活和后市场服务，并与基础设施、加油站、餐饮、高速公路等实现万物互联。

6.4.3　数字化研发的绩效分析

数字化研发绩效可以通过投入产出分析来计算。

第6章 产品研发管理数字化

1）行业的平均值（竞争对手）研发投入占比为多少？利润率差异是多少？
2）具体研发投入高在哪些产品或项目？
3）具体研发投入高在哪些方面（成本动因）？

研发费用占比最大的三项是：研发人员的工资、研发设备和系统的投入、现场试验费用。假设同类产品的研发试验单次成本相同，研发基本财务分析示例见表6-13。

表6-13 研发基本财务分析示例

分析维度	产品甲	产品乙	产品丙	产品丁	产品戊	产品己	合计
研发经理	张一	李二	马三	刘四	赵五	钱六	研发部
产品销售收入/万元	33437	28938	42532	37664	9858	33482	185911
产品销售成本/万元	26256	19344	36659	32832	7626	24764	147481
产品毛利润/万元	7181	9594	5873	4832	2232	8718	38430
产品研发试验投入/万元	6687						6687
产品研发试验次数/次	18	22	15	28	20	37	140
研发人员薪酬/万元	60	42	42	53	60	53	310

基于上述财务统计的数据，细分绩效分析步骤如下。

1）确认主要的成本动因是研发试验次数，很容易计算出成本分摊率，分摊率=产品研发试验投入总额/产品研发试验总次数，按照分摊率计算出每个产品的研发试验费。

2）产品研发试验投入产出比=（产品毛利润−产品研发试验投入）/产品研发试验投入。

3）计算平均产品研发试验投入产出比，以及每个产品的产品研发试验投入产出比。

4）研发经理薪酬性价比=产品研发试验投入产出比/研发经理薪酬。

5）研发经理薪酬产出比=（产品毛利润−产品研发试验投入）/研发经理薪酬。

基于上述分析和计算步骤，数字化研发绩效分析示例见表6-14。

表6-14 数字化研发绩效分析示例

分析维度	产品甲	产品乙	产品丙	产品丁	产品戊	产品己	合计
产品分摊试验投入/万元	859.76	1050.81	716.46	1337.40	955.29	1767.28	6687
产品研发试验投入产出比	7.35	8.13	7.20	2.61	1.34	3.93	4.75
研发经理薪酬性价比	12.3%	19.4%	17.1%	4.9%	2.2%	7.4%	9.2%
研发经理薪酬产出比	105.35	203.41	122.77	65.94	21.28	131.15	102.40

根据计算分析可以发现：产品丁、产品戊、产品己的产品研发试验投入产出比明显低于平均水平；研发经理刘四、赵五、钱六的薪酬性价比最低。

本例仅分析研发试验的成本，重点看低研发试验投入产出比，并分别看分子和分母。

1）如果分子低，需要看市场端需求分析举措，并对产品做价值链分析。

2）如果分母高，则需要对该产品做细分成本控制，减少对该产品的无效试验投入，并在全面预算管理的模式下对研发经理的薪酬等做出动态调整。

3）研发收益除了财务角度的分析以外，还有诸如发明专利、专有技术、实用新型专利等企业收益，评估其价值。

4）研发成本除了试验成本外，还有研发设备分摊成本、样品制作成本、市场调研成本等。

案例1：R集团深挖客户痛点，数字化设计提升"产品+服务"生命周期价值

R集团作为全球航空发动机制造商，客户群除了飞机制造厂商，还包括全球500多家航空公司，在产品生产和销售之外，一个庞大的传统技术支持团队，既是往昔睥睨市场的骄傲，也是经营负担的来源。为此，R集团基于数字化研发设计内外兼修，实现深度提质、降本、增效。

内外部客户痛点和需求盘点包括：改进和优化发动机设计、优化制造工艺、保障飞行安全、提升发动机效率、节约燃料、提升产品故障预测和维修需求预测、减少停机检修、改进维修布局、优化组件位置、就近调度、减少人工投入、库存优化且减少库存成本等诸多方面。同时，R集团强大的研发实力让自己意识到大数据的威力，从而研发向数据综合服务方向转变。飞机上的引擎也是大数据生产引擎，"吃"进的是航油，"挤"出来的是飞行数据。R集团实施数字化售后服务体系设计的前后比较如图6-16所示。

根据R集团的实践，基于"微笑曲线"的价值链提升与延伸如图6-17所示。

传统的"产业微笑曲线"描述了传统商业模式下的产业附加值，即"两头翘、中间低"，以产品为核心的研发设计和销售及售后非常重要。数字化研发设计可以从总体上提升产业附加值的高度（曲线上浮），同时还能延长产业附加值的长度（曲线拉长）。

第 6 章　产品研发管理数字化

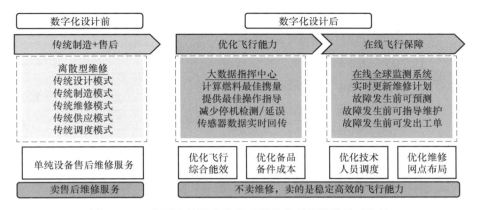

图 6-16　R 集团实施数字化售后服务体系设计的前后比较

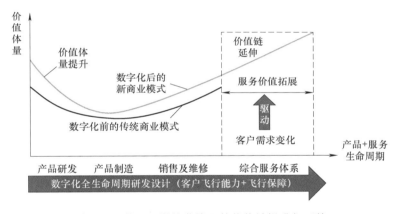

图 6-17　基于"微笑曲线"的价值链提升与延伸

优秀的数字化实践企业都有相通之处，作为航空产业 R 公司"产品+服务"同样在其他产业链使用，比如手机行业的 P 公司，新能源行业的 T 公司是卖汽车，也是在卖软件服务，并领先行业研发成熟自动驾驶。

案例 2：小包装里的大世界——基于客户使用场景的数字化研发降本增效

Z 包装企业为核心客户提供从策划、设计、研发、生产到交付、物流配送的端到端服务，提供服务一体化、产品一体化和布局一体化的整体包装解决方案。针对各业务领域、各类型、各产品型号，模块化提供多种印刷包装产品，实现客户一站式采购。研发流程和研发系统的融合协同如图 6-18 所示。

制造业运营管理的数字化实践

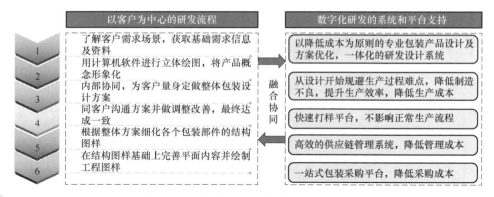

图 6-18 研发流程和研发系统的融合协同

以一个客户的打草机出口产品为例,改善前的包装浪费了大量的材质,而且包装空间利用不足,在协同客户数字化研发前以客户产品的零部件为主做传统设计。改善前的包装设计如图 6-19 所示。

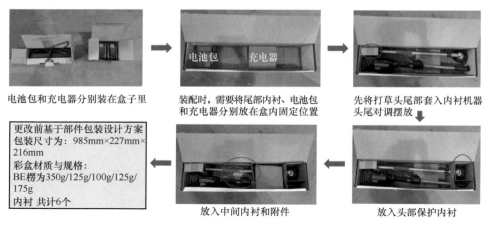

图 6-19 改善前的包装设计

基于客户的产品整体方案设计,根据海运出口的货柜体积精细化设计,改善后的包装设计如图 6-20 所示。

Z 企业研发人员深入到客户产品使用场景,结合自身数字化研发系统,通过减配、消除过剩质量来降本;通过变更设计减小尺寸或减少部件来降本;通过变更设计降低生产损耗、提高生产率来降本;通过改变生产工艺来降本;通过提前参与整体包装设计,从设计初期就控制好直接包装的成本、降低包装产品复杂度,并做最优化体积的运输成本考虑(比如海运柜子恰到好处利用空间等),为重点客户推动 VA/VE 减少包装式样和 SKU 降本,协助客户做包装统一化项目。

第 6 章 产品研发管理数字化

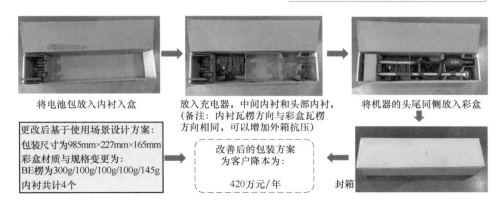

图 6-20 改善后的包装设计

第 7 章 生产管理数字化

7.1 生产管理数字化前的痛点和问题复盘

7.1.1 生产管理基础瓶颈的原因分析

工业 4.0 概念提出后,物联网、大数据、云计算迅速成为热点,这也驱动了生产管理对信息支持的强烈需求。在实际操作中的生产管理(Production Management)是对企业生产系统的设置,以满足交货为目的各项管理工作的总称。虽然绝大多数的制造业企业意识到数字化在生产管理中有明显的价值,但利用数字化管理往往流于形式。生产管理中的问题多、生产团队沟通不畅、公司领导不重视等多种原因导致 IT 系统无法支撑,这些问题背后的本质原因简述如下。

1. 企业生产管理缺乏标准化

标准是自主创新的制高点,谁掌握了行业标准制定的话语权,谁就掌握了市场竞争的主动权,同理,企业若没有制定统一的工艺标准和流程,就无法提高生产一致性和效率,若生产标准化都无法完成,或完成的不彻底,生产管理数字化就是空谈,企业生产的标准化也是数据收集的基础。

2. 企业生产管理缺乏数据化

企业的 ERP、MES 系统,为了系统而录入数据,随意性大,无法建立数字化管理系统,无法实现数据采集、分析和决策支持,产品数字化、数字驱动生产、数字赋能生产成为企业形象工程。

3. 企业生产管理缺乏自动化

很多企业的自动化设备很落后,连数据采集都很困难,但是企业管理人员却很喜欢高谈阔论数字化管理。企业应引入先进的自动化设备和机器人技术,提高生产率和质量,实现基本的自动化,再谈数字化管理。

第 7 章 生产管理数字化

因此，生产管理数字化必须建立三化标准，企业生产管理应先完成生产标准化、数据化、自动化后，才能快速推进生产管理的数字化建设。企业生产管理数字化铁三角如图 7-1 所示。

需要说明的是，当企业克服生产管理数字化的基础瓶颈后，还要解决人才瓶颈。完美企业生产管理数字化需要金字塔型人才梯队，基础层次的人才可以通过招聘引进和内部培养产生，但高层次的生产人才必须通过合伙人制度产生，比如塔尖人才能力需求是擅长全面生产管理、生产和 IT 技术，兼具数字化实践创新和国际视野等。生产管理数字化人才金字塔如图 7-2 所示。

图 7-1　企业生产管理数字化铁三角

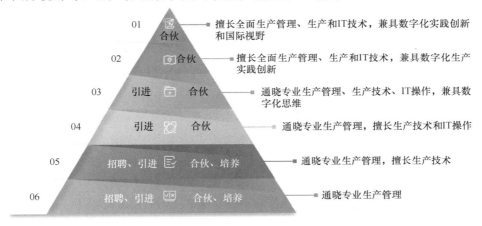

图 7-2　生产管理数字化人才金字塔

7.1.2　数字化前的孤岛式生产模式现状

孤岛式生产就是在工艺端的空间里完成各自的任务，而对前后工艺漠不关心。生产车间一般为水平式布局，单独车间具有相同或相近的功能。孤岛式生产打乱整个产品的工艺流，仅围绕车间功能去生产，该生产模式容易产生大量在制品和多频次搬运，且一旦发现质量问题，容易导致大批量异常或浪费。孤岛式生产模式很难推动生产管理数字化，如设备组装车间、测试和包装车间等数字化协同。

与之对应的就是单件流式生产模式，它是指通过标准化流程，将生产要素（人、机、料、法、环、测）相融合，将产品按单件或批次的工艺来流动，使工艺之间有序、紧密地连接，从而形成一个连续流的生产方式。单件流式生产模式有利于缩短生产周期、提高产品质量、减少搬运消耗的一种高效管理模式。孤岛式生产模式与单件流式生产模式对比如图 7-3 所示。

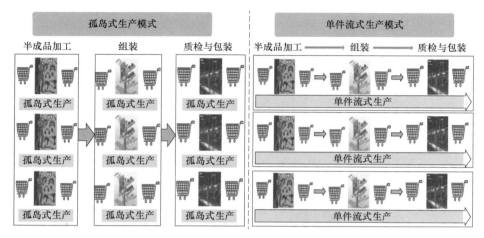

图 7-3　孤岛式生产模式与单件流式生产模式对比

根据单件流式的作业逻辑，打破孤岛式生产，让数据流有序传递，彰显优势。单件流式模式生产管理作业的优势如下。

1）有利于质量高效管控，后一道工序成为前一道工序的检验员，一旦出现质量问题，在下道工序及时发现，不良品数量有限，影响度非常小。

2）降低搬运成本，降低库存，提高效率。

3）释放生产车间，减少半成品堆积，提升生产线的空间利用。

4）生产柔性大，产品线更换相对容易。

总之，单件流式生产模式可及时发现生产中的问题，比如设备问题、物料问题、工艺衔接等，而孤岛式生产模式妨碍信息流有效传递，不利于及时发现和解决生产中的问题，且员工只能围绕一项作业技能。单件流式生产模式可培养一专多能型人才，为企业生产管理数字化发展奠定基础。消除孤岛式生产方式，可满足多品种、小批量的生产需求，提升数字化生产过程的标准化、数据化、自动化水平，实现生产过程的"一个流"，从而推进生产管理数字化。

7.1.3　生产管理数字化面临系统性的痛点问题

生产管理数字化的痛点不是孤立存在，而是一个系统性问题，即使解决单个痛点也要牵一发而动全身，要从制造业的生产系统层面复盘相关痛点，包括但不限于如下。

1）从销售角度看，销售计划及目标难以预测导致生产订单交期不能及时答复和响应，销售紧急插单打乱了生产排程计划。

2）从技术工艺角度看，多产品离散、产品的结构设计、工艺及材料评审、模具、BOM 的编制（产品多套件、多层级子父部件的折合逻辑关系）、研发管理、物料选择、工艺参数、环境参数、设备参数等记录的快速调用等都对生产管理数字化产生相关影响。

3）从生产角度看，生产计划、看板管理、自动排程、生产计划的异常、紧急插单、计划变动、车间备料、生产异常、产能报工、进度管控、半成品流转、人工成本控制、设备管理等对生产管理数字化会产生相关影响。

4）从供应链角度看，物料需求计划、采购和供应商管理、物料跟踪、交期变更、供应端异常反馈、物料规格替代等会对生产管理数字化产生相关影响。

5）从库存角度看，安全库存、收料与发料、先进先存、库存余料、库龄与呆滞料、盘点、发货与物流运输等会对生产管理数字化产生相关影响。

6）从质量角度看，检验标准、来料检、工序检、外发到货检、成品入库检、客诉、质量异常与改善、质量预警等会对生产管理数字化产生相关影响。

7）从财务角度看，费用管理、固定资产、标准成本（工单计划成本）、即时成本、实际成本、在制成本、阿米巴成本等会对生产管理数字化产生相关影响。

解决这些系统性问题，就要基于数字化思维建立生产管理数字化目标及路径。

7.2 生产管理数字化的过程路径和过程能力

7.2.1 生产管理数字化的思维原则、目标与路径

生产管理数字化离不开生产大数据，大数据在生产进度中呈现的 5V 特征如图 7-4 所示。

1）规模：数据在生产管理数字化进程中，呈现几何级、大规模增长。

2）速度：数据采集速度快，处理速度快，如设备传感器数据实时传输。

3）类型：各种类型的碎片化、多维度信息数据复杂，如制造设计、制造工艺、包装类型、仓储物流等各类数据。

4）价值：工业生产大数据的价值是显性的、直接的。

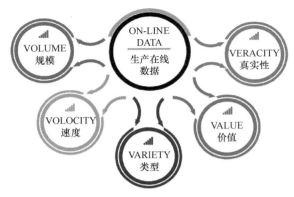

图 7-4　大数据在生产进度中呈现的 5V 特征

5）真实性：只有生产管理数字化过程中收集的数据真实，分析结果才能可靠。

与生产管理相关的 IT 系统如 ERP、MES 等，对数量巨大、来源分散、格式多样的生产数据进行采集、存储和关联分析，去寻找规律性、价值性的结论，然后再指导生产实践、赋能生产管理数字化，提升信息对称性。生产管理中的大数据必须采用工艺点、线、面分布式架构，对生产过程中海量数据进行实时统计、挖掘，如对生产过程监控、设备维修与预测性维护、供应链优化、能源管理、生产环境与安全等方面展开多维度分析与赋能。

数字化是生产管理过程中认识复杂生产系统的新思维和新手段，在时间和空间上构造现实生产的一个数字虚拟映像，找出生产运行规律。在充分数据和算力的前提下，可对生产运营管理有效预测，实现系统的掌控、状态监测和规律探索。在生产管理数字化中，生产管理数字化的六大原则如图 7-5 所示。

图 7-5　生产管理数字化的六大原则

第7章 生产管理数字化

在生产管理数字化过程中,生产管理者应规划不同数字化原则的优先顺序,比如在大环境经济下行压力较大时,应采用交期优先原则,通过满足客户需求,才能让企业活下去。

在确定生产管理数字化原则后,应建立生产管理数字化目标。生产管理数字化目标就是在生产过程中,将数据流进行收集、分配、实施、动态监控,并与业务订单流、物料数据流进行匹配的过程,生产管理数字化目标如图7-6所示。

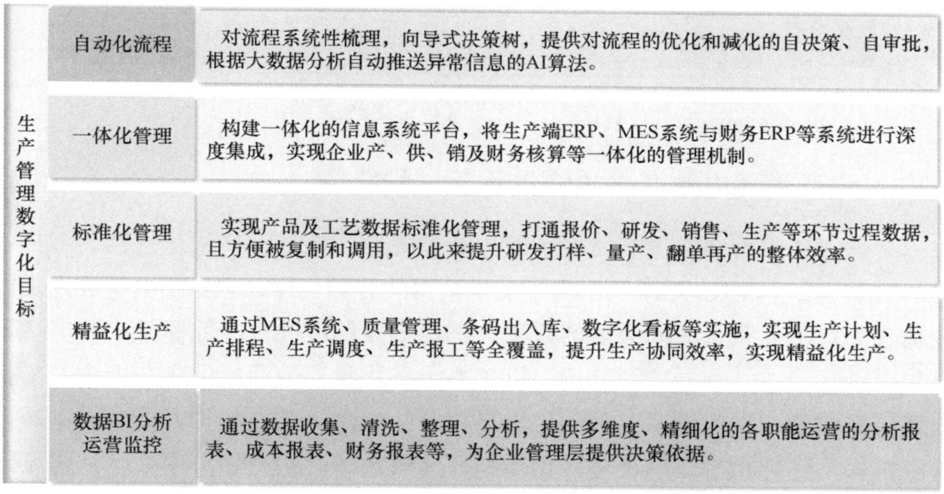

生产管理数字化目标	自动化流程	对流程系统性梳理,向导式决策树,提供对流程的优化和减化的自决策、自审批,根据大数据分析自动推送异常信息的AI算法。
	一体化管理	构建一体化的信息系统平台,将生产端ERP、MES系统与财务ERP等系统进行深度集成,实现企业产、供、销及财务核算等一体化的管理机制。
	标准化管理	实现产品及工艺数据标准化管理,打通报价、研发、销售、生产等环节过程数据,且方便被复制和调用,以此来提升研发打样、量产、翻单再产的整体效率。
	精益化生产	通过MES系统、质量管理、条码出入库、数字化看板等实施,实现生产计划、生产排程、生产调度、生产报工等全覆盖,提升生产协同效率,实现精益化生产。
	数据BI分析运营监控	通过数据收集、清洗、整理、分析,提供多维度、精细化的各职能运营的分析报表、成本报表、财务报表等,为企业管理层提供决策依据。

图7-6 生产管理数字化目标

生产管理数字化目标建立后,根据制造工艺差异化,找出制造工艺流程的特点,分析并探索生产数字化路径。

1) 连续型生产特点:品种多、大批量生产、物料需求计划简单、工艺连续性强、自动化程度高、数据收集方便、数据维护简洁、数据分析规律性强等。

2) 离散型生产特点:品种多、小批量生产、物料需求计划繁杂、订单交货期短、产品规格多、工艺复杂、过程数据多、数据收集麻烦、数据维护量大、工艺流程长、等待时间长、半成品存放多、数据分析规律性弱等。

根据制造工艺流程的特点,要在生产过程中构建基础、支撑、要素,最后形成应用。生产管理数字化路径如图7-7所示。

制造业运营管理的数字化实践

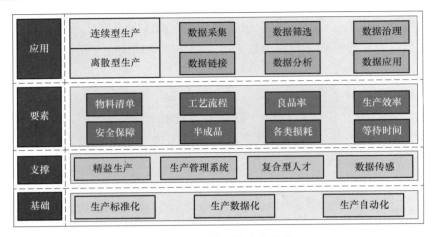

图 7-7 生产管理数字化路径

7.2.2 生产管理中数字化模块依赖与过程路径

生产管理中数字化进度路径依赖大数据来源，包括生产线传感器、数控设备、ERP 系统、MES 系统等。为了实现数据的有效利用，企业需要建立全面的数据收集机制，整合不同来源的数据，确保数据的准确性和完整性。同时需要对数据进行清洗、预处理和分析，以提高数据质量，为后续的生产管理数字化提供可靠依据。生产管理中数字化进度路径依赖是从基本报价开始，在系统串联中进行，环环相扣。这种环环相扣的环节模块即是生产管理中数字化进度路径的模块依赖。生产管理数字化的进度就是要逐一解决模块依赖，形成数据有效串联、传输、分析、运用等，生产管理数字化系统依赖模块如图 7-8 所示。

图 7-8 生产管理数字化系统依赖模块

依托生产设备自有的通信接口协议,如串口、API 接口、云互联等,与模块通信并实时采集数据,在不改造或不添加中间设备的情况下,直接与车间局域网及数据采集系统服务器实时通信。生产设备的各项数据采集收入服务器后,通过网络传输协议将数据进一步加工整合传输到 MES 系统、ERP 系统等智能制造信息化管理系统中,对采集到的数据进一步分析、加工与利用,设备数据采集解决方案示例如图 7-9 所示。

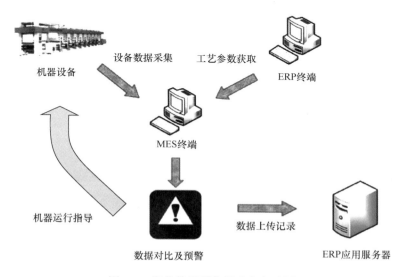

图 7-9　设备数据采集解决方案示例

7.2.3　生产管理数字化过程能力

生产管理数字化过程能力是指利用大数据技术,对生产过程实时监控,实现各环节的精细化管理的流程能力。通过采集生产线数据,掌握设备的运行状态、订单计划实施、工艺流程的衔接、生产精度等情况,基于系统的数据分析和算法模型,可预测设备故障和维护需求、工艺衔接等待需求,提前规划减少非计划性停机时间、工艺流程等待时间等,把生产计划与外发计划在整个生产数字化进程中优化组合,比如基于产品 BOM 生成工单的场景分析包括但不限于如下。

1)业务工单工艺参数、生产环境参数的快速提取、选择、应用。
2)产品 BOM 的便捷调用与工单数据的反写 BOM 映射,形成生产闭环。
3)完善的工艺、工序信息调用,多部件独立的连续工艺路线、离散工艺路线。

4)完善工单部件信息、多工艺方式、多组合模板、多层级父子部件的逻辑计算。

5)物料投入计算方法及核查、复核手段。

6)历史产品质量异常提醒与预警,关键工艺的多次质量异常预警提醒。

7)支持急单、插单、提前出货的多种业务场景。

8)存货周转周期、保质期对财务成本的影响和预警。

9)客户在订单进程中的诉求追加反映通道、协商渠道、解决方法。

工单场景分析完毕,生产管理数字化排程的过程就是生产资源分配的过程,也就是将公司现有的资源合理分配给相应的工单,从而保证订单的正常生产交货。生产排程的目的是得到每一个班组、每个机台的生产任务、计划开工时间、计划用时、计划完工时间,生产管理数字化进程中生产资源的分配逻辑如图7-10所示。

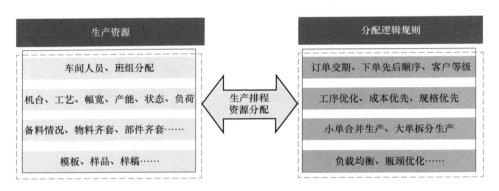

图7-10 生产管理数字化进程中生产资源的分配逻辑

生产资源与分配逻辑匹配后,通过数据采集服务器与 ERP、MES、APS 等系统的数据共享和集成,可实现生产计划的动态调整和优化,提高生产线协同效率和订单交货的准确性,并与生产设备的基础档案数据映射。通过数据分析和算法模型清洗冗余数据,并重新加工、整合成为有效的数据集合。ERP 系统服务器、MES 系统服务器在数据采集服务器中获取数据集合后,再加工形成各自所需要的业务数据,在生产进程中逐步清洗工艺模块成本,按照流程把公司生产成本与外发(委外)生产成本进行对比,找出预算成本与实际成本间的差异,从而提升生产管理效率。生产管理数字化过程与路径如图7-11所示。

第 7 章 生产管理数字化

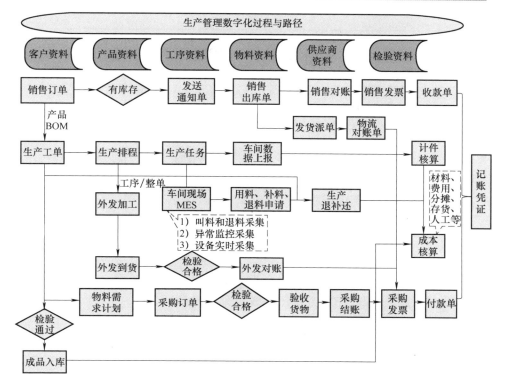

图 7-11 生产管理数字化过程与路径

7.3 系统和数据驱动生产管理数字化的落地实施

7.3.1 生产管理数字化的关键指标及相关表单

生产管理数字化依据数字化过程路径实施项目，如 MES 系统（制造执行系统）管控生产过程中的各种事件和事件之间的相互关系，需要设定各种关键指标。系统依据指标要求，搜集事件发生时间、地点、类型、机台、人员、物料明细等系统性数据。生产管理数字化指标体系见表 7-1。

表 7-1 生产管理数字化指标体系

类　别	指标名称	相关表格	责　任　人
计划类	计划交期、计划订单量	生产计划表、生产排程表、生产任务表	生产计划部
物料类	物料良品率、准时到货率	生产制造单、物料需求表、物料出库单	原料仓领料员、发料员、仓库主管

（续）

类　别	指 标 名 称	相 关 表 格	责 任 人
成本类	订单物料成本、订单工时成本、生产分摊成本	物料成本单、工时录入单	车间主管、供应链主管
生产类	生产产量、成本、交期、产能利用率、物料损耗率、设备稼动率、设备车速、在制品周转天数	生产日报表、进度表、计时报表、计件报表、补退料单、生产异常单、设备巡检单、半成品清单、成品交接单	车间主管、班组长、机长、
质量类	成品良品率、产品返工率	巡检单、抽检单、首检单、合格单、	品质主管、QC、QA
仓库类	准时交货率、成品周转天数	入库单、产品报告单	成品仓库主管

结合生产管理数字化路径，把生产数字化指标及各类数据，如物料、半成品、产成品状态实时、准确地录入系统。ERP 系统和 MES 系统对接获取生产指标相关的工单信息、物料信息等，从而实现生产数据的收集、筛选、分析、使用。生产数据采集与 MES 数据流集成如图 7-12 所示。

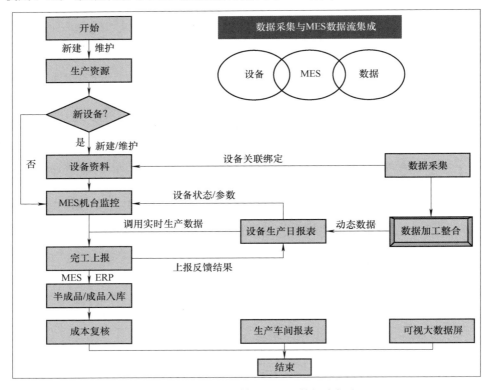

图 7-12　生产数据采集与 MES 数据流集成

第 7 章　生产管理数字化

基于生产管理数字化路径，通过对生产工单、产品工艺、物料清单（BOM）、质量异常报告、质量改善报告等历史生产数据进行对比分析，并在系统算法模型支持下，对重复工单的产品可自动识别，并与销售订单和实际库存等快速绑定、建立数据映射，进而计算出本次生产工单所需要实际生产的成品数量。

7.3.2　生产管理数字化落地进程步骤

基于生产管理数字化路径，在完成了生产工单与销售订单的关联与数据映射后，系统对历史生产数据分析后可快速推出新生产工单的最优工艺流程、产品构成要件、物料清单、物料所需数量、质量预警、产品样件等，从而形成完整的生产工单指令，可清晰看到每个客户、每款产品、每个工单的具体情况，客户订单与生产工单映射拆解示例如图 7-13 所示。

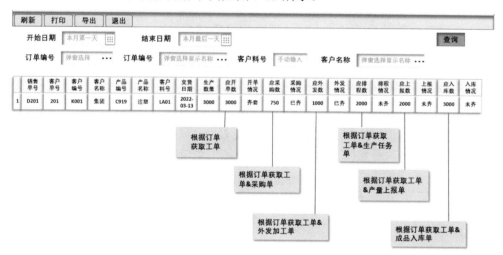

图 7-13　客户订单与生产工单映射拆解示例

报表是以销售订单表产品明细为维度，关联展示其他信息（如生产、领料、入库等信息）。若销售订单表中的产品是套件产品，可用套件子表去关联，以实际生产为例，应开单数 =（销售订单表的数量 + 销售订单表的赠品数 + 销售订单表的备品数）× 销售订单表的 BOM 单位系数。若销售订单整单外发，应开单数 = 0。若为套件产品，则分别统计所有子套件的应开单数，生产管理数字化落地进程的步骤如下。

1. 开单明细的整合

"开单情况明细表"字段包括销售单号、产品编号、产品名称、交货日期、工单号、应开单数、已开单数,以销售订单表关联工单产品表为维度展示。如果没有创建工单,则已开单数为 0。如果是套件产品 A,分别有子套件 A1 和 A2,"开单情况明细表"需要展示 A1 和 A2 的开单信息,"开单明细表"先按照产品排序,再按照单据日期排序。应开单数是一个持续动态的计算。

2. 物料明细分析

应需物料数=已开工单中物料需求之和,物料需求计划是支撑生产准时进行的基础。应需物料对应"采购状况明细表",字段包括工单号、采购单号、交货日期、材料编号、材料名称、应采购数、已采购数等。所以应需物料数同样根据实际进展而需动态计算。

部件物料来源的逻辑顺序是成品—部件—部件工序—部件物料。通过产品编号可以立即追踪到所有关联物料,在工艺组合情况下,要严格防止任何疏漏。确保完整准确体现在对应的"采购状况明细表"中,并在应采购数和已采购数的栏位中,精确显示各自的数量。

3. 配套厂商外发明细的分析

在实际生产过程中往往需要外协厂的配合,应外发数 = 销售订单中各种外发的数量汇总,包括销售外发、生产外发等,且同一笔外发还分为未外发加工、一次外发加工、多次外发加工等情形。外发算法的逻辑脉络示例见表 7-2。

表 7-2 外发算法的逻辑脉络示例

外发类型	销售订单	外发加工单	应外发数	已外发数	已到货数
• 如果没有外发					
销售外发	A		100	0	0
		合计		0	0
• 如果已经外发一笔(设为单据B),数量为100					
销售外发	A	B	100	100	0
		合计		100	0
• 如果外发一笔,数量为30(部分外发)					
销售外发	A	B	100	30	0
		合计		30	0
• 如果外发两笔(拆单外发),数量为100					
销售外发	A	B1	100	30	0
销售外发	A	B2	70	70	0
		合计		100	0

第 7 章 生产管理数字化

在已外发分析表中,已外发数是外发任务对应的外发加工单数量的汇总。"外发状况明细表"显示的字段包括排序、外发类型、外发加工单号、销售单号、工单号、客户名称、产品名称、产品规格、客户料号、部件名称、材料或工序名称、材料或加工规格、应外发数、已外发数、已到货数等。

4. 生产计划排程分析

在生产管理数字化落地进程中,生产计划排程是核心。应排程数=销售订单对应的各种工序排程的数量总和。"排程状况明细表"的字段包括工单号、部件名称、生产资源、交货日期、工序编号、工序名称、应排程数、已排程数、计划开工时间、计划完工时间,其中已排程数需求和。如果没有排程,那么已排程数为 0,计划开工时间和计划完工时间都为空。

排程数统计中需要考虑外发的情况,比如一个工序数量为 1000,应排数量就是 1000,如果在待排程时部分外发了,若外发 200,那应排程数就是 800;若已排的任务又全部外发了,那么应排和已排都是 0。对于部件的工序排程,要确定工序数量和待排程数。

5. 生产上报情况明细分析

应上报数=销售订单对应的各工序的已排程数量汇总。"上报情况明细表"的字段包括工单号、部件名称、生产资源、交货日期、上报单号、工序编号、工序名称、应上报数、已上报数等,应上报数需根据实际进度做动态的计算。

6. 生产车间线边仓物流管理分析

在生产管理数字化落地进程中,实际生产过程的工艺衔接、物品搬运等都非常重要。线边仓有领料、存储、发料、退换料、周转料五大职能。线边仓配送,从生产工艺流程的上游工位到下游工位,从工序到线边仓,实现物料准时、准量配送。线边仓物流匹配原则如图 7-14 所示。

图 7-14 线边仓物流匹配原则

工单在生产执行时可直接使用线边仓的物料,即当工单在工序移转或完工入库时系统自动从线边仓扣账,扣账的数量由 ERP 系统 BOM 表的标准用量决定。线边仓物流管理数字化应将运输过程、运输距离、周转时间、调度人力成本等纳入成本核算中，精确分摊到每个工艺成本中，这有效提升成本核算体系的精细度、准确度，反向验证销售成本的合理性。

以销售单的产品为查询对象，可查询对应工单、外发、采购、入库等数据状况。在生产管理数字化进程中，整个业务链条中任意一个节点，都可以收集到具有映射关系的所有数据，因此生产车间线边仓数字化管理支撑了生产管理的细致、精确、高效，线边仓管理数字化整体流程如图7-15所示。

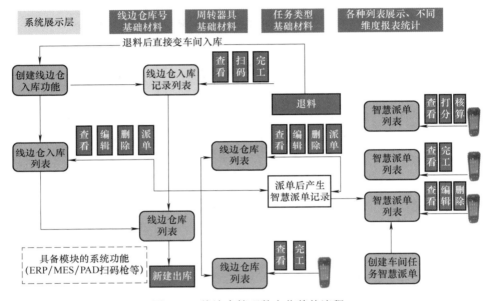

图 7-15 线边仓管理数字化整体流程

7. 生产过程中入库数据分析

应入库数=销售订单对应的工单完成生产数量汇总。"入库状况明细表"以销售订单对应的成品数据为关键字，字段有工单号、入库单号、入库日期、产品编号、产品名称、产品规格、客户料号、应入库数、已入库数等，应入库数需动态计算。

7.4 设备维护保养与能源环境安全数字化实践

7.4.1 生产设备预测性维护保养数字化

通过数字化可实现生产设备预测性维护保养，降低设备故障率，提高利用率。通过收集设备运行数据，系统可以分析设备的磨损情况、预测寿命以及可能出现的故障，从而提前采取维护措施。基于大数据技术的设备预测性维护，对数据进行分析和筛选，知识工艺化，实现设备的预测性管理。传统的设备维护保养与基于数字化的预测性维护保养比较如图 7-16 所示。

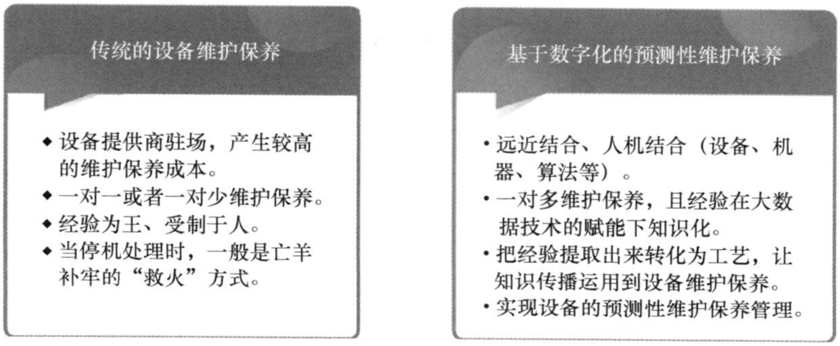

传统的设备维护保养	基于数字化的预测性维护保养
◆设备提供商驻场，产生较高的维护保养成本。 ◆一对一或者一对少维护保养。 ◆经验为王、受制于人。 ◆当停机处理时，一般是亡羊补牢的"救火"方式。	•远近结合、人机结合（设备、机器、算法等）。 •一对多维护保养，且经验在大数据技术的赋能下知识化。 •把经验提取出来转化为工艺，让知识传播运用到设备维护保养。 •实现设备的预测性维护保养管理。

图 7-16　传统的设备维护保养与基于数字化的预测性维护保养比较

生产管理数字化设备预测性维护保养过程如下。

1）设备传感自动化，通过声音传感技术、光学传感技术、温度传感技术、压力传感技术等手段，实时获取生产设备每时每刻、每个执行动作及设备的运行数据。

2）设备运行数据化，通过大数据技术将设备的生产数据基于传感器汇集在一起，再通过网络、PC 端、看板大屏、手机端等实时监测设备，实现设备运行监控在线化。

3）物联网技术的使用，通过数据采集服务器将 ERP 系统、MES 系统、APS 系统等信息化管理系统打通，形成数据管理集群。打通企业信息壁垒，使内部各层级人员以及设备供应商可实时掌握生产设备的运行情况，通过故障模式的输入做故障预测。设备预测性维护保养数字化流程示例如图 7-17 所示。

设备维护保养使用的备品备件、维护保养工具、故障如何被清除、维护保养过程等要记录，做到管理在线。设备故障可以预测，维护保养工单自动生成，自动派发到相应人员手上并按工单执行。工单执行的过程也是数据生成的过程，从而用来迭代故障预测模型。预测性维护系统不仅是技术和模型的迭代，也是设备管理数字化迭代。

制造业运营管理的数字化实践

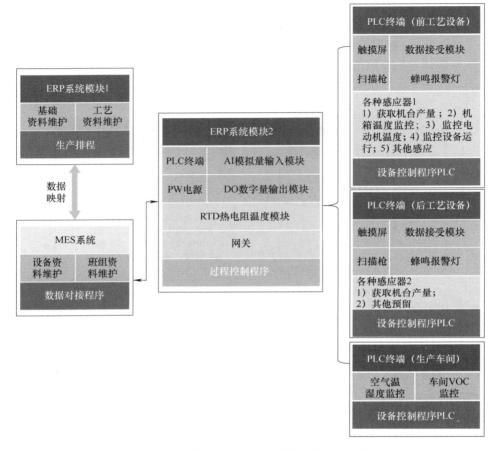

图 7-17　设备预测性维护保养数字化流程示例

7.4.2　生产能源与环境安全管理数字化

生产管理数字化让大数据技术可以帮助企业实现能源的有效管理，降低能源消耗、提高能源利用率。通过收集和分析能源数据，系统可以监测各生产环节的能源使用情况，找出能源浪费的原因，发现节能潜力。同时，根据生产管理数字化数据分析和算法模型，系统可以实现能源使用计划的优化，提高能源利用率。此外，通过与 ERP、MES、APS 等系统的集成，可以实现能源消耗与生产计划的动态匹配，进一步节约能源。

在生产管理数字化过程中，通过对生产设备综合效率（OEE）分析、产品工艺流程有效生产时间分析、能源消耗比分析等大数据分析模型，从而找出能源消耗异常的生产设备，并根据设备预测性维护保养的知识库中的建议与方

第 7 章 生产管理数字化

案,提高生产设备综合效率。

生产管理数字化可以为制造管理提供环境与安全保障。通过收集环境数据,系统可以实时监测工厂的空气质量、温度、湿度等指标,确保生产环境的安全和舒适。同时对生产线数据的分析,系统可以识别出可能引发安全异常的风险因素,为预防措施提供依据。环境与安全数据采集结构示例如图 7-18 所示。

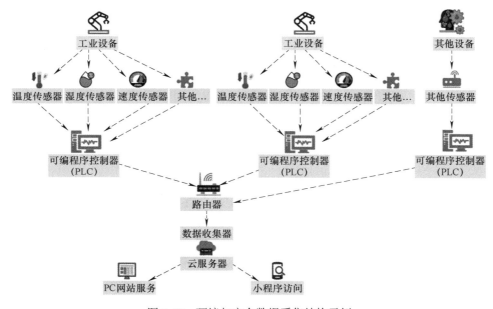

图 7-18 环境与安全数据采集结构示例

生产管理数字化过程中的能耗、环境安全大数据收集、监测,可以通过生产车间空气质量(VOCs)传感器、酒精度传感器、温度传感器、湿度传感器等对车间生产环境实时监控。生产车间环境监测的主要内容包括但不限于如下。

1)颗粒物监测,颗粒物是车间中最常见的污染物之一。安装颗粒物监测设备,可以实时监测空气中的颗粒物浓度,并及时采取措施以控制其扩散,如可以通过调整排风系统、更换过滤器或加强清洁措施等。

2)温度和湿度监测,温度和湿度是影响车间环境质量和员工舒适度的关键因素。监测温度和湿度保持稳定的工作条件,避免过高或过低的温度和湿度对生产过程和员工的不利影响。

3)有害气体监测,生产车间的工艺流程和使用材料可能会产生有害气体。通过安装有害气体监测设备,实时监测有害气体的浓度,并采取适当的控制措施以保护员工的健康和安全。

4）压差监测，生产车间通常采用正压或负压控制系统来控制空气流向。通过监测车间内外的压差，可以确保正常的空气流动，防止外界污染物进入车间或污染物泄漏到外部环境。

生产管理数字化过程中生产车间环境监测数据进行持续记录和分析是重要的环节。这些数据可以用于评估洁净度水平、识别潜在问题和制定改进方案。通过分析历史数据，发现潜在的趋势和变化，及早采取纠正措施，且监测结果在大屏显示，并与报警系统相连，可以提供警报功能，及时通知操作人员有关环境异常的信息。

总之，大数据技术在生产管理数字化中发挥着重要作用。通过数据收集与整合、生产过程监控、设备维护与预测性维护、供应链优化、能源管理、环境与安全等方面的应用，企业可以实现高效率、高品质、低成本的制造过程，提高核心竞争力。未来，随着大数据技术的不断发展和完善，生产管理数字化将在更多领域实现突破和创新。

案例：昆山科望印务依托数字化生产管理成为行业标杆

印刷制造业属于传统行业，印刷业企业的普遍痛点包括激烈的价格竞争、技术更新带来的投资负担、客户多样化和定制化需求、人力成本居高不下、可持续性和环保合规的压力（如环保的原材料和生产方式），科望依托数字化驱动生产管理，逐步攻克了数字化投入与产出的平衡、全员思想理念的转变、组织扁平化变革等3大挑战，一举成为行业的标杆。

科望数字化转型的"四化"建设包括标准化（统一的工艺标准和流程，提高生产率和产品一致性）、数据化（数据采集、分析和决策支持）、自动化（引入先进的自动化设备和机器人技术）、智能化（移动终端、AI技术应用等）。科望的数字化转型成果如下。

（1）系统集成

科望把ERP系统与PLM（产品生命周期管理）系统集成，将产品开发和产品制造流程和数据打通，通过"OA+HR"模式来实现员工组织架构的审批流程，并与ERP打通；将融入内部的统一标准的MES与WCS、WMS集成起来，数据系统集成示例如图7-19所示。

科望以ERP为中心，通过PLM、OA、MES、WCS等信息化软件，利用数字化管理手段提升管理效能，打通企业管理各环节，形成数据闭环，系统数据交换处理。ERP、PLM、MES系统数据交换处理示例如图7-20所示。

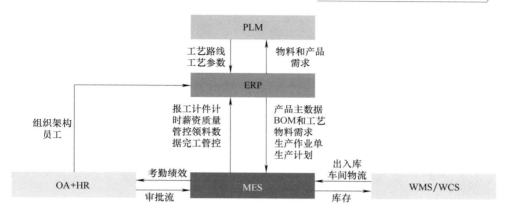

图 7-19 数据系统集成示例

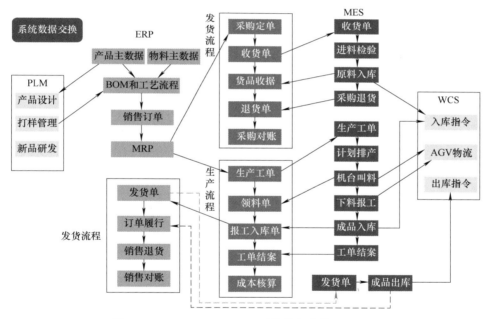

图 7-20 ERP、PLM、MES 系统数据交换处理示例

（2）MES 系统的价值流

科望从工单管理、计划管理、生产报工、薪资计算、设备管理、质量管控、仓库物流几方面进行 MES 系统的整合升级。MES 主要流程示意图如图 7-21 所示。

科望数字化最主要的就是把价值流抓起来，这才是企业使用 MES 的真正目的。MES 数据和价值流示意图如图 7-22 所示。

制造业运营管理的数字化实践

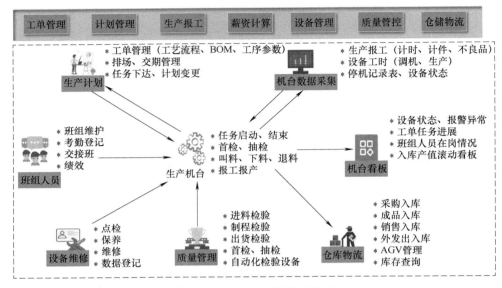

图 7-21 MES 主要流程示意图

图 7-22 MES 数据和价值流示意图

（3）生产管理工作台

科望打造出移动版的生产管理计划工作台，做成了一个非常完整的系统，通过二维码或条形码进行全局的关联跟踪，把围绕产品"人、机、料、法、环"的所有数据过程追溯起来，实现生产流程、物料信息、生产资源、质量信息的追溯，从而实现数据穿透。生产计划工作台如图 7-23 所示。

内部用户若要想查询任何数据都可以链接到生产全过程中，形成全过程数据追溯。通过二维码、条形码进行全局关联跟踪，过程追溯如图 7-24 所示。

第 7 章 生产管理数字化

图 7-23 生产计划工作台

图 7-24 过程追溯

与过程追溯紧密相连的在线检测系统，包括建立主要物料的质量控制标准、检验项目；建立工序的质量控制关键点知识库；制程检验含开机自检、抽检、巡检、机器检、废品统计分析；记录各个检测环节的数量、原因数据；检验数据匹配工单、产品、物料、人员、作业批次、条形码，以进行质量问题追溯。

（4）WMS 生产物流数字化管理

科望的 WMS 物流管理系统和高度自动化的仓库设备对接（立体仓库、AGV、自动化线体），完成从物料识别卡到生产下料的自动化流程，实现规范仓库、库位管理以及基础数据标准化。WMS 系统还与 ERP 系统进行对接，自动生成业务单据，满足业财一体化要求。WMS 物料管理如图 7-25 所示。

制造业运营管理的数字化实践

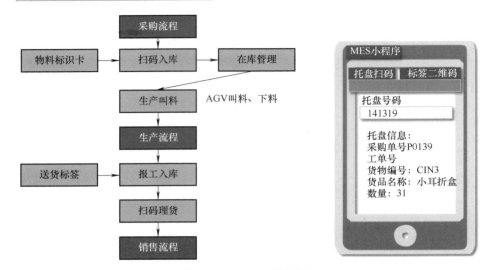

图 7-25 WMS 物料管理

（5）AGV 库位管理

科望拥有 9 台使用非常好的 AGV，主要将线边库与机台、仓库间做了很好地连接。当车间某一环节需要辅料时，由工作人员向计算机终端输入相关信息，计算机终端再将信息发送到中央控制室，由专业技术人员向计算机发出指令，最终被 AGV 接受并执行，将辅料送至相应地点，既实时又准确地实现物料输送。AGV 库位管理如图 7-26 所示。

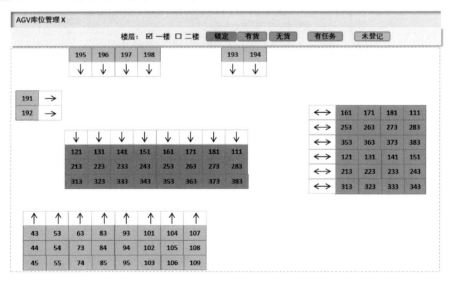

图 7-26 AGV 库位管理

【案例解析】

通过产品全生命周期的设计平台与系统对接,实现产研协同,统一主数据管理;产销协同,多渠道订单管控。通过智能制造,引领数字化全面转型升级。通过业财一体化和高效协同,实现财务精细化核算,未来有望实现智慧工厂,通过建立数字化智能生产交互系统,实现了全流程的机器人周转与生产模式,保证产品质量一致性,并合理缩短交付周期。

第 8 章 质量管理数字化

8.1 质量管理的数据孤岛现状分析

8.1.1 质量管理的数据孤岛形成原因及数据采集问题

质量是企业生存的根本,是企业制造运营的生命线。制造业质量管理涵盖了整个企业运作的全过程,包括产品研发、生产进度、销售过程、售后服务、反馈改进,形成完美的闭环。随着大数据、云计算、物联网等技术的运用,质量管理过程中数据产生、收集、存储和利用的速度和规模不断扩大,大数据的价值日益凸显。然而在质量管理海量数据中,数据孤岛的现象也在逐步形成。数据孤岛也是制造业质量管理数字化的瓶颈,打破数据孤岛现状,才能实现质量管理数字化。

质量管理的数据孤岛一般是指在质量管理部门内部形成相对独立的、封闭的质量管理体系数据,这些数据都是简单的统计,缺乏有效的分析、关联、利用,导致部门数据无效收集和低效利用。质量管理数据孤岛如图 8-1 所示。

图 8-1 质量管理数据孤岛

数据孤岛现象造成质量管理数字化数据采集问题主要为两方面：数据缺失和数据质量。数据缺失主要表现为：

1）设计缺失。产品过程工艺部分数据不全。

2）数据建模缺失。数据在代码转换过程中不规则、不完整。

3）系统转换缺失。工序流程由于不同系统切换，迁移规则不恰当而造成数据不全。

4）录入缺失。人工录入数据出现露、缺、重复。

5）外部系统介入缺失。外部系统链接，造成数据缺失。

数据质量主要表现为：

1）数据规则造成数据乱码，比如特殊符号、订单号、换行、回车、重复等因数据规则造成，数据出现奇怪或不真实的乱码。

2）数据重复录入。如订单号、作业单、采购单出现一模一样或大部分一样的情况。

3）数据录入错误。如在工序中数据的录入错误可能会造成多生产、少生产或废品。

4）垃圾数据过多。如无效数据、用户删除数据重复出现。

5）数据权重设计不合理。如数据结果不符合常规逻辑、数据界面混乱。

8.1.2 解决数据孤岛的质量管理数字化水平

产品质量是企业的生命线，质量管理数字化的实现是现代化质量管理的必由之路。在质量管理数字化过程中，要打破数据孤岛现状，关键因素是建立质量管理数字化水平。围绕质量管理数字化水平，构建员工质量思维、员工质量制度、员工质量能力。质量管理数字化铁三角示意图如图 8-2 所示。

质量思维是培养具备质量管理逻辑的人员，按照质量体系要求作业。质量制度是建立完整的质量体系，规范员工制度、作业标准。质量能力是明确自己的产品定位，以及未来产品质量规划及期待。

质量管理数字化水平是对质量思维、质量制度、质量能力的系统决策。质量管理数字化水平最终会形成质量闭环系统决策，该闭环过程涵盖如下内容。

图 8-2 质量管理数字化铁三角示意图

1）数据采集与整合。质量系统能够自动采集企业各个部门的相关质量数据，并将其整合到统一的数据库中，方便进行集中质量管理和分析。

2）质量检测与控制。通过运用人工智能算法，能够自动检测生产过程中可能出现的问题，提前预警并采取相应的措施，确保产品质量符合标准。

3）绩效评估与改进。通过对历史数据的分析，系统 AI 能够为企业提供详细的质量绩效评估报告，指出存在的问题并给出改进建议，帮助企业持续提升质量管理水平。

4）客户反馈与追踪。系统 AI 要具备收集和分析客户反馈信息的功能，以便企业及时了解客户需求，改进产品和服务，提高客户满意度。

5）标准微调与实施。根据反馈及时微调质量标准并组织实施。

根据上述闭环过程，数字化质量闭环系统决策如图 8-3 所示。

图 8-3　数字化质量闭环系统决策

采取质量闭环系统决策进行质量管理的优势如下。

1）提高效率。通过自动化的数据采集和分析，大大减少了人工操作的时间和成本，提高了质量管理的效率。

2）实时响应。快速反馈质量问题，使企业能够实时采取措施，避免问题扩大化。

3）可追溯性。可以追踪产品从生产到销售的整个过程，便于查明问题原因并采取相应的纠正措施。

4）数据驱动决策。基于数据和分析结果做出决策，提高了决策的准确性和科学性。

总之，在质量管理数字化支持下，质量闭环系统决策将为企业的质量提供更强大的保证。

8.2　市场环境下的质量管理数字化水平与获利能力

企业在经营发展的过程中，经常发现产品的质量并没有发生改变，但企业获利能力却出现很大的偏差，这意味着制造业质量管理数字化水平与市场环境周期有着很大的关系。根据市场环境下的质量管理数字化水平与获利能力实践研究发现,质量管理数字化水平与获利能力关系示意图如图8-4所示。

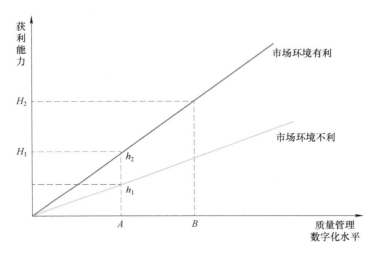

图8-4 质量管理数字化水平与获利能力关系示意图

企业质量管理数字化水平不变,如企业质量管理数字化水平为 A,当市场环境不利时,企业获利能力为 h_1;当市场环境有利时,企业获利能力为 h_2,企业获利能力明显增强。而当全球经济发展进入滞缓期,市场环境非常不利,企业获利能力下降,企业必须提升质量管理数字化水平。但是长期不利的市场环境,会严重挫伤制造业质量部门员工的信心和积极性,而质量管理数字化水平提升缓慢,或周期过长,就会形成"质量懒散"的感觉,这是非常致命的质量陷阱。快速提升质量管理数字化水平,正是为了要构建员工质量思维、员工质量制度、员工质量能力,从而提升产品质量。

根据市场环境下实践研究发现,质量管理数字化水平与获利能力、产品质量存在三维立体空间关系,如图8-5所示。

根据图8-5的关系,当质量管理数字化水平到达 a 点,产品质量水平到达 b 点,获利能力水平到达 h 点,则市场环境相同时,企业生存的获利空间为 $V_1 = S_{oacb} \times h$,即 S_{oacb} 表示四边形 oacb 的面积,oh 表示高,V_1 表示体积即获利空间。

当质量管理数字化水平提升为 f 点,产品质量仍为 b,则当市场环境相同时,企业生存的获利空间为 $V_2 = S_{ofgb} \times h$,即 S_{ofgb} 表示四边形 ofgb 的面积,oh 表示高,V_2 表示体积就是获利空间。

显然 $V_2 > V_1$,弥补措施是,根据质量数字化铁三角关系,质量能力就是明确产品定位,当企业产品质量水平确定时,有效提升企业质量管理数字化水平,不管市场环境如何,都是增强企业获利空间的重要措施。

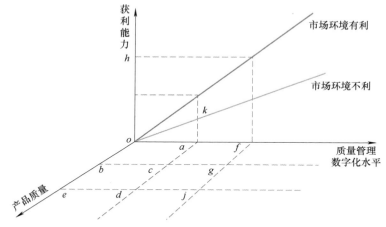

图 8-5 获利能力、数字化水平、产品质量的三维立体空间关系示意图

提升企业质量管理数字化水平,增大企业获利空间是企业的运营目标,但企业更应该明白质量是社会责任,是对客户的承诺,也决定企业的信誉与利润。当企业把责任放在金字塔的底部时,稳定性高,从而获取信誉和利润;当企业把责任放在倒金字塔底部时,高高举起利润,则没有稳定性可言。

质量责任、质量信誉与追求利润的倒、正金字塔结构对比示例如图 8-6 所示。

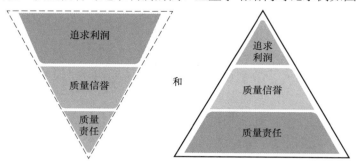

图 8-6 质量责任、质量信誉与追求利润的倒、正金字塔结构对比示例

8.3 全面质量管理数字化流程路径与成熟度模型

8.3.1 全面质量管理数字化流程路径

在制造业运营体系中的全面质量管理,是建立在全面质量管理思想之上的

第 8 章 质量管理数字化

组织体系。全面质量管理方法是从组织结构、业务流程和人员工作方式的角度进行质量管理，制定质量方针，建立质量保证体系，开展质量控制小组活动，各部门分担质量责任，并进行质量诊断等。质量管理数字化遵循 PDCA 循环的原则，按照循环的监督机制，做到事先预防、事中处理、事后总结反馈的机制。质量管理数字化PDCA循环示意图如图 8-7 所示。

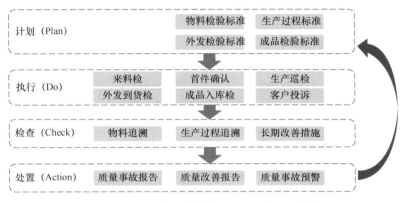

图 8-7　质量管理数字化 PDCA 循环示意图

遵循 PDCA 循环的原则，做好全面质量管理、质量报告、客户投诉、质量追溯的循环管控，如图 8-8 所示。

图 8-8　质量管理追溯示意图

质量管理数字化流程是 PDCA 循环流程，也是质量管理数字化指标体系梯度路径。质量管理数字化梯度路径解决的是数据来源、数据标准和数据导向问题。企业在质量管理数字化过程中按照数字化梯度路径，真实反映数据、采集数据、分析数据、连接数据、共享数据。

1）**第一梯度：质量管理数字化的客户数据**。质量标准从那里来，标准的难易程度如何，用户数据解决的是产品质量的定位问题。

2）**第二梯度：质量管理数字化的行为数据**。质量体系如何构建，质量体系如何运行，行为数据解决的是体系的完整性、生产流程的顺畅性。

3）**第三梯度：质量管理数字化的导向数据**。质量改善方案如何实施跟进，质量如何追溯、预警，导向数据解决的是产品完善性、改进性问题。

完成质量管理数字化梯度路径，是矫正数据真实性、生产有效性和客户满意度的必经之路。质量管理数字化的梯度路径如图8-9所示。

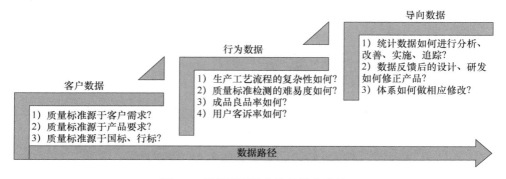

图8-9　质量管理数字化的梯度路径

8.3.2　全面质量管理数字化成熟度模型

以全面质量管理系统化思维推进数字化建设，有效实现产品制造全过程质量管控，思考面临的实际问题列举如下。

1）如何有效减少人工数量和劳动强度。

2）如何有效形成质量标准与质量规范。

3）如何有效产生海量数据并加以收集、筛选、分析。

4）如何有效引入AI。

5）如何连线与离线相结合。

6）如何使ERP与MES相结合。

7）全面质量管理数字化工厂标配如何。

8）产品应用场景如何。

9）企业质量检测设备以及质量检测人员配置如何。

10）企业质量检测设备阈值设置如何。

全面质量管理数字化过程的多变性等因素，制约了制造业数字化的发展和转型。构建面向全过程管控的质量检测系统，合理、有效、科学地进行质检设备和质检人员的配置，发挥数字系统永远在线、永不疲劳的优势，第一时间发现、提示和处置，提高预测、预报、预警、预防能力；在质量管控过程中实现数据共享、技术支撑、制度供给，强化质量管理数字化链接，促进产品应用场景实现，最终归结为质量制度、质量能力、质量思维成熟度模型。在实际运行中，企业对照成熟度模型中质量制度各项指标、质量能力各项指标、质量思维各项指标，核实各项指标执行完成情况，评估自身指标综合成熟度级别。成熟度级别越高，说明企业各项指标完成就越好。全面质量管理数字化成熟度模型示例如图8-10所示。

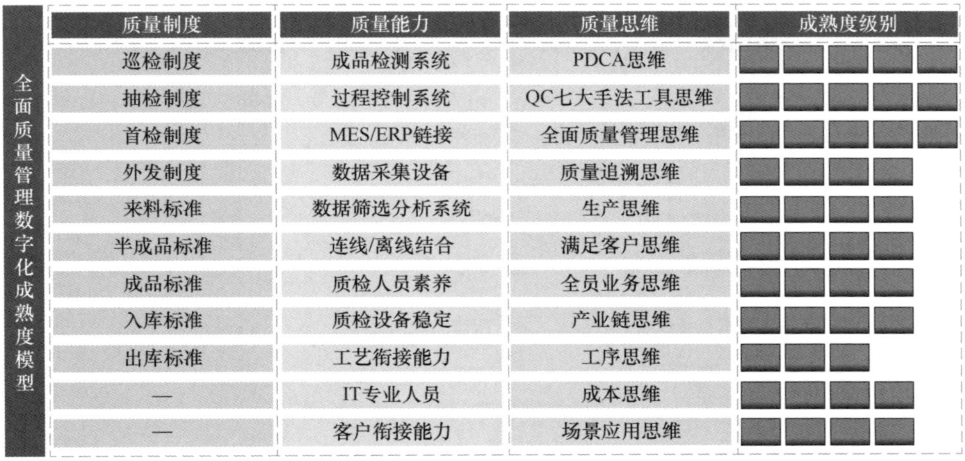

	质量制度	质量能力	质量思维	成熟度级别
全面质量管理数字化成熟度模型	巡检制度	成品检测系统	PDCA思维	■■■■■
	抽检制度	过程控制系统	QC七大手法工具思维	■■■■
	首检制度	MES/ERP链接	全面质量管理思维	■■■■
	外发制度	数据采集设备	质量追溯思维	■■■■■
	来料标准	数据筛选分析系统	生产思维	■■■■
	半成品标准	连线/离线结合	满足客户思维	■■■■
	成品标准	质检人员素养	全员业务思维	■■■■
	入库标准	质检设备稳定	产业链思维	■■■
	出库标准	工艺衔接能力	工序思维	■■■■
	—	IT专业人员	成本思维	■■■■■
	—	客户衔接能力	场景应用思维	■■■■

图8-10　全面质量管理数字化成熟度模型示例

企业参照成熟度模型指标，健全质量制度，完善质量能力，培养质量思维，从而完成系统性数字化、完成全面质量管理。

8.4　全面质量管理数字化分段检测流程及工序链效应

8.4.1　全面质量管理数字化分段检测流程

全面质量管理数字化组成闭环系统要求提出之后，制造运营的质量管理数字化要有方法论。在整个质量管理数字化制程中，数字化检测是核心，数字化分段检测是重要的方法及基础。数字化检测是数字化质量管理的"防火墙"，任何质量管理不能依赖于检测。数字化分段检测可分为数字化来料检验IQC、数字化外发检验OQC、数字化制程工序检验PQC、数字化成品检验FQC。

1. 数字化来料检验（Incoming Quality Control，IQC）

数字化来料检验是指在原材料进入生产环节之前，进行质量检验和控制。

IQC 主要负责对原材料外观、规格、性能等进行检验，确保原材料符合生产要求，避免因原材料问题影响产品质量，但来料检验无法看出原材料对生产率的影响，因此特别强调供应链管理中采购的核心不是采购价格的降本，而是综合成本的降低。以牺牲生产率、时间成本为代价的采购是极其不明智的。这个问题在整个制造业的生产中普遍存在。数字化来料检验流程示例如图 8-11 所示。

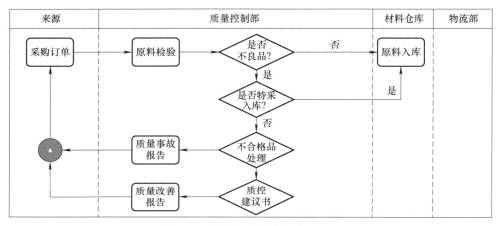

图 8-11　数字化来料检验流程示例

通过数字化质量检测的来料检验管理可得到合格率、不合格率、特采率情况。历史质量异常情况等可以对供应商的考评提供数据支撑，实现数字化来料检测管理，对后续采购进行提前预警。以 PET 材料为例，PET 材料的检验数据分析见表 8-1。

表 8-1　PET 材料的检验数据分析

序号	供应商编号	供应商名称	检验数量	检验重量	合格数量	合格重量	不合格数量	不合格重量	检验次数	待采次数	不合格次数	合格次数	特采率	不良率	合格率
1	CL01	PET 材料技术有限公司	1000	100	800	80	200	20	10	1	4	5	10%	20%	80%
2	CL02	PPT 材料技术有限公司	2000	200	1900	190	100	10	10	2	3	5	20%	5%	95%
2	CL03	PVC 材料技术有限公司	3000	300	2700	270	300	30	10	3	2	5	30%	10%	90%
4	CL04	PCP 材料技术有限公司	4000	400	3800	380	200	20	10	4	1	5	40%	5%	95%

例如针对印刷行业的 CPP 材料检验的标准有：包装要求、纸芯变形、损伤油污、折皱爆筋、接头个数、热封温度、条纹、鱼眼、透明度、润湿张力、冲击力、厚度偏差、宽度偏差、摩擦系数、拉伸强度、断裂伸缩度等。数字化来料检测让数据更加清晰可靠，以印刷行业 CPP 材料为例，CPP 材料的检验标准数字化见表 8-2。

表 8-2 CPP 材料的检验标准数字化

序号	必检	检验指标	检验指标	检验方法	标准值	上限值	下限值	缺陷等级	判定条件
1	√	包装要求	参考 GB/T 10004—2008	目测	纸皮或塑料包装	0	0	重要	0
2	√	纸芯变形	参考 GB/T 10004—2008	目测	不允许有凹陷和影响使用的缺口	0	0	重要	0
3	√	损伤油污	参考 GB/T 10004—2008	目测	不允许有凹陷和影响使用的缺口	0	0	重要	0
4	√	折皱爆筋	参考 GB/T 10004—2008	目测	不允许出现折皱爆筋	0	0	重要	0
5	√	接头个数	参考 GB/T 10004—2008	目测	小于或等于 2	2	0	重要	小于或等于 2
6	√	润湿张力	参考 GB/T 14216—2008	达因笔试	等于 38dyn	40	36	重要	上下限区间
7	√	热封温度	参考 QB/T 2358—1998	机试	等于 120℃	150	110	重要	上下限区间

2．数字化外发检验（Outsourcing Quality Control，OQC）

数字化外发检验是指在委托外部供应商加工的产品回到企业之前，进行质量检验和控制。外发检验主要负责对外发加工的产品进行全面检验，确保外发加工的产品符合质量要求，防止因外发加工质量问题影响企业产品质量。

生产企业将部分生产工序外包给其他供应商进行加工，对供应商加工的产品进行检验和测试，以确保产品符合生产要求。数字化外发检验的目的是在产品入仓前对供应商的加工质量和过程进行监测和控制，以防不合格产品进入后续生产环节。数字化外发检验包括但不限于如下方面。

1）供应商的选择和评估。企业应选择具有相应资质和能力的供应商进行外发加工，并在选择供应商后进行评估，以确保供应商的加工能力和质量水平符合生产要求。

2）加工过程监控。生产企业会派员对供应商的加工过程进行监控，以确保供应商按照规定的工艺流程和标准进行操作。

3）加工产品检验。在供应商完成加工任务后，生产企业会对外发加工的产品进行检验，以确认产品是否符合规定的标准和要求。

4）外发检验不合格品处理。对于检验不合格的产品，生产企业会与供应商进行沟通和协商，以确定不合格的原因和责任归属，并采取相应的纠正措施。

数字化外发检验是生产企业管理供应商的一种重要手段，通过外发检验，生产企业可以确保外发加工的产品质量符合规定的标准和技术要求，从而提高产品的整体质量和生产率。数字化外发检验流程设计示例如图 8-12 所示。

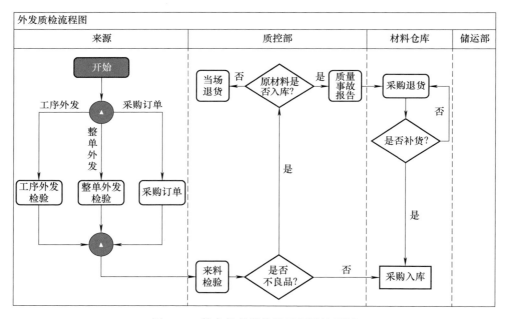

图 8-12　数字化外发检验流程设计示例

3. 数字化制程工序检验（Process Quality Control，PQC）

PQC 是质量管理体系中的核心检验，是防止质量异常的"实时监测"，即对生产过程中每个工序进行质量检验和控制。PQC 主要负责对生产过程中的关键控制点进行检验，确保每道工序的产品质量符合标准和技术要求，及时发现和纠正制程中的差错。制程检验是在生产过程中，企业根据制程工序相关项目的检验判定是否是能满足产品生产要求的加工操作。制程检验的目的是确保制程中的产品质量符合规定的标准和技术要求，从而提高最终产品的质量和可靠性。制程检验一般包括以下方面。

1）工序首检：在每道工序开始时进行首次检验，以确认设备和工艺是否正常，确保生产过程的稳定性和产品的一致性。

2）工序巡检：在生产过程中，对每道工序进行定期的巡回检验，以监测产品质量的一致性和稳定性，及时发现并纠正制程中的差错。

3）工序全检：在每道工序结束时进行全面检验，以确保产品符合规定的标准和要求，防止不合格的产品流入下一道工序。

4）报废检验：对于不合格的产品进行报废处理，以防止不合格产品进入后续生产和销售环节。

5）待查检验：对于待检验的产品进行标识和记录，以确保合格的产品的可追溯性。

数字化制程工序检验流程示例如图 8-13 所示。

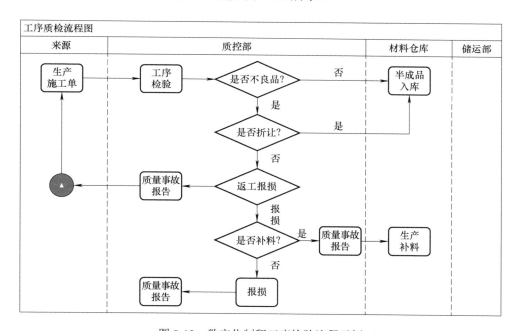

图 8-13　数字化制程工序检验流程示例

由质检部门对生产出来的一部分试样，根据设定的检验标准进行检验，检验项目的实际值是否符合检验标准定义的范围，根据检验的结果判定是否可继续生产。一旦检验不合格，则不能继续进行生产，必须解决异常后才能继续开始生产，避免更大质量异常出现，只有质检判定合格才能继续进行生产。

制造业运营管理的数字化实践

例如印智互联信息技术有限公司将产品污点和产品色差标准值设置为 8 和 10，污点首检数值为 6，判定结果正常；色差首检数值为 11，判定结果为异常。印智互联信息技术有限公司产品标准数字化检测判定示例如图 8-14 所示。

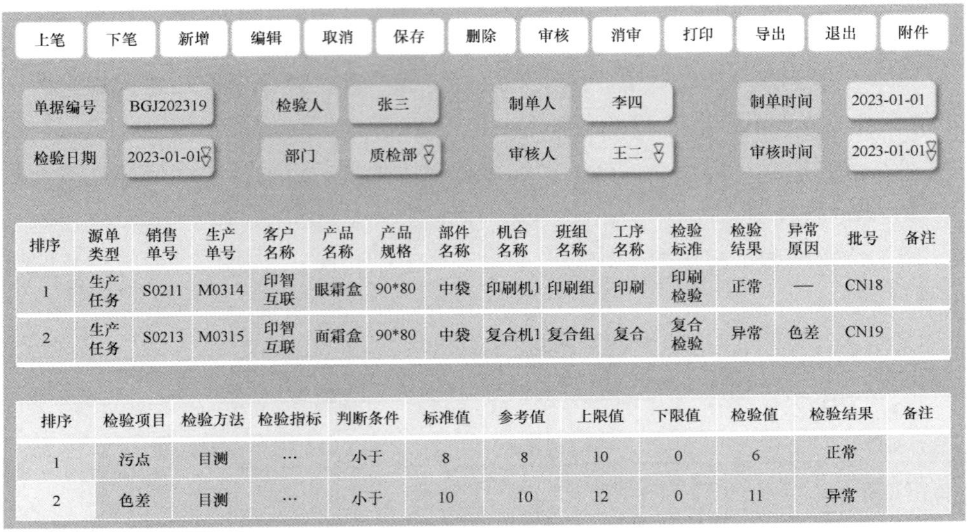

| 上笔 | 下笔 | 新增 | 编辑 | 取消 | 保存 | 删除 | 审核 | 消审 | 打印 | 导出 | 退出 | 附件 |

| 单据编号 | BGJ202319 | 检验人 | 张三 | 制单人 | 李四 | 制单时间 | 2023-01-01 |
| 检验日期 | 2023-01-01 | 部门 | 质检部 | 审核人 | 王二 | 审核时间 | 2023-01-01 |

排序	源单类型	销售单号	生产单号	客户名称	产品名称	产品规格	部件名称	机台名称	班组名称	工序名称	检验标准	检验结果	异常原因	批号	备注
1	生产任务	S0211	M0314	印智互联	眼霜盒	90*80	中袋	印刷机1	印刷组	印刷	印刷检验	正常	—	CN18	
2	生产任务	S0213	M0315	印智互联	面霜盒	90*80	中袋	复合机1	复合组	复合	复合检验	异常	色差	CN19	

排序	检验项目	检验方法	检验指标	判断条件	标准值	参考值	上限值	下限值	检验值	检验结果	备注
1	污点	目测	…	小于	8	8	10	0	6	正常	
2	色差	目测	…	小于	10	10	12	0	11	异常	

图 8-14 印智互联信息技术有限公司产品标准数字化检测判定示例

根据质量异常报告的问题描述、原因分析、纠正措施、零时改善和长期改善的质量改善解决方案，可以有效地解决质量异常问题，并避免类似问题再次发生。

在系统中需要对质量异常问题进行详细描述，以便了解问题的具体情况。接着，需要进行原因分析，找出问题的根本原因，并提出相应的纠正措施。纠正措施可以是临时性的，例如立即调整工艺参数、更换损坏的零部件等，以缓解问题的紧急程度；纠正措施也可以是长期性的，例如改进生产工艺、提高员工技能等，以从根本上解决问题。临时改善和长期改善的质量改善解决方案可以帮助企业更快地解决问题，并防止类似问题再次发生。临时改善可以是临时性的措施，例如调整工艺参数、增加质量控制点等，以尽快解决问题；长期改善则是从根本上解决问题，例如改进生产工艺、加强员工培训等。印智互联信息技术有限公司产品质量异常数字化改善示例如图 8-15 所示。

4. 数字化成品检验（Final Quality Control，FQC）

数字化成品检验是指在产品生产完成后，进行全面质量检验和控制。成品检验主要负责对生产的最终产品进行全面检测,确保最终产品的质量符合规定的标准和技术要求。在生产完成后,企业根据成品检验相关项目检验判定加工操作是否能满足产品生产要求。成品检验的目的是确保成品的质量符合规定的标准和技术要求,以确保交付给客户的产品符合要求。成品检验一般包括以下方面。

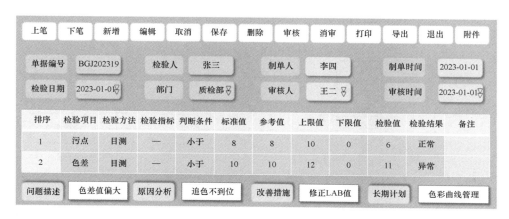

图 8-15　印智互联信息技术有限公司产品质量异常数字化改善示例

1)成品入库检验:对入库的成品进行检验,以确保产品符合规定的标准和要求。入库检验通常包括外观、尺寸、功能、安全性等方面的检测,以确保产品达到规定的标准。

2)退货检验:对于客户退回的产品进行检验,以确定退货原因和责任归属。退货检验通常包括对产品外观、功能、性能等方面的检测,以确定产品是否存在质量问题。

3)客诉检验:对于客户投诉的产品进行检验,以确定产品存在问题的原因和责任归属。客诉检验通常包括对产品外观、功能、性能等方面的检测,以找出问题的根本原因并采取相应的纠正措施。

4)库存检验:对于已经入库但未销售的产品进行定期检验,以确保产品在库存期间没有出现质量问题。库存检验通常包括外观、尺寸、功能、安全性等方面的检测。

FQC 可以确保产品的质量符合规定的标准和技术要求,提高客户的满意度和企业的声誉。数字化成品检验流程示例如图 8-16 所示。

责任判定质量异常数字化报告单如图 8-17 所示。

制造业运营管理的数字化实践

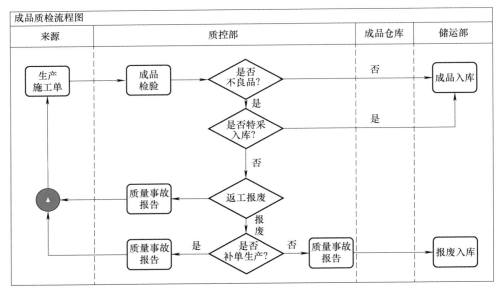

图 8-16 数字化成品检验流程示例

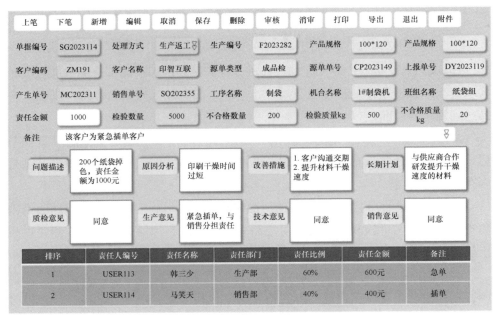

图 8-17 责任判定质量异常数字化报告单

例如，针对印刷行业的数字化成品检验的标准：溶剂残留、摩擦系数、冲击力、热封强度、拉断力纵、拉断力横、剥离强度纵、剥离强度横等。印刷行业成品的检验标准数字化示例见表 8-3。

表 8-3　印刷行业成品的检验标准数字化示例

序号	必检	检验指标	检验指标	检验方法	标准值	上限值	下限值	缺陷等级	判定条件
1	√	溶剂残留	参考 DB43/T 1168—2019	气象色谱仪检测	小于或等于 5mg/m²	5	0	重要	小于或等于 5mg/m²
2	√	摩擦系数	参考 GB/T 10006	机试	小于或等于 0.2N	0.2	0	一般	小于或等于 0.2N
3	√	热封强度	参考 DB43/T 1168—2019	机试	大于或等于 15N	0	15	重要	大于或等于 15N
4	√	拉断力纵	参考 DB43/T 1168—2019	机试	大于或等于 30MPa	0	30	重要	大于或等于 30MPa
5	√	拉断力横	参考 DB43/T 1168—2019	机试	大于或等于 30MPa	0	30	重要	大于或等于 30MPa
6	√	剥离强度纵	参考 DB43/T 1168—2019	机试	大于或等于 1N	0	1	重要	大于或等于 1N
7	√	剥离强度横	参考 DB43/T 1168—2019	机试	大于或等于 1N	0	1	重要	大于或等于 1N

通过以上四个方面的数字化质量检验和控制，企业可以确保生产过程中的产品质量得到有效控制，提升质量数字化分段检测水平，提高客户满意度和产品竞争力，同时降低生产成本和风险。综合总结质量数字化分段检测，企业质量管理数字化系统模块示例如图 8-18 所示。

全面质量管理数字化可以实时收集和分析制造运营过程中产生的各类数据，包括生产流程数据、产品质量数据、客户反馈数据等。通过对这些数据的分析，可以及时发现制造运营中存在的问题和潜在的质量风险，提前采取措施进行改进，避免质量问题的发生。

质量管理数字化可以提供精准的质量控制和优化，通过扫描产品、物料、工序的条形码自动追溯生产中的机台、人员、物料、供应商等情况，找出影响产品质量的关键因素，并对这些因素进行精准的控制和优化，从而提高产品质量水平。此外，质量管理数字化可以帮助企业实现个性化的质量管理。通过对客户反馈数据的分析，可以了解客户对产品的需求和期望，根据客户需求进行个性化的产品质量管理，提高客户满意度。

质量管理数字化还可以提高质量管理的效率。通过对制造运营数据的实时分析和自动化处理，减少人工操作的时间和成本，提高质量管理的效率。大大提升质量管理的效率和准确性，帮助企业提高产品质量水平，提高客户满意度。因此，在制造企业中，质量管理数字化已经成为一种趋势，也是一种必然。

制造业运营管理的数字化实践

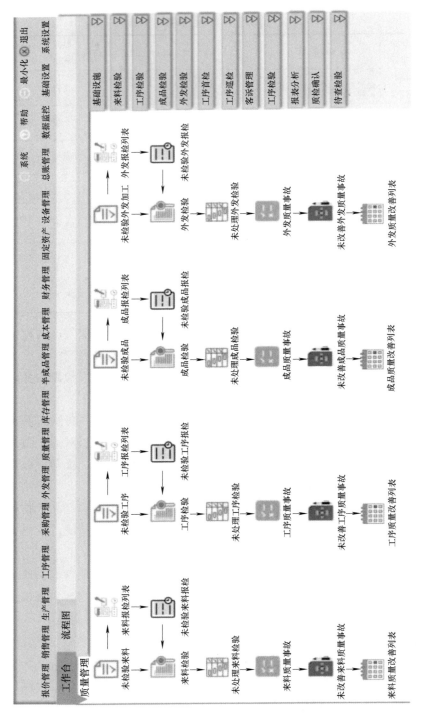

图 8-18 企业质量管理数字化系统模块示例

8.4.2 全面质量管理数字化工序链效应

企业实施全面质量管理数字化,不管是离散型生产还是连续性生产,都将面临工序链效应。所谓工序链是指一个产品经过几道工序后才形成产品。工序链效应是指工序与工序之间是链接关系,每道工序良品率都很高,但是经过多道工序后,产成品的良品率却不高。工序链效应在制造业里要高度重视,会造成隐藏成本。以生活中普通的手提纸袋为例来分析,对手提纸袋工艺进行工序分解如下。

1)自动化设备印刷纸袋面纸。
2)自动化生产线折纸袋。
3)自动化制作把手、贴纸袋把手。

这是生活中很平常的产品,我们把工序良品率分解相乘,看其数字化工序链效应,见表8-4。

表8-4 数字化工序链效应示例

良品率	工序			
	面纸印刷	折纸袋	贴把手	成品
生产线A良品率	99%	99%	99%	97%
生产线B良品率	98.5%	98.5%	98.5%	95.6%
生产线C良品率	98%	98%	98%	94%

可以看出,生产线A、生产线B、生产线C在每道工序上良品率只相差0.5%,但是工序效应是乘积结果,实际成品良品率生产线A与生产线B相差1.4%,生产线B与生产线C的良品率相差1.6%,生产线A与生产线C却相差3%。此产品只有仅仅的三道工序,如果十道工序,即使每道良品率都是99%,良品率结果仅有90%。工序效应要求每道工序良品率都是极限高,工序越多要求极限越严格。每道工序的负责人必须明白100%与99%的结果是天壤之别,100%才是完美,否则就像生产线C,会导致工序失效。

企业完成标准化、数据化、自动化基础条件后,全面质量管理数字化工序链效应常使用到QC七大手法。使用基础图表、柏拉图、管理图、直方图等工具时,基础数据来源于企业质量管理的数字化。生产过程中数据的有效采集,为质量管理数字化的分析、因果追踪、抓重点、看相关,奠定了坚实的基础。同时企业管理的标准化、自动化能为要因分析图、散布图提供实时数据,从而为改善产品质量提供快速决策和改善措施。台阶要一步一步上去,才能够稳定基础。企业常用QC七大手法与质量管理数字化示意图如图8-19所示。

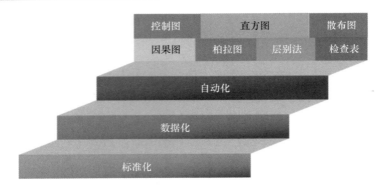

图 8-19　企业常用 QC 七大手法与质量管理数字化示意图

质量管理数字化工序效用中 QC 七大手法应用案例：某装配厂的气缸体与气缸盖之间经常漏油。对其中 50 套产品进行调查后发现以下两种情况：

1）三个操作者在涂黏结剂时，操作方法不同。
2）所使用的气缸垫是由两个制造厂提供的。

对漏油原因进行分层分析，质量管理数字化工序效用按操作者角度分析漏油示例见表 8-5。

表 8-5　质量管理数字化工序效用按操作者角度分析漏油示例

操作者	漏油	不漏油	漏油率
王师傅	6	13	32%
李师傅	3	9	25%
张师傅	10	9	53%
合计	19	31	38%

质量管理数字化工序效用按气缸生产厂家角度分析漏油示例见表 8-6。

表 8-6　质量管理数字化工序效用按气缸生产厂家角度分析漏油示例

生产厂家	漏油	不漏油	漏油率
A 厂家	9	14	39%
B 厂家	10	17	37%
合计	19	31	38%

质量管理数字化工序效用按两种因素交叉分析漏油示例见表 8-7。

表 8-7　质量管理数字化工序效用按两种因素交叉分析漏油示例

操作者	漏油情况	气缸垫		合计
		A 厂家	B 厂家	
王师傅	漏油	6	0	6
	不漏油	2	11	13

(续)

操 作 者	漏油情况	气 缸 垫		合 计
		A 厂家	B 厂家	
李师傅	漏油	0	3	3
	不漏油	5	4	9
张师傅	漏油	3	7	10
	不漏油	7	2	9
合计	漏油	9	10	19
	不漏油	14	17	31
共计		23	27	50

由表 8-7 得出，为降低漏油率，应采用李师傅的操作方法并选用 B 厂的气缸垫。然而，事实并不是这样的，当该厂采用这个方案后，漏油率仍然很高（漏油率为 3/7 = 43%）。因此，这样简单的处理是不对的，正确的方法是：

1）当采用 A 厂生产的气缸垫时，应采用李师傅的操作方法。
2）当采用 B 厂生产的气缸垫时，应采用王师傅的操作方法。

综合分析，数字化分层后，采用正确方法漏油率都是 0%。可见运用质量管理数字化工序效用中的分层法时，不宜简单地按单一因素分层，必须考虑各个因素的综合影响效果。

8.5　产业链协同数字化视角下的质量要素与产销均衡

8.5.1　产业链协同数字化视角下的质量要素

根据马斯洛的需求层次论，人类一生都在追求生存的质量，人类考虑生存质量的要素有：食物、水、空气、土壤、磁场、气候等。生存的质量满足后，人类才会向安全、爱与归属、尊重、自我价值去努力奋斗。评判的角度不一样，需求的层次也不一样。同样道理，产业链协同视角下质量要素包含产品质量基本的功能、材料、成本、安全、美观、使用，从而建立金字塔式产品质量生存论，以质量安全、质量品质、行业尊重、质量品牌、客户偏爱为阶梯，从而实现产品质量价值。产业链协同视角下产品质量生存层次塔示例如图 8-20 所示。

同样在产业链协同数字化视角下，关注产品质量要素不同，用户诉求点不同，对质量的要求也不同。对于什么样的产品才是质量高，可以有以下不同的说法。

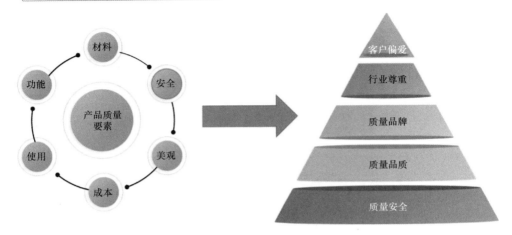

图 8-20　产业链协同视角下产品质量生存层次塔示例

1）用户认为产品好，产品质量就高。
2）产品生产过程有体系保障，产品质量就高。
3）产品符合厂标、行标或国标，产品质量就高。
4）产品在使用过程中可追溯，产品质量就高。
5）产品健康安全，产品质量就高。
6）产品满意度评价高，产品质量就高。
7）公司质量体系运行闭环，产品质量就高。
8）公司环境体系完善，产品质量就高。
9）产品成本高，产品质量就高。
……

对质量高的评价还有很多，在产业链协同数字化视角下，产品质量要素包括：

1）产品固有的特性。
2）产品的使用价值。
3）满足需求与期望。
4）产品具有动态性，质量高是相对概念。
5）产品健康安全。

根据产品质量要素构成，可以得出一般常识：低等级高质量产品也许不是问题；但高等级低质量产品一般不可接受。因此在产业链协同数字化视角下，我们质量管理数字化，要从下述三个维度做管理。

1）纵向管理。纵向管理是深度链条式管理，客户客诉、质量追溯、质量体系、质量管控等环环相扣,以数据做实为目标。

2)横向管理。横向管理是企业内部部门之间的沟通管理,从质量首检、质量巡检、质量标准、质量分析等方面出发,以提升良品率和服务客户为目标。

3)质量管理原则。质量管理原则的根本目标是让客户满意,在客户导向、质量定位、互利合作等原则下,去强化纵向管理和横向管理。

在产业链协同数字化视角下,质量管理数字化三维立体示例如图 8-21 所示。

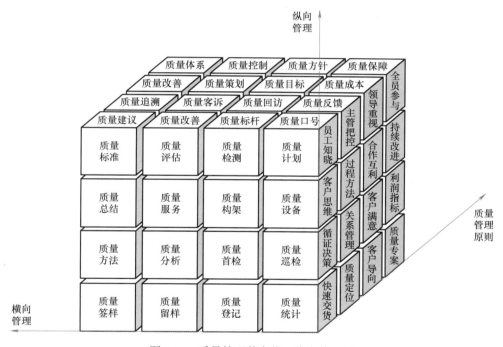

图 8-21 质量管理数字化三维立体示例

8.5.2 产业链协同数字化视角下的质量与客户及产销均衡

在产业链协同数字化视角下,我们可以进行分段数字化解析。

1)从供应链管理数字化的角度出发,高端产品制造需要的原材料标准严格,材料成本高,材料相对垄断;中档产品制造原材料需要一定筛选,原材料标准有一定要求;低档产品制造原材料供应普遍,竞争激烈。

2)从产品质量管理数字化的角度看,高端产品技术含量高,核心品牌价值大，产品供应相对少；中档产品质量追求核心使用价值，金字塔腰部思维；普通产品核心在刚需价值，数量大众化，技术含量低。

3）从客户关系管理数字化的角度看，高质量高端产品面对高收入金字塔顶部群体，注重品牌忠诚度和身份象征；高质量中端产品面向中产阶级，注重产品服务，具有小资情怀；低端产品面向刚需群体，客户基数大，产品选择性大。

4）从销售管理数字化的角度看，高端产品私域运营，交互体验；中端产品寻找客户痛点，差异化销售；低端产品流量大、优惠多、活动频繁。

根据质量要素特性，产品质量是动态的，质量好的相对概念，主要是产品的定位要准确，找到合适的用户。根据不同客户的标准，满足用户需求的就是好产品、好质量。产业链协同视角下质量与用户示例如图 8-22 所示。

供应链管理 数字化 （供应商）	满足高端产品制造需求 原材料精挑细选，相对垄断 标准严格	满足中档产品制造需求 原材料需要筛选，有一定竞争 标准相对严格	满足普通产品制造需求 原材料普遍供应，竞争激烈 标准普遍宽松
产品质量 管理数字化 （制造商）	产品质量高端、核心品牌价值 产品数量较少、金字塔顶部思维 技术含量高、进入壁垒大	产品质量中端、核心使用价值 产品数量多、金字塔腰部思维 有一定技术含量、进入有门槛	产品质量普通、核心刚需价值 产品数量大、金字塔底部思维 没有技术含量、进入容易
客户关系 管理数字化 （场景客户）	高收入群体、注重身份 享受产品场景氛围 注重个人体验、品牌忠诚度高	中产阶级、期待被认可 注重产品使用及服务价值 小资情怀、有一定品牌度	刚需群体、产品安全 客户基数大 选择性大
销售管理 数字化 （渠道通路）	交互体验、强调客户感受 触达渠道、个性化设计 私域运营、记录归档	客服响应度、售后效率 物流时效、用户行为路径 用户痛点、差异化分析	客流量、刚需群体 选位置、交通方便 优惠吸引、活动频繁

图 8-22　产业链协同视角下质量与用户示例

根据产销协同数字化视角下质量与用户的关系，在质量管理数字化产销均衡时，企业可以做到尽可能减少库存降低成本。在质量高档时，我们一般以销定产；在质量中档和质量低档时，我们一般以产定销。质量管理数字化产销均衡下质量与产销的飞机翅膀模型示例如图 8-23 所示。

最佳质量就是找到最合适的客户，制造业找准客户定位，在产业链协同质量数字化视角下，企业要更加注重产品质量与客户的匹配性。

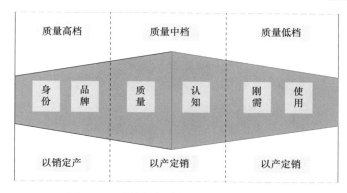

图 8-23 质量与产销的飞机翅膀模型示例

案例：科斯伍德油墨基于数字化管理打造全流程质量预警机制

中国胶印油墨市场竞争激烈，长期以来被外资垄断。本案例阐述科斯伍德油墨通过数字化转型，数字化驱动质量管理，一跃成为行业佼佼者，成为中国单张纸胶印油墨最早的上市企业之一。科斯伍德油墨质量管理数字化之前的瓶颈有如下几方面。

1）质量异常很难统计。旧设备没有中控系统，无法查看设备实时运行状态，设备空转、欠载、过载等异常问题难发现，依靠人工发现上报常常耽误效率。

2）质量数据很难追溯。质量巡检、抽检日报数据大部分为手工记录，手工记录的数据不连续，数据可能存在错误。发生质量异常时，事后难以追溯详细的参数数据。

3）时效不及时。质量异常一般为事后手工记录，不能及时发现生产过程中的质量问题。

企业应经过充分的研究调研，明确质量管理数字化的范围，如图 8-24 所示。

明确质量管理数字化的范围后，科斯伍德公司打造质量管理数字化的闭环路径有如下两个角度。

1）从设备的角度：购入自动化设备，提升效率，建立以生产为中心的中控互联，实时监控品质与工艺。

2）从人员的角度：建立生产作业标准化、产品检测标准化。

质量管理数字化闭环路径如图 8-25 所示。

制造业运营管理的数字化实践

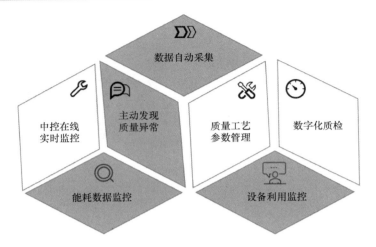

图 8-24 质量管理数字化的范围

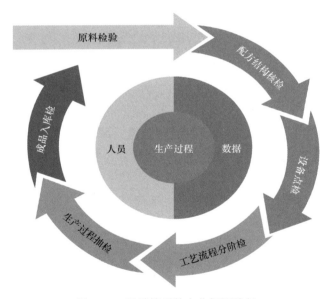

图 8-25 质量管理数字化闭环路径

企业根据关键数据指标建立质量管理在线数字化管控体系,包括人(绩效、效率、工时)、机(故障、能耗数据)、料(中转、呆滞)、法(工艺参数、产品质量)、环(温度、粉尘)等。质量管理在线数字化管控体系示例如图 8-26 所示。

企业全流程质量管理数字化数据价值呈现如下。

1)返工料异常,质量管理数字化追踪展示。质量管理数字化之返工料异常追踪如图 8-27 所示。

第 8 章　质量管理数字化

图 8-26　质量管理在线数字化管控体系示例

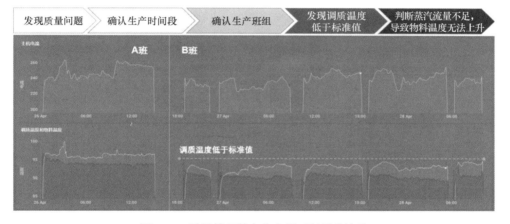

图 8-27　质量管理数字化之返工料异常追踪

2）数据自动采集，质量管理数字化追踪展示。质量管理数字化之数据自动采集如图 8-28 所示。

3）中控监控及质量异常统计。质量管理数字化之监控及质量异常统计如图 8-29 所示。

4）中控监控及质量绩效管理。质量管理数字化之质量绩效改进如图 8-30 所示。

科斯伍德油墨通过建立质量管理数字化体系，稳定产品质量，一举成为行业知名品牌，目前也是同行业中最大的油墨出口制造商，产品远销全世界 90 多个国家和地区。

制造业运营管理的数字化实践

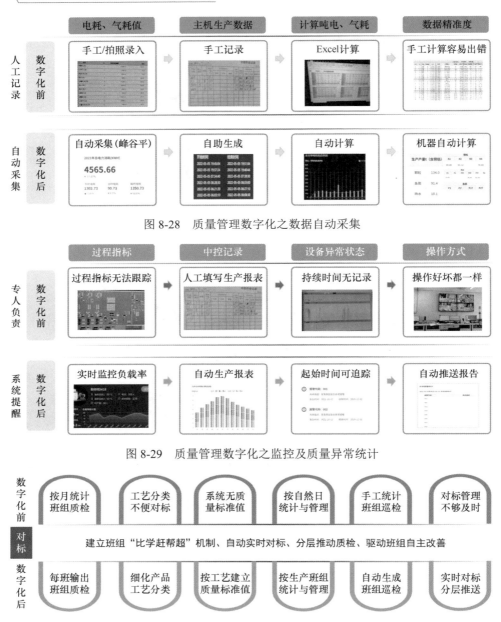

图 8-28 质量管理数字化之数据自动采集

图 8-29 质量管理数字化之监控及质量异常统计

图 8-30 质量管理数字化之监控及质量绩效管理

第 9 章 成本管理数字化

9.1 成本管理现状和成本管理方法概述

9.1.1 平价时代，成本为王：不合理的成本面面观和成本管控误区

1. 制造业企业的成本管理现状

成本是为达到一定目的所做的经济价值的牺牲，具体来说是指企业在生产经营过程中为达到某种目标所耗费的各种资源的价值体现，从成本管理系统和数据角度看，企业成本管理问题如下。

1）没有完整的成本预算模型和预算执行，或职能部门残垣断壁式的预算。

2）缺乏成本控制体系，或认为成本管理就是财务部门的事情。

3）缺乏成本数据系统，财务部门和其他职能部门无法及时且有效地对成本做分析。

4）各业务职能部门的成本数据较差，且部门之间的成本数据没有映射。

5）成本数据的收集、使用状况差，成本统计、核算不全面、不准确。

6）缺乏标准成本等主数据，比如原材料、制造工时费率等，成本计划和控制无力开展。

7）成本失真，如仓库账物严重不符，或数据呈报滞后导致当期成本统计遗漏。

8）缺乏基本编码逻辑和编码执行，比如无法迅速调用某品类的赊销存和进销存数据等。

9）管理层不重视成本控制，或虽然重视但是缺乏监控和成本审计能力。

10）成本控制往往事后搜集与核算，缺乏前馈控制和事中控制。

11）忽视决策成本，管理层的决策失误往往导致巨大的沉没成本。

以某汽车配件企业为例，各部门碰到的常见问题和诊断的根本原因见表 9-1。

表 9-1 各部门碰到的常见问题和诊断的根本原因

部门	碰到的常见问题	诊断的根本原因
销售部	销售额大幅增加，但利润没有增加	售价降低而成本却并未降低
市场部	新客户开发困难，老客户订单流失	缺乏对竞争对手的价格分析
财务部	不知道各客户和各产品的利润贡献	缺乏更细维度的成本分析
研发部	新产品研发设计很好却赚不到钱	缺乏研发目标成本控制
制造部	各种浪费较大却苦于没法改进	缺乏排程计划和成本计划
采购部	买多了库存积压，买少了价格高	缺乏采购总拥有成本的管控
物流部	物流排配效率低，往往海运改空运	缺乏物流成本规划

2. 运营成本管控的误区和常见的错误做法

1）强行转嫁给客户，比如原材料涨价 10%，售价也提升 10%，容易导致客户满意度降低。

2）强行转嫁给其他职能部门，如采购为了降本而替换原材料，导致制造成本大幅增加。

3）强行转嫁给供应商，逼着压价，比如来自客户的降价要求，粗暴地转嫁给供应商。

4）内部克扣压榨员工的基本工作条件和福利。

5）不关注质量或力度不够，偷工减料，以牺牲质量来降低成本，会带来更大的成本和损失。

6）成本管控理念滞后，认为成本控制是财务部门的事情，缺乏全员成本意识。

7）认为控制成本就是不花钱、少花钱，忽略了成本的投资和产出属性。

8）为了控制成本而控制成本，如为了降本让墨盒质量下降，导致打印机维修成本增高等。

9）将成本控制的对象等同于成本费用项目，容易造成成本管控的片面化。

10）不关注公司的战略，比如为了降低 1%的采购成本流程而耽误了差异化产品的上市。

3. 制造业企业的成本管理挑战

1）全员成本意识的培养和作业执行力，非一蹴而就，需长期全员文化积累。

2）前馈控制需要大数据的支撑和部门的协同，包括成本预测、成本预算和成本决策等。

3）事中成本核算与成本控制，需要强有力的数字化系统支撑，如对成本偏离的预警等。

4）事后除了成本分析和成本考核外，还有成本审计，需要专业的能力。

5）成本模型本身很难精确化，比如核算供应商实际成本很难做到实时准确。

4. 成本控制的原则

1）可控性原则：花钱的人最清楚如何控制成本，少谈些主义，多解决些问题。

2）全面性原则：全过程、全方位、全员，哪怕是两厘米的胶带的节约。

3）重要性原则：因为成本控制也要投入资源，因此优选那些差异大、影响大、持续时间长、性质严重的项目或领域进行成本控制。

4）责权利相结合原则：充分调动员工积极性，比如车间工人可以让物料损耗最小，质量合格率最高，员工也可以让原材料无谓的浪费，企业要有激励员工的胸怀和格局。

5）开源与节流相结合原则：虽然扩大销售额会使绝对成本增加，但开源是规模经济来源。

6）成本控制方向原则：杜绝浪费和提高综合效率相结合。

7）源头控制原则：成本控制的源头在研发设计，设计阶段决定了产品成本的70%左右，从研发环节开始抓成本控制。比如某款VR眼镜市场售价100元，现有A公司欲开发该产品，并确定单位利润20元，则开发技术上具备相应功能，同时成本<80元。

8）责任控制原则：成本分为可控成本和不可控成本，每个成本责任中心对可控成本负责，比如人事部的人力资源成本（招聘成本、培训成本、使用成本、储备成本）；行政部的行政费用（招待费、通信费、办公用品等）；财务部的财务费用（融资成本、税务成本、投资成本等）；生产部的废品率、生产率等。

9）绩效控制原则：将成本控制列入绩效考核。虽然不同的部门成本金额不一样，但成本控制的相对额仍具有可比性，比如A部门成本上涨10%，B部门上涨30%，C部门下降10%等。不同部门之间的成本竞赛不能比较相对金额，还要看指标和百分比。

10）目标成本的控制原则：保证企业每个节点成本最优化，不一定都是降低，有时候上涨的幅度最小也达到目标。目标成本的确认不能拍脑袋，比如财务资金成本是0不一定是好事，还要看公司整体的目标成本确立。

因此，成本的第一个属性是收入的减项，成本越高，利润越低，反之亦然，因此，成本领先，在同等条件下可以赢得更多利润，可以用更低的价格抢夺市场份额；成本的第二个属性是收入的来源，是获得收入的必要支出，没有成本支出，无法产生销售收入。因此，成本是费用、是支出、是收入的减项，同样也是必要的投资。

成本管控的实质是管控人的行为。没有数字化协同的降本容易导致伪降本，就像剪了箭簇，箭头还在体内，自欺欺人，得不偿失，损害的是自己的信用，或是按下葫芦起了瓢。

9.1.2 制造业企业的成本管理和成本控制方法概述

1．制造业企业的成本管理方法概述

（1）作业成本法

作业成本管理以作业为基础的成本计算，是沿着资源成本-作业成本-产品成本数据映射关系展开，整合性成本系统对提升成本管控绩效意义重大。

（2）目标成本法

目标成本法是通过制定目标成本、不断改进产品与工序设计，最终使得产品的设计成本小于或等于目标成本，它需要本企业与供应商和客户协同。

（3）价值链法

价值链法就是要分析企业的流程及流程中活动对价值的贡献，如果某活动对企业的产品或服务是不增值的，则这个活动就应该被去掉。

（4）产品生命周期成本法

产品生命周期包括产品初始设计阶段、产品开发和测试阶段、生产阶段、销售阶段、客户使用阶段，产品在其中发生的全部耗费即产品生命周期成本。

（5）战略成本管理

战略成本管理就是运用成本数据和信息，为战略管理提供战略性的成本信息，以支持企业形成竞争优势或创造核心竞争力。

（6）全面成本管理

全面成本管理要求通过分析经营过程中的问题并予以改进，强化内部价值链分析、竞争对手价值链分析和行业价值链分析等，目标是强化企业的战略地位，打造竞争优势或核心竞争力。

2．制造业企业的成本控制方法概述

成本控制方法是指完成成本控制任务和达到成本控制目的的手段，绝对不是单纯压缩成本，而是要建立起科学合理的成本分析与控制系统，让企业的管理者清楚成本架构，从而做出正确的战略决策。成本控制方法见表 9-2。

表 9-2 成本控制方法

成本控制方法	成本控制方法概述
绝对成本控制	通过建立标准成本和预算控制，把成本支出控制在一个绝对的金额中
相对成本控制	为了增加利润，从产量、成本和收入三者的最佳平衡关系来控制成本
定额法控制	事先制定的产品定额成本，并根据定额和差异额计算产品实际成本
成本即时控制	当日计算料工费等数量和完工数量，并通过模型分析是否成本达标
经济采购批量	在进货总量不变的情况下，使采购费用和储存费用总和最小的采购方式
目标成本法	以给定的竞争价格为基础决定产品的成本，以保证实现预期的利润
标准成本法	以预先制定的标准成本为基础，与实际成本比较，核算和分析成本差异
价值工程法	对产品或服务进行功能分析，以最低的总成本实现产品或服务的必要功能
成本企划	成本前馈控制，根据实际结果偏离目标值的情况采取相应的对策
线性规划法	有限资源的最佳分配，最充分地发挥资源效能去获取最佳经济效益
本量利分析法	基于管理会计的成本、销售数量、价格和利润之间数量关系的方法
全面成本控制	经营全过程、全员参与、信息系统模式，目标管理和科学管理相结合

9.2 数字化驱动的全面成本控制方式

9.2.1 与成本相关的市场因素

市场竞争的成本逻辑是：价格-成本=利润，而成本=价格-利润；规模经济的好处就是分摊固定成本，稼动率提高；工艺的改进等。波特（Porter）在《竞争的优势》一书中提到了市场竞争的框架。它是通过供应链（从供应商到顾客）中的竞争、竞争性活动以及议价能力，对一个组织的竞争环境进行分析，如图 9-1 所示。

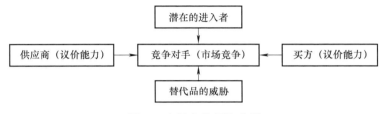

图 9-1 市场竞争环境分析

当买方几乎没有别的供货来源且转换其他供应商成本太高、供应商威胁要整合供应链、采购交易对供应商并不重要时，供应商是强有力的；若市场上只有少量客户、产品标准化程度高甚至没有区别、供应商对买方不重要时，买方是强有力的。当买方对价格敏感且替代产品价格低廉时，可以确认存在替代品威胁。对于潜在进入者来说，其难度受市场生产成本、业务资本支出、分销途径、现有竞争者报复程度等影响。而竞争对手间的竞争程度受对手的数量、成本结构、产品差异优势、替代品成本、对手战略目标、退出市场的障碍等因素影响，显然成本因素都是其中核心考量因素。

一般地，市场的竞争形态主要有完全竞争、垄断竞争、寡头垄断、完全垄断四种。对采购方来说，清晰地了解所采购产品的市场环境状况是非常重要的。对于不同的市场竞争形态，市场竞争环境分析见表9-3。

表9-3 市场竞争环境分析

特征	市场竞争形态			
	完全竞争	垄断竞争	寡头垄断	完全垄断
企业个数	为数众多	一定数量	少数几个	唯一
产品特征	完全相同	有一定差异	差异很大	只有一种产品
进入市场	完全自由	比较自由	相对困难	没有可能性
价格管控力	由供需决定	少许控制力	相当大的控制力	价格制定者
产品举例	包装材料	汽车配件	汽车	石油

当一个企业对市场的价格管控力较为有限时，成本水平可能决定企业生死。假如性价比相同的彩电市场价格为3000元，A企业的总成本是2500元，毛利是500元，B企业的总成本是2800元，毛利是200元；假如市场供需发生变化或价格竞争加剧，市场价格降到2800元，A企业毛利降到300元，可能继续赢得市场，而B企业大概率就失去了市场。

某知名家具公司是成本领先战略，但与一些实施该战略的企业用规模经济和驱除竞争者的方式不同的是，它不需要价格战，而是成本领先战略与差异化战略同时具备，比如通过模块化组装、平板组装，基于研发成本、物流成本等综合考虑，涵盖厂房、设备、原料、人工等全过程的成本管控，实现了较高利润=差异化产品价格-相对标准化成本的逻辑。

9.2.2 以新能源汽车TL集团为例的全面降本

新能源汽车主要是依靠电动机发力，而燃油汽车则是靠油箱启动发动机来产生动力的，所以新能源汽车的核心成本是电池，占整车成本约为42%，整车其他零部件占比为30%，电动机占比约为10%，电控系统占比为11%，电驱动零部件占比为 7%，随着科技进步，成本占比会随之变动。新能源汽车大类部件成本占比经验值如图 9-2 所示。

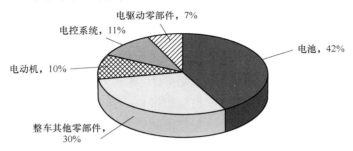

图 9-2　新能源汽车大类部件成本占比经验值

成本控制是指企业根据预先设定的成本控制目标，对影响成本的主要因素进行管控，采取风险预防和控制措施，从而保证成本制度和管理控制目标顺利实现。它包括成本预测、成本决策、成本计划、成本核算、成本分析、成本考核、绩效奖惩等，包括但不限于研发设计、生产制造、物流运输、安装调试、售后服务等过程。以新能源汽车行业的 TL 公司为例，TL 公司某款电动汽车成本构成如图 9-3 所示。

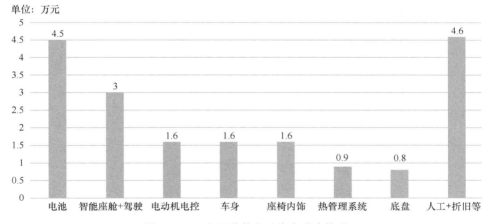

图 9-3　TL 公司某款电动汽车成本构成

TL 集团的超低成本，控制独特的电池技术是核心，TL 集团主要是通过和 PS 集团合作设立超级电池工厂，通过全面掌握"三电"核心技术和产业链配套，让研发定制、标准化和规模融合，比如电芯规模巨大，它的合作供应商就有能力降本，实现良性循环。

同时，TL 与 PSN 共同创新开发三元电池，必然在电池方面持续降低成本

（以下简称"降本"），从而使得汽车整车降本，全球分布的超级工厂和本土化的供应链相结合，以成本降低目标驱动的创新，成为 TL 创新的驱动力之一，降本后超级工厂也是以规模为支撑的。

TL 集团采用直销与 OTA（空中下载技术）商业模式，直接抛弃传统的代理商、经销商传统模式，采用线下直营专卖店和线上官网销售等自销模式，线下主要是为了展示产品，并为客户提供线下试驾体验等，TL 的强大成本控制能力是依托包含了研发、电池、生产组装、销售、售后以及增值服务完整的生态链，增强客户体验，并通过客户体验反馈强化成本控制精进体系，形成良性循环。TL 成本管理生态链如图 9-4 所示。

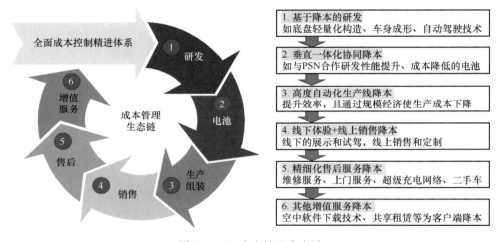

图 9-4　TL 成本管理生态链

TL 集团同样面临电池成本难以降低、成本无法参考同行制定战略进而优化、成本控制在汽车生产上可供对标参考的案例少，因此要在研发投入的同时节约研发成本，节约研发成本的本质上是为了避免浪费，进而可以提高研发投入的有效利用率。在新材料、能源等多领域进行研发创新，积极推动绿色环保产品的开发，且在投入研发费用的同时节约研发成本。TL 集团的成本控制方式如下。

（1）基于产业链的链主地位，建设多领域、多渠道的合作机制

通过"垂直整合"采购模式和技术合作实现汽车零部件自制和外包的平衡，优化成本竞争力，如推进充电技术的开发与融合来增强产业链竞争力，促进核心业务长期发展。

（2）构建低成本产业联盟（如电池外协与自制）

主要成本集中于整车的研发和制造，集中优势资源优先提升关键技术，加速

电池方面的开发，打造低成本产业联盟和协同优势，提升产业链的总体竞争力。

（3）收购相关产业链公司

降低研发成本的同时还可以快速聚集人才与技术，为其降本增效提质铺路，如收购了冲压件制造商、自动化设备、自动驾驶感知、电池相关企业等，持续强化技术降本。

（4）运用自身研发优势持续降本

强大的研发实力是 TL 快速发展的根本，保证新型电池的研发进度，不断提升续航能力；加强生产环节成本控制，促进与大数据、物联网、人工智能、云服务等技术的融合，通过集成创新培育 TL 长期竞争优势。

（5）超级工厂生产模式，提高效率、降低成本

超级工厂的建成与投产，减少物流等环节成本；通过对于大型压铸机的独创性使用，大幅减少零部件的数量，从而大幅降低制造成本。

（6）线上和线下相结合，大幅降低营销成本

有高性价比的产品为依托，销售以直营店和线上模式为主，也节约了大量的成本。

（7）增加不同产品之间的通用性

如某热销两款车型的零部件通用率超过 70%，更加助力规模效应，使边际成本更低。

对 TL 集团而言，降本是技术研发的核心驱动力，同时技术研发也是降本的核心来源，是相辅相成的关系。诸多的技术创新如电池技术迭代，直接降低核心部件成本；一体化压铸，不仅节约了焊接等工序的制造成本，而且降低电耗；自研芯片和电子控制器，并通过规模效应大幅降本；电子电气架构升级降本；电驱及车载电源设计降本，拥有业内顶尖的电驱技术能力；精益设计降本，如各种减重降本策略；热管理体系优化；充电桩降本等。TL 集团全面降本的组合拳见表 9-4。

表 9-4 TL 集团全面降本的组合拳

降本维度	降本方式或逻辑	协同条件
业务规模增长	业务规模扩大，摊销固定成本从而降本	产品竞争力获市场喜欢
生产率提升	大幅降低制造成本，如单位工时成本	对本企业产品需求充足
降低开销	如创新的营销方式降低营销费用	创新的体验和服务
产品研发	降低关键部件成本、部件标准化	研发能力和产业链协同
工艺提升	如一体压铸降本提效且降低零件数量	业务规模的支撑
当地化产业链	大幅降低总体物流成本	链主地位和产业吸引力
规模采购	低价购进且有利供应商降本，良性循环	不断增长的外购需求

9.2.3 基于数字化的全面成本控制逻辑

坚持以创新为战略核心。采用战略成本、作业成本、目标成本等方法，通过成本预算强化事前控制，以达到有效控制成本的目的。

直接降本最大的驱动力是规模经济。一般地，对于制造业企业而言，如果规模扩大一倍，平均成本降低达 24%左右。这里面包括规模效应带来的采购成本降低、制造成本节约、人工成本的降低等（对于人工成本的降低，绝对不是企业通过压榨员工来降低成本，而是规模效应使得单位产品的人工成本分摊降低）。

企业应尽可能推动标准化、模组化，从而形成运营环节的良性循环，如通过创新提升性能和"卖点"，通过一体成形设计和制造降低成本，通过规模水平提高和销量提升来降低固定成本的分摊，提升对客户的让利空间等。从降本到降价的 5Why 逻辑分析见表 9-5。

表 9-5 从降本到降价的 5Why 逻辑分析

5Why	降本方式或逻辑	数字化效应
为什么能降价	成本大幅降低，可让利给客户	价格弹性提升市场需求
为什么成本降低	规模效应摊薄固定成本及降本研发创新	市场对产品需求充足
为什么可规模化	工艺创新降低制造成本，如工时成本	研发与制造一体化
为什么可降本研发	关键部件持续降本、高效协同产业链	数字化产业链生态
为什么可工艺创新	一体成形设计和制造及标准化	标准化可大幅降本

对于制造型企业来说，盈亏平衡点就是企业既不盈利也不亏损的点，即总收入与总成本相等时的点。盈亏平衡分析曲线直接反映不同产量时的收益状况，盈亏平衡分析如图 9-5 所示。

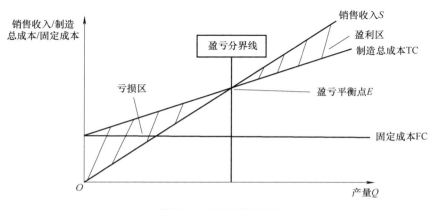

图 9-5 盈亏平衡分析

设销售收入为 S,产量为 Q,产品单价为 P,制造总成本为 TC,固定成本为 FC,可变成本为 VC,单位产品可变成本为 C_V,则有

$$S = QP,\ TC = FC + VC = FC + QC_V$$

若盈亏达到平衡点,则销售收入等于制造成本时,即:

$$S_0 = Q_0 P = FC + Q_0 C_V$$

其中,S_0 是平衡点时的销售收入,Q_0 是平衡点时的产量,设保本收入为 SD,则有

$$Q_0 = \frac{FC}{P - C_V},\ \text{且}\ SD = \frac{FC}{1 - C_V/P}$$

这里的($P-C_V$)是边际贡献或毛利,即单位产品销售收入扣除可变费用后的剩余;($1-C_V/P$)是边际贡献率或毛利率,即单位产品销售收入可以吸收的固定费用。

盈亏平衡应用举例:假设某企业生产 a 规格的产品,生产该产品的固定成本是 80000 美元,可变成本是每 km(千米)为 600 美元,设该款产品的市场合理价格是 2000 美元/km,在不考虑其他条件时,则保本产量(销量)为:$Q_0 = 80000/(2000-600) = 57.14$ km。

因此,只有当产量(销量)超过 57.14 km 时,企业才能盈利。若产品是定制品,销售的数量必须在盈亏平衡点的右面,否则将亏本。同时,当销售的数量越多,企业的盈利空间越大,制造总成本 TC 越低,这样单位产品的总成本也得到降低。

需要指出的是,成本并非无限制降低到 0,企业必须不断地创新,避免极端同质化的竞争,市场的赛道是动态变化的,创新的企业启发了市场需求,然后一骑绝尘。风景这边独好的前提是不断地创新,而不是同质化、低层次的"内卷"。创新向左,内卷向右如图 9-6 所示。

图 9-6 创新向左,内卷向右

9.3 从精益成本管控到数字化成本管控

9.3.1 精益成本管控的方法

1. 精益成本管理的必要性

仅依托于企业维度的成本报表，往往是一堆糊涂账。企业不停地接订单、做产品，从来没有人考虑过项目贡献的具体核算。某企业在项目经理小张的推动下，一个由项目部、供应链部、财务部组成的项目组就算成立了。经过实际比较售价、供应链成本、生产成本和 ABC 分析法等，惊奇地发现，公司运行的项目很多是鸡肋，由于之前习惯对项目平均投入资源，导致明星项目投入不够。项目数和实际销售额分析如图 9-7 所示。

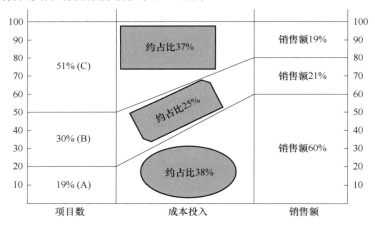

图 9-7 项目数和实际销售额分析

二八原则无处不在，在成本管理中也是适用的。平均分配资源是吃大锅饭，效率低下是必然的；产品或项目的成本分析，ABC 分析法显然比平均值算法更符合实际业务支出；企业的成本分析，无论是供应链成本、制造成本、项目成本，都要更精细挖掘分析，还可以继续深挖，如项目与客户的关系、项目与净利润贡献分析（金额和占比分析）等。

通过成本预算，发挥资源优势，才能让企业相对卓越。

2. ABC 分析法研发和工程成本模型及数据分析

（1）传统核算方式的大锅饭和数据失真

FT 企业在 2023 年第一季度有 A、B、C 三个主打产品，三个产品非常类似，并交付给甲、乙、丙三个客户,在该季度,三个主打产品的销售额是 2880 万元,总成本额约为 2374 万元,实现息税前利润约为 506 万元。FT 企业基于传统核算的 A、B、C 产品数据见表 9-6。

表 9-6 FT 企业基于传统核算的 A、B、C 产品数据

核算维度	A 产品	B 产品	C 产品	汇 总
销售数量/只	10000	20000	40000	70000
销售单价/元	408	424	406	—
销售收入/元	4080000	8480000	16240000	28800000
原料成本/元	2177871	4355743	8711486	15245100
制造成本与费用/元	1154229	2308457	4616914	8079600
物流与销售费用/元	37886	75771	151543	265200
管理费用/元	21171	42343	84686	148200
总成本额/元	3391157	6782314	13564629	23738100
息税前利润额/元	688843	1697686	2675371	5061900
息税前利润率	20.3%	25.0%	19.7%	21.3%

经过核算,平均息税前利润率为 21.3%,而且三家客户的利润率都比较接近平均值,虽然 C 客户略低,但毕竟利润额占据"半壁江山",高达 52.9%(2675371/5061900),因此皆大欢喜,总经理看到财务提交的报告后,高兴地鼓励大家继续努力。在客户需求和企业效益都好的时候,这样"锅里有大肉,碗里有小肉"的快乐大锅饭也无可厚非。

(2)ABC 成本法的精益成本分析法

ABC(Activity Based Costing)成本法,又称为作业成本法,是把成本与产生成本的活动和产品或服务联系起来计算成本的方法。首先确定要核算的对象,可能是产品、客户、市场等,然后确定业务的成本动因,如订单数量、人工时间、材料消耗、开机时间等,最后基于成本动因将成本分配给每一个核算对象,从而评估出盈利状况。

采用 ABC 成本法进行成本核算,可以使成本核算与成本管理有机结合,有利于保证数据的准确性和合理性,尤其对成本多维度、多层次、多因素分析的开展具有积极意义,推动财务与业务的融合。基于上述例子,材料成本、直接人工成本采用直接追溯,需要考虑包括浪费在内的损耗等因素;而制造费用需根据所需作业类型及对应作业动因进行重新分配至产品,FT 企业基于 ABC 成本法的 A、B、C 产品成本计算见表 9-7。

表 9-7 FT 企业基于 ABC 成本法的 A、B、C 产品成本计算

成本动因	总成本/元	A 产品/10000 只 成本分摊	A 产品/10000 只 每只成本/元	B 产品/20000 只 成本分摊	B 产品/20000 只 每只成本/元	C 产品/40000 只 成本分摊	C 产品/40000 只 每只成本/元
原材料	15245100	2514700	251.47	4485200	224.26	8245200	206.13
直接人工	3446600	615200	61.52	1075000	53.75	1756400	43.91
产品和包装设计	784800	175800	17.58	315000	15.75	294000	7.35
机器设备	2398600	564400	56.44	705000	35.25	1129200	28.23
调试准备与换模	33400	2400	0.24	9800	0.49	21200	0.53
模具、检具、治具	819200	129400	12.94	345400	17.27	344400	8.61
耗材辅助费用	23300	3300	0.33	9200	0.46	10800	0.27
质量检验	189100	12300	1.23	36000	1.80	140800	3.52
材料前处理	35400	7400	0.74	12000	0.60	16000	0.40
质量保证	95500	16100	1.61	48600	2.43	30800	0.77
打包发货	253700	12700	1.27	75000	3.75	166000	4.15
物流费用	108400	17800	1.78	31000	1.55	59600	1.49
销售费用	156800	27400	2.74	72600	3.63	56800	1.42
管理费用	148200	21200	2.12	51400	2.57	75600	1.89
加总	23738100	4120100	412.01	7271200	363.56	12346800	308.67

ABC 成本法在企业产品成本核算中的应用最大好处就是更准确地反映实际资源消耗，从而精确地反馈成本的数据，FT 企业 A、B、C 产品真正的利润状况分析见表 9-8。

表 9-8 FT 企业 A、B、C 产品真正的利润状况分析

核算维度	A 产品	B 产品	C 产品
销售数量/只	10000	20000	40000
销售单价/元	408	424	406
单位成本/元	412.01	363.56	308.67
息税前利润额/元	-40100	1208800	3893200
息税前利润率	-1.0%	16.6%	31.5%

两种不同方式分析的利润率差异如图 9-8 所示。

（3）NRE 费用的数字化成本管控

NRE（Non-Recurring Engineering）费用即新项目一次性工程费用，包括模具费用、治具费用、夹具费用、检具费用、样品费用等类别。项目启动 NRE 成本模型和数据分析示例见表 9-9。

第9章 成本管理数字化

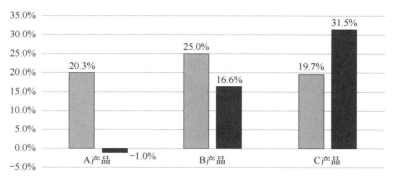

图 9-8 两种不同方式分析的利润率差异

表 9-9 项目启动 NRE 成本模型和数据分析示例

项目号	客户代码	预算号	预算额/元	品类	客户承担金额/元	承担方式	成品料号
PJ42	C001	B23021	350000	模具	350000	直接支付	PJFGC01-3
PJ42	C001	B23021	80000	治具	80000	前期分摊	PJFGC01-3
PJ42	C001	B23021	15000	夹具	0	不承担	PJFGC01-3
PJ42	C001	B23021	12000	样品	8000	部分承担	PJFGC01-3
PJ42	C001	B23021	7000	测试费	0	不承担	PJFGC01-3
TL58	C005	B23043	300000	模具	300000	直接支付	TLFGC05-7
TL58	C005	B23043	75000	治具	0	不承担	TLFGC05-7
TL58	C005	B23043	12000	夹具	0	不承担	TLFGC05-7
TL58	C005	B23043	4500	样品	0	不承担	TLFGC05-7
TL58	C005	B23043	800	测试费	0	不承担	TLFGC05-7

其中关键字段的数字化成本管控的映射关系简要举例如下。

1）预算号与项目成本预算映射，便于精细化追踪预算的管控情况。

2）成品料号与销售成本等映射，便于精细化计算销售成本，防止任何遗漏。

3）客户承担金额除了冲抵相应成本金额外，还与资产所有权管理等相关。

在实际大数据计算中，除了 NRE 计算和管控外，还可以计算研发费用、模具设计费用和公共或专用的模具、治具、检具、检测设备等费用或成本的分摊细节。

企业是否要放弃某个产品，既受制于市场动态均衡，也取决于企业自身的产品状况。假如客户要求降价，降多少？假如客户无底线地要求降价，什么时候应该放弃？

价格的区间分为以下三类：①当价格高于平均总成本（ATC）时，企业确保有利润，且当边际收益（MR）＝边际成本（MC）时，企业实现销售利润最大化；②当价格高于平均可变成本（AVC）但低于 ATC 时，业务在财务账面上会亏损，但销售额不仅覆盖了 AVC，还覆盖了部分固定成本的投入，当企业没有更多更好的项目时，还是可以继续做下去；③当价格低于 AVC 的时候，应停产或放弃业务。各类平均成本曲线如图 9-9 所示。

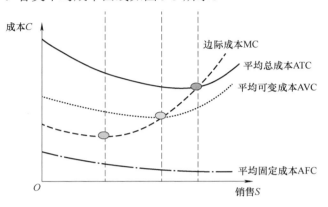

图 9-9　各类平均成本曲线

除此之外，还要考虑客户业务的综合利润水平，如通过最简单的加权平均计算，大部分产品是利润不菲的，只有小部分利润偏低或略有亏损，仍可以继续合作。

9.3.2　成本优化——全面成本管控数字化

1. 成本优化的逻辑

如果说成本削减指为实现利润最大化而减少公司开支，则成本优化是以业务为中心，期望获得长期持续的，既实现业务价值最大化，又降低企业运营成本的方式，它有助于职能部门领导者最大限度地降低成本：获得业务采购的最优价位和条款，实现流程和服务的标准化、简约化和合理化，实现 IT 和业务工作的自动化和数字化，可持续的数字化成本优化的五个关键点见表 9-10。

表 9-10　可持续的数字化成本优化的五个关键点

成本优化关键因素	成本优化关键内容
全面预算管理和财务共享	最小业务单元的预算和成本绩效追踪，逐步提高业务价值
成本目标和对标基准	比较本企业与标杆企业的成本细节，并追踪差距原因和精进
成本优化的成本和时间	优先选择效益更大、见效更快、成本最小的优化项目
业务部门的责任与协同	既有责任分工，且有协同，如业财融合并着重激励
利用节约成本优化战略	成本结构的变化和战略优化，现金流变动

盘点企业成本优化机遇的重点列表，评估成本计划对关键决策因素、标准的影响，权衡不同项目的优势、成本、风险和可行性，规划成本优化项目实施的甘特图，对比相关优势和劣势，并获得高层和协同部门的支持。纯粹的成本削减策略不一定带来全面的数字化成本优化，但全面的数字化成本优化一定会带来成本削减效益，比如降低直接成本和间接成本，并增加利润，数字化成本优化精进效益如图9-10所示。

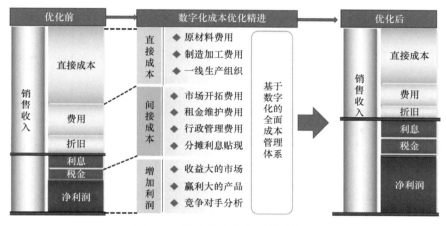

图9-10 数字化成本优化精进效益

全面的数字化成本优化，可在节约成本的同时实现企业业务和价值的增长。一般地，产业链的核心企业或龙头企业的数字化成本优化方法应积极主动且具有战略意义，既能够降低成本，又能在危机背景下实现新的增长，有利于领导者在类似新冠疫情这样的不确定性和颠覆性事件中带领企业获得持续的发展。数字化成本优化与驱动企业价值增长的关系如图9-11所示。

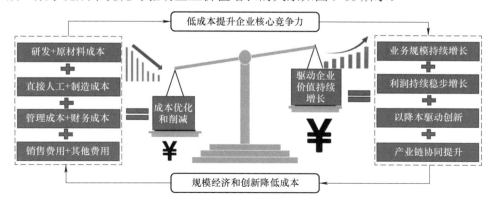

图9-11 数字化成本优化与驱动企业价值增长的关系

制造业运营管理的数字化实践

遗憾的是，并不是所有的企业都具备统一的成本管理体系，某知名咨询公司在 2022 年进行调研，制造业企业的成本管理体系现状如图 9-12 所示。

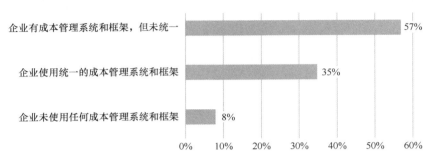

图 9-12　制造业企业的成本管理体系现状

2. 精益成本控制法之成本动因分析法

成本动因法涉及资源、作业、成本对象等基本要素。成本动因法相关名词和概念见表 9-11。

表 9-11　成本动因法相关名词和概念

相关名词	概念说明
资源	企业各类成本和费用载体，如物料、能源、设备、资金、人工、数据和系统等
作业	企业为生产和销售产品等目的而进行消耗资源的工作，是成本动因的核心要素
成本动因	发生成本变动的作业特性计量指标（作业量和成本），分资源动因和作业动因
成本对象	需要计量的成本标的，如一个生产批次、一个产品品类作为成本核算标的
成本属性	成本是支出和耗费，但同时成本也是投入，是价值产出的必要条件

基于上述因素，成本动因法基于资源-作业-成本对象的逻辑，结合财务指标、成本结构、费率开发、成本模型等，实现企业运营成本的深度优化。成本动因分析和优化流程如图 9-13 所示。

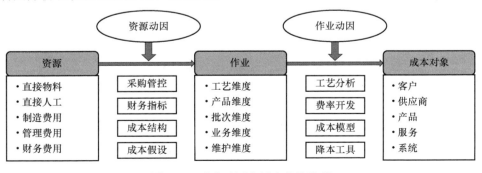

图 9-13　成本动因分析和优化流程

在该流程中，对成本假设和费率开发解释说明如下。

（1）成本假设

成本假设包括产品定义、制造条件、工艺条件、物流条件、商务条件、市场条件、运营条件等。成本假设因素和具体细节说明见表9-12。

表 9-12　成本假设因素和具体细节说明

因　　素	成本假设细节说明
产品定义	材料、尺寸、重量、体积、颜色、外观、性能、公差、外观要求、表面处理
制造条件	班组模式、设备型号、机器寿命、场地面积、能源消耗、生产率、报废率
工艺条件	工艺类型、工序流程、材料利用率、机器循环时间、直接人工数、标准工时
物流条件	交货周期、交货频次、交货方式、包装要求、运输要求、供应商管理库存
商务条件	年需求量、产品生命周期、付款方式、付款周期、客户承担的前期费用
市场条件	能源价格、设备价格、直接人工费率、材料价格、物流价格、废料价格
运营条件	投产时间、产量、交付条款、投资回报、竞争策略、研发费、管理费、利润

（2）费率开发

费率是指某特定工作中心在单位时间内所产生的加工制造成本，包括人工成本、变动成本、固定成本、折旧等。其分子是成本综合或某品类成本，分母则是时间。费率主要包含两部分，即直接人工费率和机器（工艺）费率。

1）产品的加工工艺各不相同，因此费率须按工艺计算，否则造成产品成本扭曲。

2）费率决定于企业的成本结构（投资、人工、运营费用等）。

3）费率的准确计算需要有合理的成本归集与分摊方法，如焊接工序有激光焊接、机器人焊接、手工焊接等不同的焊接方式，彼此之间的费率会有差异。但若实际费率与计算费率差异较大，可能会带来严重的后果，比如计算费率远高于企业实际费率，导致成本高估，从而导致丢掉业务；反之会导致成本低估，会导致业务亏损。

费率开发的步骤和流程包括建立成本库、定义工作中心、识别成本动因、成本归集、结果反查五个步骤，其作用如下。

1）报价费率为了支持新项目报价，目标价格的核算为了支持已有产品或业务成本更新等。

2）支持其他部门：工厂控制产品成本的需求；为 ERP 系统提供标准成本的输出基础。

3）全面了解行业水平：行业内不同工作中心费率对比；了解不同地区的成本信息。

4）支持工厂卓越运营：由费率结果侧向反映企业运营情况；支持企业不断优化生产方式。

9.4 相关职能的成本控制分析

制造业企业运营相关的业务职能成本包括研发成本、市场开发成本、生产制造成本、质量成本、采购成本等，涉及篇幅，本节讨论制造成本的预测、质量成本和采购成本的管控等。

9.4.1 基于学习曲线的最小二乘法制造成本预测建模

随着销售数量和生产产量的上升，企业的单位产品所需的制造工时和制造成本也将下降，这就是学习曲线所揭示的规律。学习曲线（Learning Curve）的规律是 Curtis 在二战时的飞机制造中发现的，当产量每增加 1 倍时，生产 1 件产品所需的人工及时间也随之以一个固定的百分比的速度下降，这就是学习曲线，也称为经验曲线或改善曲线。这意味着企业单位产品成本应随着生产数量的增加而降低，这种成本降低的幅度对短期生产尤其显著。

学习曲线所揭示的是生产数量与所需工时之间的经验关系。学习曲线有两种形态，即累计的平均学习曲线（即在某个时间点前所有生产数量的平均生产时间）与单位学习曲线（生产某一特定单位所需的工时）。如果产量每增加 1 倍，所需工时降低 10%，称为 90%的单位学习曲线，如果降低 20%，则称为 80%的单位学习曲线。对于重复生产的产品，企业就可以用学习曲线来分析对每单位成本的影响。

在特定产量下，计算企业生产某单位产品的工时为

$$Y = KX^{-A} = KIn = KX(\lg b/\lg 2)$$

式中，Y 是循环时间；K 是第一个单位产品生产时间；X 是循环次数或单位产品数量；A 是学习曲线所决定的次数；In 是第 n 次学习曲线改善率（Learning Curve Improvement Ratio）；b 是学习曲线类型。比如一个 80%单位学习曲线，其生产第一单位产品是 43 分钟，则生产第 5 单位产品的时间是 $Y_5 = 43 \times 5 \times \lg 0.8/\lg 2 = 25.6$ 分钟。随着产品生产数量的成倍增加，所需工时下降状况就十分明显。学习曲线数据统计见表 9-13。

表 9-13 学习曲线数据统计（资料来源：Alan R. Raedels，2000）

生产单位量	90%学习曲线改善率	80%学习曲线改善率	70%学习曲线改善率
1	1.0000	1.0000	1.0000
2	0.9000	0.8000	0.7000
3	0.8462	0.7021	0.5682
4	0.8100	0.6400	0.4900
5	0.7830	0.5956	0.4368
6	0.7616	0.5617	0.3977
7	0.7439	0.5345	0.3674
8	0.7290	0.5120	0.3430
9	0.7161	0.4929	0.3228
10	0.7047	0.4765	0.3058
15	0.6626	0.4182	0.2482
20	0.6341	0.3812	0.2141

无论是 90%、80%还是 70%的学习曲线或其他学习曲线，都不是绝对精确的。一般地，对于简单生产，倾向于采用 95%的学习曲线。中等复杂的生产采用 80%~90%的学习曲线，而对高度复杂的生产则倾向于使用 70%~80%的学习曲线。比如对 90%的学习曲线，当生产 100KPC（千个）时，所需制造工时为 100h（小时）；当生产 200KPC 时，所需制造工时为 90h；当生产 400KPC 时，所需制造工时为 81h；当生产 800km 时，所需制造工时为 72.9h，针对该例子，不同产量下的学习曲线趋势图如图 9-14 所示。

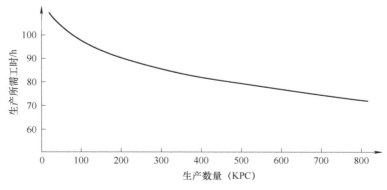

图 9-14 不同产量下的学习曲线趋势图

学习曲线是指数函数图像，而工时减少的同时也降低了制造成本，假如在不同时段和不同制造数量下对单位制造成本详细统计核算，对生产数量 Q_i 统计单位成本 C_i，尝试采用最小二乘法预测未来不同产量时的单位成本。

制造业运营管理的数字化实践

某企业制造某规格产品的制造成本的学习曲线代数式为

$$C = aQ^b$$

两边取对数可得：

$$\lg C = \lg a + b \lg Q$$

其中 $\lg C$ 为因变量，$\lg Q$ 为自变量，由最小二乘法可得

$$b = \frac{n\sum(\lg Q_i \lg C_i) - \sum \lg Q_i \sum \lg C_i}{n\sum(\lg Q_i)^2 - (\sum \lg Q_i)^2}$$

$$\lg a = \frac{\sum \lg C_i - b \sum \lg Q_i}{n}$$

对上述公式所需数据列表统计后，可根据公式求出 a、b，带入原公式，即可以求出预测制造成本 C（单位：美元，记作\$），涉及篇幅，本处仅抽取统计的 10 个记录，实际工作中数据越完整越好，统计数据见表 9-14。

表 9-14 成本数据最小二乘法统计表

n	Q_i(KPC)	C_i(\$)	$\lg Q_i$	$\lg C_i$	$(\lg Q_i)^2$	$(\lg C_i)^2$	$\lg Q_i \lg C_i$
1	25	798	1.3979	2.9020	1.9541	8.4216	4.0567
2	30	787	1.4771	2.8960	2.1818	8.3868	4.2777
3	35	774	1.5441	2.8887	2.3842	8.3446	4.4604
4	40	753	1.6021	2.8768	2.5667	8.2760	4.6089
5	50	726	1.6990	2.8609	2.8866	8.1847	4.8607
6	60	685	1.7782	2.8357	3.1620	8.0412	5.0424
7	75	638	1.8751	2.8048	3.5160	7.8669	5.2593
8	90	595	1.9542	2.7745	3.8189	7.6979	5.4219
9	105	569	2.0212	2.7551	4.0852	7.5906	5.5686
10	135	514	2.1303	2.7110	4.5382	7.3495	5.7752
Σ			17.4792	28.3055	31.0937	80.1598	49.3318

由上述推断公式得

b = (10 × 49.3318 − 17.4792 × 28.3055) / [10 × 31.0937 − 17.4792^2]

　= −0.26514

　$\lg a$ = [28.3055 − (−0.26574) × 17.4792]/10 = 3.29504

即推导出生产成本的方程为：$\lg C = 3.29504 − 0.26574 \times \lg Q$

经过计量经济学拟合优度检验，方程拟合优度接近实际。

该产品市场需求态势很好，诸多客户订单稳定增长，销售部门根据客户订单和客户预测，反馈给企业工厂利好信息，企业财务部门和运营部门预测未来需求高峰产量时的制造成本，如统计第 300KPC 产品时，则

$$\lg C = 3.29504 - 0.26574 \times \lg 300 = 2.63677$$

此时每 KPC 制造成本为 $C = 433.28$ 美元

当生产数量越大时，制造成本将按照一定规律呈下降趋势。通过这种计量的分析和评估，当企业自制的时候，可以有效地预测制造成本；当外购的时候，可以为采购价格谈判和分析采购 TCO（总拥有成本）等方面提供重要的微观成本参考数据。

9.4.2 质量成本模型及数据分析

质量控制理念不是单纯地降低成本和片面地追求企业暂时的利益，而是以企业长远发展和市场竞争的视角，将成本控制与保证必要的产品质量联系起来，保证企业的市场竞争优势。质量成本是为了保证必要的产品质量、服务质量而发生的成本费用，即用钱来衡量质量改善的绩效。质量成本包括预防成本、鉴定成本、内部损失成本和外部损失成本等。

1）预防成本：是指在投入生产之前的规划、研发、审核、培训等过程中，为了保证最终的质量而投入的成本。

2）鉴定成本：包括检验费用、试验设备维修费用、质量管理人员的工资。

3）内部损失成本（内部故障成本）：因生产出不合质量标准的产品而发生的成本费用，以及这部分产品在出厂前所发生的修理、返工、返修、再检验等费用；无法利用而报废、材料损耗、能源损耗、失败原因调查费用；重复检验、加班及相关部门的关联损失等。

4）外部损失成本（外部故障成本）：将有缺陷产品转移给顾客后而发生的费用，客户投诉调查及处理费用，退货和补货费用、维修费用、产品召回和退换费用、客户索赔或降价损失，除此之外，还有销售额的减少、品牌的损失、客户的流失等。

5）外部质量保证成本：为客户提供附加的质量保证措施程序和数据所发生的费用。

质量成本曲线如图 9-15 所示。

常见质量成本统计见表 9-15。

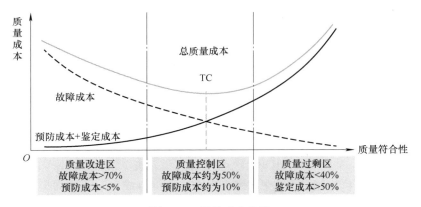

图 9-15 质量成本曲线

表 9-15 常见质量成本统计

成本科目	成本名称	成本内容	费用类别
预防成本	质量目标计划费用	制定活动所发生的工作费用	管理费用
新品试验	新产品检验和试验	新产品质量检验、试验费用	活动费用
质量审核	体系、过程、产品审核	评审费、资料费、会议费等	审核费用
教育培训	员工培训实施费用	授课培训人员有关费用及补贴	培训费用
质量改进	质量改进措施费用	纠正和预防措施所需费用	措施费用
供应商评估	供应商评估考核费用	参与人员的工资及差旅费用	评估费用
管理人员	质量管理人员工资	质量管理人员工资支出	工资费用
鉴定成本	检验鉴定费用	常规产品的试验检验支出	检验费用
设备维护	试验设备维护校准	维护校准计量等费用	维护费用
内部损失	报废损失等	产品无法修复的损失	报废费用
返工损失	返工及检验费用	返工和检验成本	返工费用
停工损失	设备停工的损失	停工损失费、损失的净产值	停工费用
外部损失	顾客投诉退货处理	退货、报废、返工费用	处理费用
赔偿成本	索赔处理费用	索赔金、索赔处理费、差旅费	赔偿费用
延期交付	超额运输成本	延期交付交通运输超额费用	延期费用
客户流失	客户流失的成本	丢失客户带来的损失	业务损失

9.4.3 基于 TCO 的采购成本的数字化管控

1. 采购成本对利润杠杆效应分析

采购成本对利润杠杆效应是指减少的采购成本支出可以直接进入损益表中的税前利润而产生的杠杆效应，即采购成本降低等同于创造了利润或提升资产回报率。采购被称为第三大利润源泉，人们对提高企业利润的着眼点从起初的改进生产工艺、降低原材料消耗到增加销售量、提高销售利润率，再到加强采购管理，降低采购成本。采购额占销售额的比例越大，企业的利润率越低，则采购成本降低对企业销售收入的贡献就越大。

影响采购成本降低的宏观因素主要有四个方面：一是采购产品的形态，通常持续有规律地采购和数量大的采购更具有成本降低的优势；二是产品所处的生命周期（导入期、成长期到成熟期）影响采购量的趋势和成本降低时机；三是年需求量与采购分配策略，对产品需求量很大的采购通过订单比例分配促使供应商之间的竞争，降低采购成本；四是企业与供应商的关系，一般来说，培育和维持与供应商双赢合作关系对采购成本降低十分重要。

2. TCO 模型

TCO（Total Cost of Ownership）即总体拥有成本或所有权总成本，又称为战略采购成本，是包括价格成本在内的原材料或零部件在本企业产品寿命周期过程中所发生的成本，它包括采购在市场调研、采购决策、产品开发、供应商早期参与、物流交货、仓储库存、生产、售后服务等环节所产生的成本。若按功能划分，TCO 发生在以下的过程中：开发过程、采购过程、企划过程、质量过程、服务过程。

1）按功能和过程划分，涉及采购的功能和过程主要有前期开发、采购、企划、质量和售后服务等。基于功能和过程的 TCO 构成见表 9-16。

表 9-16 基于功能和过程的 TCO 构成

过程成本	直接成本细分或间接影响成本因素
前期开发过程中的成本	供应商开发审核成本和对应原材料或零部件的开发成本 样品承认的成本，以及样品不合格对本企业产品开发影响
采购过程中的成本	原材料或零部件的购价 采购作业成本 原材料运输、保险、关税等成本
企划过程中的成本	仓储费和收货、发货费用 来料不合格导致的退货成本等与交货不及时的影响成本
质量过程中的成本	质量预防、评估成本、供应商来料检验成本 生产过程中不合格品导致的本企业产品返工或不合格成本 处理不合格来料的成本，如停机、退换货、延误和客诉等
售后服务过程中的成本	零部件失效产生的更换和维修成本 零部件供应到维修点不及时而造成的影响 因零部件问题影响本企业的产品销售或理赔费用等

2）按采购交易过程划分，交易过程及交易前后的总体拥有成本构成如图 9-16 所示。

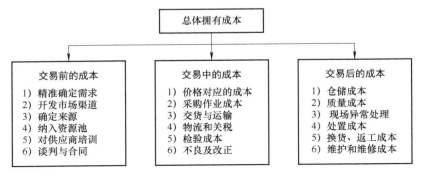

图 9-16 交易过程及交易前后的总体拥有成本构成

因此，TCO = 供应商作业层次成本 + 订单作业层次成本 + 单位作业层次成本
= 获得成本 + 接收成本 + 储存成本 + 使用成本 + 报废处置成本

3. 采购成本分析方法与模型

采购成本为何居高不下？有哪些具体影响因素？可从人、企业战略、采购流程系统、物流报关、供应商本身和采购产品等方面进行分析，采购成本影响因素鱼骨图示例如图 9-17 所示。

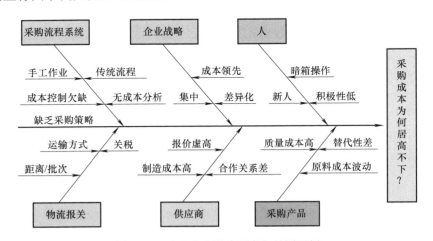

图 9-17 采购成本影响因素鱼骨图示例

对采购产品的制造工艺、对供应商成本核算，某电子线缆制造成本分析示例见表 9-17。

第9章 成本管理数字化

表 9-17 某电子线缆制造成本分析示例

线缆成本分解		材料类别	材料单价/(元/千克)	用量/(千克/米)	单位成本/(元/米)
	材料成本	导体	67	0.0168	1.1256
		绝缘	25	0.00385	0.09625
		包带	37	—	0
		编织	69	—	0
		外被	12	0.01917	0.23004
		填充物等	35	—	0
		制造类别	工时成本/(元/小时)	速度/(米/分钟)	芯数	成本/元
	制造成本	铜绞	2	15	8	0.0178
		绝缘	100	500	8	0.0267
		对绞	15	50	4	0.0200
		总绞	80	75	1	0.0178
		编织	15	8	1	0.0313
		外被	100	80	1	0.0208
	包装成本	包装类别	包装/(米/箱)	单价/(元/箱)	—	成本/元
		轴或纸箱	101.5	5	—	0.0492611
	运输成本		—	—		0.005
	线材总成本/(元/米)					1.641

盈亏平衡分析的方法可以作为衡量采购价格与采购数量合理性参考，但是前提条件是准确知悉供应商制造成本的构成。在很多情况下，供应商报价过程中对成本的报告并不是非常明确的，因此，我们必须要做价格分析，分析其固定成本和变动成本，以便更好地预测其变动制造成本的变化。

假设对于某款订制规格的电子线缆，在采购量为阶梯数量时，可以通过要求供应商对不同采购数量时的报价，预测其固定成本与变动成本。假设供应商合理的毛利率是 8%，基于电子线缆的阶梯数量报价的成本反推见表 9-18。

表 9-18 基于电子线缆的阶梯数量报价的成本反推

梯次	数量 X/千米	总报价/\$	总成本 Y/\$	XY	X^2
1	2	2160	2000	4000	4
2	5	5292	4900	24500	25
3	8	8208	7600	60800	64
4	10	10044	9300	93000	100
5	12	11664	10800	129600	144
6	13	12496	11570	150410	169
7	15	13932	12900	193500	225

制造业运营管理的数字化实践

（续）

梯 次	数量 X/千米	总报价/$	总成本 Y/$	XY	X^2
8	18	16524	15300	275400	324
9	20	17820	16500	330000	400
10	25	21600	20000	500000	625
总计	128	119740	110870	1761210	2080

固定成本与变动成本预测建模如下。

假设阶梯制造数量 X（自变量）与总成本 Y（因变量）数据如上，并设 a 为固定成本，b 为变动成本，i 为统计次数。则由最小平方法得出

$$\sum X_i Y_i = a \sum X_i + b \sum X_i^2 \quad (i=1,2,\cdots,n)$$
$$\sum Y_i = na + b \sum X_i \quad (i=1,2,\cdots,n)$$

将表 9-18 中的数据带入最小平方法的线性方程式，可得

$$\begin{cases} 128a + 2080b = 1761210 \\ 10a + 128b = 110870 \end{cases}$$

解二元一次方程得：$a = 1171.8$；$b = 774.6$。

即可以粗略估计，生产该规格的电子线，其固定成本约为1171.8\$，可变成本为 774.6\$。虽然变动成本在此是一个均值，但固定成本的准确性已足够用以分析和评估供应商报价了。

案例1：某企业成本数字化管理进阶之路

某汽车零部件企业在 2019 年之前十多年中一直保持 30%以上的年度销售收入增长，但从 2019 年开始销售收入和利润均下降较大，而最大的原因就是粗放型的成本管理，企业高层遂在集团内推行五年期的成本数字化管理目标，从 0.0 级到 4.0 级的成本数字化管理进阶如图 9-18 所示。

该企业在 2020 年基本实现了部门级和产品级的成本管控，在 2021 年开始正式推行数字化成本管控，到 2023 年，企业实现了基于数据驱动的闭环目标成本管控，以目标成本控制大数据中心为基础的运营成本控制闭环模型如图 9-19 所示。

在该企业数字化成本管理进阶过程中，财务管理职能从财务报表的提供者、数据的监管者，转变为运营决策的导向人和业务单位的服务者，从研发端、生产端、采购端到销售端的全链条成本管理。同时为企业提供管理战略需要的精细化的成本数据，通过目标成本管理、标准成本管理、作业成本管理、成本预算与预测等多角度管理，实现数字化成本管理的闭环、迭代和精进。

第 9 章 成本管理数字化

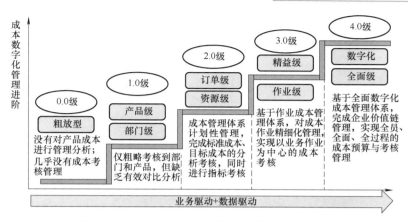

图 9-18 从 0.0 级到 4.0 级的成本数字化管理进阶

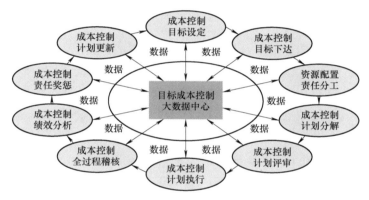

图 9-19 以目标成本控制大数据中心为基础的运营成本控制闭环模型

案例 2：基于数字化平台建设和供需协同，某大型企业实现深度采购降本增效

某大型制造集团企业的年采购额逾千亿元，其中 MRO（维护保养、维修、运营）类采购产品金额达百亿元，种类繁多，数量庞大，不仅导致成本居高不下，而且严重拖累集团采购效率和运营效率。集团期望在合规、保供、降本、增效的基础上降低集团和各事业部、分子公司的采购管理成本和流程成本，历时 3 年多对 MRO 采购做专项深度数字化，基本实现了该目标。

首先对 MRO 历史采购数据整理后做深入分析，如 MRO 细分品类、SKU（最小库存单元物料号）、规格型号、供应商、订单数量和金额等，MRO 数据采购的头部、腰部、尾部摸排分析如图 9-20 所示。

制造业运营管理的数字化实践

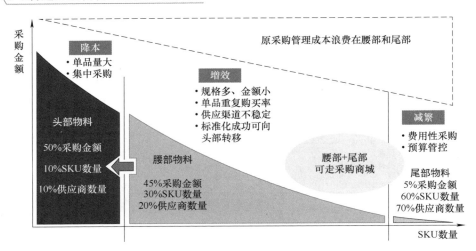

图 9-20 MRO 数据采购的头部、腰部、尾部摸排分析

全集团百名 MRO 采购人员组成的采购管理成本支出，大部分花在了腰部物料和尾部物料上，尤其是尾部物料，占用了集团 60%的 SKU 数量和 70%的供应商资源，试想，即使这 5%的尾部物料均是赠送，采购降本也不过只有5%！集团对看不见的采购管理资源配置极度不合理！另外为了流程合规，采购的询价-选型-选供应商-订单发出-订单审核-收货确认-对账-付款流程一步也不能少，在数据分析中居然发现一张 0.8 元的订单也是走这个流程，而这个流程至少花掉企业 100 元的管理成本，用 100 元的成本买了个 0.8 元产品的奇特现象，采购内部已经习以为常了。

高成本不仅没有带来高效益，反而带来了诸多的弊端，如交易过程不完全透明（不合规）、价格不透明、假冒伪劣产品和以次充好、产品数据乱、呆滞库存多、质量问题大、采购流程长、交付频次多导致供应商物流成本高、物料规格标准差等，MRO 不仅是采购问题和价格问题，也是拖累公司整体运营效率问题。

为此，集团针对头部、腰部、尾部的物料分别设计了降本、增效、减繁的策略，对内建立狭义的供应商端-企业端-客户端的系统一体化，另外，集团挑选了两家 MRO 整合服务商，通过需求计划与预测、供给计划与预测的对接，搭建采购商城平台，对外建立广义的上链-中链-下链的系统一体化。广义和狭义的采购数字化一体化平台如图 9-21 所示。

在推动平台实施过程中，除了实现 CRM、SRM、ERP、WMS、MES、OA、MRP、APS 等系统端到端对接外，采购业务层面对全集团的长尾物料引流、SKU 编码统一规则、简化腰部、尾部采购流程的同时做相对严格的预算管

第9章 成本管理数字化

控和复盘。同时借着 MRO 数字化深度需求，对前端研发和工程部门提出反向需求，即物料规格的标准化和统一化实施，比如集团借用 AI 功能严格筛选相同或相似规格，控制头部物料的 SKU 增加，集团同步实施了前端研发和工程防杂，即强化产品管理和标准化设计，降低产品复杂度，从而驱动采购成本；运营需求、使用阶段防乱，建立基本的预算和领用等简易流程；数字化系统端不断测试、迭代，即让数据多跑路、精益求精，才能让实际业务流和人员少跑路。MRO 深度数字化采购降本效益分析如图 9-22 所示。

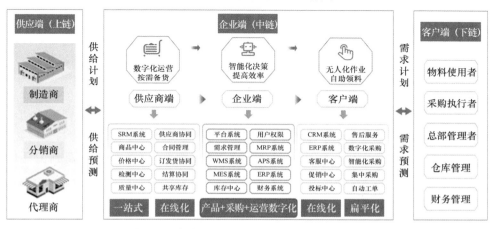

图 9-21 广义和狭义的采购数字化一体化平台

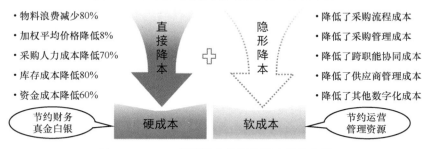

图 9-22 MRO 深度数字化采购降本效益分析

【案例评析】

企业成本管理不仅要看真金白银的硬成本，也要看运营管理的软成本。从数字化战略来看，降本和增效并不是矛盾的，而是相互协同。

企业成本管理的任何深度数字化的过程不可能一蹴而就，且每个企业的成本管理痛点、根本原因和实施方案都有一定的特殊性，需要内外深度协同、业务和 IT 的深度融合等才能实现。

第 10 章 物流仓储与库存管理数字化

10.1 现代物流管理的数字化

10.1.1 物流管理和物流策略要素

第一方物流是指卖方（产品生产方、加工方或供应方）组织的物流活动，为了其自身生产和销售需要而进行物流网络及设施设备的投资、经营与管理。

第二方物流是指供应链中由分销商承担的物流活动，如批发商到工厂取货、送货到零售店或者客户、自建物流和配送网络、保有库存等。

第三方物流也称作委外物流，是指一个具备实质性资产的企业对其他企业提供如运输、仓储、存货、订单管理、资讯整合及附加价值等物流服务。

第四方物流专门为上述三类提供物流规划、咨询、信息系统、供应链管理等活动，如资金流、进出口关税、保险、多站式物流配送安排等整合性服务。

物流管理就是对供应链上各种物料（包括原材料、零部件、产成品）、服务和信息从起点到终点的流动过程实施的计划、组织、协调和控制，充分运用信息管理技术，将运输、仓储、装卸、加工、整理、配送等活动有机结合，为内外部客户提供一体化综合服务。

物流管理在广义供应链上价值包括采购端、制造端、分销端等流程和层次。物流管理在广义供应链上价值分布示例见表10-1。

表 10-1　物流管理在广义供应链上价值分布示例

行　业	举　例	采 购 端	制 造 端	分 销 端
重工业	重型设备、飞机	30%~50%	30%~50%	5%~10%
耐用消费品	汽车、冰箱	50%~60%	10%~15%	20%~30%
消费性电子	计算机、手机	50%~70%	10%~20%	20%~30%
易耗品	肥皂、洗发露	30%~50%	5%~10%	30%~50%

第 10 章　物流仓储与库存管理数字化

物流管理对提升广义供应链价值和绩效作用重大，包括对整个供应链响应周期、供应链成本竞争力、供应链上各个环节按时交付及可靠性、供应链整体服务水平等诸多方面均具有举足轻重的作用。如何有效协调物流与信息流、资金流等之间的关系，对企业物流管理能力是一种考验。

一般地，对于制造业企业而言，基于竞争需求的物流策略要素见表 10-2。

表 10-2　基于竞争需求的物流策略要素

竞争需求	竞争特性	物流策略要素
产品交付速度	敏捷性	畅通的运输通道、快速交货、减少等待，降低成本
资源动态重组	合作性	信息共享、知识资源和资金资源支持
实时响应能力	柔性	多种运输网络、多元信息获取途径、敏捷的供应链系统
服务客户能力	满意度	多样化产品、亲和的服务、可靠的质量
同步化运作	扩展性	垂直一体化和水平一体化
战略联盟	协同性	充分利用联盟内物流资源，成本收益最大化

企业根据自身业务运营和广义供应链的实际物流需求，评估物流对企业提升效益重要性的高低，根据企业自身物流管理水平和竞争力的高低，评估物流自营或物流外包。物流管理战略决策矩阵如图 10-1 所示。

图 10-1　物流管理战略决策矩阵

企业物流管理战略决策矩阵仅是根据企业现有条件，不是一成不变的，还可以把物流分为外部物流和内部物流，比如外部物流可以采用第三方物流模式，而内部物流采用自营模式。或根据物流总体水平计算，从数字化角度看，传统的物流管理有其显著缺陷，无法适应企业运营的竞争新策略要求，具体的问题包括但不限于如下。

1）供需数据割裂，供应链的参与方只能获悉自身相邻层级的数据，无法及时、全面掌控市场信息，且对市场信息反应迟钝，甚至导致牛鞭效应等需求放大效应。

2）传统物流系统无法从整体角度进行物流规划，容易导致呆滞库存或供应不足情况。

3）企业之间缺乏信息和数据协同，各自系统之间相对封闭，物流资源和数据资源利用率均低，供需关系人为导致不稳定。

基于这些问题和产业链及供应链竞争需要，物流管理应该基于企业个体需求的同时，把整个供应链作为整体进行充分的、全链路的、系统性优化。把整个供应链作为一个企业，全面、灵活、敏捷应对市场不断变化的需求，快速协调和配置物流资源，包括但不限于如下。

1）横向的物流战略联盟，实现物流资源的扩展和共享。

2）头部企业（链主，如汽车主机厂）强化核心配置能力，并渗透到上游供应链。

3）以"链主"客户需求为驱动，同步化运作。

4）彼此有竞争，但更多是基于各自的优势资源，强化合作与协同。

其他如通过充分结合供应商和企业的物流成本竞争力，选择最佳贸易条件，从而做到成本最大化节约；海外供应商可以用不同贸易方式报出价格，从而与企业自身物流成本（含保险费）进行比较，选择总成本最低的贸易方式；同理，企业报价给海外客户时，也做相似拆分，客户可以根据自身物流成本优势，选择最佳贸易方式，以海运为例的贸易方式决策矩阵示例见表10-3。

表10-3 以海运为例的贸易方式决策矩阵示例　　（单位：美元/只）

贸易方式	进口/供应商报价	企业物流成本	出口/报价给客户	客户物流成本
EXW 卖方工厂	100	—	200	—
FOB 起运港	105	7	210	11
CIF 目的港	120	22	235	31
DAP 买方工厂	125	23	240	33
最佳决策	CIF 目的港	—	FOB 启运港	—

也可以灵活选择转厂交易、物料组装模块工厂、成品组装地、出货地的灵活搭配等，从而合法地规避税费，最大化利用物流方式降本增效等。

一体化物流包括垂直一体化（从原材料获取到成品出货、再到客户端的每个环节都实现对物流管理）、水平一体化（同一行业多个企业在物流方面的合作而获得规模经济和物流效率）、物流网络（垂直一体化和水平一体化的综合体，即制造业企业和物流企业多方位、纵横交叉、相互渗透的协作有机体),一体化物流与物流数字化息息相关。物流数字化阶段和技术应用如图 10-2 所示。

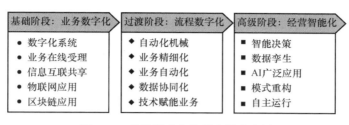

图 10-2 物流数字化阶段和技术应用

10.1.2 数字化物流管理

数字化技术已在物流管理中深入应用,如物联网、移动互联网、5G、大数据、云计算、区块链、边缘计算等技术应用。数字化物流管理是采用数字化技术,面向物流全要素、全过程对物流系统进行优化,以实现物流管理过程、管理手段、管理技术的数字化,提高供应链物流服务和效率水平,降低供应链、价值链、产业链的全要素物流成本,物流数字化进阶的四个发展阶段如图 10-3 所示。

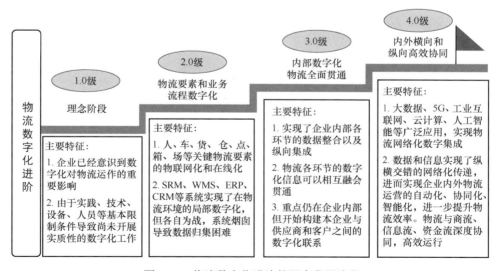

图 10-3 物流数字化进阶的四个发展阶段

数字物流的核心是用数字化技术改造传统物流,如流程优化、网络优化、运营调度、运输管理效率提升等。目前我国少数实力雄厚的企业处在 4.0 阶段,一部分企业处在 3.0 阶段,大部分企业处在 2.0 阶段,还有很多企业处在

1.0 阶段。实现物流过程和物流管理的可视化、智能化、集成化任重道远。而对于处在 4.0 阶段的企业来说，广泛应用物流大数据，物流大数据应用的典型场景示例如图 10-4 所示。

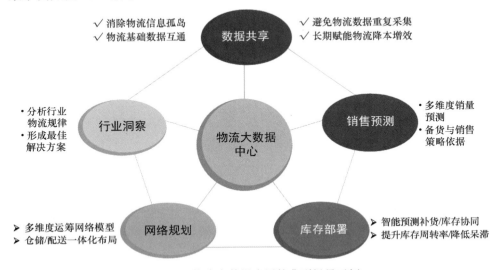

图 10-4　物流大数据应用的典型场景示例

10.2　数字化智能仓储

10.2.1　由传统仓储到智能仓储

由于智能化程度低，缺少科学规划和管理创新，传统人工仓储管理模式普遍存在如下问题。

1）事后录入 ERP 单据，数据繁琐容易造成库存数据错误、数据不准确、不及时。

2）物品摆放混乱、实物盘点等工作量大，容易出错，且犯错成本高。

3）仓库货品多，品类管理差，导致拣货的效率低下。

4）人工完成，效率低，货品不能做到快速入库和出库。

5）容易出现伪造数据、责任难以追踪、管理维护成本高。

6）很难保证收发货的准确性和及时性，产生呆滞、增加成本，丢失客户。

7）管理者对库存信息和数据不清楚，无法及时、准确、科学地做出决策。

8）生产车间和销售计划数据没有对接，效率低下。

9）浪费空间，没有先进先出，经常出现爆仓、报废、缺货。

10）产品出入库发生错漏，影响生产和服务的质量。

这些问题也直接或间接地影响了企业的正常运营，智能仓储是指通过自动感知、自动控制、智能机器人、智能信息管理、移动计算、大数据等技术，提高货物仓储在各个环节数据输入的速度和准确性，加快货物运转速度，提高仓库管理的工作效率。智能仓储的特点见表10-4。

表10-4 智能仓储的特点

特 征	解 释
自动化与智能化	自动化立体仓库、分拣设备、分拣机器人、可穿戴设备
互联网和智能设备	大数据和云计算、AI和深度学习、物联网、机器视觉
资源共享化	仓库共享（移动储位）、托盘、料箱等容器共享
全球化仓储	跨境海外仓、仓库内部动态调拨、从仓库到客户端等
流程协同性	协同内外物流、发货、收货、线边仓等流程
系统的集成性	系统孤岛被规避，系统之间实现了数据端到端对接

智能仓储系统是以立体仓库和配送分拣中心为产品的表现形式，由立体货架、有轨巷道堆垛机、出入库托盘输送机系统、检测系统、自动控制系统、监控系统等构成，结合自动化控制、自动输送、自动分拣及输送，通过货物自动录入、管理和查验货物的平台，实现仓库内货物的物理活动及信息管理的自动化及智能化。其功能包括提高物料调节水平、衔接生产与库存、加快物流周转、降低物流成本等。一般地，智能物流仓储系统构成如下。

1）高层货架：用于存储货物的钢结构单元格，同时在单元格内存放托盘。

2）巷道堆垛机：用于自动存取货物的设备，按结构可分为单立柱和双立柱等形式；按服务分为直道、弯道和转轨车等形式。

3）输送系统：为立体库的主要设备，将货物输送到堆垛机或从堆垛机将货物移走。常见如辊道输送机、链条输送机、升降台、RGV、升降机、皮带机、AGV系统等。

4）辅助设备：如空托盘分配机、收集机等。

5）自动控制系统：计算机中心系统管控出入库指令，巷道堆垛机、自动分拣机及输送设备按指令启动并协同完成出入库作业等。自动化与智能化的应用举例见表10-5。

表10-5 自动化与智能化的应用举例

自动化与智能化	应 用 举 例
自动存储系统	托盘堆垛机、箱堆垛机、托盘输送系统、穿梭车、箱存储等
物流输送线	制造车间内、仓库区域、制造和仓库间规划、AGV使用等

（续）

自动化与智能化	应 用 举 例
自动分拣系统	交叉带、转盘、滑块、摆轮分拣系统、在线机器人挑选系统
货到人拣系统	自动化水平旋转率、自动化垂直回转率
识别和指示系统	RFID 识别系统、电子标签拣货系统、RF 及可穿戴设备、语音挑选
自动搬运系统	电动叉车、AGV、RGV 等柔性输送系统
调度系统	WMS、WCS 等
数据采集系统	各类传感器、SCANDA 等
其他支持系统	自动上料单元、自动组装测试单元、自动包装单元

自动化立体仓库的空间利用率为普通仓库的 2～5 倍，常见的自动化立体仓如下。

1）按建筑形式可分为整体式立体仓和分离式立体仓。

2）按货架构造形式分为单元式立体仓、贯通式立体仓、水平循环式立体仓和/或垂直循环式立体仓。

3）按库房高度可分为高层（12m 以上）立体仓、中层（5～12m）立体仓和低层立体仓。

4）按库房容量可分为大型（5000 托盘以上）立体仓、中型（2000～5000 托盘）立体仓和小型立体仓。

5）按仓储目的可分为生产型立体仓和流通型立体仓。

6）按与生产连接紧密程度可分为独立型立体仓、半紧密型立体仓和紧密型立体仓。

7）按操控方式可分为手动控制立体仓、自动控制立体仓和系统遥控立体仓。

8）按货物存取方式分为单元货架式立体仓、移动货架式立体仓和挑选货架式立体仓。

自动化立体仓能够实现货物存储的高度自动化、存储高速化和信息一体化。智能仓储系统有 WMS（仓储管理系统）、DPS（自动拣选系统）、WCS（仓储控制系统）等，系统的协同作业实现统一调度、优化路径、快速周转、内外及时交付等，智能仓储系统数据和重点字段见表 10-6。

表 10-6　智能仓储系统数据和重点字段

数 据 种 类	重点数据字段细项
工艺生产数据	生产流程、设备工艺、辅助设备等
设备状态数据	设备负载状态、现场传感器数据、报警数据
设备运行数据	设备搬运任务执行状态、完成度、速度、时长、优先级、上下游的接口

第 10 章 物流仓储与库存管理数字化

（续）

数 据 种 类	重点数据字段细项
物流存储数据	收货、入库、盘点、出库、拣选、分拣、打包、发货等流程数据
物流统计数据	物流量、任务量、库存量、吞吐量等数据
物料数据	编号、描述、包装码、装箱组别、标准毛重、标准净重、标准体积等
物料信息载体	管理和数据传递，物料上贴附标签（条形码、二维码、RFID）等
人为数据	比如综合性的一些决策输入就需要人工来输入

为便于快速传递数据，可以在物料上和/或包装上贴附标签来识别信息，如条形码、二维码、RFID（射频识别）等；人工辅助自动化系统有按钮类、工控 PC 类、工业触摸屏、手持终端等，数字化智能仓储的收益包括但不限于如下。

1）降低人工成本、提高出入库（收货卸载-货物入库-分拣出库）效率。

2）降低出错率，如一键采集数据并录入系统，测量更精准，操作更简便。

3）数据联动，实现了高度信息化和数据的端到端协同，让管理更高效。

智能仓储的广泛使用驱动了全面仓储数字化的需求，包括仓储信息化、布局网络化、仓储柔性化、高度智能化、完全数字化等阶段。全面数字化仓储需求迭代进阶如图 10-5 所示。

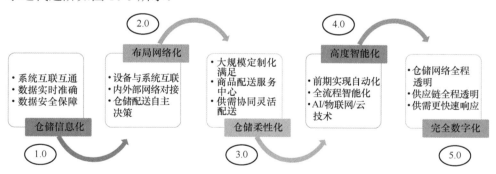

图 10-5　全面数字化仓储需求迭代进阶

除了硬件系统和软件系统外，全面数字化仓储离不开算法规则的创新。以 WMS 算法为例，基于业务逻辑规则有入库规则、出库规则、波次规则等。入库规则有 ABC 原则、最短路径原则、产品属性原则（质量、体积）、集中原则、订单类型规则、递进式寻找库位、库存合并规则等；出库规则有先入先出、指定批次出货、包装规则（整货与零货分开，非标准包装规则）、库位利用率优先、动态拣选规则等；波次规则是指将不同订单依时间周期、物流路线等合并为一个波次并指导拣货的规则。另外根据制造业企业需求特性，还有质检规则、周转规则、盘库规则、分配规则、补货规则、配送规则、序列号规则等，WMS 的细分领域和数据呈现见表 10-7。

表 10-7 WMS 的细分领域和数据呈现

细分领域	数据呈现
基础设置	客户档案、物料档案、批次属性、循环属性
入库管理	采购订单、收货质检、收货上架
库存管理	库存事务、库存移动、库存调整、库存盘点、库存冻结
出库管理	出库订单、货位分配、出库复核、出库单据、取货出库
拣选管理	上架拣选、装箱补货、盘点质检
库内作业	盘点数量、分批合批、移库追踪、期初期末
线边补货	工单进展、物料耗用、物料缺货、补料时间
报表与查询	库位利用率、作业报表、进出报表、电子看板、预警管理

基于业务需求，有些 WMS 涵盖月台调度功能模块、与 MES 工艺关联功能模块等。通过数字化仓库作业过程管控，并借助条码化和智能化技术手段，实现仓库作业条码化、过程透明化、库存管理精准化、数据采集自动化和仓库信息集成化，打造一个全链路、全流程的仓库协同管理平台。

10.2.2 基于数字化的智能仓储物流管理平台

打造数字化智能仓储管理平台，不论底层设备、物料状态如何，数据都能被实时完整地捕捉并上传到管理平台；从收货、验货、入库一直到出库发货，所有的环节都被拆分成步骤逻辑关系。每个业务环节都必须经过前后业务逻辑验证顺序才能完成，业务流程被全程管理和跟踪，基于数字化的仓储追踪平台如图 10-6 所示。

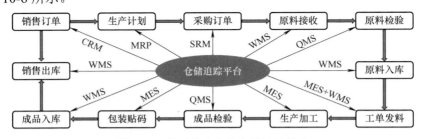

图 10-6 基于数字化的仓储追踪平台

智能仓储本质是针对物料和产品的高效率服务，结合数字化物流体系打造企业级智能仓储物流数字化网络，结合"人机料法环测"的底层逻辑进行控制和跟踪，智能仓储物流数字化网络如图 10-7 所示。

第 10 章 物流仓储与库存管理数字化

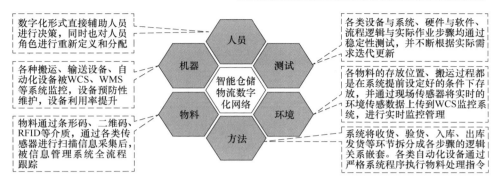

图 10-7 智能仓储物流数字化网络

智能仓储物流需要大格局、全智能、更高效、更精准，它是连接供应端、本企业制造端和客户端的核心环节之一，通过物联网技术、信息处理和网络通信技术平台，支持企业更精准高效地管理仓储和物品的流通，有效降低物流成本，缩短生产周期，其优势包括但不限于如下。

1）提高空间利用率，易于实现先入先出准则。

2）自动化设备运转和处理速度快，提高劳动生产率。

3）仓储管理精细化，多客户、多仓库、多货品、多批次、多库位、零差错。

4）电子化线上作业，收货、拣货、出库、盘点全程无纸化操作。

5）灵活控制库存，提高了生产的应变能力和决策能力。

6）物流追溯所有物品来源、状态、发运准时，提升客户满意度。

7）账物一致，并避免了人为因素造成错账、漏账、呆账等账物不一致等问题。

8）提升仓库和库存周转率，降低库存成本。

9）赋能企业数字化能力提升，如与 SRM、CRM、MES、APS 等系统集成。

智能仓储物流方案设计的流程与方法如图 10-8 所示。

大数据分析和挖掘很关键，如历史订单的品项数量分析、订单分布情况分析等是库存分布、拣货设计的基础；单品的订货数量分析可辅助库存 ABC 分析，进而支持仓库结构设计和拣选系统的设计；单品订货频率分析可精准指导货物存放的策略、补货策略、拣货策略的设计等。

基础数据口径的统一也很重要，如物流作业量以小时计算、标准托盘（1200mm×1000mm）等，收货数据如到货量、订单数、车辆装载量、收货区域大小、作业时间、收货 SKU 数量、车辆大小、装载量、卸载时间、最佳卸货方式、速度、月台数量等与智能仓储物流方案设计息息相关。

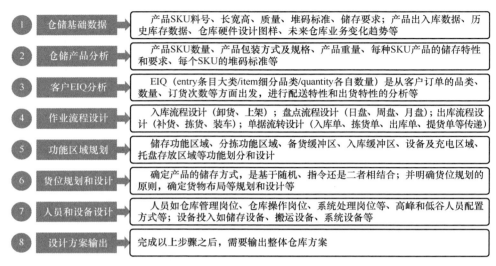

图 10-8 智能仓储物流方案设计的流程与方法

AI 技术日新月异使仓库自动化水平不断提高，如 AGV、无人叉车、穿梭车、堆垛机、机械臂、分拣机等智能设备运用都很成熟，且已实现集群方式协同完成复杂的作业任务，并根据业务需求动态调整策略，AI 技术正在仓储物流环节的应用示例见表 10-8。

表 10-8 AI 技术正在仓储物流环节的应用示例

智能仓储模块	AI 技术具体应用举例
入库识别	RFID 技术、条形码自动扫码、视觉识别、自动测算货物体积
货物搬运	自动化叉车、搬运 AGV、AMR、产线 AGV 上下料、VSLAM 引导搬运机
存储上架	自动穿梭机、自动化立体货架、巷道堆垛机、自动引流设备
分拣出库	滚珠模组带、分拣 AGV、分拣行为检测（不合适的暴力行为规避）

智能仓储物流的未来发展趋势包括但不限于如下。

1）企业制造环节和流通环节从分离式作业模式向协调作业模式发展。

2）为满足个性化和定制化需求，未来的仓储物流作业分工将会更细、更高效。

3）全球范围的生产、管理、物流运输、销售、服务一体化的动态控制系统。

4）柔性化仓储必然成为主流，精准满足市场和客户定制化需求能力更强。

5）整合与共享产业链不同企业的优势资源，提升仓储物流的自动化与智能化。

6）新的商业模式、市场环境等也将驱动仓储物流的自动化、智能化提升。

因此，智能仓储物流平台应与供应链协同平台融合，如面对重要客户的紧急需求，对快速分配到最合适的工厂、最快配送的仓库、最佳运输方式等做出精准决策，最优满足客户需求。

10.3 库存管理的数字化

10.3.1 制造业企业的库存之殇

从物理形态看，制造业的本质就是根据市场和客户的需求，将原材料和设备通过制造工艺和制造流程，做成产品和服务并卖给客户和市场的过程，在这个过程中，产生了原材料、在制品和成品，就像一个水池一样，中间产生了库存，从吞吐逻辑看制造业库存如图 10-9 所示。

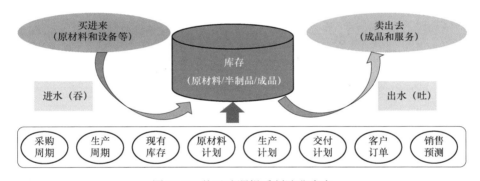

图 10-9 从吞吐逻辑看制造业库存

虽然库存基本逻辑（库存水平=现有库存+订购库存−延期交付库存）对每个企业都适用，但在实际运营中，因为库存过多而拖垮企业的案例比比皆是，高库存掩盖了很多运营问题，而运营问题也导致了高库存，包括但不限于如下。

1）糟糕的客户管理，如客户下了大单，但又突然无条件取消导致成品呆滞。

2）失败的需求预测，如新产品滞销而导致的原材料、半成品和成品的呆滞。

3）粗放的运营计划，包括销售计划、生产计划、采购计划等。

4）生产线的失衡，如生产过多等。

5）生产启动时间和流程时间过长。

6）生产过程中的设备故障。

7）不合理的批量，如过多采购等。

8）各类质量异常，如原材料质量异常、成品质量异常等。

9）产品规格改版，如旧版规格产品无法销售出去，或对应原料无法使用等。

在管理过程中总结出将库存维持在最低限度的方法，如 JIT 库存管理法、精益库存、协同计划、预测和补货（CPFR）、销售与运营计划（S & OP）等。

10.3.2 库存管理指标及指标均衡

根据企业运营目标，可选择合适的库存绩效指标，常见的库存指标见表 10-9。

表 10-9 常见的库存指标

类　别	指　标　名　称	指标计算公式
速度	库存周转率	销货成本/[（期初库存额+期末库存额）/2]
速度	库存周转天数/DOI	365/库存周转率，或平均库存/（销货成本/365）
速度	现金循环周期/C2C	DOI+应收账款周转天数-应付账款周转天数
速度	应收账款周转天数	平均应收账款/（销售额/365）
速度	应付账款周转天数	平均应付账款/（销货成本/365）
效率	出库率	每月实际出库量/每月计划出库量×100%
效率	供给率	实际出库量/要求出库量×100%
效率	及时出库率	实际及时出库数量/要求及时出库量×100%
效率	呆滞库存率	呆滞库存金额/总库存金额×100%
效率	销售流动资金比/SWC	年度销售额/（应收账款+库存-应付账款）
效率	销存比/SIR	年销量/库存
数量	库存持有天数	（平均库存/销货成本）×当期库存天数
数量	库存供给天数	{现有库存/[（销售预测/（1-毛利率）]}×当期库存天数
数量	缺货率	缺货的库存项/库存项×100%
价值	平均库存	（期初库存+期末库存）/2
误差	库存误差	绝对值（盘点库存-记录库存）/盘点库存×100%

其中，SWC 表示公司库存投资受益的指标式销售额与流动资金的比率，值越大越好；C2C 表示企业将库存资源转换为现金流所花费的天数。有些指标之间需要权衡分析，比如库存持有天数和库存供应天数需要根据具体业务场景做最佳权衡，如果产品销售供不应求，则片面看过去的库存持有天数并以此作为绩效考评指标，可能会导致更大的市场机会和销售机会的丢失，库存持有天数和库存供应天数的杠杆示意图如图 10-10 所示。

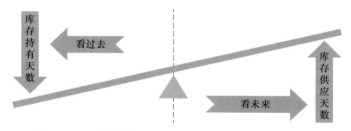

图 10-10　库存持有天数和库存供应天数的杠杆示意图

其他权衡分析还包括库存和运输的权衡、产品种类和库存的权衡、批量生产和库存的权衡等，不可抛开业务实际需求的本身和企业自身条件而一味地追求所谓"零库存"。JIT 下的"零库存"可以做到，但需要耗费大量的内外部资源，同时还要具备精益运营经验，很多企业并不具备这些基本条件，却幻想朝夕之间从混乱不堪的库存管理变成"零库存"。因此，动态维持合理库存水平和弹性补货更有意义，库存补货流程和限制因素包括但不限于如下。

1）产品的生命周期如何？历史变更状况如何？
2）销售预测如何？是否基于历史销售数据，使用哪一种预测方法？
3）历史预测的偏差和标准差分别是多少？
4）现有的设备资源稼动率如何？
5）全部或部分工序外包资源如何？
6）原料何时下单、下单频率、达到什么库存水平时下单？
7）订货量的上下限、SKU 的供应商是多少个？提前期是否一样？
8）提前期构成因素有哪些？可变度和对可变的需求是多少？
9）库存是否有空间限制？
10）重要客户的需求变动情况如何？

10.3.3　供应链协同库存

杜邦分析法是常见的企业财务比率指标分解方法，有效地反映了企业获利能力的各指标的相互关系，库存管理之存货周转率在杜邦分析模型中的地位如图 10-11 所示。

从财务的角度看，如果企业销售净利率较高，说明企业盈利能力较强；如果企业的总资产周转率较高，说明企业的营运能力较强，反之亦然。存货周转率要站在营运资本管理角度看，常见的分析包括营运资本占资产的比重、与销售的对比分析，营运资本的周转效率，营运资本周转速度的跨期间比较，营运资本的构成等。

制造业运营管理的数字化实践

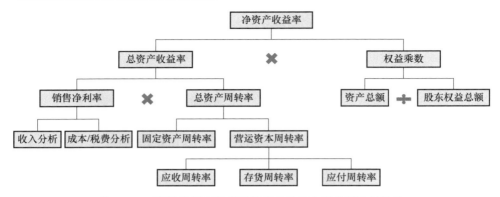

图 10-11　库存管理之存货周转率在杜邦分析模型中的地位

某企业 2023 年营运资本体量呈现全年两头略小、中间略大的趋势，符合该行业的制造业经营业态，且营运资本周转天数在 50～60 天范围浮动，判断营运资本周转率基本稳定，属于制造业正常合理范围；企业的销售收入在第三季度达到全年顶峰，相应的营运资本的资金占用从总体上看，和销售收入呈现基本一致的变化趋势。将营运资本按照存货、应收账款、预付账款、应付账款（负数计入）、预收账款（负数计入）统计，某企业 2023 年每季度营运资本明细和占比示例如图 10-12 所示。

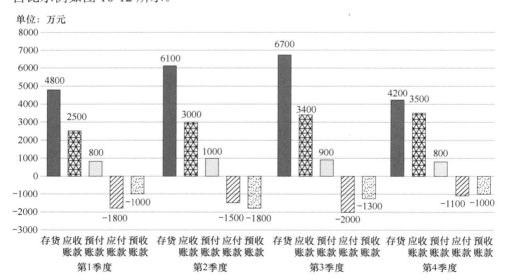

图 10-12　某企业 2023 年每季度营运资本明细和占比示例

由此可见，存货是企业营运资本的第一占比"大户"，也是导致企业营运资本周转相对减慢（如与目标比）和资金占用的"大户"，深入分析如下。

1）具体是哪类存货？如原材料、半成品、成品、包装材料、样品和备件等。

2）是什么原因导致了存货周转相对减慢，如供应端、制造端或物流送货端等。

某企业 2023 年每季度存货明细和占比示例如图 10-13 所示。

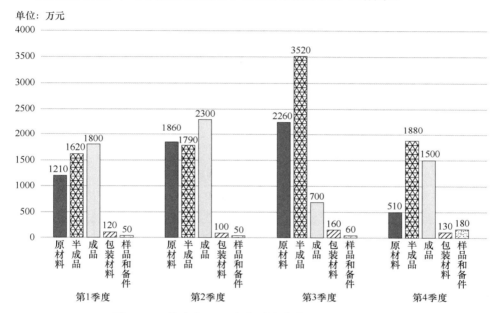

图 10-13　某企业 2023 年每季度存货明细和占比示例

针对重点偏差的业务端确认结果如下。

1）第 2 季度的成品比第 1 季度增加了 27.8%，主要原因是客户对质量异常产品的退货。

2）第 3 季度的半成品比第 2 季度增加了 96.7%，主要原因是客户订单需求上升，企业产能吃紧，来不及生产导致，而且这也间接导致了原材料库存增加了 33.9%，按照计划需求日期到了仓库的物料，却不能按时被生产开出工单领用。

3）第 4 季度的样品和备件比第 3 季度增加了 200%，主要原因是企业开发了一个新能源赛道的大客户，且在第 4 季度开始样品试供。

从库存周转天数的拆分看影响因素，以第 4 季度为例，选出销售额最大的 6 个成品，将半成品和成品均看作库存金额，以此作为权重，以制造业基本流程为拆分因子，每个因子简要解释如下。

1）订单处理天数：根据物料计划，从物料订单申请到供应商确认订单。

2）在途和收货天数：预付了金额，但需要耗费物流时间（含国际物流，若有）。

3）检验和质检天数：指 IQC 对物料检验，含外测时间（如环保物质测试报告）。

4）原材料存放天数：检测合格后起算放在仓库"睡大觉"时间（加权平均计算）。

5）生产加工天数：指从物料领用到成品完成时间。

6）质检返工天数：对成品检测时间与因为成品全部或部分瑕疵而返工的时间之和。

7）成品存放天数：成品全部合格入库时起到成品出库的时间。

将影响库存周转天数的因子统计实际占用天数，以成品角度对库存周转天数的分析见表 10-10。

表 10-10　以成品角度对库存周转天数的分析

分析维度	成品 A	成品 B	成品 C	成品 D	成品 E	成品 F	加权平均天数
存货金额/万元	340	455	490	510	690	785	权重
订单处理天数	2	2	2	3	3	3	2.61
在途和收货天数	4	8	9	12	23	18	13.92
检验和质检天数	1	2	3	4	6	8	4.64
原材料存放天数	3	4	13	11	12	17	11.15
生产加工天数	3	5	7	13	14	15	10.64
质检返工天数	1	2	3	6	5	8	4.74
成品存放天数	2	4	4	8	7	9	6.25
总库存周转天数	16	27	41	57	70	78	53.95

公司库存周转天数为 53.95 天，但成品 D、成品 E、成品 F 的库存周转天数远超这个加权均值，经过快速深入一线业务部门、车间走访调研，获得最真实的第一手资料如下。

1）订单处理天数：订单签署环节繁琐，金额较大，需要 5 级签署。

2）在途和收货天数：对个别海外供应商预付了订单金额，但海运占用大量时间。

3）检验和质检天数：原材料需要环保物质测试报告，企业没有测试能力。

4）原材料存放天数：受制于齐套物料限制而被迫让原材料库存"睡大觉"。

5）生产加工天数：并非受制于产能瓶颈，而是模具、工装、治具不能及时到位。

6）质检返工天数：缺乏在线每个工序检验能力，返修难度大，占用时间多。

7）成品存放天数：受制于批次管控、物流能力、运力调配、第三方物流供应商能力等。

该企业用层层摸排、顺藤摸瓜的方式，精准发现每个环节的问题，并责成责任部门执行可行方案，基于问题盘点后的数字化改进立项见表10-11。

表10-11 基于问题盘点后的数字化改进立项

数字化改进立项	责任部门	改进目标
客户指定供应商预付款对等	销售部	修正合同，对相应预付部分客户对等预付
线上订单作业系统	采购部	根据MRP和库存数据自动转订单，半天完成
基于物料齐套的按时交付	采购部	建立PERT模型，控制最佳交付周期
第三方检验报告需求前置	采购部	由供应商发货时送样外测，压缩报告时间
模具、工装、治具进度表	工艺部	按照主生产计划，每日更新进度表
各工站在线检测和返修	质量部	逐步由人工到半自动化、自动化检测
物流规划排程线上系统	物流部	根据客户需求做最佳物流计划并更新

趁热打铁，继续起底呆滞库存的前世今生，以常见定义对库龄超出90天的库存列入呆滞库存分析，呆滞物料的原因分析见表10-12。

表10-12 呆滞物料的原因分析　　　　　　　　　　（单位：万元）

呆滞原因	成 品	半成品	原材料	模具、治具	汇 总	备 注
客户订单取消	18	7	12	9	46	客户赔付70%
质量异常品	9	15	3	4	31	无法变卖
自身规格变更	5	4	3	5	17	无法变卖
客户规格变更	3	2	4	5	14	客户全部赔付
风险备料	4	1	5	0	10	客户赔付50%
最小采购量	0	0	3	0	3	可5折变卖
合计	39	29	30	23	121	—

制造业企业在对库存周转率做到基本数字化管理基础上，呆滞库存既是问题，又是改善企业运营管理的绝佳抓手之一，实践角度的运营管理改善收益包括但不限于如下。

（1）内部管理效率的提升

1）集团企业对事业部和分子公司的横比、同比、环比、目标比，看呆滞变动趋势。

2）做好数字化管控，对于潜在呆滞如库龄达45天自动黄色预警、达60天的自动橙色预警，库龄超过90天的是红色预警，强制责任部门无条件做出解释和处理方案。

3）财务计提呆滞损失，并与部门绩效挂钩，这里至少包括以下几个方面。

① 超过 120 天仍未处理的，通过成本中心代码挂责任部门，直接从绩效奖金中扣除。

② 责任部门处理但对企业仍然造成损失的（比如 5 折变卖），损失部分做绩效扣除。

③ 如果责任部门"有本事"将呆滞损失转嫁的，可以再抵扣回来。

④ 奖惩细节措施公平到位：通过横比、同比、环比、目标比（大到事业部、分子公司，小到权责部门、个人），做得好给奖励，做得差给惩罚；即使做得好的部门，如销售部在销售额、利润率和及时回款率均显著提升，按企业奖惩规则假设该 10 人销售团队应得增加的绩效奖金为 100 万元，但呆滞部分损失需要扣除该团队 13 万元，最后该销售团队年度净增加绩效奖金为 87 万元。

（2）对外管理效率的提升

1）对客户管理。所有的"任性"都是有代价的，对于任性取消订单，甚至在取消该订单前却又紧急需求、动不动就要提前交期、工单插单的，将这些全部复盘给客户，然后根据客户对本企业的贡献（如销售额、利润等），精确调整价格和销售策略，哪怕仅仅是微调。对于长期"鸡肋"甚至是负价值客户（如除了带来呆滞损失外，什么都没带来），直接中止交易。优秀的客户可能偶尔会"小任性"，但长期一定是谨慎的，偶尔的小任性也要为此买单。

2）对供应商的管理。因为质量异常导致呆滞的，且证据确凿，退货扣款并做必要辅导，跟踪改善；如果是双源策略，且另外一个供应商并没有该质量异常，则应立即调整订单比例，如果是独供，应立即让采购部做好市场寻源和替代准备。

总之，让企业内外所有利益相关者都知道没有大锅饭和免费的午餐，经过数字化精确管控，羊毛最后一定出在羊身上，而且精确到那只（些）"任性"的羊身上，想把自己任性带来的净损失让无辜者承担，连 1% 的概率都不可能存在。

10.3.4 基于深度数字化的 VMI（供应商管理库存）实践

1. 实施 VMI 的目标

1）精准设计、分步实施，不搞一刀切，严禁以牺牲供应商的利益为代价。

2）VMI 和 JIT 相结合的实施，充分利用现有条件，核算综合成本的差异。

2. 数字化 VMI 的步骤

步骤包括制定 PFEP（为每个物料的计划）、选择物料、供应商评估（双向）、参数设定、绩效跟踪、PDCA 改进对策。对现有料号，根据近 13 周的实际需求统计，PFEP 料号需求统计示例见表 10-13。

表 10-13　PFEP 料号需求统计示例

序号	料号	品名	近13周历史需求/只												
			周1	周2	周3	周4	周5	周6	周7	周8	周9	周10	周11	周12	周13
1	69300922	旋转轴	22	73	124	175	153	102	51	—	3	33	44	66	120
2	67948527	支撑板	173	286	435	527	456	365	1290	1231	3456	3456	3456	3333	999
3	32156204	基座	54	56	58	77	78	77	76	75	75	75	74	74	73
4	75157569	线圈	648	864	864	810	756	540	504	522	540	720	720	720	720
5	53188222	上盖	8942	8416	10360	10950	10694	10240	10030	9998	9978	10060	10037	9684	9568
6	45300170	下盖	—	36	96	137	142	127	125	140	175	162	140	96	36
7	73804355	端子	2606	2624	3488	3492	2615	1733	1742	1742	2255	3056	2910	2628	3204
8	99695503	连接器	383	405	545	563	428	288	288	257	369	509	492	504	558
9	95457188	支撑杆	5360	5391	7205	7124	7083	7083	7097	7142	6944	6944	6822	6741	7182
10	95354889	衬套	2869	3036	3665	3648	3566	3441	3530	3640	3785	3669	3562	3394	2867

针对统计，对平均需求、标准差、变异系数和平均需求金额进行计算，基于料号需求分析示例见表 10-14。

表 10-14　基于料号需求分析示例

序号	料　号	品名	需　求　分　析					VMI 计算优先级
			周平均需求/只	标准差	变异系数	单价/元	平均需求金额/元	
1	69300922	旋转轴	74	56.5	0.8	23.0	1709.1	Ⅳ
2	67948527	支撑板	1497	1381.4	0.9	32.0	47907.7	Ⅳ
3	32156084	基座	71	8.6	0.1	3.2	229.6	Ⅰ
4	75157569	线圈	687	126.6	0.2	453.1	311175.1	Ⅰ
5	53188222	上盖	9920	671.4	0.1	32.0	317433.4	Ⅱ
6	45300170	下盖	108	53.6	0.5	132.5	14371.2	Ⅰ
7	73804355	端子	2622	618.7	0.2	33.6	88110.8	Ⅰ
8	99695503	连接器	430	107.8	0.3	345.7	148544.6	Ⅰ
9	95457188	支撑杆	6778	637.6	0.1	45.2	306367.3	Ⅱ
10	95354889	衬套	3436	311.3	0.1	60.1	206511.7	Ⅰ

其中变异系数=标准差/平均需求，对 VMI 优先级的计算逻辑为：

1）平均需求≤6000，变异系数≤0.5，划归为Ⅰ级。

2）平均需求>6000，变异系数≤0.5，划归为Ⅱ级。

3）平均需求>6000，变异系数>0.5，划归为Ⅲ级。

4）其余划归为Ⅳ级。

根据上述逻辑，VMI 物料选择矩阵如图 10-14 所示。

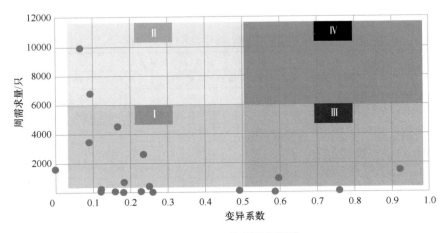

图 10-14　VMI 物料选择矩阵

从供应商的角度对周需求量、4 周库存量、资金占用、资金成本、年需求量、供应商年度销售额、必要性、可行性等进行分析，其中必要性是该供应商占总 VMI 需求占比，可行性是年需求量占供应商年度销售额占比，供应商维度的数据分析见表 10-15。

表 10-15　供应商维度的数据分析

序号	供应商	供应商名称	周需求量/只	4周库存量/只	资金占用/元	资金成本/元	年需求量/元	供应商年度销售额/元	必要性	可行性
1	V40697	********	311175	1244701	622350	93353	16181107	2688888883	36%	1%
2	V33621	********	206512	826047	413023	61954	10738608	13233457	24%	81%
3	V43512	********	148545	594179	297089	44563	7724321	15000342	17%	51%
4	V44321	********	88111	352443	176222	26433	4581763	40123999	10%	11%
5	V43258	********	48692	194769	97384	14608	2531995	80012344	6%	3%
6	V36742	********	20000	80000	40000	6000	1040000	432000012	2%	0
7	V43674	********	14371	57485	28742	4311	747300	8888321	2%	8%
8	V23458	********	6385	25541	12771	1916	332033	444444	1%	75%
9	V34678	********	4094	16375	8187	1228	212875	23468884	0	1%
10	V33887	********	2542	10170	5085	763	132204	23444442	0	1%
11	V34123	********	2371	9484	4742	711	123297	4444888	0	3%
12	V35789	********	1758	7034	3517	528	91439	443214	0	21%
13	V33467	********	230	918	459	69	11940	1256683	0	1%

第 10 章 物流仓储与库存管理数字化

VMI 必要性及可行性矩阵与供应商能力评估如图 10-15 所示。

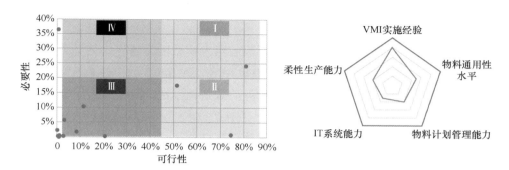

图 10-15 VMI 必要性及可行性矩阵与供应商能力评估

基于库存量参数设定计算示例见表 10-16。

表 10-16 基于库存量参数设定计算示例

序号	料号	品名	需求分析			单价/元	平均需求金额/元	期望服务水平	正常补货周期/天	快速补货周期/天	库存危险量/只	库存最小量/只	库存最大量/只
			周平均需求/只	标准差	变异系数								
1	32156084	基座	71	8.6	0.1	3.2	229.6	0.95	7	3	45	85	213
2	7157569	线圈	687	126.6	0.2	453.1	311175.1	0.95	7	3	503	895	2238
3	45300170	下盖	108	53.6	0.5	132.5	14371.2	0.95	7	3	135	197	491
4	73804355	端子	2622	618.7	0.2	33.6	88110.8	0.95	7	3	2141	3640	9100

根据物料领用和库存状态数量以及历史绩效统计（断货次数等），VMI 供应供应商绩效看板示例见表 10-17。

表 10-17 VMI 供应供应商绩效看板示例

序 号	物 料 编 码	数量状态看板		历史绩效看板	
		最新库存数量	状　态	断货次数	状　态
1	32156084	44	●	0	⚑
2	75157569	653	●	1	▬
3	45300170	198	●	2	▬
4	73804355	9100	●	3	▼

根据供应商实际运行情况，如果发现问题，应有针对性地改进。

案例1：基于运营数字化基础，某电气企业实现智能物流仓储

围绕研发、生产、仓储物流、质量服务四大体系能力建设，某知名电气企业已经上线了 ERP、PLM、MES、WMS、APS、DCS（集散控制系统）等系统和现场工控网布局，基本完成了制造业务的数字化改造，甚至开展了穿梭车技术、AGV 技术、仿真技术、AR 技术、5G 等新技术试点应用。近年来由于市场和客户个性化需求与定制化服务，多品种、小批量已成为该企业的业务常态，这导致企业产品 SKU 有几千个，而物料 SKU 近十万个，仓储和物流压力陡增，货物多、管理难、停线风险和呆滞风险兼而有之，仓储物流成本高且效率低、库存资金占用过多，该企业在上马智能仓储硬件系统的同时，立即启动物流仓储的运筹平台开发项目，期望基于现有平台，并借助数据分析打造物流仓储智能化。某电气企业的物流仓储运筹平台如图10-16 所示。

图 10-16　某电气企业的物流仓储运筹平台

1）以 APS 为大脑、MES 和 WMS 为生产物流执行系统，实现 ERP、APS、PLM、MES、WMS、DCS 六大系统的全面集成，满足生产现场快速、柔性、全自动物料配送和成品上架需求。如当注塑机生产完注塑件，通过打印的标签在输送线上进行扫描，将箱子放置在输送线上，AGV 会自动将成品箱运送至高位货架上，并将库存信息同步至 ERP、WMS、MES 等系统。

2）智能物流配送体系建成，车间计划与物料齐套分析自动映射，APS 将排产下令给 WMS，WMS 会根据工位等计算波次分配，等待 MES 叫料指令，然后 AGV 将原材料配送至线边库，内部客户可以在 MES 中根据需求单号查询物料配送进度和实时动态。

3）其他增效功能如仓储的拆托与组托功能整合，提升出库和入库的效率；

IQC 工作站自动计算抽检数量，精确计算抽检比例、规避漏检疏忽；线边智能仓储通过传感器自动识别物料防错系统，支持部分工艺的全自动工作等。

4）内外系统集成，该平台已协调多家战略供应商并高度集成，实现内外 JIT 配送、发料、确认，从仓库到线边库无人工干预，极大地提升了厂内物流运行效率和生产率等。

【案例评析】

该电气企业不仅实现了内外 JIT，还完成了生产物流全自动配送。从线边叫料，到物料配送至生产现场，全程控制在 7 分钟以内，仓库人员精简 50%以上，该项目对智能制造和供应链数字化战略推动起到了决定性作用。

案例 2：中小企业的智能仓储和备件数字化管理实践

某中型电子制造企业为适应市场和客户需求，走多品种、小批量定制方案，但这也带来了响应管理的压力，如 SMT 的电子料容易被混淆、化学品被浪费严重、劳保用品、小零件、磨具、刀具、设备维护保养的备品备件、小工具等管控繁琐等，为此，该企业在现有 WMS 和 MES 基础上，推行智能仓储的硬件和软件总体解决方案实施，部分实践案例如下。

对 SMT 等电子料件，成功推动了工单扫码和智能仓储亮灯系统，对接 SMT 产线的备料区，做到零差错。智能仓储亮灯系统如图 10-17 所示。

图 10-17　智能仓储亮灯系统

对紧固件、备品备件、刀具、磨具、化学品，采用专门的智能柜，同时兼有自动称重的功能，智能仓储柜使用前后比较如图 10-18 所示。

在启用硬件的同时，成功上线了数字化智能仓储系统，简化领料流程、智能化管理、在线库存监控、BI（商业智能）分析报告等。数字化智能仓储系统使用前后比较如图 10-19 所示。

制造业运营管理的数字化实践

图 10-18 智能仓储柜使用前后比较

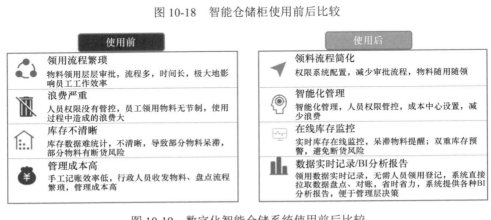

图 10-19 数字化智能仓储系统使用前后比较

硬件和软件紧密结合的智能仓储方案大大助力企业降本增效，数字化智能仓储助力企业降本增效如图 10-20 所示。

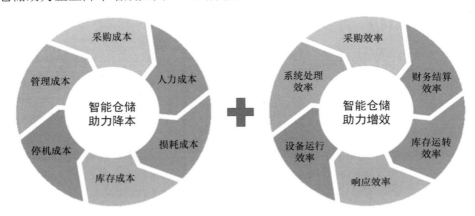

图 10-20 数字化智能仓储助力企业降本增效

基于设备数据库的支撑，企业适时推动设备维护保养（设备维护+设备保养）的管理升级，设备维护保养是设备全面管理的重要环节，企业逐步从响应式维护保养（基于故障发生的事后维修）和预防性维护保养（基于运行时间和经验判断）为主，转变为预测性维护保养（基于设备实时运行的数据，对重要部件进行定期或连续状态检测和故障诊断）为主，这驱动对备品备件的仓储管理的更高要求，同样备品备件的数字化管控也是设备预测性维护保养的强有力支撑。企业设备的备品备件和维护保养一体数字化管控如图10-21所示。

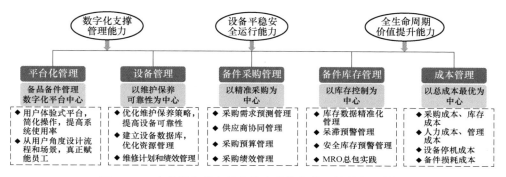

图10-21　企业设备的备品备件和维护保养一体数字化管控

【推荐阅读】

可参考笔者的《大数据赋能供应链管理》一书第11章的内容。

第 11 章

风险管理数字化

11.1 制造运营的风险管理必要性和挑战

11.1.1 从一些故事看制造业运营的风险管理

风险的构成要素包括风险因素（内在或间接原因）、风险事件（事故）、风险损失等。风险管理体系是组织管理体系中与管理风险有关的要素集合，分别包括风险管理策略、组织职能体系、内部控制系统和风险控制措施四个方面。在企业实际运营管理中，可能因为企业自身的运营风险或第三方风险给企业带来损失。

1. 企业内部运营管理不当带来的风险

1）多元化失败导致公司资金周转困难甚至资不抵债，企业陷入窘境。

2）企业出海失败，如失去成本优势，在海外分子公司被迫卖掉或剥离不良资产。

3）研发失败，研发的产品不是市场或客户所需，或企业看不到替代品的威胁。

4）质量问题导致巨额索赔，如出口产品违反环保要求而被处罚。

5）财务杠杆过高导致的风险，利润无法偿还资金成本，或到期无法偿还债务。

6）没有数字化转型或转型失败，如传统大批量订单不复存在，企业无法生存。

7）成本没有降下来，能力没有提上来，效率没有显著提升，失去竞争力。

8）战略问题，企业重大战略决策失误，如赛道选择错误导致企业关门。

9）合规问题，如某汽车巨头因"排放门"丑闻而被巨额处罚等。

2. 企业外部因素带来的风险

1）委外商突然被法院查封，货拿不出来，损失是小事，关键客户出货迫在眉睫。

第 11 章　风险管理数字化

2）重要的"赊销"客户倒闭，导致企业十年白干，且伤筋动骨、每况愈下。

3）环保问题后知后觉，比如因为产品表面处理的供应商断供而导致本企业生产断线。

4）供应商购买了从被制裁的国家购买的原料（如金属）而导致本企业连带被制裁。

5）与第三方的重大战略合作失败，或战略联盟破裂导致重大经营风险。

6）内部系统或防火墙被第三方（如黑客）攻破，信息或数据的重大泄露。

7）区域战争导致的海外投资受损和/或原材料价格飙升、供应不及时等。

8）因为海外罢工事件（如码头罢工）导致的物流成本损失和供应链交付问题等。

外部风险的重要课题是第三方风险，某咨询公司 2021 年对 TPRM（第三方风险管理）调研发现高达 85%的企业没有能力全面管理第三方风险；47%的企业因第三方失败对财务的影响在过去五年中至少增加了 1 倍，甚至有 20%的受访企业表示对财务的影响增加了 10 倍。财政影响包括罚款、直接补偿费用和收入损失等。调研表明，35%的被调研企业重大第三方风险事件导致的财务影响超过 1 亿美元；而 57%的重大第三方风险事件则导致公司股价下跌超过 5%。重大第三方风险事件的财务影响和股价影响如图 11-1 所示。

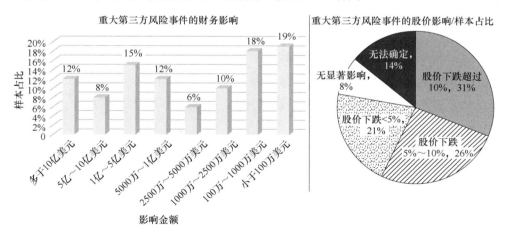

图 11-1　重大第三方风险事件的财务影响和股价影响

根据风险事件影响程度分类，第三方风险事件发生概率（多选）分别是轻微冲击事件占比 65%，中度冲击事件占比 33%，严重冲击事件占比 17%。制造业 TPRM 风险领域的类别见表 11-1。

表 11-1 制造业 TPRM 风险领域的类别

气候变化风险	数据隐私	健康和安全风险	质量风险
集中风险	信息安全	环境风险	违反监管合规
行为风险	反贿赂和贪污	知识产权风险	业务韧性/连续性
合同风险	金融罪行	现代奴隶制风险	战略风险
网络风险	地缘政治风险	实体安全	分包商风险

11.1.2 风险管理的必要性和挑战

1. 制造业运营风险管理的必要性

1）保护企业现有市场份额，避免因风险管理不当而失去客户或市场份额。

2）提高企业准确制订战略、政策和决策的水平。

3）避免正常生产和营业收入流的中断。

4）提高利益相关者的信心和满意度，促进组织和供应链的合作。

5）使组织吸引并挽留关键人力资源、供应商和风险伙伴。

6）提高企业和供应链弹性，通过减轻供应链的脆弱性，保障供应安全。

7）帮助管理层客观地判断哪些风险值得应对，哪些应该加以规避。

8）避免风险事件、打击和危机等因素引起的成本，或将这些因素最小化。

9）避免没有成功实施风险减轻措施所引起的成本，或将其最小化。

2. 制造业运营风险管理的挑战

1）缺乏对风险的基本分类，容易眉毛胡子一把抓。

2）风险识别难度大，以文件管理为主，多组织风险上报汇总难，统计分析难。

3）风险分散在各个业务环节，缺乏数据化、系统化监控。

4）缺乏有效识别风险征兆并进行有效预防。

5）难以长期连续性追踪，靡不有初，鲜克有终。

6）对合作伙伴的风险的内外部数据难以互通和对接。

7）风险控制流程与制度规范、权责等脱节，很难协同运作。

8）传统的风险控制模式无法与业务节点实时对接，落地执行缺乏有效工具。

9）业务系统孤岛导致动态监控难，缺乏系统之间的集成，难以事前预警。

10）没有形成风险控制数据资产，难以有效地对企业运营的风险预测。

仅以合作伙伴的风险控制为例,从风险控制需求方面看,制造业企业对合作方风险管理需贯穿整个合作周期。在合作前,企业需要对客户、经销商、供应商进行准入排查,如资信状况、关联关系、财务风险、合规风险等开展尽职调查,对客户端还需授信评级认定;在合作中,仍需定期开展合作方尽职调查,并动态实时更新,指导销售部门授信评级管理。企业需要通过全周期风险管理,降低或避免合作方违约、财务风险,确保运营业务的稳定性和持续性,但实际的痛点如下。

1)信息和数据的匮乏或滞后:难以开展有效的准入排查与风险评估,有的企业仅在合作前做了一定程度的排查摸底,信息狭隘,对风险控制是"盲人摸象"或"蜻蜓点水"。

2)风险控制体系不健全:企业在风险评估、监控和反馈等环节,主观臆测成分较多,缺乏科学的分析和数据支撑,缺乏对风险监管和控制的全面认识和应对措施。

3)数据维护成本高:全周期风险管理需要企业投入一定的人力、物力和时间,如调查、筛选、审核、排除等环节,企业往往在风险控制投入的预算上捉襟见肘。

4)受制于业务依赖性:制造业企业与上下游合作方常常处于高度依赖状态,让企业在风险控制的严格程度上大打折扣,而一旦它们发生重大风险,企业必受影响,甚至"伤筋动骨"。

11.2 制造运营的风险数据分析

11.2.1 制造运营的风险分类

对于制造业企业来说,企业风险包括外部风险和内部风险。制造业企业风险控制体系和风险类别如图 11-2 所示。

1. 外部风险

1)政治风险是指政府组织的行为而产生的不确定性,如限制投资领域、设置贸易壁垒、外汇管制的规定、进口配额和关税、组织结构及要求最低持股比例、限制向东道国的银行借款、没收资产等。

2)合规和法律风险:合规风险是指因企业违反法律、法规、标准或监管要求而给企业带来损失。法律风险是因自身经营行为的不规范或外部环境发生重大变化而造成的不利法律后果。

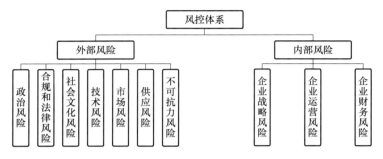

图 11-2 制造业企业风险控制体系和风险类别

3）社会文化风险是指文化等因素给运营带来风险，如跨国经营活动引发的管理文化风险、企业并购活动引发的文化冲突风险、组织内部文化变革、组织员工队伍的多元文化背景带来的风险。

4）技术风险广义是指某一种新技术对另一个行业或另一些企业形成巨大的威胁；狭义是指由于技术本身的复杂性和其他相关因素变化产生的不确定性而导致技术创新遭遇失败的可能性，如技术设计缺陷或创新不足风险、技术研发失败风险、系统不兼容、技术应用负面影响或效应风险等。

5）市场风险是因市场波动、影响企业的战略实施或与经营相关的风险，如产品或服务的价格及供需变化的风险；能源、原材料、零部件等物资短缺、不稳定和价格变动带来的风险；客户或供应商的信用风险；税收政策、利率、汇率、股票价格指数变动带来的风险；潜在新进入者、竞争对手与替代品的竞争带来的风险等。

6）供应风险，既是战略风险，也是运营风险。产生的原因包括供应市场不稳定性和资源稀缺性、供应商故障、供应链破坏、供应链和物流的长度和复杂性等。

7）不可抗力，如地震、台风、海啸、火灾、水灾、战争、恐怖袭击、瘟疫、设备设施损坏等。

2．内部风险

1）战略风险，因公司发展战略因素所导致的风险。

① 缺乏明确的发展战略，盲目发展、缺乏竞争优势，或丧失发展机遇和动力。

② 战略过于激进，脱离企业实际能力或偏离主业，如过度扩张导致运营失败。

③ 战略频繁变动，可能导致资源浪费，甚至危及企业的生存和持续发展。

2）运营风险，因内外部环境的复杂性、变动性以及企业对环境的认知能力和适应能力的局限性，而导致运营失败或达不到预期目标。

① 组织结构：企业组织效能差，治理结构形同虚设；内部机构设计不科学等。

② 人力资源：人力资源缺乏、过剩或结构不合理；进入、退出、约束机制不合理等。

③ 社会责任：安全生产不到位；产品质量低劣；环保、资源消耗大；员工权益等。

④ 企业文化：缺乏创新、协作、风险和诚实守信理念，忽视文化的差异与冲突等。

⑤ 策略风险：在市场竞争环境中，企业选择市场利基或核心产品不当的风险等。

⑥ 采购业务：采购方式不合理、供应商选择不当、验收不规范、付款审核不严等。

⑦ 生产过程：设备故障、工艺失误、质量异常等导致的不合格甚至退货等。

⑧ 资产管理：存货短缺、积压、贬损，资产使用效能低下、缺乏核心技术等。

⑨ 销售业务：市场开发或销售不当、库存积压、信用不当、坏账过高等。

⑩ 研究开发：论证不充分、成本过高、研发失败、成果转化不足、保护不力等。

⑪ 基建项目：缺乏可行性研究、投资失控、质量低劣、延迟或中断、验收不规范等。

⑫ 业务外包：范围或价格不合理、外包商选择不当、监控不严、质量低劣、舞弊等。

⑬ 合同管理：重大疏漏、欺诈、监控不当、未全面履行、合同纠纷处理不当等。

⑭ 信息传递：系统缺失、不健全，信息传递不通畅、不及时，泄露商业机密等。

⑮ 信息系统：缺乏规划、系统授权管理不当、系统运行维护不到等。

⑯ 数据风险：数据的灭失、被窃取、被散播等。

3）财务风险，因公司财务因素所导致的风险。

① 全面预算：预算编制不健全，预算不合理、不科学，缺乏刚性执行力、考核不严等。

② 资金活动：筹资决策不当、投资决策不当、资金调度不当、资金监管不当等。

③ 财务报告：违规编制虚假报告、不能有效利用、错失发现运营问题的机会等。

④ 信用风险：财务核算风险、资金管理风险、资产管理风险等。

⑤ 账款回收风险：交易对象无力履约的风险、恶意拖欠或诈骗等。

⑥ 资产管理风险：资产采购、保管、盘点、报废、出售、监控等活动中的失误等。

⑦ 流动性风险：企业资金调度如负债管理、资产变现、紧急流动应变能力差等。

11.2.2 数字化风险管理的基本流程

1．建立风险管理的组织体系

企业应建立风险管理组织体系，主要包括规范公司法人治理结构，风险管理部门、审计部门、法律部门以及其他职能部门、业务单位的组织领导机构及其职责。它是企业风险战略落实、风险管理计划制订、落实与执行的有力保障。

2．建立风险管控体系

构建风险管理的三道防线，即职能部门和业务单位为第一道防线；风险管理部门和/或董事会下设的风险管理委员会为第二道防线；内部审计部门和董事会下设的审计委员会为第三道防线。

3．建立运行机制

全面风险管理体系包括以下九个方面的运行机制模块。

1）决策机制是风险控制的中枢系统，是风险管理委员会、审计委员会、风险管理部门、业务部门等利益相关方在企业风险战略、重大事项等方面的决策权力分配与制衡等。

2）执行机制如风险控制执行到位，做到不缺位、不重叠、不推诿，且注重时效。

3）制约机制是对决策和执行权力的制约，以防止不当决策或执行带来危害或新风险。

4）沟通机制是建立健全风险管理信息系统，保障信息共享、整体联动、协同效应。

5）监控机制是指审计委员会和审计部门定期对风险管理审计和评价，并提出改进建议。

6）应急机制是对重大风险预警，也包括事先评估和应急方案制定等。

7）反馈机制是风险管理闭环体系完善的保障，确保风险决策和执行循环完善。

8）改进机制是为提高风险管理工作的效率和效果而组织定期培训、考察和研讨会等。

9）奖惩机制是依据风险管理的考核指标或风险事项，纳入组织和个人绩效考评。

4．建立风险控制制度体系

风险控制制度体系是一系列管理政策与程序的总称，是组织体系、管控体系、运行机制的行为规范。

1）风险管理企业端基本制度：风险管理工作目标、工作原则、组织机构、权利义务、工作程序、奖惩、附则等，作为制定其他风险管理制度的依据等。

2）风险管理业务端具体制度：如风险评估制度、风险策略制度、风险监控制度、风险报告制度、风险应急制度、风险管理监督与改进制度等。

3）内部控制制度：内控管理基本制度、内控管理实施指引、授权与流程管理制度、关联交易制度、信息披露制度等。

4）其他管理制度：行为准则、奖惩制度、劳动合同管理制度、监察管理制度等。

11.2.3　数字化风险控制

1．风险控制历史数据——风险登记簿

1）将有关已识别风险的所有分析和决策，集中到一个可访问的数据存储器中。

2）基于标准分类和模板让风险信息得以系统性地记录，以便于分析与使用。

3）在组织上下建立风险可视度，包括当前风险状态和暴露的直接可视性。

4）明确风险监督和管理的职责，并提供一个风险监督、管理和检查活动的框架。

5）为分配风险监督、风险管理和检查所需的资源提供数据参考基础。

6）为风险管理的商业论证奠定相应的基础。

7）促进（或充当一个工具）关键内部、外部利益相关者对于风险问题的沟通。

8）向被委任的风险责任人提供一个文档化的框架，并生成风险状态报告。

风险登记簿模板示例见表11-2。

2．数字化风险管控的工具

基于风险管理的措施包括事前预警、事中监控，事后复盘三个层次。在风险识别、风险评估、风险应对以及风险监控等阶段，策略包括风险终结、风险转移、风险忍受承担、风险处理控制、风险规避、风险转换、风险补偿、风险对冲等。风险管理策略工具见表11-3。

风险控制的运用包括：

1）预防性控制目的是限定负面结果发生的概率。

2）指导性控制目的是确保达到预期的结果。

3）探测性控制目的是确定何时发生了没预料到的风险事件。

4）纠正性控制目的是一旦发生没预料到的结果，就着手减轻其后果等。

风险评估表和风险评估得分表示例见表11-4。

除此之外，还包括风险登记表、风险应对计划、风险参数表等，其主要内容为风险可能性登记、风险影响等级、风险等级和风险应对策略选择等。

3．企业合作伙伴的风险控制实践

（1）合作方尽职调查模式和工具的创新

企业要满足合作全周期中不同节点、不同阶段的个性化风险控制需求，如对合同履约风险问题，可与第三方资信平台和合同管理平台集成，构建合同履约风险模型，智能识别合同前期风险、合同履行风险、合同收款风险、合同变更风险、系统自动预警，并推送风险控制管理及合同人员进行应对。

第 11 章 风险管理数字化

表 11-2 风险登记簿模板示例

风险识别时间	风险代码	风险性质	风险类型	风险描述	责任人	造成影响	概率评估	决策方向	发生的结果预测	对财务影响/元	初步措施	备选措施	风险控制效果	对风险的利用
2023年9月	R1002	外部	市场	某客户被合作伙伴起诉,涉嫌拖欠货款	张强	大	高	应对	100万货款坏账	1000000	行使不安抗辩权,要求先付款再安排出货	发律师函,追缴拖欠货款	有效减轻风险	坏账准备金制度
2023年10月	R2003	外部	研发	客户规格变更导致部分库存呆滞	李浩	中	高	转移	损失20万备料库存额	200000	统计数据反馈给客户,细分呆滞库存责任	新项目报价提高,弥补损失	获得客户赔偿	客户备料协议
2023年11月	R3001	外部	采购	因原材料异常导致客户索赔	马武	中	中	减轻	客户索赔8万元	80000	向供应商追偿	供应商质量管理辅导	降低损失	供应商质量协议
2023年12月	R4002	外部	物流	错发了地址	刘吕	小	小	终结	损失2千元物流费用	2000	修改地址后重新发运	对员工批评教育	直接消除	内部制度

表 11-3　风险管理策略工具

方　　法	具 体 方 式	需要数据举例
风险终结	消灭风险	风险预测数据
风险转移	转移给他人，如保险	保险和保费成本
风险忍受承担	自己承担	风险决策矩阵
风险处理控制	降低概率或损失	风险控制与处理单列
风险规避	转化风险	交易与收益预算
风险转换	把风险转化为潜在机会	黑天鹅的分类
风险补偿	风险损失抵消	合同的种类
风险对冲	风险抵消（如期货）	期望行情

表 11-4　风险评估表和风险评估得分表示例

风 险 分 类	得 分 范 围	整体（低/中/高）风险等级	得　　分
客户特点和系统需求	0～28	0～8 低/9～20 中/21～28 高	14
系统规模和功能	0～28	0～8 低/9～20 中/21～28 高	21
技术和外部相关性	0～28	0～8 低/9～20 中/21～28 高	7
项目管理与特征	0～28	0～8 低/9～20 中/21～28 高	10
总体风险	0～112	0～24 低/27～80 中/81～112 高	52

对于信用风险问题，对内可与 ERP 系统集成，如通过对客户授信，评级以及应收账款回收率、及时回款率、逾期数据分析、催款记录等，确定白名单、黄名单、红名单和黑名单，定期对客户群进行评价并对市场部和销售部进行预警。另外，企业风险内控制度流程是基本保障，将业务流程中的关键点融入风险控制预警，如各类费用控制自动关联预算、是否超支提示、相关费用支付佐证等，都应在制度和体系文件中体现。

对外与第三方平台串接，如上市公司失信次数越多，自身失信风险越多，百户均失信次数越多，上市公司群体风险越高。对上市公司进行风险分析，将信用债违约、证监会行政处罚、其他行政处罚、失信黑名单四种风险事件的记录数进行融合，通过失信次数评估单个上市公司自身的失信风险、关联公司风险等。合作方的尽职调查细节示例见表 11-5。

表 11-5　合作方的尽职调查细节示例

数 据 类 型	细节内容举例
基本信息	工商注册信息、股东信息、工商变更
财务信息	资产负债率、年营业额、营收利润
经营信息	融资借款、舆情公告、核心客户信息、核心供应商信息

(续)

数据类型	细节内容举例
合规风险	商业贿赂、围标串标、市场垄断、法院传票、市场垄断
关联关系	合作伙伴的母公司、分子公司关系，股东持股关系
司法风险	被强制执行的记录、失信记录等
经营风险	风险扫描统计、风险指数

（2）合作方风险控制方法和应用场景

制造型企业采购部、法务部、风控部、合规审计部等均可以通过自定义数据维度、尽调结果、数据周期、历史信息，快速输出符合应用场景的报告。

1）供应商准入排查报告，如资质许可、关联关系排查，涵盖企业对外投资、控股企业、疑似实控人、受益所有人的调查结果输出，以及对准入方与存量客户之间的关系排查结果、准入方与内部股东高管等关联（是否存在交叉持股、董监高相互任职、共同联系方式或知识产权等疑似关系），把控围标、串标风险，并形成采购招标排查报告。

2）客户授信评级报告，在客户准入通过后，需要基于前期调研信息，进一步补充资信和财务数据，综合评估客户授信额度或评级。针对客户规模较大，定期对授信等级进行重新复核评估，确认授信额度和账期上限，确认数据指标，并提供指数模型评分、风险扫描统计等，综合调整合作方的授信评级。

11.3 基于数据全过程运营风险管理

11.3.1 建立全流程数字化风险控制管理体系

其目标是打造上报、预警、处置、监控为核心的风险控制一体化管理平台。

1）风险全方位搜集，通过系统和人力上报到风险控制中心。
2）全球产业链合规事件管理。
3）智能风险识别，如根据原产地自动判断影响的原料、项目和客户。
4）风险预警提醒及时推送。
5）全周期风险管理。
6）风险处置措施落地和追踪。
7）内控制度和程序的更新——知识管理。

全集团规划的风险控制体系包括集团统一风险控制平台、分级分权管理、事业部和分子公司风险控制需求配置，并按照风险控制 PDCA 循环逻辑运行。集团风险规划示例如图 11-3 所示。

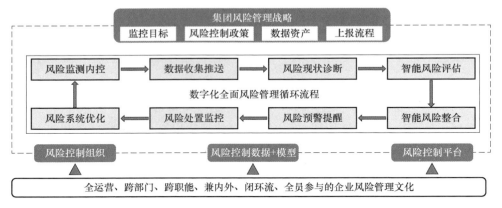

图 11-3　集团风险规划示例

其中智能风险评估体系包括风险事件识别、风险评估、风险响应等。风险事件是复盘或预测业务职能或业务流程中的安全隐患，并对发生概率和风险发生条件的分析和描述；风险评估是对各类风险影响进行估算；风险响应是评估风险隐患及成本或收益，并根据企业风险承受能力决策最佳措施等。集团主导的全面风险管理要涵盖所有业务职能和内外部合作伙伴，综合分析和预测企业可能遇到的所有风险，及时有效地发现和阻止那些对企业发展产生不好影响的因素，并且充分反思反向利用、挖掘和结合利用企业的优势资源，寻找新的商业机会或潜在机会。

数字化风险控制的四化建设包括系统集成一体化、风险管理数据化、实时分析可视化、风险预警智能化。数字化风险控制四化建设如图 11-4 所示。

基于风险控制四化体系解决方案包括但不限于如下。

（1）平台的全面管控与追踪

通过数字化风险控制平台将相关风险信息、数据、建议对策等进行智能聚合展现与自动推送给对应的干系人，并对风险识别、上报集团、响应整改或应对处置等全周期闭环管理的追踪，如风险处理状态追踪（已管理、处理中、未处理）等。

（2）完善企业风险数据库

1）历史风险数据库，包括风险分级、风险类型、责任部门、风险危害级别标准、风险化解方案、风险事项清单以及月度、季度、年度风险汇总报告。

第 11 章 风险管理数字化

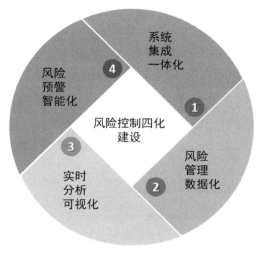

图 11-4 数字化风险控制四化建设

2）进展中项目或产品风险数据库，如日期、项目简称、风险类别（法律、运营）所属项目、风险标号、是否预警、风险概述、责任人、风险状态（招采管理、合同管理、履约管理等）并跟踪风险事项化解效果。

（3）风险内控体系

内控管理体系是通过风险控制平台构建各业务内控细节、各业务流程、风险标准、责任人、内控点、内控方法等。另外要实现内控体系和平台风险预警全面聚合。

外部风险也通过内控体系显现，如某客户经营异常，被官网列入黑名单，企业一定要先知先觉，而不是出了呆账问题后销售和财务之间责任推诿。

（4）风险控制评价体系

风险控制评价体系包括风险管理绩效考核、风险管理组织文化评估、风险管理平台、数据和信息系统完善性评估等，如风险事项分级制度执行方式（循环收集、评估、化解方案制定、跟踪评价等），也包括风险管理的事前预警、事中追踪、事后复盘等绩效评价。

11.3.2 基于风险管理三道防线的数字化管控

1. 三道防线 1.0 模型

早在 2013 年，国际内部审计师协会（IIA）发布了《有效风险管理与控制的三道防线》，提出为了进行有效的风险管理与控制，企业应当搭建三道防线

（Three Lines of Defense），并说明了这三道防线的组成、角色、职责、运作与协调等，风险控制三道防线如图 11-5 所示。

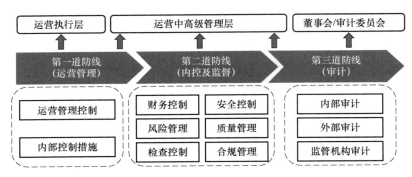

图 11-5　风险控制三道防线（来源：根据 IIA 信息整理）

第一道防线在运营职能管理过程中进行风险控制，第二道防线通过风险管理来评估第一道防线中存在的风险，第三道防线通过审计来评估第一道防线、第二道防线中存在的风险。三道防线以风险为核心，以不同的视角与手段进行层层控制，以达到控制风险的目的。

1）风险管理的第一道防线，运营执行层要将工作流、审批流、风险流统一，把业务单位的战略风险、运营风险等进行系统化分析、测量、评估和控制，管理层要监控。

2）风险管理的第二道防线，中高层管理部门建立包括内控、审计、监察、稽核、法律等在内的多位一体的风险职能管控体系，从企业整体利益角度考察项目或业务活动风险，做到事前预防、事中检查、事后分析与总结，并着力于问题查处。

3）风险管理的第三道防线，董事会或审计委员会建立财务监督、经营诊断、咨询顾问等功能，评估及识别风险的充分性、风险衡量的恰当性、防范措施的有效性等，是对前两道防线的风险管理活动进行再监督。

2．三道防线 2.0 模型

风险控制成熟度评估维度可包括智能风险识别、全面风险、内控和合规管理、风控与合规一体化、内控文件管理、自动触发风险控制系统能力等维度。2020 年，国际内部审计师协会（IIA）更新三道防线模型为三道线模型（Three Lines Model），三道防线 2.0 模型是在 1.0 模型基础上，从被动防线到风险的主动利用。更新后的三道线模型如图 11-6 所示。

第 11 章 风险管理数字化

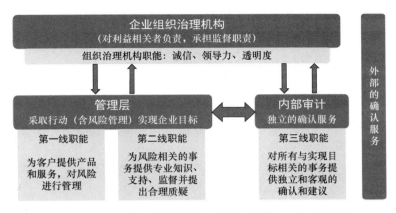

图 11-6 更新后的三道线模型（来源：根据 IIA 信息整理）

模型名字由"三道防线"变成了"三道线"，实质上是变"单向防守"为"攻守兼备"，在进攻和防守两个方面统筹风险，提升风险管理对实现企业运营目标和创新价值的贡献。无论是 VUCA 时代还是 BANI 时代，风险不仅可能带来损失，还可能带来新的机会。

新模型增加了治理层，授权管理层履行职责并提供资源，以实现组织的目标。治理结构与风险管理相辅相成、相互影响，治理层为风险管理提供清晰的目标以及足够的资源支持，管理层与治理层协同一致。与 1.0 版相比，2.0 版三线模型最大的不同在于采用了"原则"的方式将第一道防线和第二道防线放在了一起，需要更懂业务管理，从而让风险管理工作嵌入到业务过程，并将风险监督检查为第三道防线打前站，发挥类似于"审计前置化"的作用，做到风险早发现、早控制，不仅提高业务抗风险能力，还提升了业务竞争力。

11.3.3 风险控制仪表盘：动态追踪体系

1. 搭建风险控制数字化平台

企业需要建立涵盖风险管理和内部控制系统各环节的风险管理大数据系统，包括信息和数据的采集、存储、加工、分析、测试、传递、报告和披露。全面数字化风险控制平台包括源数据层、业务系统、数据体系、模型算法、风险控制展示层等。全面数字化风险控制平台示例如图 11-7 所示。

全面数字化风险控制平台的需求包括但不限于风险管理和风险控制的实时性、准确性、一致性、集成性、灵活性、共享性、可扩展性等。全面数字化风险控制平台特色见表 11-6。

制造业运营管理的数字化实践

风险控制展示层	风险管理面板	风险报告门户	风险监测报送	风险计量结果
模型算法	市场风险计量	信用风险计量	操作风险计量	利率风险计量
	基础模型算法	情景数据模型	风险计量模型	流动性风险计量
数据体系	风控数据仓库	数据补录平台	数据标准管理	数据文件传输
业务系统	业务组织体系	业务风控体系	上报运行机制	风险制度体系
源数据层	核心业务系统	财务管理系统	票据业务系统	现金流系统

图 11-7 全面数字化风险控制平台示例

表 11-6 全面数字化风险控制平台特色

特性	系统特色说明
实时性	及时获取风险内控最新状态和外部风险数据等
准确性	风险数据的来源、风险分析和报告确保完整和准确
一致性	业务定义、数据来源、计算规则、风险策略统一化
集成性	应用一站式访问、单点登录、用户集成、界面集成
灵活性	平台可支持多维度、多视角的风险数据分析
共享性	总部信息共享、各部门和分子公司信息和报告共享
可扩展性	满足未来新增风险需求,风险指标和风险报表可扩展

2．风险管理仪表盘示例

风险控制仪表盘基于风险管理维度（如类别、时间、职能部门等）需求,可进行环比、同比、基期比、目标比等各种方式的比较,可用风险类别的维度,如战略风险、市场风险、信用风险、供应风险、合规风险、业务连续风险、知识产权风险等进行统计,某集团 2023 年第 4 季度风险数量统计如图 11-8 所示。

以职能部门的维度,如人事行政部、财务部、市场部、销售部、研发部、供应链部、制造部、法务部等进行统计,某集团 2023 年第 3 季度、第 4 季度风险环比统计如图 11-9 所示。

仅从风险数量上看,第 3 季度为 104 个,第 4 季度为 113 个,数量上增加了 8.7%。

由传统风险概率损失矩阵看,风险等级=风险概率×损失的程度,传统风险等级（风险概率损失矩阵）示例如图 11-10 所示。

第 11 章 风险管理数字化

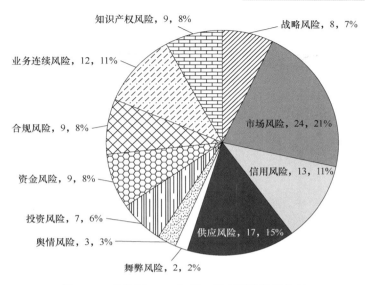

图 11-8　某集团 2023 年第 4 季度风险数量统计

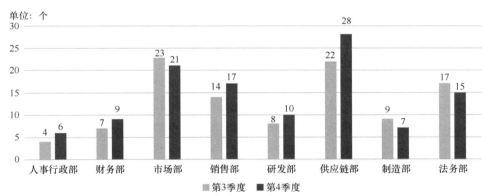

图 11-9　某集团 2023 年第 3 季度、第 4 季度风险环比统计

图 11-10　传统风险等级（风险概率损失矩阵）示例

当然还有把风险概率和损失的程度分为"高、中、低"的，无论如何，传统风险等级（风险概率损失矩阵）有一定方向性意义，但对企业运营指导意义

不大，原因如下。

1）企业若过于追求低概率和低损失，会导致企业丧失运营业务机会，最低风险概率和最低损失方式是企业关门后把现金流存入银行，显然这并不是企业运营的目的。

2）容易导致企业混淆所有风险和单个场景风险的管控措施，进而"一锅炖"的混乱状态。

3）只看到风险会带来损失，但没有看到在不同的场景下，风险也可能带来收益。

4）在市场竞争中，收益和风险成正比，低风险、高收益在公平的市场竞争中并不存在，笔者绝非鼓励企业有"赌博心态"，而是要针对不同运营场景具体风险具体分析。

一般地，对于确定的运营业务场景（如新产品研发、对外收购、增加新设备扩充产能），风险最大损失值基本可以确定，且损失越大、概率越小。假设每个场景下有 7 个不同的选择方案，最大风险损失的极值是 1000 万元，按照"7 阶分层"对损失概率和损失比例进行测算，同一业务场景、不同方案下的风险损失和可能净收益速算示例见表 11-7。

表 11-7 同一业务场景、不同方案下的风险损失和可能净收益速算示例

方案	可能收益/万元	最大风险损失金额/万元	最大可能损失概率	最大损失比例范围	损失比例速算	最大损失额速算/万元	可能净收益/万元
A	1110	1000	90%	0~14%	7%	63	1047
B	1270	1000	80%	15%~28%	21%	168	1102
C	1450	1000	70%	29%~42%	35%	245	1205
D	1750	1000	60%	43%~57%	50%	300	1450
E	1890	1000	50%	58%~72%	65%	325	1565
F	1925	1000	40%	73%~86%	79%	316	1609
G	1730	1000	30%	87%~99%	93%	279	1451

按照"7 阶分层"法，精算风险概率-影响矩阵示例如图 11-11 所示。

深色白字部分是双高部分，对于企业若是威胁，就要尽量风险转移，甚至放弃业务；若是风险机会，如在现有企业能力范围内，某产品研发成功且迅速上市，可以奠定企业在该产品的市场主导地位，那就要尽量集中资源攻克，比竞争对手做得既快又好，这样为企业接下来的"市场撒脂"（获取远高于市场平均收益的额外收益）策略奠定基础。

第 11 章 风险管理数字化

风险概率	风险威胁							风险机会							
0.93	0.065	0.195	0.326	0.465	0.605	0.735	0.865	0.865	0.735	0.605	0.465	0.326	0.195	0.065	0.93
0.79	0.055	0.166	0.277	0.395	0.514	0.624	0.735	0.735	0.624	0.514	0.395	0.277	0.166	0.055	0.79
0.65	0.046	0.137	0.228	0.325	0.423	0.514	0.605	0.605	0.514	0.423	0.325	0.228	0.137	0.046	0.65
0.50	0.035	0.105	0.175	0.250	0.325	0.395	0.465	0.465	0.395	0.325	0.250	0.175	0.105	0.035	0.50
0.35	0.025	0.074	0.123	0.175	0.228	0.277	0.326	0.326	0.277	0.228	0.175	0.123	0.074	0.025	0.35
0.21	0.015	0.044	0.074	0.105	0.137	0.166	0.195	0.195	0.166	0.137	0.105	0.074	0.044	0.015	0.21
0.07	0.005	0.015	0.025	0.035	0.046	0.055	0.065	0.065	0.055	0.046	0.035	0.025	0.015	0.005	0.07
	0.07	0.21	0.35	0.50	0.65	0.79	0.93	0.93	0.79	0.65	0.50	0.35	0.21	0.07	
	低 ← 风险影响或损失 → 高							高 ← 风险影响或收益 → 低							

图 11-11 精算风险概率-影响矩阵示例

对浅色黑字部分（中间部分），企业也要具体分析，若企业有能力抵御风险且有可观收益，可以按照响应策略进行；同样对于风险机会，如果企业有资源去争取该收益，比如当没有更大的风险收益机会，或在其他更大收益确保志在必得前提下，若边际收益（远）大于边际成本时可争取。比如企业在新品策略执行非常顺利时，顺便收购关键制程工序的企业。

对于白底黑字部分（低概率、低影响），企业不应花费过多资源，但若企业精准地发现"拾市场之遗"、恰巧弥补市场的某个细分需求，不仅风险和影响均低，且收益颇丰，这时可花费适当资源去获取，而不是在"同质化产品的红海"里去抢一杯残羹。

涉及篇幅，"7 阶分层"法可以迭代为更精细分析法，且对不同业务场景，可精细化设置若干影响因素对风险概率进行更精准归类，有兴趣的读者可以根据企业场景做更精细的计算。

11.3.4 数据安全场景之数据暴露风险

为了适应数字化转型以及组织面临的安全风险，《ISO/IEC 27001:2022 信息安全-网络安全-隐私保护-信息安全管理体系要求》是在 2013 版《信息技术-安全技术-信息安全管理体系要求》的 14 个安全控制域合并后总结归纳为人员、物理、技术、组织四大主题。它是应对网络安全挑战而进行的更新，加强了对业务连续性支持、云计算环境或云服务安全管理、个人数据和隐私数据等敏感数据的安全管理。另外更强调了信息安全管理（ISMS）的规范性和适用性、ICT（管理信息和通信技术）等更适应当前的信息安全发展趋势，新增 11 个信息安全控制内容见表 11-8。

表 11-8　新增 11 个信息安全控制内容

控 制 标 题	控 制 内 容	控 制 目 的
威胁情报	收集和分析与信息安全威胁有关信息	采取妥善的减缓威胁的行为
云服务信息安全	获取、使用、管理和退出流程	管理使用云服务的信息安全
业务连续性 ICT	规划/实施/维护/测试通信技术的准备情况	发生中断时的可用性
物理安全监控	持续监测/防止未经授权的物理访问	检测和阻止未经授权的物理访问
配置管理	硬件、软件、服务和网络的安全配置	确保配置正确运行
信息删除	及时删除存储在系统和设备中的信息	防止不必要的暴露
数据屏蔽	应符合特定访问控制策略和业务要求	限制敏感数据的暴露
数据防泄露	处理/存储/传输敏感信息系统/网络/终端	防止未经授权的披露和信息获取
监控活动	监测网络、系统和应用,并采取适当行动	检测异常行为和潜在安全事件
网站过滤	减少对恶意内容的接触	防止访问未经授权的网络资源
安全编码	安全编码原则应用于软件开发	减少软件中潜在信息安全漏洞

控制措施新增的 5 个属性分别为控制类型、信息安全属性、网络安全属性、运营能力和安全域。其中控制类型包括预防性、检测性、纠正性；信息安全属性包括保密性、完整性、可用性；网络安全属性包括识别、保护、检测、响应、恢复；运营能力包括治理、资产管理、信息保护、人力资源安全、物理安全、系统和网络安全等 15 项；安全域包括治理和生态系统、保护、防御、韧性等。

从数据安全场景出发,基于 API 等资产来解析常见的资产脆弱性风险、敏感数据暴露面风险、业务行为安全性风险三类风险。资产脆弱性风险是以应用、接口等数据资产本身安全性漏洞导致的风险；数据暴露面风险是因数据违规传输、存储、无安全性限制等导致的涉敏数据暴露形成的风险；业务行为安全性风险是访问主体及其不当操作导致数据安全风险等。基于 ISO 13335 体系的要求,数据安全风险模型如图 11-12 所示。

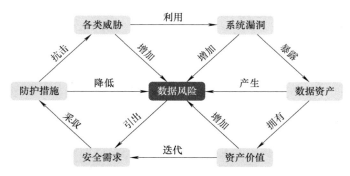

图 11-12　数据安全风险模型

通用数据资产包括敏感数据、重要数据、核心数据、一般数据等，敏感数据如合作伙伴信息、价格信息等；重要数据如订单数据、项目数据等。数据暴露面风险是针对涉敏数据违规存储、传输等数据生命周期阶段导致的涉敏数据暴露，管控方式包括但不限于如下。

（1）数据资产管理

对数据资产分类定级、业务关联等，并对数据安全和业务需求进行管理性建模，识别出涉敏数据细节和内容等。

（2）涉敏数据暴露面检测

1）暴露渠道，如隐蔽传输通道暴露、内网数据交互暴露、对外接口传输暴露等。

2）暴露面类型，如敏感生产信息暴露和敏感业务数据暴露等。

（3）数据资产暴露面范围评估

1）影响面评估，包括数据资产暴露评估、数据网络资产暴露评估、数据量评估等。

2）价值评估，基于分类分级模型和品类、等级权重值，计算出暴露数据价值金额。

（4）数据资产暴露面的风险响应

1）事前主动分析、预测性响应，对于未形成风险事件的暴露面输出评估报告。

2）事中封堵和事后溯源，如应急预案和封堵措施，并在复盘后对责任主体处罚等。

案例 1：某集团通过供应链数字化风险控制体系强化供应链韧性

某集团期望持续与行业头部客户紧密合作中不断成长，前五大客户（占比营业额 94%以上）均对企业有较高的满意度，连续 8 年被客户评为最佳供应商并获奖，订单量稳步增加，企业现金流周转率和利润率均很优秀，无论是客户的应收账款还是对供应商应付账款及时率均在 99%以上。企业高层期望把企业打造成为一家富有韧性、全方位以客户为中心的可持续发展企业，为此不惜重金打造数字化韧性供应链体系，包括从研发设计、采购（含供应商生产、供应商的供应商交付等）、本企业生产、交付、售后等复杂流程网络，任何内外环节的中断风险都

制造业运营管理的数字化实践

可能对供应链产生威胁，经过各关键职能的干系人评价，基于中等风险概率以上的因素确认，供应链品类风险和排名汇总分析复盘如图 11-13 所示。

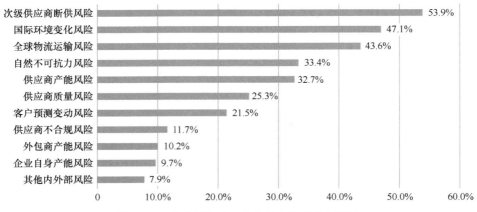

图 11-13　供应链品类风险和排名汇总分析复盘

数字化韧性供应链能更好地应对任何中断，但前提是建立在全面数字化风险控制体系基础上，供应链运营比被动响应式供应链能更好、更快、更复杂、成本更低地处理中断，全面数字化供应链风险控制管理、风险控制检测体系如图 11-14 所示。

图 11-14　全面数字化供应链风险控制管理、风险控制检测体系

以自然风险的不可抗力（如地震、海啸等）风险为例，这可延伸或关联一级供应商断供、次级供应商断供、全球物流运输等不同风险，根据风险控制仪表盘的世界地图关联业务点基础数据映射，因自然灾害风险的自动推送风险预警示例见表 11-9。

第 11 章 风险管理数字化

表 11-9 因自然灾害风险的自动推送风险预警示例

料号	客户	项目名	供应商代码	供应商名称	供应商注册地	出货国	出货地城市	贸易条件	原产国	原产地城市	是否有替代料	库存可用天数	风险国	风险地	风险品类	风险级别	风险判别	备注
A12-321	宝骡	拙政	V101	大牛	日本	日本	横滨	FOB	日本	横滨	有	21	日本	横滨	地震	6.3 级	中风险	
A12-322	大狮	狮林	V102	二牛	日本	日本	横滨	FOB	日本	横滨	无	15	日本	横滨	地震	6.3 级	高风险	
A12-323	雄鹰	留苑	V103	三牛	新加坡	新加坡	新加坡	DAP	印度尼西亚	苏门答腊	无	8	印度尼西亚	苏门答腊	海啸	8.4 级	高风险	

全面数字化供应链风险控制体系的收益不仅仅在于预测风险和对风险的堵漏，也在于精细化管控和选择供应商，企业推出了精准门当户对策略，一开始就选准供应商，从产品的BOM逻辑开始"剥洋葱"策略如下。

1) 根据客户端"成品"输入得到分类矩阵M1。
2) 研发人员和供应链人员BOM零件的重要度+市场获得性矩阵M2。
3) 综合评估现有和潜在供应商技术、生产等能力矩阵M3。
4) 映射得到关联供应商整体评估矩阵M4。
5) 再将客户项目和供应商映射，得到矩阵M5。
6) 结合项目流程需求，相对精准得到采购风险控制矩阵M6。

以部件的分类和风险降低策略见表11-10。

表11-10 以部件的分类和风险降低策略

层级	部件分类	风险等级	市场标准	供应商选择标准	辅助策略
L1	关键部件	高风险	卖方分配	具备核心工艺+相关经验	替代品牌开发
L2	重要部件	中高风险	寡头垄断	具备全面工艺+相关经验	备选+考察开发
L3	中等部件	中低风险	寡头竞争	相关产品经验相对丰富	快速择优录用
L4	一般部件	低风险	完全竞争	相关产品经验非常丰富	驱动价格竞争

成本并非只是采购合同或订单上的数字，假如企业贪图"芝麻大"的便宜选择了不合适的供应商，风险等级立即上升，接踵而来的是额外的管理成本、业务损失等，丢掉的一定是"西瓜"。

案例2：企业出海风险控制实证分析

基于全球产业链和市场环境，我国出海企业需关注全球宏观环境及其变化，某知名咨询公司2023年一份对已经出海企业的风险管理教训调研看，事前风险调查深度或广度不够、未做任何退出投资情形评估、没有充分评估政治风险是排名前三的教训点。对已经出海的制造业企业的风险管理教训盘点（截至2023年）如图11-15所示。

PESTEL分析模型又称为宏观环境分析模型，包括政治因素、经济因素、社会文化因素、技术因素、环境因素和法律因素六个方面，因此对不同出海选择的国家，风险控制细节可能有较大差异。以东南亚越南为例，产业链转移至越南的实际风险包括语言障碍风险、文化习俗差异风险、相关法律模糊的风险、供应链不完整的障碍风险、基础设施落后的风险等。

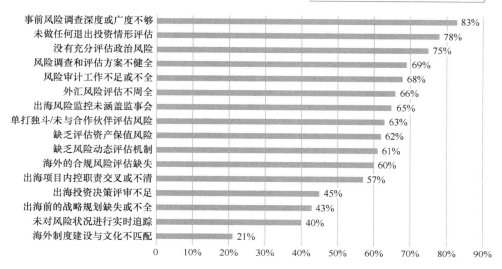

图 11-15 对已经出海的制造业企业的风险管理教训盘点（截至 2023 年）

2022 年，越南的 GDP 同比增长 7.5%，维持经济稳定增长态势。为了保障经济持续增长，越南加快推进自由贸易协定，目前越南与美国、日本、中国、欧盟、韩国、英国和俄罗斯等所有主要经济伙伴都签署了自由贸易协定。迄今为止，越南已经签署了 15 项自由贸易协定，并且正在推进其他贸易协定谈判，越南相关协定名称和成员国示例见表 11-11。

表 11-11 越南相关协定名称和成员国示例

生效年份	协定或协议名称	成员国
1993	《东盟自贸区》	东盟各国、中国、韩国、日本、印度、澳大利亚、俄罗斯等
2008	《东盟日本经济伙伴合作协议》	东盟各国、日本
2009	《越日经济伙伴协议》	越南—日本
2014	《越南智利自贸协定》	越南—智利
2018	《全面与太平洋伙伴关系协定》	加拿大、墨西哥、秘鲁、澳大利亚、日本、新加坡、马来西亚等
2020	《越南欧盟自贸协定》	越南—欧盟 27 个成员国
2021	《越南英国自贸协定》	越南—英国
2022	《区域全面经济伙伴关系协定》	东盟各国、中国、韩国、日本、澳大利亚、新西兰等

根据协议内容，如 2020 年 8 月 1 日生效的越南与欧盟签订的《欧盟越南自贸协定》（EVFTA）提出双边关税在未来 10 年将削减 99%，逐步实现零关税，消除了出口欧盟纺织品布料原产地的瓶颈；2022 年 1 月 1 日，由东盟发起的

《区域全面经济伙伴关系协定》（RCEP）正式生效。在该框架下，2020—2025年，越南平均进口税率将从 0.8%降至 0.2%，同时享受出口税率从 0.6%降至 0.1%。例如在书写类簿本产业，我国部分企业在越南建立工厂，充分利用"两头在外"的贸易方式，即进口的保税原料来自我国，生产加工后的成品出口至境外，所谓的"两头"指的就是原材料、成品，这样可以享受越南的优惠零关税，相关企业在出海前，要提前充分做好关税功课。

充分研究越南地缘优势，降低或化解越南供应链不完整风险。我国产业链转移越南在区域分布上非常明显。目前已转移的产业链中，电子产业、机械制造产业、金属制品产业、化学品产业、橡胶及橡胶制品产业等是北部重点经济区制造业的主要组成部分，其中电子产业规模最大，占比北部重点经济区制造业的 25%，一些知名企业纷纷在越南北部建厂，北部地区的电子产业集群规模日益壮大，因为这些产业的供应链对从我国进口原材料的依赖性较大，所以在北越建厂依靠地缘经济，可有效化解供应链风险。而纺织类服装制造业、制鞋业、箱包业、家具业主要是以越南南部的胡志明市、平阳省为主，因为其供应链周期相对较短，海运周期等完全满足需求。总之，相关准备选择越南作为出海国的企业，一定要充分做好越南区位优势选址。

充分研究越南语言、文化、法律障碍，降低或化解越南经营成本风险。越南适龄劳动力人口更是占到 70%，劳动力资源丰富，年轻且相对廉价，仍处于人口结构"黄金 30 年"时期。越南的月工资水平相对不到 3000 元人民币，从劳动力角度看，适合劳动密集型产业。但越南劳动力普遍在技能、工艺熟练度上相对欠缺，效率也会比较低，技工、技师、更高技术要求的高科技人员比较缺乏。越南交通基础设施落后，物流成本较高。另外由于近年来产业转移速度较快，导致越南的土地和厂房租金非常高，目前越南很多地区的房租已经高于我们国内。我国相关产业和企业在转移前，应充分评估物流效率，土地房租成本，做好经营成本规划。

要充分评估企业伴随产业链转移风险，一些企业是出于配套核心客户的需要，遵循就近交付原则落户越南，这是我国产业转型升级、高质量发展过程中某些特定环节"外溢"的必然，这些企业不担心缺少订单。但其他非配套核心客户的企业，一定要评估建厂后的订单来源。越南本土市场还是相对较小，外贸订单在税收、经营成本、供应链体系上要全方位综合分析比较，全球产业链正在出现区域化、收缩化趋势，出海企业要充分评估相关风险。

第12章

运营数字化的项目管理

12.1 运营数字化项目管理的特征和应对策略

12.1.1 数字化项目具有传统项目的一般特征

项目是指一系列独特的、复杂的并相互关联的活动。项目管理是通过特定的管理原则、技术、方法、实施计划、评估、控制等活动，在特定的时间、预算、资源限定内，依据规范达成项目参数如范围、质量、成本、时间、资源等。项目管理的一般特征如下。

1）明确的目标：是一种期望的产品或服务，或兼而有之。

2）独特的性质：每一个项目都是相对唯一的。

3）资源成本的约束性：每一个项目都需要运用各种资源来实施，且资源是有限的。

4）项目实施的一次性：项目实施的本身不能像日常作业那样重复。

5）项目的确定性：当项目实施的内外部环境变动导致项目的目标发生实质性的变动时，它也不再是原来的项目了，而是一个新的项目，因此说项目本身的目标是确定性的。

6）特定的委托人：它既是项目结果的需求者，也是项目实施的资源提供者。

7）结果的不可逆转性：不论结果如何，项目结束了，结果也就确定了。

8）项目管理具有一定的范围边界。传统项目管理的边界如图12-1所示。

需要说明的是，基于项目需求和项目交付场景下，传统项目管理的特征对数字化项目有相对适应性，但不是吹毛求疵的绝对性。

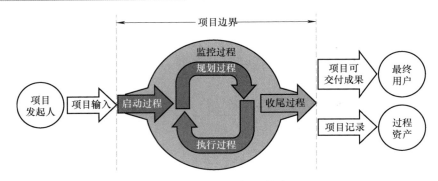

图 12-1 传统项目管理的边界

12.1.2 数字化项目的差异化特征和应对方案

制造业企业的运营数字化项目可以创造满足客户或最终用户所需要的新系统、新模型、新服务、新工具、新方法。它有利于提高运营效率、企业生产力、内外协同力、服务响应能力等；推动变革、促进组织向高级数字化阶段过度。它具有以下差异化特征。

1. 项目、项目组合、项目集关系更为紧密和互为依托

数字化项目不同于传统项目相对独立性，而是基于内外部环境变化、驱动和运营管理数字化需求，通过成功的数字化项目组合、项目集管理，逐步推动数字化运营管理实践，其价值交付系统可以基于项目、项目集、项目组合，也可以基于它们之间互为依托的整个数字化进展的价值交付系统。企业运营数字化项目系统和价值交付系统生态示例如图 12-2 所示。

2. 数字化项目是提升价值创造的能力并赋能企业运营战略

传统的项目管理是为了创造"产品"可见价值的目的，而运营数字化项目则是提升企业运营创造价值的能力，依托企业和组织资源、运营体系的支撑，通过战略愿景转化为数字化的项目组合、项目集和子项目需求，并不断地 PDCA 精进和迭代。数字化项目价值创造示例如图 12-3 所示。

3. 数字化项目管理和流程架构更为灵活和多元性

传统的项目管理强调五大过程组、十大知识领域、十五矩阵图、逾百个标准化工具与技术，具有非常清晰的管理架构和套用的工具与技术，但数字化项目管理和流程架构则更为灵活和多元性。数字化项目管理架构示例如图 12-4 所示。

第 12 章 运营数字化的项目管理

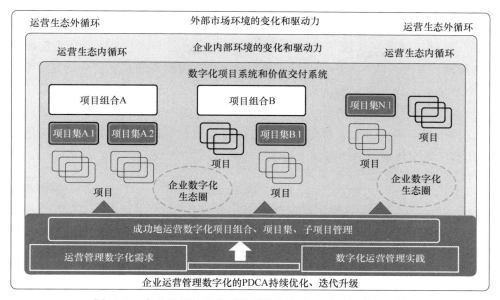

图 12-2 企业运营数字化项目系统和价值交付系统生态示例

图 12-3 数字化项目价值创造示例

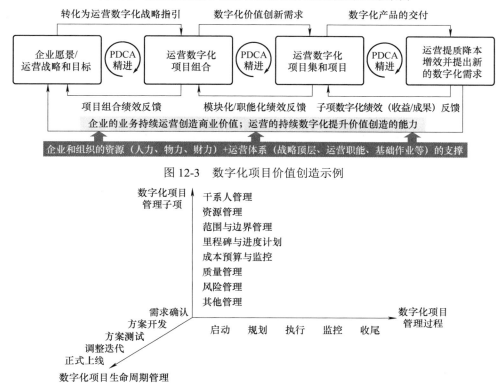

图 12-4 数字化项目管理架构示例

并不是说数字化项目管理要抛弃传统项目管理的一切经验,非要"水火不容",而是说仅遵照传统项目管理的通用做法是远远不够的,既要规避拘泥的"传统项目管理"的本本主义,还要看到数字化项目管理通常更复杂、更困难,更需要创新,比如需求确认、方案开发、方案测试、调整迭代、正式上线、项目纵深等。因此,成功的数字化项目总是不容易的,但它成功了,带来的价值和延伸价值会更大。笔者曾在数字化实践的基础上,与项目团队总结了精进基本步骤,数字化项目的"降龙十八掌"步骤如图12-5所示。

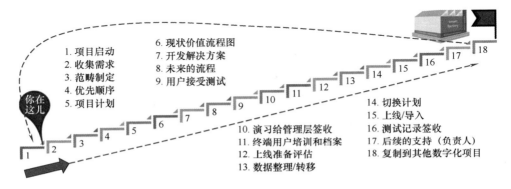

图12-5 数字化项目的"降龙十八掌"步骤

4. 软硬结合但"硬"不绝对必需,"软"相对更重要

数字化项目的深入开展,让制造业的人们看到了企业价值创造的引擎。在传统制造业时代,需求旺盛,生产和销售相似产品的两个企业(注:市场还存在其他竞争对手),一个年销售额 100 亿元的企业(A)的利润额通常很难超过一个年销售额 200 亿元的企业(B),但在数字化时代,这个概率正在加大,且 A 企业通过数字化纵深逐步在销售额和利润上均超过 B 企业。那 B 企业一定无比纳闷:"硬件资源(如各类设备等)比 A 数量多,差异咋这么大呢?"因为一个大型制造业企业只要有充足的现金流,"大手笔"地购进几个亿的全球顶尖设备(遵循传统"设备采购项目"模式,交付设备、安装调试、操作培训等),这都很容易做到,但一流的硬件易得,而一流软件(不是市场大众化的软件,而是与本企业需求特性吻合的精准模型、算法、系统等)却难求,而且这个"软件"在"硬件"实力不分伯仲的情况下,就显得更重要。数字化项目"软实力"的比较示例见表12-1。

不难看出,在"天变了"(市场需求定制化、多品种小批量成为主流)的情况下,B 企业传统的"规模优势"正在被"稀释",甚至还可能成为难以卸载的

第 12 章 运营数字化的项目管理

"负重"（比如固定成本分摊更高），而 A 企业通过持续数字化项目不断提升"软"实力，并最大化发挥"硬+软"的综合竞争优势。假如 B 企业继续抱着金饭碗"讨精细饭"，那未来在 A 企业的市场份额蚕食下，被其收购的命运都是有可能的，这绝不是时代的悲哀，而 100%是 B 企业自己的悲哀。因为蹩脚的市场永远不存在，只存在蹩脚的企业和组织。B 企业输给了这个时代，换取了 A 企业赢得了这个时代，企业的价值定义、竞争格局早已不同往昔。

表 12-1　数字化项目"软实力"的比较示例

差 异 因 素	A 企业	B 企业
市场需求定制化	夯实相对规模优势	还在奢求绝对规模优势取胜
生产要素观	设备+人+数据+系统+资金+其他	设备+人+资金
生产要素配置	多因素相关、精准配置	抱着金饭碗"讨精细饭"
利润来源	运营利润+数字化创造利润	运营利润（越来越薄）
企业竞争力结果	不断精细化渗透和迭代提升	大而不强，且逐渐变瘦

5. 数字化项目的"增量方式"和"迭代方式"可同时进行，要具体问题具体分析

笔者曾经参加过一个项目管理的分享会，其中就"项目增量方式"和"项目迭代方式"到底哪个会让企业"明天更美好"，形成两个鲜明的派别且彼此辩论，各自使出浑身解数，均对辩论对手团队进行无情的嘲讽，迭代派和增量派的愿望比较以及对彼此的嘲讽示例如图 12-6 所示。

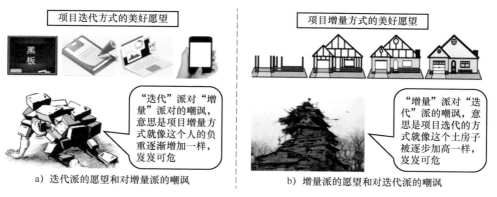

a) 迭代派的愿望和对增量派的嘲讽　　　b) 增量派的愿望和对迭代派的嘲讽

图 12-6　迭代派和增量派的愿望比较以及对彼此的嘲讽示例

他们共同的错误是完全忽视了具体项目管理场景，就像一个企业的 CEO 熟知亚马逊森林的鸟儿是怎样适应残酷环境而不断地进化，但它却对本企业如何做战略提升毫无意义。

制造业运营管理的数字化实践

对于企业数字化项目,要基于实际需求、可行目标(如遵循"SMART"原则)、现有基础条件、数字化阶段和实施细节状况、"增量方式"和"迭代方式"完全可同时进行,要具体问题具体分析。某企业在近10年的制造信息化和制造数字化发展过程中,顺应市场变化和内外部客户的新增需求,逐步平行地增加了各数字化项目(上线了相关系统),同时基于企业制造业务的需求,在具备了基础硬件(如设备升级换代)和软件(逐年增加的系统)的基础上,将制造数字化不断地从易到难战略纵深迭代,在2023年基于新赛道战略需求,硬件上引入了行业尖端设备、自动化装配线等,基本具备了智能制造系统集成的基础和条件。制造数字化项目迭代方式与新增方式的协同示例如图12-7所示。

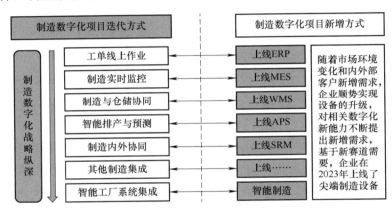

图12-7 制造数字化项目迭代方式与新增方式的协同示例

6. 数据是数字化项目资源的核心,而且越用越有价值

传统项目管理是对资源的绝对消耗性,从财务角度看,消耗的资源均可以换算成资金价值,而资金也是传统项目管理的核心资源,而数字化项目的核心资源是数据。通常,企业往往对1亿元的资金或传统资产没有充分利用而心疼不已,这本没有错;但却对潜在价值2亿元的数据"睡大觉"、尘封系统之中却无人问津,毕竟"白花花的银子"看起来更有价值,数据的本身不产生价值,而只能在使用中产生价值,与传统资源不同的是,数据的价值不会产生耗损,反而是越使用越增值。在本章的其他节再作讨论,此处不再赘述。

因传统项目对绝对资源的消耗性,对项目基本要求(如时间限制、成本限制、质量要求、范围确定等)都相对严格,严格防止"镀金"(超出项目范围界限的功能追加)行为。对于数字化项目就不会如此苛刻,项目交付延迟了半个月,虽然不倡导,但一般不会导致巨额赔偿或巨额损失。

数字化项目除上述特性外,在不同的阶段,项目需求本身的精准定义更难,尤其是进入数字化高级阶段,数字化问题往往更隐蔽,而发现问题比解决问题更重要,虽然大家都赞同"数字化只有起点、没有终点"这个观点,但如何在精准的方向和问题上发展,则是考验企业数字化项目管理能力的核心。

12.2 数字化项目管理中的大数据资产

12.2.1 组织过程资产和数据资产

传统项目管理认为,组织过程资产是项目组可选择的、可裁剪的;事业环境因素是不可选择、不可裁剪、只能适应的;组织过程资产是历史经验信息,对项目管理起"帮助"作用;事业环境因素都是客观存在的,对项目管理起"限制"或"提高"作用;组织过程资产支持项目管理过程,但也受项目管理过程反向影响并更新等。

大数据资产在数字化项目管理中的使用价值,除了传统组织过程资产的益处,还有利于指导其他新数字化项目,甚至直接作为新的数字化项目启动基础。以企业的设备采购为例,集团内设备资源的共享机制,如闲置资源的最大化利用,同时为分子公司的设备新需求的最佳选择方案决策提供必要数据基础。企业设备数据库资源示例如图12-8所示。

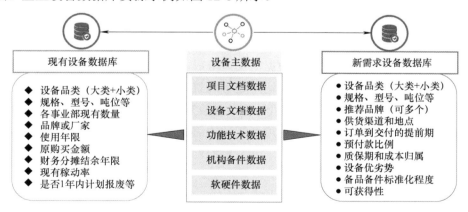

图12-8　企业设备数据库资源示例

当企业具备了设备主数据、现有设备数据库和新需求设备数据库,可以推动企业数字化子项目启动或其他运营改善的精准方向,包括但不限于如下。

1)如何在集团内共享设备资源,从而提升总体运营效率?如集团内已经发生的案例教训是某个事业部 2 个月前终于"低价"处理掉的设备,恰是另一个事业部已"高价"购进的设备,这是资源上的双重损失,反映的集团职能管理漏洞不再赘述。

2)本集团内的设备瓶颈在哪里?哪个(些)工艺是制约生产的关键因素?

3)这些瓶颈工艺的外协供应商资源是否充分?ROI 分析后的自制和委外策略?

4)当集团成立了新的事业部时,如何快速核算设备到位的成本和时间?

5)当集团或事业部扩充了新的赛道和产品时,对应设备改造的细节有哪些?

6)如果集团决定外购新型先进设备,对新设备诉求的功能关键点(恰巧弥补目前瓶颈劣势)在哪里?

7)如何统筹设备的维护保养服务?假如集团策略是对这块业务做总包委外,可行性分析和收益分析如何?

8)集团准备在 3 年内实现智能制造,设备资源、装配资源、现有系统资源如何做匹配性的协同与集成?

从这个常见的案例场景中可以发现,就像勤奋的学生靠的是内驱力,而不是老师的督导一样,企业很多细分数字化项目不一定非要来自客户需求或企业高层需求,且根本不需要花费巨额资金,在数字化项目横向或纵向延展时,在使用数据时也会精准发现现有数据资源(如本例中企业设备数据库资源)不足之处,然后不断地去补充和完善,继续作为其他数字化项目的资源支持。

因此,数据是一种组织资产,更是数字化项目的基础与核心生产要素,这个"资产和生产要素"的成本包括获取和存储数据的成本、数据丢失导致的更换数据成本和其他附带成本、数据潜在风险成本、改进数据的成本等。而通过数据驱动企业运营管理的创新,运用业务场景触发和应用分析来获得可操作的洞察力,因此,明智的企业会专业、高效地管理数据资产。

数据管理应基于企业战略和运营管理的需求。数据资产不会被消耗,在使用过程中不断增值;数据越使用,其发挥的价值可能越大。数据管理需要从架构和流程进行规划、跨职能、企业全局视角、多角度思考,且要对数据做全生命周期的管理,这本身也是数字化项目管理的组成部分。

12.2.2 制造业运营大数据的现状和挑战

1. 大数据的重要性和特征

大数据是数字经济和第四次工业革命的新生产要素,是企业的资产,制造业运营应建立数据资产化管理体系,明确数据管理职责,制定统一的数据标准,搭建集成、统一的数据管理平台,实现数据资产化、集中化、平台化管理,确保数据的及时性、准确性和完整性,提高数据集成和共享能力,充分挖掘数据资产价值,夯实数字化转型基础,要充分结合物联网、区块链、移动互联、人工智能等前沿技术。大数据 8V 特征见表 12-2。

表 12-2 大数据 8V 特征

8V	中文	简要解释
Volume	规模性	TB 级的数十亿个数据记录中包含成千上万个实体和元素
Velocity	高速性	采集、实时生成分布、分析或共享数据的速度等
Variety	多样性	可采集数据多种格式,如结构化、非结构化、多因素等数据
Veracity	真实性	数据的可信度,如真伪、来源和信誉、有效性、是否可审计等
Value	价值性	低价值密度,需要统计学等分析假设条件和场景相关性等
Volatility	可变性	受条件制约,大数据变化的频率及有效性的持续时间不稳定
Viscosity	黏度性	大数据使用或集成难度较高,需数据映射、数据孪生等
Variability	变异性	在数据集内或数据集之间,数据结构通常不一致

大数据是企业的无形资产和生产要素,被称为数字化时代的"新石油",从大数据中获取价值不可能凭空产生或依赖于偶然,不仅需要有目标、规划、协作和保障,还需要大数据管理及领导力。大数据管理是为了交付、控制、保护并提升数据和信息资产的价值,在其生命周期中制定计划、制度、规则和实践活动,并执行和监督的过程。企业的数据管理是立体的,数据资产的配置比传统资产的布置简单,一台设备不可能同时服务 2 个不同产品生产,但一类(或一组)数据可以同时服务不同层级、不同职能、不同人员的成百上千个不同需求,而且运转效率会越来越高,未来在 AI(人工智能)、机器学习等技术加持下,将更快速、更大幅度增加其价值。

2. 制造业运营大数据的现状和挑战

根据国际数据公司(IDC)在 2018 年的测算,2025 年我国将成为最大数据拥有国家(占比全球 28%,数据总量为 49ZB),数据总量将是美国的 1.56 倍。但数据状况不甚乐观,如普遍数据资源存量不大、数据资源随意被流失等,50%以上的制造业企业仍然使用纸质等原始方式进行数据的存储和管理。2020 年一份专业调查显示,仅有 37.8%的大型企业、46.7%的中型企业和 13.6%小微型企业开展了数据管理工作,而大多数企业缺乏专门的数据管理部门,人财物等资源都非常有限,更谈不上数据资产的顶层规划和战略管理。

制造业运营大数据面临的挑战包括但不限于以下几个方面。

1) 自身数据基础薄弱，高达 67% 的制造业企业数据总量都在 20TB 以下。

2) 烟囱林立，运营管理的业务职能之间存在众多 IT 系统，数据没有被打通。

3) 产业链、供应链之间缺少数据的互联互通，大部分企业没有做到供应链协同。

4) 数据治理落后，如基本数据体系没有搭建、运营数据质量差、数据价值未显现。

5) 从宏观角度看，数据交易法规尚不完善。

12.2.3 企业运营数据资产的管理

按照数据对象划分，制造业运营数据分为参考数据、主数据、交易数据、分析数据、时序数据、数据系统等。制造业运营数据资产分类示例见表 12-3。

表 12-3 制造业运营数据资产分类示例

数据种类	数据资产内容举例
参考数据	对其他数据分类和规范的数据如国家、地区、货币、计量单位
主数据	企业业务实体核心数据：组织、客户、供应商、产品、员工、物料等
交易数据	业务活动数据，如销售订单、采购订单、发票、会计凭证等
分析数据	报表、经营绩效衡量（指标名称、时间和数值等组成）等
时序数据	设备运行监测类数据、安全类监测数据、环境监测类数据等
数据系统	各类运营系统、系统集成方式、数据模型、算法、数据孪生等

大数据逐渐成为企业竞争优势的关键要素，那些拥有关于客户、产品、服务和运营的可靠、高质量数据的企业，能够做出更好的决策。管理大数据的目标包括满足企业及干系人（客户、员工、合作伙伴等）大数据需求；获取、存储、保护大数据和确保数据资产的完整性；确保大数据质量；确保干系人的大数据隐私和保密性；确保大数据能有效地服务于企业增值的目标等。

数据资产管理就是在管理大数据资产过程中行使权力和管控，包括计划、监控和实施等，数据生命周期中的关键活动见表 12-4。

表 12-4 数据生命周期中的关键活动

项 目	内 容
战略	定义、交流、驱动数据战略和数据治理战略的执行
制度	设置与数据、元数据管理、访问、使用、安全和质量有关的制度

（续）

项目	内容
标准和质量	企业设置和强化数据质量、数据架构标准
监督	在质量、制度、数据管理的关键领域提供观察、审计和纠正错失
合规	确保组织可以达到数据相关的监督合规性要求
问题管理	数据安全、访问、质量、合规、所有权、制度、标准、术语等
数据管理项目	企业在增强或提升数据管理实践角度方面所做的努力
数据资产估值	设置标准和流程，以一致的方式定义数据资产的业务价值

数据资产管理的成熟度评估包括数据管控、数据架构、数据质量、数据生命周期、数据安全、数据价值挖掘、数据资产运营、支撑平台等。数据资产管理成熟度评估见表12-5。

表 12-5　数据资产管理成熟度评估

管理领域	核心要素
数据管控	数据管理的战略、组织、制度、绩效
数据架构	数据标准、数据模型、主数据、元数据、数据分布、数据集成与共享
数据质量	数据质量的需求、检查、评估、提升
数据生命周期	数据需求、数据设计与研发、数据运维、数据销毁
数据安全	数据安全策略、数据安全保护、数据安全审计
数据价值挖掘	数据分析、数据融合、数据应用、数据资产价值管理
数据资产运营	数据服务、数据共享与开放、数据资产变现
支撑平台	数据治理工具集、数据管理平台

根据制造业企业不同的组织方式，数据资产建设可分为自上而下模式和自下而上模式。数据资产建设的两种模式比较见表12-6。

表 12-6　数据资产建设的两种模式比较

比较维度	自上而下模式	自下而上模式
适合企业	适合有分支机构的大型企业	适合分支机构不多的中小企业
切入抓手	规划和组织体系先行	从具体的某一个优先业务开始
建设要点	分阶段、分步骤实施和复盘	从点到面，逐渐扩展到组织其他业务
关键步骤	调查现状、评估水平、建设体系	搭建平台、解决痛点、逐步全面管理
优点	体系节奏按部就班、更规范	需求驱动、可以快速行动，短期见效快
缺点	时间和投入大，短期见效慢	统一整合比较困难

从数据资产的建设策略看，可分为运营系统切入和数据系统切入两种模式。

1．从运营系统切入

1）大型生产系统开发建设模式，建立该应用和业务领域数据的企业级标准和质量管控。

2）企业数据模型建设模式，从企业数据模型出发，建立标准，规范和保证数据质量。

3）主数据资产建设模式，如从解决主数据质量和业务协同入手，推动生产环节统一编码。

2．从数据系统切入

1）统一数据平台模式，以数据仓库、大数据平台等统一数据平台为切入点，统一接入各业务、各分公司的数据，统一语义和标准，提升数据质量。

2）数据集市模式，各业务模块有单独数据仓库和数据分析需求，再统一对每个数据仓库进行语义和标准方面的规范，实现物理分离、逻辑统一。

数据资产集成职能包括但不限于数据迁移和转换；数据整合到数据中心或数据集市、数据湖；将客户与供应商的软件包集成到应用系统中；在不同应用程序或组织之间数据共享；跨数据存储库和数据中心分发数据、数据归档、数据接口管理、获取外部数据等；结构化和非结构化数据集成；提供运营智能化和管理决策的支持等。

12.3 数字化项目管理中的数据治理

12.3.1 数据治理项目的特征

基于国际数据管理协会（DAMA）的数据管理知识体系，结合行业标杆，数据治理包括以下职能领域：数据战略、主数据管理、元数据管理、数据指标管理、时序数据管理、数据质量管理、数据安全管理、数据交换与服务、数据开发与共享等。数据治理的本身也可作为数字化项目之一，数据治理项目的特点如下。

1）可持续：需要组织持续投入的过程，也包括变革管理。
2）业务驱动：业务过程，与数据相关的 IT 支持。
3）共同责任：业务和信息技术部门共同责任。
4）多层次：包括整个企业层面和部门层面。
5）基于框架：一个定义责任和交互的操作框架。
6）嵌入式：需嵌入软件开发方法、数据分析、主数据管理和风险管理。
7）可测算：良好的数据治理对财务有积极影响，但要证明。

启动数据治理前需要做初步评估,初步评估包括数据管理成熟度评估(识别改进机会);变更能力评估(组织能力、识别治理程序的潜在障碍);协作的准备程度(跨部门协作、整体决策的能力);业务一致性(数据的使用和管理与业务策略一致程度);识别核心业务接触点(如预算、采购、合规性等);数据质量评估(识别难点、问题、风险);合规性评估(识别能够提高组织合规能力的控制和监管活动)等方面。数据治理的"五域模型"见表12-7。

表12-7 数据治理的"五域模型"

域的种类	五域内容
管控域	组织和岗位、制度、流程、绩效(数据认责、考核机制)
治理域	数据标准体系,如数据指标治理、交易数据治理、主数据治理
技术域	支撑手段,数据架构、工具平台(如元数据、指标、数据模型等)
过程域	评估与分析、规划与设计、实施、评估的PDCA循环等
价值域	数据价值(如财务建模及价值评估)、跨职能数据共享、数据变现等

12.3.2 企业数据治理项目的拆解

1. 企业数据治理项目的战略、目标与架构

企业的持续运营价值包括业务提升(如客户需求满足、产品创新、精准营销)、成本控制(如料、工、费的预算和复盘)、风险降低(如战略风险、经营风险等)以及资源整合基础上的规模和收益的最佳均衡。企业数据治理的战略示例如图12-9所示。

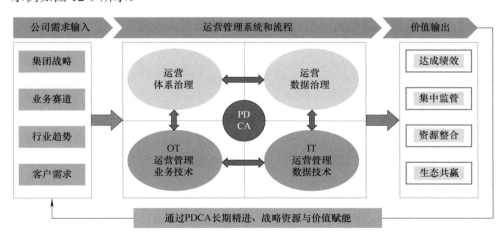

图12-9 企业数据治理的战略示例

数据治理的总目标包括数据资产高效使用、数据质量逐步提升、数据安全可靠等，细分目标包括建立支持业务战略的数据治理战略、制订和执行相关行动计划、设置数据质量标准、提供关键数据的管理、确保组织遵守与数据相关的法规、支持数据管理的项目、转化数据资产的评估等。为了企业数据战略的落地实施，需要厘清企业的业务、数据、应用和技术等维度的架构，企业的各类架构见表12-8。

表12-8　企业的各类架构

架构类型	功能或目的	元　　素	依　赖　关　系	角　色　举　例
业务架构	确定企业如何为干系人创造价值	业务模型、流程、功能、服务、场景、策略	为其他域制定需求	业务架构师和分析师、业务数据专员
数据架构	描述如何组织和管理数据	模型、定义、映射规范、数据流、数据接口API	管理那些由业务架构创建和需求的数据	数据架构师和建模师、数据管理专员
应用架构	描述企业应用程序的结构和功能	业务系统、软件包、数据库	根据业务需求对制定数据执行操作	应用架构师
技术架构	描述使系统能够运行和交付价值所需要的物理技术	技术平台、网络安全、集成工具	托管和执行应用程序架构	基础设施架构师

企业的数据架构是指不同抽象层级主要设计文档的集合，目标是在业务运营战略和技术实现之间建立桥梁，其主要任务和功能包括如下。

1）利用新兴技术所带来的业务优势，从战略上支持企业快速创新产品、服务和数据。

2）将业务需求转换为数据和应用需求，以确保能够为业务流程处理提供有效数据。

3）管理复杂数据和信息，并传递到整个企业或集团。

4）确保业务技术和IT技术保持一致。

5）为企业运营改革、商业模式转型和提高市场适应性等提供支撑。

2．数据治理的框架

1）数据标准管理，如标准维护、查询、执行稽查、分析、基本文档管理等。

2）数据模型管理，如模型的设计、测试、变更、可视化等。

3）元数据管理，如元数据维护、采集、分析、数据资产地图等。

4）数据资产管理，如资产注册、目录、重置管理、统计分析、成本与价值管理等。

5）主数据管理，如主数据整合、编码、维护、分析、共享等。

6）指标数据管理，如指标数据库、指标体系、指标评价、指标地图和应用等。

7）数据质量管理，如质量需求、质量权责、质量任务、质量分析等。

8）数据安全管理，如统一认证、角色认证、日志审计等。

9）数据交换和服务，如数据采集、交换、加工处理、共享等。

10）知识库管理，如知识库分类、内容维护、检索、审核发布等。

11）系统管理，如组织、用户、权限、参数配置、数据字典等。

3．数据治理项目的基本阶段

1）项目准备阶段，如项目章程、目标、范围等。

2）现状调研与分析阶段，如资料搜集、业务需求、主数据需求和数据管理现状等。

3）标准化系统构建阶段，如编码规则、分类规则、描述规则、管控架构、质量体系等。

4）数据平台搭建阶段，如数据创建、审批、修改、归档等全生命周期等。

5）数据清洗阶段，如数据清洗、排重、合并、编码，保证完整性、准确性和唯一性。

6）数据服务集成阶段，如接口配置、属性映射、同步管理、系统联调测试等。

7）运营体系建立阶段，如数据运维体系是由组织、制度、流程、知识库、平台组成。

12.3.3　数据质量管理

数据质量管理是指为确保满足数据消费者的需求，应用数据管理技术进行规划、实施和控制等管理活动。业务驱动因素包括提高组织数据价值和数据利用的机会、降低低质量数据导致的风险和成本、提高组织效率和生产力、保护和提高组织的声誉等。

导致数据低质量的原因有企业缺乏对低质量数据影响的理解、不完善的数据管理规划、孤岛式系统和流程设计、不一致的技术开发过程、不完整的元数据等文档、缺乏标准或缺乏治理等。根据 2020 年一份机器学习数据统计，即便使用 AI 等先进技术，最有价值的部分（如模型和算法）仅占 20%，而 80%的时间花在数据上,其中 50%的时间花在数据清洗和数据标签定义上。机器学习中的数据准备与模型算法时间占比分析如图 12-10 所示。

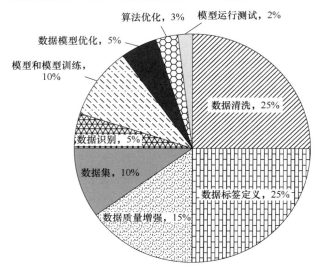

图 12-10　机器学习中的数据准备与模型算法时间占比分析

许多运营的显性或隐性成本增加、效率降低、额外损失等都与低质量的数据有关,如合规成本或罚款、无法正确开发票导致不能及时收取货款的损失、报废和返工、纠正成本、增加客服电话量、降低解决问题的能力和效率、因错失商业机会造成收入损失、组织效率低下或生产力低下、组织冲突、工作满意度低、客户不满意、机会成本(包括无法创新而失去业务机会)、声誉成本、风险缓解成本、其他(比如数据科学家、数据专业人员的流失)、影响并购后的整合意愿、增加被欺诈风险、由错误数据驱动的错误业务决策导致的损失、因缺乏良好信誉而导致业务损失等。基于这些惨痛的教训,数据质量管理应遵循以下原则:

1)重要性:改进的优先顺序应根据数据的重要性及风险水平来判定。

2)全生命周期管理:系统内部和系统之间流转数据链中每个环节都应确保质量。

3)预防:方案的重点应放在预防数据错误和降低数据可用性,而不是纠正记录。

4)根本原因修正:需要对流程和系统进行更改,而不仅仅从表象来理解和解决。

5)治理:必须支持高质量的数据开发、支持和维持受治理的数据环境。

第 12 章 运营数字化的项目管理

6) 标准驱动：对于可量化的数据质量需求应该以可测量的标准和期望的形式来定义。

另外还有客观测量和透明度、嵌入业务流程、系统强制执行、与服务水平相关联等原则。常见的数据质量维度见表 12-9。

表 12-9 常见的数据质量维度

质量维度	解释和描述
可用性	数据是否可理解、相关、可访问、可维护等
准确性	数据正确表示真实实体的程度，已经验证为准确的数据源
完备性	是否存在所有必要的数据，可在数据集、记录中进行测量
一致性	确保数据值在数据集内和数据集之间表达不存在差异
完整性	引用的完整性，或数据集内部的一致性，没有数据缺失
合理性	数据模式符合预期的程度，如地区销售额
及时性	数据值是否是最新版本，数据体现特定时情况的真实程度
唯一性	数据去重、数据集内的任何实体不会重复出现
有效性	数据值与定义的值域一致性（如格式、种类、范围）
可靠性	数据可验证且是经过验证的，数据保护和数据安全到位
灵活性	是否能与其他数据可兼容、可用于新用途等
价值性	数据以最佳方式被使用，并有一个良好的成本与收益状况

高质量数据的作用包括：改善客户体验；提高生产率；降低风险；快速响应商机；增加收入；洞察客户、产品、流程和商机，获得竞争优势；从显著的数据安全和数据质量中获取的竞争优势等。数据质量管理是动态的，数据只有在使用过程中才会发现问题，越用越准，越用越有价值。数据质量的 PDCA 见表 12-10。

表 12-10 数据质量的 PDCA

阶段	内容
P	问题的根本原因分析、影响和优先级、成本/效益，解决备选方案
D	致力于解决问题根源，持续检测数据质量，业务团队和技术团队一起实现
C	积极主动对数据质量进行监控，数据质量达到定义的质量阈值标准
A	主要定位和解决新出现的数据质量问题，循环周期重新开始

循环开始于现有测量值低于质量阈值，出现了新的需要进一步审查的数据，对现有数据集产生了新的数据质量要求、业务规则、标准或期望发生了改变等。

对有效数据质量形成障碍的原因包括部分管理者和员工缺乏数据质量意识、缺乏业务治理、无效的衡量工具。而在实践中被证明有效的因素包括高层支持、愿景清晰、干系人参与等。

12.3.4 主数据治理

主数据是业务实体（如雇员、客户、产品、资产等）数据，满足跨部门协同需求，反映核心业务实体状态属性的基础信息。主数据属性相对稳定，准确度要求更高，且可唯一识别，业务规则规定了主数据的格式和取值范围。主数据包括干系人（如客户、供应商、商业伙伴、竞争者等）、产品和服务、财务体系等。主数据特征如下：

1）跨部门：协同需要，各部门都需要的数据，最大公约数据。
2）跨流程：不依赖某个具体业务流程，但主要业务流程都需要。
3）跨主题：不依赖于特定业务主题而又服务于所有业务主题、业务实体的核心信息。
4）跨系统：服务于但又高于其他业务信息系统，需要集中化、系统化、规范化。
5）跨技术：应用一种能够被各类异构系统所兼容的技术，面向微服务架构。

主数据包括配置类、核心类、条件类、交易类、指标类等。主数据架构示例见表 12-11。

表 12-11 主数据架构示例

类 别	概 念	举 例
配置类	数据字典、代码、属性分类	区域、计量单位、语种、运输方式
核心类	业务对象，在多个系统中应用	组织、资产、客户、供应商、产品、物料
条件类	不同时间或场景下的数据	采购目录、价格、汇率、利率
交易类	实体业务行为数据	销售订单、采购订单、发票、会计凭证
指标类	报表的主题、维度、事务类型	数据指标、损益表、销售报表、库存报表

评估企业的主数据管理情况，需要识别以下几点。

1）哪些角色、组织、地点和事物被反复引用。
2）哪些数据被用来描述人、组织、地点和事物。
3）数据是如何被定义和设计的，以及数据颗粒度细化程度如何。
4）数据在哪里被创建或来源于哪里，在哪里被储存、提供和访问。
5）数据通过组织内的系统时是如何变化的。
6）谁使用这些数据，为了什么目的而使用。
7）用什么标准来衡量数据及其来源的质量和可靠性。

主数据治理是涵盖主数据全生命周期的过程，如数据模型管理、数据采集、数据验证标准化和丰富、实体解析、数据共享和管理工作等。主数据管理活动包括：

1）识别驱动因素和需求，如提升客户服务或运营效率、降低决策风险等。
2）评估数据源、数据属性和数据颗粒度、数据源之间的差异并整合。
3）基于限于数据源平台定义架构方法。
4）主数据建模和参考数据的整合，逐步推动主数据使用。
5）数据指标管理，如指标口径统一化、体系完整化、指标映射关系等。

12.4 数字化集成平台的项目管理

12.4.1 没有数字化集成平台的痛点和需求目标

1. 没有数字化集成平台的痛点和现状

1）数字化建设处于无序状态，如条块分割、孤岛丛生、重复投资、低水平建设等。
2）重硬件和应用系统建设，轻视数据分析和应用，不能满足运营决策需求。
3）不能满足业务快速变革，传统的 IT 部门和死板的系统成为业务的掣肘。
4）运营流程和管理的完善滞后于数字化系统建设，深层次问题仍然突出。
5）IT 与业务部门的不协同，比如数字化需求定义、实施和测试诸多冲突。
6）IT 内部各自为政，如集团 IT 部门与分子公司 IT 部门之间不吻合。
7）业务职能部门之间不协同，如每个职能部门统计的绩效都很好，但企业绩效差。
8）基于错误或片面的数据和指标，而做出错误或片面的运营决策。

诸多痛点和问题产生的根本原因是企业缺乏总体数字化架构设计，缺乏以创新为主线指导规划的制定、缺乏以总体架构方法为指引加强整合、缺乏以数据分析应用为重心提升应用层次等；从项目组合上看，缺乏长远规划、整体规划，资源整合度低，缺乏统一的数据共享与集成平台等。

2. 数字化平台的需求目标和功能目标

1）保证业务的连续性和网络安全及平台稳定。
2）支持关键业务流程，如寄售、VMI、滚动计划、联合库存、全流程可视化等。
3）支持 MTO（按订单制造）、MTS（按库存制造）等多种方式，提升企业

制造业运营管理的数字化实践

协同生产和柔性制造能力，比如当接到客户一张量产大订单时，可以很快排出准确交付期。

4）支持现有系统之间的集成，如 PLM 与 ERP 的集成，ERP 与 MES 的集成，支持批次序列号管理和条形码全流程应用，支持产品质量追溯、"单件流"需求等。

5）支持广义供应链协同，如与客户和供应商之间的数据交换（EDI）和数据共享。

6）支持企业私有云应用以及手机等移动终端的应用等。

7）根据企业战略调整，如收购、出海等，伴随着业务发展和组织架构变更（分拆、合并、新增、跨国业务）、部分外包等业务需求，平台应具备相应的弹性和灵活性。

12.4.2 数字化集成平台的项目管理要点

1. 数字化集成平台的建设战略、顶层设计步骤和计划

在数字化平台的建设战略上，要遵循统一规划、统一组织、统一管理的原则，在企业整体战略指引和管理支撑下，促进 IT 与 OT 的协同，基于 IT 端的实施基础条件，对数据集成平台各维度做好规划，数字化平台的建设总项目战略示例如图 12-11 所示。

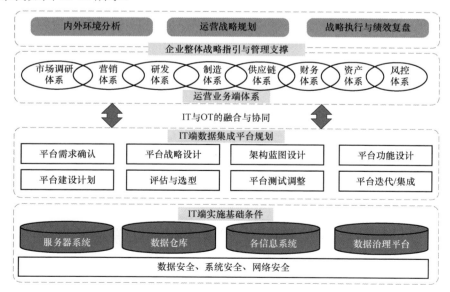

图 12-11 数字化平台的建设总项目战略示例

第 12 章 运营数字化的项目管理

澄清了数字化集成平台战略以后，还需要对数字化集成平台战略做拆解，从而设计平台建设的步骤，企业不仅要基于现有的战略，还要评估 3 年之后的行业趋势、客户需求变动的预测、资源的变动等，从而让未来持续改进和迭代升级的难度和成本相对变小。数字化集成平台建设项目的递进示例如图 12-12 所示。

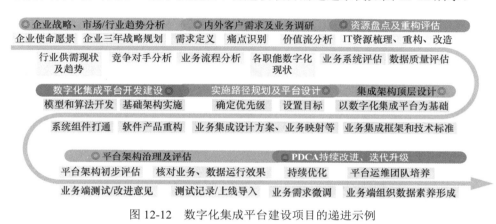

图 12-12 数字化集成平台建设项目的递进示例

就像在生活中坚持在健身房锻炼的人大多是身材好的人一样，大多数在阶段性成功实施或布局了数字化的企业，在实践中懂得"只要大方向对了，干就是了（Just do it)"，在项目计划上也重视充分利用现有条件厚积薄发、循序渐进，小步快跑，在解决基础运营信息化后，进入解决业务管理网络化，最后运营决策智能化。某企业三阶段数字化升级项目计划示例如图 12-13 所示。

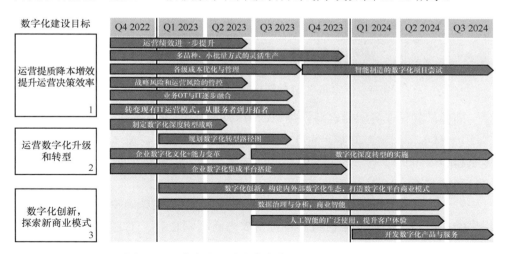

图 12-13 某企业三阶段数字化升级项目计划示例

制造业运营管理的数字化实践

企业没有"毫无价值"的项目经历（哪怕是 20 年前走过的弯路、掉过的"坑"），比如在数字化之前，那些真正曾经实施过精益生产、VMI、JIT 等运营实践，或真正上线和应用了 MES、PLM、MRP、APS 等系统的企业，甚至那些曾"有幸"被链主客户"虐过"的企业（如严格实施 IATF16949 的体系和流程、被客户"逼"着数字化提升）等，不管回首往事是"歇斯底里"还是"喜极而泣"，只要企业坚持下来，那些曾经的汗水和泪水，都必将化作数字化项目前进道路上的基石。

长期战斗在数字化一线的人们，会在实践中悟出"小失败是成功之母，小成功更是成功之母"，比如某企业对 SCM 控制室项目，期望有力配套集团"数字化集成平台"总项目，且已经具备了 ERP、SRM、WMS 等系统的实施条件，那必须在内外部如标准化上做基础工作，包括但不限于如 SCM 内部标准化、与其他职能（如财务、研发、制造）等数据和指标统一、现有仪表盘（大数据绩效面板）等数据的映射等。某企业 SCM 控制室的前期项目基础阶段计划示例如图 12-14 所示。

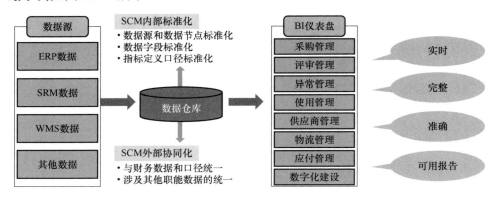

图 12-14 某企业 SCM 控制室的前期项目基础阶段计划示例

同样，其他业务职能也要做类似的布局和计划，仅举例如下。

1）财务部门要做好基于企业宏观的指标定义和标准、成本中心代码、预算体系和绩效考评体系、其他业务职能的绩效指标映射和绩效统一、财务风险点的自动触发等。

2）研发部门要做好各类 BOM 的统一和映射，不仅精确映射客户的成品、制程的在制品、采购的原材料，还包括委外商制程映射、工艺映射、售后服务的备品备件映射等。

3）制造部门要做好各级生产计划、产能瓶颈预警、物料库存计划和采购需求计划的均衡，基于各级 BOM 的全球物流调配计划等。

2．基于数据基础条件的建模

建模的数据类型包括：①类别信息（如按市场类别分类的客户、产品分类、订单分类等）；②资源信息（如产品、客户、供应商、设施、组织和账户等）；③业务事件信息（在操作过程中创建的数据，如客户订单、供应商发票、现金流等）；④详细交易信息等。

构建数据模型的组件包括实体、关系、属性、域等层面。实体是指核心元数据，描述的业务规则应清晰、准确、完整；关系是指实体之间的关联，实体之间的高级别交互、逻辑实体之间的详细交互以及物流实体之间的约束；属性是指描述或者度量实体某方面的性质，可能包含域；域是代表某一属性可能被赋予的全部可能取值。常见的实体一览表见表 12-12。

表 12-12 常见的实体一览表

类 别	实 体 定 义	示 例
Who	谁对企业重要	客户、员工、供应商
What	产品或服务的类别、类型等属性	产品、服务、原材料、成品
When	日历或时间间隔，业务什么时候开始运营	财务周期、月份、季度、年份
Where	实际场所、电子场所、业务哪里进行	分发点、网址、IP 地址
Why	使得业务维持的事件	订货、退货、投诉、查询、交易、索赔
How	文档提供事件发生的证据，如采购订单	发票、合同、协议、账户、订单、装箱单、交易确认书
度量	在时间上或超出时间单的其他类别的计数、总和等	销售、项目计数、付款、余额

一个好的数据模型评价的维度包括是否反映了业务需求、模型的完整性、结构、定义、与数据架构的一致性等。数据建模质量计分卡示例见表 12-13。

表 12-13 数据建模质量计分卡示例

序 号	类 别	总 分	得 分	备 注
1	数据模型反映了业务需求	15	12	不能完全达到部分高端客户需求
2	模型的完整性	15	13	相对完整但仅限主营业务部分
3	模型的结构	15	13	结构科学但迭代更新不够
4	模型的定义	10	9	相关定义相对准确
5	模型与模式的匹配	10	8	与智能制造模式迭代不够
6	与元数据的匹配度	10	9	与元数据匹配较好
7	模型的通用性	10	8	不同事业部和分子公司差异大

(续)

序号	类别	总分	得分	备注
8	模型与企业数据架构的一致性	5	4	与数据架构较为一致
9	模型的可读性	5	5	模型可读性高
10	遵行命名标准	5	5	命名标准明确
	总计分数	100	86	需紧随数字化深入战略

在建模的过程中，需要数据仓库（DW）是将来自不同系统的数据整合到通用数据模型中，使其易于访问并可用于分析，目标主要有支持业务活动、赋能商业分析和高效决策、基于数据洞察寻找创新方法等，功能至少包括以下两个方面。

1）理解组织诉求并寻找机会，数据分析结果用来提高组织决策的成功率，获得关于产品、服务以及客户等方面的洞见，为实现企业的战略目标做出更好的决策。

2）支持这类数据分析活动的技术集合。决策支持工具、商务智能工具的不断进化，促成了数据查询、数据挖掘、统计分析、报表分析、场景建模、数据可视化及仪表板等一系列应用，如从业务预算到高级分析的各个方面。

数据建模的本身也是对数据的使用，如 ETL（抽取、转换、加载)、数据挖掘、机器学习和预测分析，通过探索数据的规律构建预测模型，整合数学、统计学、计算机科学、信号处理、概率建模、模式识别、机器学习、不确定性建模和数据可视化等方法。

数据建模可在传统 BI（商业智能）分析基础上延伸出预测性分析和规范性分析，传统 BI 分析、预测性分析和规范性分析比较见表 12-14。

表 12-14 传统 BI 分析、预测性分析和规范性分析比较

分析方式	传统 BI 分析	预测性分析	规范性分析
基础依据	数据仓库	数据科学	高级数据科学
方法特点	后见之失	洞察之力	先见之明
分析基础	基于历史数据	基于预测模型	基于业务场景
分析逻辑	发生了什么，为什么发生	将要发生什么，何时发生，发生的原因	要做什么促进事件良性发生
结论特点	描述性	预言性	指定性

数据建模的功能还有很多，通过模型的归纳性分析，得出影响产品质量和/或制造成本的所有相关因子，从而提升和改进质量，或降低制造成本；通过影响设备刀模的使用寿命的因素，通过改变或微调相关因子而提升刀模的寿命，通过刀模接近寿命中止时的其他因素的预警，从而提前更换刀模而节约生产中断带来的成本和时间损失等。

第 12 章 运营数字化的项目管理

案例 1：印智互联赋能某企业的数字化项目总包方案

某企业的运营业务痛点复盘，包括但不限于如下。

1）在营销层面：销售计划及目标难以预测，导致销售与 PC、MC 及采购、仓库、生产等协同部门工作量增加，运营成本增加；利润评估不准确，不能准确核算成本和价格。

2）在生产层面：没有具体的排产规则和策略，无法确定订单的完工时间，齐套管理难以实现，生产计划异常、紧急插单、计划变动等处理困难；生产报工、进度管控、半成品流转、设备管理等都存在不同程度的问题。

3）在财务层面：业财数据分离，手工做账，发票管理、费用管理、固定资产、财务凭证、财务总账等效率低；成本数据统计不精确，不能为经营决策提供数据支撑。

印智互联给该企业提供了一体化解决方案，围绕调研痛点问题和需求，用了 6 个月的时间为该客户企业量身打造整体数字化、智能化系统建设框架，实现了生产全链条、管理数字化全流程、上下游信息全联动、服务客户全方位、协同生产全覆盖五大改革场景。该项目以小智 AI 专业数字化管理平台为基石，包含 ERP 系统、MES 系统、APS 高级排程系统、设备数据采集与管理系统、BI 智能分析及可视化看板系统等核心功能组，实现各子系统的数据互联，杜绝新的信息孤岛和自动化孤岛，为信息化到数字化再到智能化系统性战略需求奠定了夯实的基础。小智 AI 数字化管理平台数字化项目流程图如图 12-15 所示。

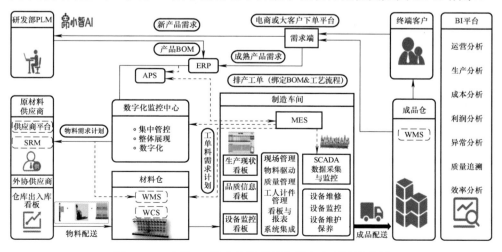

图 12-15　小智 AI 数字化管理平台数字化项目流程图

制造业运营管理的数字化实践

为企业构建了一体化的信息系统平台，将生产端 ERP 和 MES 系统与财务系统进行深度集成，实现公司产、供、销及财务核算一体化管理，在一个系统实现各分子公司业务及账务交叉，打造财务集团化管控体系。财务业务一体化逻辑如图 12-16 所示。

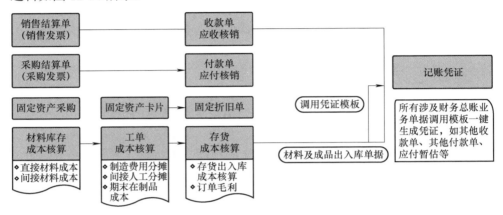

图 12-16 财务业务一体化逻辑

基于财务业务一体化逻辑，印制互联协助该客户打造了财务监控大屏，涵盖客户回款排行、应收和应付金额、周转天数、业务员回款排行、库存账龄分析等维度，财务监控大屏示例如图 12-17 所示。

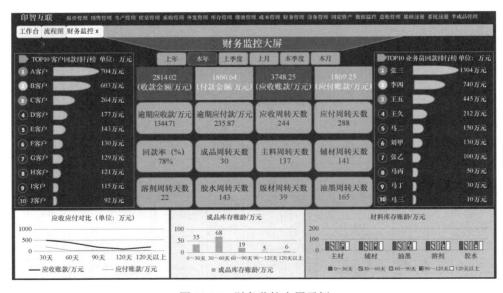

图 12-17 财务监控大屏示例

企业采用印智互联成本核算体系，将成本核算细化到每道工序的投入和产出，及时准确地核算出企业的标准成本、实际成本、差异成本，并提供了智能、科学合理的数据分析体系，实现企业控本、降本、增益的目标。一体化成本核算逻辑如图12-18所示。

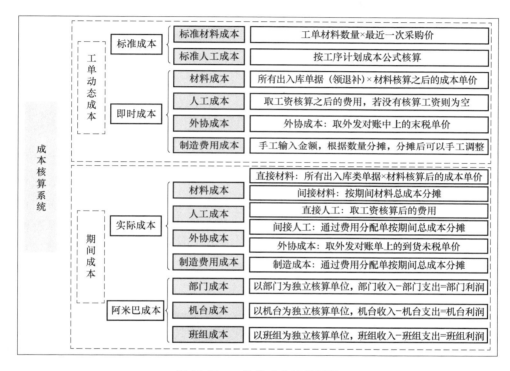

图12-18 一体化成本核算逻辑

除此之外，总方案实现了如下数字化成效。

系统集成化，印智互联 MES 系统与车间设备对接，进行数据自动采集，消除企业的信息孤岛现象，将计划、进度、人、机、法、料、环、测八大生产相关要素的信息无缝连接，在数据基础上建立标准化的业务生产流程。

决策科学化，通过数据收集、稽查、整理、分析，提供多维度、精细化的各职能部门运营分析报表、成本报表，财务报表为公司的管理层提供决策依据。

生产自动化，实现生产计划、生产排程、生产调度、生产报工等信息化覆盖，实时全程监控，解决半成品流转衔接等问题，已落地 APS 高级排程系统为企业 PMC 部门节省了 50%的人力成本。

制造业运营管理的数字化实践

数据可视化，实现三维可视化工厂设计方案，集成生产工艺、设备信息、质量管控、人员流向、应急演练等功能，为生产操作和管理人员提供直接的业务场景展示。

企业系统基于 AI 算法建模，将 CRM、ERP、APS、MES、WMS 等系统打通，实现流程自动化、运营智能化，为企业节省了 80%的人工操作成本。各类行业软件如业财一体化管理，支持一键批量生成凭证、按需扩展凭证生成方案，财务工作效率可提高 30%。在长期规划方面，未来基于更先进的 AI 技术，最终实现智能化工厂的战略目标。

案例 2：苏州丹卡通过深度数字化走向"专精特新"之路

苏州丹卡精密机械有限公司是一家专业从事精密钣金结构件及 CNC、冲压加工件的设计与制造的生产型企业，产品广泛应用于通信、电气、医疗、工业控制、新能源等领域，从 2012 年一家小型传统钣金企业发展为如今具有先进的智能制造设备和严谨、高效的质量管理体系，完整的全工站工艺制造，从产品设计、方案验证到制作加工、产品喷涂、检测、组装和仓储物流等环节，可为客户提供全方位解决方案。数字化互联工厂的月生产过程数据分析示例如图 12-19 所示。

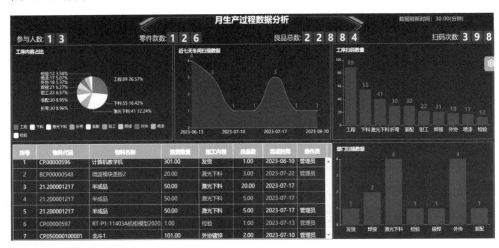

图 12-19 数字化互联工厂的月生产过程数据分析示例

基于数字化互联工厂的驱动，工厂互联驱动了精益化流程。从顾客订单到客户订单的全链路追踪如图 12-20 所示。

第 12 章　运营数字化的项目管理

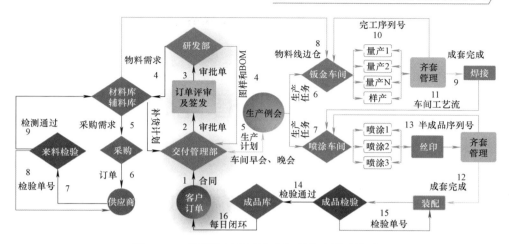

图 12-20　从顾客订单到客户订单的全链路追踪

在实现精益制造、互联工厂的同时，在全面质量管控系统中，实现了全流程管理和单件流的产品质量追溯，如图 12-21 所示。

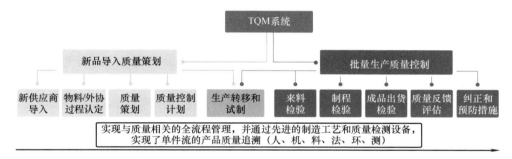

图 12-21　全流程管理和单件流的产品质量追溯

【案例评析】

虽然规模上是一家制造业中小企业，但仍可以成功实施数字化转型，苏州丹卡运营战略上既顺应了市场和客户的需求从"少品种、大批量"向"多品种、小批量"的定制化需求，还通过夯实内功和发挥企业内部软硬件条件推动数字化转型项目，把产品做精做深，更加顺应了市场和客户的需求。

第13章 深度数字化和智能化展望

13.1 制造业运营创新需要持续开采大数据的金矿

13.1.1 制造业运营数字化绩效和不足分析

1. 制造业运营数字化绩效和不足统计

某专业调研机构根据上个年度的持续调研，在2022年发布了制造业企业数字化的发展态势，以下调研占比数据具有一定的参考意义。

1）数据共享：实现了内部数据共享的企业占75%，但仅有14%的企业搭建了大数据平台，12%的企业基于模型开展数据分析及应用，5%的企业部分实现了智能决策。

2）数字化研发设计：运用了面向产品的研发设计、CAD、试验仿真系统、协同研发系统或平台的企业达89%，实现三维模型设计的企业达55%，建立了典型组件和设计知识库的企业占32%，应用了数字化建模仿真技术的企业占30%。

3）设备数字化率：实现设备数字化企业占比达58%，其中24%的企业具备自动化物流设备，22%的企业在关键工序实现质量在线检测。

4）设备互联互通能力：实现生产数据自动采集的占比达41%，实现设备联网和设备数据采集的占比为29%，实现质量全流程追溯的仅有17%。

5）生产作业可视化程度：实现了生产过程可视的企业占比为29%，实现标准化作业文件自动下发的企业占比为30%，而只有11%的企业应用了高级排产系统。

6）智能仓储应用：仓储管理系统应用率达30%，使用条形码、二维码、无线射频等技术的占比为28%，而仅有10%的企业实现了基于生产需求的精准配送。

7）产业链与供应链的集成：13%的企业实现供应商信息协同，只有6%的企业逐步打造智慧供应链，如动态仓储分析、精准库存预测、缩短交付周期等。

第13章 深度数字化和智能化展望

8）系统集成与数据互联：只有21%的企业制定了完整的系统集成架构和规范，仅有13%的企业能够实现设计、生产、物流、销售和服务全业务的集成。

9）绿色低碳制造：应用能源管理平台的企业占26%，碳排放统计的企业占23%，实现闭环管理的企业占10%，仍需综合利用能效数据，优化设备运行参数和低碳工艺等。

10）工业知识的沉淀：着手智能制造技术创新和管理创新的企业占31%，建立了知识管理平台的企业占14%，将专家知识数字化和软件化的企业占11%。

2．工业大数据开采的痛点

在数字化之路上，不要幻想走捷径或弯道超车，更难跨越式发展，最后一定是得不偿失。可适当加速，但不可揠苗助长。企业数据素养和数字文化，不是一朝一夕而成。数据是制造业企业开展运营数字化或数字化转型的核心要素，而数据治理能力不足导致数字化事倍功半，数据能力不足因素调研统计如图13-1所示。

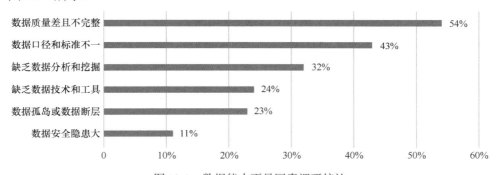

图13-1 数据能力不足因素调研统计

对于大型制造企业而言，很多企业已建立了规划数据战略并实施了全生命周期管理，搭建了数据中台，打破系统孤岛，并根据业务场景做数据存储、加工和运维、协同共享等，但对于占绝大多数的制造业中小企业而言，尚有较大差距。某调研机构在2022年从不同的评分维度，并以每个维度满分10分对整体行业和制造业中小企业的数字化评比。制造业中小企业与整体行业数字化评分比较见表13-1。

表13-1 制造业中小企业与整体行业数字化评分比较

评分维度	整体行业	中小制造业	评分维度	整体行业	中小制造业
战略认知	8.3	2.2	数字化决策	8.4	5.9
人才储备	9.6	7.8	数字化生态	7.7	5.6

制造业运营管理的数字化实践

（续）

评分维度	整体行业	中小制造业	评分维度	整体行业	中小制造业
资金投入	8.9	6.7	销售营销	8.7	6.8
数据完整性	9.3	6.9	客户体验	8.9	6.1
数据质量	8.3	2.7	数字化生产	9.3	6.9
算法基础	8.7	5.8	数字化研发	7.7	3.3
数字化程度	8.8	6.5	物流仓储	8.1	7.6

数据质量至关重要，错误数据导致企业做出错误决策。数据全生命周期管理涵盖数据生成、采集、存储、加工、分析、服务、安全、应用等，数据的准备工作复杂、低效，数据分析师和 AI 开发者要等数据 ETL 任务完成后，才能做分析和建模工作，即使用 AI，超过 80% 的时间用来准备数据，这些都不符合企业数字化转型。数字化转型底层逻辑是在产业内部价值体系发生深刻变革和产业外部环境不确定性加剧的情况下，为提升自身核心竞争力，维持可持续高增长的系统性业务变革，基于价值体系重塑下的数字化转型示例如图 13-2 所示。

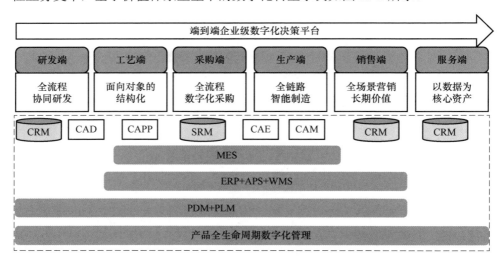

图 13-2 基于价值体系重塑下的数字化转型示例

基于价值体系重塑的深度数字化也是智能制造的前提和基础，如逐步打造产品智能化建模与开发系统、全集成自动化生产系统（工艺和设备规划、生产布局、过程仿真、产能优化、维修保养管理等），有力驱动数字孪生等技术应用（模拟系统-测试系统-数据孪生-虚拟和现实比较），如数字孪生在工厂生产线、装配线等场景中收集数据，结合各种参数对获取的数据进行分析，提供三维可视化界面，让企业深入且直观了解相互依赖的设备、部件、流程和系统的状态，采取预防性、预测性措施，大幅降低对产品、流程和系统的异常，进而有助于缩短停运时间，从而提高制造价值流的整体效率。

13.1.2 企业数字化流程转型

1. 数字化时代的组织低效内耗问题探讨

传统金字塔组织体系下永恒的难题包括部门墙、信息栅、流程梏和文化裱。部门墙是企业职能之间各自为政、一盘散沙，各类委员会林立、大小会议不断；信息栅是指运营底层信息传递不上来，高层决策落实不下去，沟通不畅通，通常中层各级阻隔了企业内的信息传递；流程梏是指为了流程而跑流程，比如无数个签字，签字是否必要无人问津，若有错就一错到底，将高高的文件和工作成绩画等号；文化裱是以高标准的企业文化为幌子，企图用空洞的企业文化来解决实际运营问题，冰冻三尺非一日之寒，从数字化逻辑看组织端和数据端的问题关联见表 13-2。

表 13-2 从数字化逻辑看组织端和数据端的问题关联

组织端	组织端问题概述	数据端	数据端问题概述
部门墙	职能间无协同	系统孤岛	切断系统功能联通和应用连贯性
信息栅	中层阻隔信息	数据孤岛	阻断数据交换实时性、准确性、完整性
流程梏	低值形式内耗	业务孤岛	业务节点串联流转效率低下，非有机体
文化裱	文化形同虚设	互联缺失	系统、数据、业务之间均分散割裂

三重孤岛彼此联系，"成功"地降低效率或各类降本增"笑"，优质的资源在沉睡、浪费（品牌、资源、技术、人才等），像不能释放潜能的死火山，将系统和数据隔离。系统和数据层级功效见表 13-3。

表 13-3 系统和数据层级功效

层级	层级功效	系统和数据的作用层级描述
第1层	辅助运营	协助运营监测，系统可以部分执行控制但数据需人工映射
第2层	部分数字化	持续运营检测，系统可以执行部分数据映射并执行控制
第3层	初级自动化	系统可以在设定的运营模式下完全自动控制，但不能应急处理
第4层	高级自动化	可实时监测运营流程，阶段性提出预警并根据指令应急处理
第5层	完全智能化	根据流程和商业模式组合实时执行操作、应急处理、持续预警

企业的外部市场竞争压力逐步上升，企业需要数字化系统和平台降本增效，云计算、大数据、人工智能、工业物联网技术的日新月异奠定了技术基础，企业应根据自身业务运营需要和实际状况，充分利用内外部数据，建立智

能算法平台，充分利用数据资产价值。运营数字化金三角如图 13-3 所示。

企业要有拥抱问题的心态，分析和解决运营问题，结合数据、模型和算法不断迭代和提升数字化能力，逐步推动价值重塑，先内而外，从而打造企业全面数字化生态。

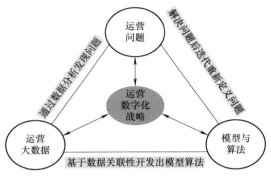

图 13-3 运营数字化金三角

2. 数字化的流程管理

目前诸多企业上线了 OA（办公自动化）系统，支持各职能业务流程线上作业，但同时 OA 系统承载的孤岛系统越来越多，其技术架构已无法满足端到端业务管理的诉求。数字化转型的目的是要将业务流程实现数字化，为业务职能的运作与协同配备先进的数字化工具，通过高效的数字化系统将流程化、规则化的业务实现自动化运营，提升业务运作效率的同时，保证业务运营准确可靠。不仅要规划流程架构，还要形成流程数字化资产，对流程文件进行全生命周期的管理。同时，借助流程梳理平台（BPA）和流程执行平台（BPM），将流程与各业务系统打通与集成，实现端到端的透明业务流程管控。企业级数字化业务流程管理体系示例如图 13-4 所示。

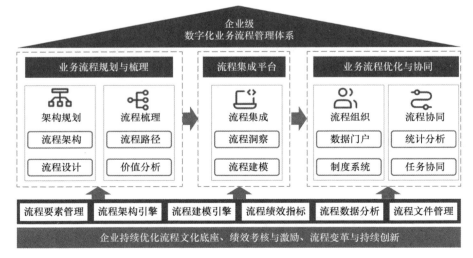

图 13-4 企业级数字化业务流程管理体系示例

在数字化业务管理体系下,企业要制定集团或企业级标准,深入业务场景,流程横向到边、纵向到底,要做好基本的三个统一。

1)统一流程平台:相关用户可直观查看所有业务流程详情,可快速发起、办理和查看流程相关内容,实现流程统一办理、追踪查看和展现。

2)统一流程管理:通过对业务流程的梳理设计,在流程管理平台中以配置化方式实现端到端业务流程的统一建模、运行和监管。

3)统一流程集成:流程建模和运行中需要与第三方业务系统(如 SRM、CRM)对接,通过集成平台配置化方式实现数据集成对接。

3. 流程数字化组织

以数字化增值为目的,以流程来分配权力、责任及资源的组织,就是流程数字化组织。数字化流程组织功能示例如图 13-5 所示。

图 13-5 数字化流程组织功能示例

1)建立企业流程架构、业务场景架构模型,并建立可视化流程体系,推动数字化转型落地。

2)建立统一流程标准,保障流程设计规范,采用最佳实践模板,推动标准化落地。

3)推动业务流和数据流的要素关联,依托流程节点推动事前管理。

4)夯实端到端管理机制、推动企业变革能力提升,实现横向协同、全流程、智能化运行,让业务流自动在平台上找到部门和人,保证企业流程运营管理机制的有效落地。

打造数字化流程型组织,需要跨部门协同,需要横向拉通,打破部门墙、系统壁垒,资源是各职能部门共有,由此营销部可以调动研发部,研发部也可以指挥营销部。让业务创造活动不受部门利益的干扰,部门墙被大大削弱,流程得以水平拉通。另外,每个部门在流程的驱动下寻求其他部门的合作,看成内部客户,提供较好的服务来获取支持,并形成长期稳定的合作关系,数字化流程组织也让企业去中心化成为可能。

流程化组织是推动流程数字化和企业数字化转型的中心,随着企业数字化的不断深入和迭代,企业运营决策逐渐智能化,数字化前后的运营决策对比见表 13-4。

表 13-4 数字化前后的运营决策对比

数字化前	业务痛点	深度数字化后（化被动为主动）
流程人工干预多	不能如实感知业务	数字化流程，全面感知业务运营状态
非实时且不完整	盲人摸象	数据模型驱动快速决策
冗长且僵化	效率太低	通过平台使运营灵活、敏捷、迅速响应
事后诸葛亮	损失不可挽回	事前主动预警、系统模拟、指引业务
依靠经验	受制于"能人"	依靠相关性分析，比如影响质量的因素
手工报告做决策	不能科学决策	基于数据分析和挖掘后的准确决策

13.2 构建企业运营全面数字化的设想

13.2.1 数字化是制造业必选之路，而不是可有可无

随着产业领域数字化发展，全球产业数字化转型已进入规模扩张和深度应用阶段，数字化转型应用领域已由研发和生产协同向供应链协同、绿色低碳方向延伸，工业互联网等技术推动了产业高端化、智能化、绿色化、融合化。平台作为转型的重要支撑，并与 AI、5G 等数字技术深度融合，制造业企业数字化转型路径如图 13-6 所示。

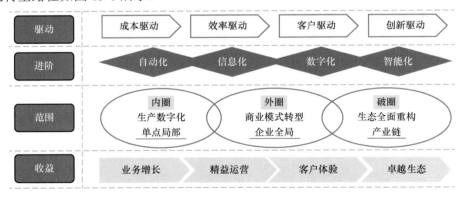

图 13-6 制造业企业数字化转型路径

企业运营管理在局部数字化跑通后，在数字化顶层设计的指导下形成企业级端到端数字化解决方案，在全流程、全业务、商业模式上进行数字化迭代。而再进入生态产业链上的数字化重构，以智能化、网联化的创新产品形态满足客户的定制化需求。

注意数字化过程不是买椟还珠，而是优化和递进，不是跨越更不是弯道超车。先立后破，每一步都是迭代的基础，逐步扩充必要充分条件，基于数字化

的深入，逐步朝智能制造和超级自动化工厂发展，从数字化到智能制造框架示例见表 13-5。

表 13-5 从数字化到智能制造框架示例

层级	从数字化到智能制造框架和细分模块
资源层	企业资源计划、资产管理、财务管理、成本管理、库存管理、销售管理
管控层	高级排程、数字化工艺及仿真、数字化采购、项目管理、客户/供应商协同
制造层	生产调度、追溯管理、设备与能源管理、质量管理、物流管理、仓储管理
作业层	车间看板、工位应用界面、移动应用界面、智能终端界面等
控制层	SCADA 数据采集与监控、控制系统（工业交换机、HMI、PLC、嵌入式软件等）
设备层	压铸、冲压、钣金、涂装、总装、物流、立体仓等设备及各类传感器等

数字化是工具和手段，重要的不是框架和层级，而是具体的实施和进步，数字化成功之道，每个企业都是不一样的，但精益化、信息化、数字化、智能化之路，殊途同归。

13.2.2 人工智能及其子领域的应用

人工智能（Artificial Intelligence，AI），是利用数字计算机或者数字计算机控制的机器模拟、延伸和扩展人的智能，感知环境、获取知识并使用知识获得最佳结果的理论、方法、技术及应用系统，人工智能基本逻辑示例如图 13-7 所示。

图 13-7 人工智能基本逻辑示例

业界普遍认为 AI 是计算机科学的一个分支，它的目标是让计算机及相关技术能够执行通常需要人类智能才能完成的任务，如学习、推理、问题解决、语言理解、感知、决策等，AI 领域包括但不限于如下。

1）机器学习（Machine Learning）：让计算机系统能够通过数据学习和改进的技术，包括监督学习、无监督学习、强化学习等方法，可用于预测、分类、聚类等任务。

2）深度学习（Deep Learning）：通过构建深层神经网络模型来进行复杂模式识别、特征提取，如图像识别、自然语言处理等。

3）自然语言处理（Natural Language Processing，NLP）：使计算机能够理解、处理和生成人类语言的技术，它涵盖了语音识别、文本分析、情感分析等应用。

4）计算机视觉（Computer Vision）：使计算机能够理解和解释图像、视频的技术。计算机视觉应用包括图像识别、目标检测、人脸识别等。

5）强化学习（Reinforcement Learning）：让计算机系统通过与环境交互来学习最优策略的技术，它在控制问题和决策问题中有应用，如自动驾驶和游戏AI。

6）专家系统（Expert Systems）：基于规则和知识库的技术，用于模拟细分领域专家的推理过程，从而做出决策、解决场景问题。

这些领域在 AI 应用的过程中通常是复合叠加的，如 2023 年全球火爆的 ChatGPT 就属于机器学习、自然语言处理、计算机视觉等子领域的融合。但也有专家认为，AI 是由计算机、心理学、哲学等多学科融合的交叉学科和新兴学科，范围还包括脑机接口、超导体等一系列领域研究。

根据 Gartner《2022 年人工智能技术成熟度曲线》报告，尽早采用复合型 AI、决策智能等 AI 技术将给企业带来明显的竞争优势，并缓解 AI 模型脆弱性引发的问题，有助于捕捉业务信息，推动运营价值实现。但企业很难分辨哪些 AI 技术具有业务价值，数据和分析（D&A）领导者需制定具有前瞻性的 AI 战略，并充分利用当前可产生重大影响的技术。AI 技术成熟度曲线如图 13-8 所示。

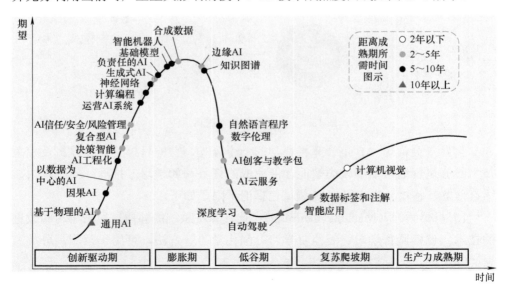

图 13-8　AI 技术成熟度曲线（来源：Gartner，截至 2022 年 7 月）

Gartner 认为，复合型人工智能和决策智能将在不到 5 年的时间内成为主流技术。

（1）合成数据

为有效训练 AI 模型而获取真实数据并进行标记，既耗费时间也耗费成本，将给企业带来沉重的负担，合成数据有利于解决这个问题，且合成数据在去除个人身份信息（PII）方面也有重要作用。

（2）因果人工智能

AI 是根据统计关系（相关性）进行预测，无论这些关系是否构成因果关系。当企业需要更规范、精确地确定哪些最佳行动可促成特定结果时，因果 AI 可发挥至关重要的作用，该方法能够提高 AI 技术的自主性、可解释性、稳健性和效率。

（3）决策智能

决策智能是一种实用技术，旨在准确理解决策流程以及如何根据反馈来评估、管理和改进结果，从而提高决策水平。当前，随着 AI 技术在决策中的应用日益广泛，自动决策和增强智能方兴未艾，这一趋势正在将决策智能推向膨胀期。在企业重构业务流程韧性、适应性和灵活性的过程中，决策智能方法和技术将发挥重要作用，依托多种软件技术的决策智能市场正快速兴起，已开始为决策者提供解决方案。

（4）复合型人工智能

复合型 AI 将机器学习与数据标记等方法（如基于规则的推理、分析，基于主体的建模和优化技术等）相结合，旨在减少 AI 解决方案学习时所需的数据和能量，使抽象化机制发挥更大的作用。复合型 AI 是推动决策智能市场兴起的核心因素。

（5）生成式人工智能

生成式 AI 在生命科学、医疗、制造、材料科学、汽车、航空航天及能源等行业被证实有巨大的价值，并催生了营销、设计等创造性工作，如技术生成的合成数据可以提高 AI 交付的准确性和速度，生成式 AI 最近被积极应用于元宇宙等领域。

（6）基础模型

基础模型附带大量预训练数据集并可适用于广泛场景，能更高效地提供更先进的自然语言处理能力，已成为自然语言处理领域的首选架构，此架构还可支持计算机视觉、音频处理、软件工程、生物化学等。

AI 技术已全面迈入应用加速创新时代，更注重类人化和以机器学习、深度学习等 AI 技术，用来分析、处理数据以及解决复杂问题。热门的生成式 AI 技术给各行业带来新发展动能和市场竞争优势，比如某头部新能源汽车企业，通过汽车产品+软件+服务+自动化驾驶等诸多领域打造自身技术差异化竞争优势，同时又做到了成本竞争优势。

13.3　企业的数字化创新之路——智能制造展望

13.3.1　智能制造的起底

智能制造是利用工业 4.0 技术，打造互联的信息物理融合系统，帮助制造型企业提高效率、保持竞争优势并探索新的商业模式和实践方法。

智能制造让 AI 革新以及算法、算力的更新迭代加速推进了制造业的发展进程。基于感知层（设备传感器）大数据和数据挖掘，如数控设备以及关键部件、自动预测设备故障，将分散在数据库平台的报表集成在数据决策平台上展示，应用包括如下。

1）自动化生产：AI 可控制和优化生产线的自动化过程，如使用机器学习算法来优化生产计划、调整机器参数、改进物料管理，从而提升生产率。

2）智能产线：在 AI 技术的赋能下，制造业企业可以实现产品性能和质量的可视化预测以及自动化检测，企业可结合市场需求与竞品优劣势等对产品重新定位。

3）工况优化：通过对大量数据的收集和分析，AI 可发现生产和工艺中的潜在问题并提供优化建议，从而优化生产过程，降低工艺成本并驱动改进产品设计等。

4）实时监控：通过传感器、物联网、AI 综合运用可实时监测生产状态（如温度、压力、震动等）与设备性能指标，避免生产中断或质量异常，提前解决潜在问题。

5）预测性维护：通过安装智能传感器和 AI 技术将设备运行的数据实时上传到云端，诊断和预测设备故障、维护保养需求，从而减少设备停机时间和质量异常，提升生产率。

6）远程操作：通过远程控制技术实现对设备和生产线的远程操作、调整和优化，极大程度提高生产线的灵活性和响应能力，减少人为干预，降低成本并提升灵敏度。

7）智能决策：基于 AI 学习和优化算法，根据实时数据和预设的规则，可

第 13 章 深度数字化和智能化展望

自动调整参数、及时响应异常情况、优化生产计划，有效提高生产线的自适应性和决策能力。

8）客户体验：生成式 AI 能够为客户生成个性化内容和营销体验，在改善客户体验方面具有巨大潜力，如产品设计辅助、客户对企业参与度的期望等。

智能制造技术并非孤立运用，同一设备、机器、系统可包含几种技术。比如一个物联网设备可无线连接到云端传感器，同时也可嵌入 AI 处理器，从而发送预警或单独做出流程决策。增强现实（AR）、虚拟现实（VR）、增材制造（3D 打印）、物联网技术将计算机数控（CNC）设备与计算机辅助制造（CAM）更紧密联系，让面向制造的设计（DFM）或面向制造与装配的设计（DFMA）发挥更大的潜能。智能制造相关技术应用示例见表 13-6。

表 13-6 智能制造相关技术应用示例

技术领域	应用举例	功效举例
人工智能/机器学习	协作式机器人、边缘计算	培训、优化流程、减少残次品
增强现实/虚拟现实	专家远程培训和指导	提升设备维修效率、降低成本
自动化/机器人	收集数据并在云端链接	提升产线、设备和工艺协同性
增材制造/混合制造	结合到特定设备快速制作	提升研发效率、降低材料浪费
大数据分析	数据驱动智能图像分析	提升生产成本与质量控制和改进
云计算技术	工厂需求网点上传工业云	供应链生态、提升供应弹性
计算机辅助制造	多轴铣削、切割、钻孔	提升加工效率并降低成本
面向制造的设计	产品和组件为制造而设计	提升设计效率并防呆（无法生产）
物联网/边缘计算	无线网络传感器、本地计算	通过数据分析降低成本和浪费
仿真/数字孪生	创建数字孪生产品并测试	验证和优化提升仿真价值

13.3.2 智能制造的展望和现有差距

1. 智能制造的展望

企业向智能制造转型，容易误以为把自动化加些 IT 软件系统就等同了智能工厂，这是必要不充分的。工厂的智能化是一个方向指引，需要经历很长的过程，智能制造工厂的"五化"递进示例如图 13-9 所示。

图 13-9 智能制造工厂的"五化"递进示例

机器学习让大规模定制和 MaaS（制造即服务）成为可能，智能制造帮助企业提高资源利用率，同时能够快速地将新产品引入生产环境，逐步做到"大批量定制"，支持按需制造更有韧性，快速且有效地将制造商生产能力与客户需求匹配起来，达到制造业的超级化和智能制造生态系统的"网络效应"优势，如若干企业使用先进的互联技术实现协同。

智能制造生态系统可更快推出产品和服务、扩展的创新能力、促进资源的有效利用等，如仿真软件可大幅度减少浪费、促进产品的替代材料研发；面向制造的设计使用 AI 生成大量的设计方案，从而降低产品的重量和所需材料的数量等。

智能制造的新基建包括工业物联网与大数据平台建设，随着 AI 的发展，未来智能制造工厂可能只有机器人（超级自动化+AI 赋能）和运维支持人员（IT+自动化维护保养），制造模式的巨变需要把各车间、各工厂的数据集成到统一大数据管理平台，但工业大数据体量大（设备点位多）、异构数据源多（设备种类杂）、采集频率快（传感实时性）、标准化程度低、单个数据价值低，这也为构建统一平台带来困难。

工业物联网（IIoT）与工业大数据一起引导智能制造发展，智能制造示例见表 13-7。

表 13-7　智能制造示例

制 造 现 状	特 征	基于智能制造方法
设备杂	异构数据源多	把 OT 转化为 IT 的语言
车间或工序割裂	流程间的空白地带	统一大数据平台
数据标准化程度低	需要清洗转换	数据标准化和数据集成
传感器采集频率高	实时性转换	数据存储、开发、应用
设备点位多	数据量大	开发数据并建立知识模型
单个数据价值低	需要关联聚合	数据集成
片面监控功能	分析决策的需求	工业物联网 IIoT 转化

2．现有条件的差距分析

智能制造前置条件不成熟（如标准化、流程化、人员专业化不足）和制造工艺的巨大差异，还存在诸多问题、误区和差距，以智能工厂建设为例，常见的瓶颈问题如下。

1）智能工厂系统性规划不足，缺乏从产品研发、设计、采购、生产、销售、物流到服务的全流程管理，未实现无缝衔接和信息集成。

2）盲目购买高端数控设备，未实现设备数据的自动采集和车间联网。设备利用率低、设备故障造成非计划性停机多，未做好软硬协同规划、设备互联系统等。

3）生产未实现全程追溯，存在大量信息化孤岛及自动化孤岛，如自动化生产线没有统一规划，生产线之间还需要中转库转运等，智能装备、自动化控制、传感器、工业软件等未集成。

4）技术实力不够，如三维设计、仿真技术、自动化设备、个性化设计能力等尚不具备。

3．智能制造的可行性模式探索

企业要建立基于人-机-料-法-环-测的智能互联模式，企业需在平台功能的标准化和客户个性化之间取得平衡，由于行业生产流程不同，智能工厂可有以下几种模式。

（1）从生产过程数字化到智能工厂

可通过以下方式嵌入：

1）构建覆盖全流程透明可追溯体系，基于统一的可视化平台实现跨部门协同控制。

2）搭建企业 CPS 系统，促进生产与各运营职能协同、内部资源的整合与共享机制。

3）推进集成供应商和物料配送协同资源和网络，实现内外相通的系统化、流程化。

4）打造大数据化智能工厂，推进端到端集成，开展个性化定制业务。

（2）从智能制造生产单元到智能工厂（以离散制造型为主）

1）推进生产设备（生产线）智能化，如基于 CPS 系统的车间级智能生产单元等。

2）利用产品的智能装置实现与 CPS 系统互联互通，支持远程故障诊断和实时诊断等。

3）企业级系统集成后，实现上下游企业间的信息共享和价值网络的协同创新。

4）推进生产与服务的集成，实现售后服务化转型，提高产业效率和核心竞争力。

（3）从个性化定制到互联工厂（如消费品制造领域）

1）引入柔性化生产线，搭建互联网平台和需求数据模型，促进企业与用户

制造业运营管理的数字化实践

深度交互。

2）打通设计、生产、服务的互通互联数据链，采用虚拟仿真技术优化生产工艺。

3）集聚产业链资源，推动远程定制、异地设计、多地生产的网络协同制造新模式。

13.3.3 制造业智能制造的趋势

智能工厂建设对推动制造业数字化转型，促进产品全生命周期、生产制造全过程、供应链全环节的系统优化和全面提升起重要作用。

1．智能制造的创新模式和路径

1）全流程研发与仿真，如基础材料、高端产品研发和工艺创新，并提升效率。

2）数字孪生建模，优化运营模式、缩短工厂建设周期，降低关键设备维护成本。

3）智能装备和柔性产线集成应用，满足高精度、多品种、短交期的生产需求。

4）精益管理方法结合数字化工具降本，提升计划、生产、质量管控效率和精度。

5）全厂安全、能源、环保一体化管控与自动化，助力绿色、安全生产。

6）产品全生命周期流程和业务协同，推动产品迭代、精准创新和个性化定制。

7）生产全流程打通，实现产业链上下游一体化计划调度、协同控制和系统优化。

8）依托数字化平台和物联网优化产业资源配置，提升供应链韧性和价值创造力。

2．AIoT 的展望

根据某机构调研结果显示，当前部署和使用 AI 技术达 2 年及以上的大中型企业达 80%，几乎所有受访企业均表示会在未来两年内追加对 AI 相关项目的投资，其中有近 60% 的受访者表示在该方面的投资会增长 25% 及以上。但同时企业在实施 AI 过程中也面临诸多挑战。企业在实施 AI 过程中面临挑战的占比（多选）因素分析如图 13-10 所示。

第 13 章 深度数字化和智能化展望

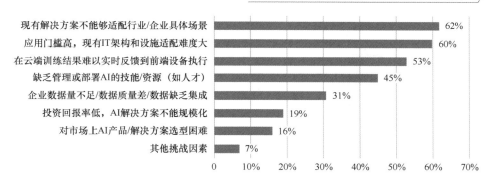

图 13-10 企业在实施 AI 过程中面临挑战的占比（多选）因素分析

AIoT 是 AI（人工智能）与 IoT（物联网）融合的技术体系，物联网中的传感器为人工智能算法训练提供不同维度的海量数据信息，让算法更加接近人类学习和决策模式；AI 让 IoT 有了连接的"大脑"，使物联网具备决策能力，最终形成涵盖人、物、信息、场景、空间的互联互通、智能化生态体系。技术上 AIoT 打通 AI 与 IoT 的技术应用闭环，提供了更加完整的解决方案；商业上 AIoT 满足用户需求，解决业务痛点，为客户带来更加清晰的价值。AI 与 IoT 的结合使软件、硬件与算法、数据被打通，形成一体化解决方案，可以降低企业应用 AI 技术的门槛，带来自动化、智能化、运营效率的提升。AIoT 的商业价值和收益分析如图 13-11 所示。

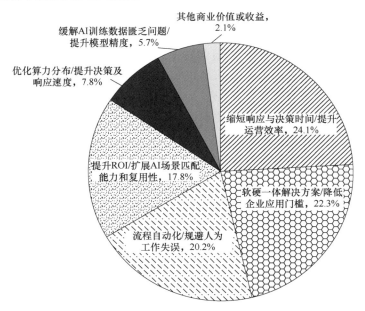

图 13-11 AIoT 的商业价值和收益分析

制造业运营管理的数字化实践

在智能工厂的智能化改造、远程控制、自动化生产等需求日益增加的情况下，AIoT 有助于连接机器设备、产品和服务，实现复杂工业技术、经验、知识的模型化和在线化；AIoT 渗透到物流与仓储全链路环节，包含采购、装卸、搬运、包装、流通加工、运输、配送、仓储、信息处理等多环节，广泛使用条形码、射频识别技术、传感器、全球定位系统等技术，实现物品识别、物品溯源、物品监控、实时响应，赋能运营系统与搬运设备，仓储机器人和智慧物流（含车联网和配送机器人）快速发展，使仓储、分拣、运送环节的精准率和周转率大幅提升。AIoT 实施的 8 大关键因素见表 13-8。

表 13-8 AIoT 实施的 8 大关键因素

因素	功能和作用	展望
数据	数据潜力挖掘和大模型	非结构化/半结构化数据潜能巨大，模型更火
算法	算法规模触及运营场景	突破算法人才瓶颈，AI 算法能力大幅提升
算力	边缘计算和智能终端	云计算/边缘计算/端计算的分布和交叉
物理	硬件载体让算法依附	预计 2025 年全球可达 400 亿台物联网设备
虚拟	沙盘和各类模拟	通过数据孪生等技术模拟场景/大幅降本增效
学习	神经网络+机器学习	机器学习的占比大幅提升、持续优化模型
全链	从建立管道到持续交互	人–物–流程–应用交叉链接/洞察/体验
智慧	赋能企业的多维创新	认知智能的创新形态、驱动智能决策

其中数据、算法、算力是 AI 技术的三大核心，8 大要素相互融合，产生新的作用关系与商业价值，并形成新的技术和产业闭环。未来展望是业务智能和空间智能交叉、跨行业生态系统共享共生共赢、数据资产的价值将更加扩大。

案例 1：某 AI 企业的数智化创新与实践应用

某 AI 高科技企业聚焦机器视觉技术研发，机器视觉（Machine Vision）指的是通过光学的装置和非接触的传感器自动接收和处理真实物体的图像，以获得所需信息或控制机器人运动的装置，常见的是 3D（三维）视觉技术在工业领域的视觉应用，3D 视觉技术图谱示例如图 13-12 所示。

时间飞行法（Time of Flight，简称 ToF）是一种测量技术，如通过计算光或电磁波传播的时间来确定物体和相机或其他设备之间的距离。ToF 技术可用于测量距离、深度、体积等，包括 3D 扫描、增强现实、虚拟现实、自动驾驶汽车等。2D 机器视觉和 3D 机器视觉的比较见表 13-9。

第 13 章 深度数字化和智能化展望

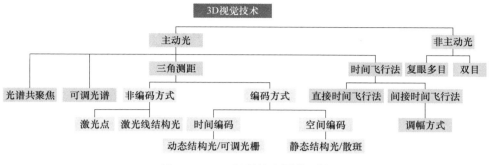

图 13-12 3D 视觉技术图谱示例

表 13-9 2D 机器视觉和 3D 机器视觉的比较

比较维度	2D 机器视觉	3D 机器视觉
数据获取	普通图像传感器或摄像头	结构光/立体摄像/激光雷达等传感器
数据表示	两维平面图像或视频	三维立体空间场景和更深度信息
深度感知	颜色/形状/纹理等识别和检测	深度图或点云数据获取空间感知
应用领域	图像人脸识别/目标检测等	范围更广的深度信息/量测深度等
算法技术	边缘检测/特征提取/图像分割等	深度估计/三维重建/圆柱拟合/平面拟合等

基于多年来的相关技术和系统研发，如 3D 线激光光学系统（激光发射器、接收器等）、复眼成像光学系统、光谱共焦光学系统、动态结构光光学系统（结构光发射器、双目相机等）在不同工业领域和客户端的调试、使用，取得了较好的成果和良性寻源，即客户的相关需求场景不断驱动该企业更深度研发，然后将研发成果用于客户场景测试迭代，同时挖掘不同行业、企业的相同或类似逻辑场景的需求。3D 机器视觉技术、精度、场景应用示例见表 13-10。

表 13-10 3D 机器视觉技术、精度、场景应用示例（截至 2023 年 7 月）

测量技术	原理/方法	XY 向精度/μm	Z 向精度/μm	兼容角度/(°)	场 景 示 例
线激光	激光三角法	8	2	±20	电子元器件等高精度检测
复眼成像	单次曝光拍摄	10	5	±40	芯片金线和分层缺陷检测
光谱共焦	移动连续扫描	5	0.5	±20	芯片和玻璃缺陷精准定位
可调光谱	三维解耦	1	10nm	±40	激光焊接熔池动态监控
动态变焦	光学移相法	10	1	±20	机器人导引/锡膏体积测量

【案例解析】

传统人-机-料-法-环-测的底层逻辑并没有变，变的只是工具和方法。

案例 2：从机器学习到自动化机器学习之路的实践

机器学习（Machine Learning，ML）是让计算机建构模型的过程，主要方法是使用历史数据建构模型并进行模拟、预测。机器学习可以解决极其复杂的 $Y = f(X)$ 问题，但典型的过程需要数据科学家的知识和大量的编程技术，基于数据科学家和编程技术的机器学习示例如图 13-13 所示。

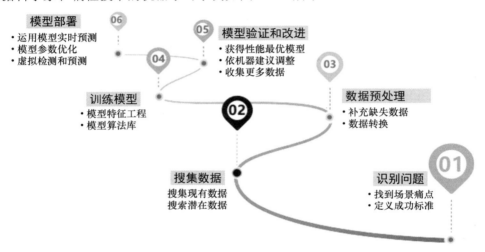

图 13-13　基于数据科学家和编程技术的机器学习示例

某企业通过数字转型，基于各个部门丰富的数据，开发和迭代了自动机器学习系统，将这些数据转化为模型，应用到运营过程中，可节省成本、提高质量、提高生产力。自动机器学习的系统模块示例见表 13-11。

表 13-11　自动机器学习的系统模块示例

系统模块	自动机器学习系统的功能
数据库管理	上传数据集并快速查看数据分布和相关性，自动设置数据类型
模型管理	设置自定义模型，自动建模过程，比较并对模型设置建议
特征排查	找到影响目标 y 的关键特征，以及相关影响因素 x，并防止混淆
模型验证	系统自动验证模型性能，实时返回模型进行优化调整
模型预测	属于新参数并进行预测，然后批量上传参数
参数优化	根据预测结果回推最佳参数和迭代参数设置

应用示例 1：印制电路板（PCB）化学镍金

化学镍金制程是化学镀镍沉金的通俗说法，在 PCB 的铜面镀镍后，再在顶部处理沉金层（注：沉金和镀金工艺有区别），这个厚度是很难被精准管控的，如果金层厚度低于标准值，则为异常品；如果金层厚度明显高于标准值，则浪费了贵重材料，甚至导致亏本，因此化学镍金制程的金层厚度是产品盈利能力的重要因素。前期 DOE（试验设计方法，用于探索和验证因素对结果的影响）的试验花费大量的时间、精力，且主要依靠技术人员的经验，严重影响了工厂的生产力。

经过模型创建和模型结果验证（决定系数、相关系数、平均绝对百分比误差、平均绝对误差、均方根误差等），分析厚度模型误差分布，根据散布图分析预测的 Y 值（厚度）和实际的 y 值，通过单一预测和多重预测（不同班别和 7 个最关键因子）等方式不断调整模型参数［模型预测结果为 pass（通过）或 fail（异常）］。假设该模型精准度为 95%，当客户要求或某特定模组的 PCB 性能本身要求沉金厚度不得低于 2μm 时，若在确保一次性合格率>98%的前提下输入 $y = 2.1$μm 时，模型会反推出 $x_1, x_2, ..., x_7$ 的最佳设定值，从而较精准指导该工艺的物理参数设置，做到既符合客户和产品性能要求，又能最大化节约工艺和原料成本。

应用示例 2：精密注塑产品制程参数精确设定、兼具提质降本增效

高标准质量要求、居高不下的成本、客户多样性的产品需求、大量且反复地试验、注塑试模参数调整时间过长等，资深"老师傅们"的经验不再绝对精准指导时，这都严重限制规模化提质降本增效，颇有"不识庐山真面目"的捉襟见肘和无限感慨。

如何快速找到影响结果的关键因子？如何快速调整参数因子以优化质量？如何快速降低试验设计的组别次数？如何快速提升研发与制程能力？核心是制程参数的优化能力，且期望在客户新产品试制时，就能在投产前先预测出结果。

经过数据集初步分析，归纳出 19 个影响因子，并针对不同的产品需求对特征重要度分析，即建模分析后对各因子对分析目标的影响重要度权重排列（权重之和为 1），从多维变数中快速分析关键因子，如保压压力、射出压力为影响产品尺寸的关键因子等。

1）当预测目标为量化值，且历史数据量增加使得模型具备一定准度后，即时输入拟设定的参数因子数值，则平台将预测相应的品质结果，即实现事前的虚拟调机、虚拟试验、虚拟量测等效果。

2）用户在生产前输入期望目标结果，透过模型自主推荐可尝试使用的参数

制造业运营管理的数字化实践

组合和微调方案,如在满足目标质量的前提下,探索降低成型周期、减少用料成本等创新。自动化机器学习系统(无代码 AI 平台)与传统学习优化方法比较示例见表 13-12。

表 13-12　自动化机器学习系统(无代码 AI 平台)与传统学习优化方法比较示例

比较维度	传统学习优化方法	自动化机器学习系统(无代码 AI 平台)
运营业务	人员主观经验沉淀	依托大数据客观分析
维度等级	低维度、少变量分析	高维度、多变量分析
耗费时间	基于人力数天到数周不等	基于数据量需几分钟到几小时不等
关键方法	大量尝试错误或试验设计	依托数据模型分析
物料成本	大量试验组数耗费较高	少量试验组数耗费较低
知识传承	经验难传承、决策不标准	数字化资产保留,标准化易于传承
要素沉淀	损耗的成本不可挽回	数据和模型越用越准、越有价值
创新能力	案例创新由点到点或点到线	不断激发多维创新,由线到面、面到体

除上述比较分析外,自动化机器学习系统对平均生产流程物料耗用减少 15%,减少调机时间 30%,节约能耗 8%。从长期看,该自动化机器学习平台也可与企业 APS 和 MES 等系统结合,更深入协同和利用企业相关资源降本增效。

附录　缩略词的中英文释义

序号	缩略词	英文全称	中文翻译
1	ABC	Activity-based Costing	作业成本法
2	AGV	Automated Guided Vehicle	自动导向搬运车
3	AI	Artificial Intelligence	人工智能
4	AP	Accounts Payable	应付账款
5	APS	Advanced Planning and Scheduling	高级计划与排程
6	AR	Account Receivable	应收账款
7	AR	Augmented Reality	增强现实技术
8	B2B	Business-to-Business	企业对企业的电子商务
9	B2C	Business-to-Consumer	企业对消费者的电子商务
10	BI	Business Intelligence	商业智能
11	BOM	Bill of Material	物料清单
12	CAD	Computer Aided Design	计算机辅助设计
13	CAE	Computer Aided Engineering	计算机辅助工程
14	CAM	Computer Aided Manufacturing	计算机辅助制造
15	CAPP	Computer Aided Process Planning	计算机辅助工艺规划
16	CEO	Chief Executive Officer	首席执行官
17	CFO	Chief Financial Officer	首席财务官
18	CIO	Chief Information Officer	首席信息官
19	CMO	Chief Marketing Officer	首席营销官
20	CNC	Computerized Numerical Control	计算机数控
21	CPS	Cyber Physical System	信息物理系统
22	CRM	Customer Relationship Management	客户关系管理
23	DAM	Data Asset Management	数据资产管理
24	DCS	Distributed Control System	集散控制系统
25	DFM	Design for Manufacturing	面向制造的设计
26	DFMA	Design for Manufacturing and Assembly	面向制造与装配的设计
27	DFMEA	Design Failure Mode and Effects Analysis	设计失效模式及后果分析
28	DNC	Distributed Numerical Control	分布式数控
29	DPS	Digital Picking System	电子拣选系统
30	EAM	Enterprise Asset Management	企业资产管理系统
31	ECN	Engineering Change Notice	工程变更通知书
32	ERP	Enterprise Resource Planning	企业资源计划

制造业运营管理的数字化实践

(续)

序号	缩略词	英文全称	中文翻译
33	FMEA	Failure Mode and Effects Analysis	失效模式与影响分析
34	FQC	Final Quality Control	成品检验
35	GDP	Gross Domestic Product	国内生产总值
36	HMI	Human Machine Interface	人机界面
37	IaaS	Infrastructure as a Service	基础设施即服务
38	IIoT	Industrial Internet of Things	工业物联网
39	IoT	Internet of Things	物联网
40	IPD	Integrated Product Development	一体化/集成产品研发
41	IT	Information Technology	信息技术
42	IQC	Incoming Quality Control	来料质量控制
43	JIT	Just in Time	准时化生产
44	LES	Logistics Execution System	物流执行系统
45	MaaS	Model as a Service	模型即服务
46	MES	Manufacturing Execution System	制造执行系统
47	MOM	Manufacturing Operations Management	制造运营管理系统
48	MPS	Master Production Schedule	主生产计划
49	MR	Mixed Reality	混合现实技术
50	MRO	Maintenance, Repair & Operations	维护维修运营（耗材）
51	MRP	Material Requirement Planning	物料需求计划
52	NRE	Non-Recurring Engineering	一次性工程费用
53	OA	Office Automation	办公自动化
54	OEE	Overall Equipment Effectiveness	设备综合效率
55	OQC	Outsourcing Quality Control	外发质量控制
56	OT	Operational Technology	运营技术
57	OTD	On Time Delivery	准时交付
58	PaaS	Platform as a Service	平台即服务
59	PDM	Product Data Management	产品数据管理
60	PERT	Program Evaluation and Review Technique	计划评审技术
61	PFMEA	Process Failure Mode and Effects Analysis	过程潜在失效模式及影响分析
62	PLC	Programmable Logic Controller	可编程逻辑控制器
63	PLM	Product Life-cycle Management	产品生命周期管理
64	PN	Part Number	料号
65	PQC	Process Quality Control	制程质量控制
66	QA	Quality Assurance	质量保证
67	QC	Quality Control	质量控制
68	QMS	Quality Management System	质量管理系统

附录　缩略词的中英文释义

（续）

序号	缩略词	英文全称	中文翻译
69	RFID	Radio Frequency Identification	射频识别技术
70	RGV	Rail Guide Vehicle	有轨搬运车/穿梭车
71	ROI	Return on Investment	投资回报率
72	SaaS	Software as a Service	软件即服务
73	SCADA	Supervisory Control and Data Acquisition	数据采集与监视控制系统
74	SCM	Supply Chain Management	供应链管理
75	SKU	Stock Keeping Unit	最小存货单位
76	S & OP	Sales & Operations Planning	销售与运营计划
77	SPC	Statistical Process Control	统计过程控制
78	SRM	Supplier Relationship Management	供应商关系管理
79	TCO	Total Cost of Ownership	总拥有成本
80	TMS	Transportation Management System	运输管理系统
81	TQM	Total Quality Management	全面质量管理
82	TOC	Theory of Constraints	限制理论/约束条件
83	VMI	Vendor Managed Inventory	供应商管理库存
84	VR	Virtual Reality	虚拟现实技术
85	WCS	Warehouse Control System	仓库/仓储控制系统
86	WMS	Warehouse Management System	仓库/仓储管理系统

参 考 文 献

[1] 韩胜建. 大数据赋能供应链管理 [M]. 北京：机械工业出版社, 2022.

[2] 韩胜建, 马长茗, 夏晔. 我国部分产业链转移越南的风险控制实证分析——以相关企业转移越南为例 [J]. 经济界, 2024（1）：71-75.

[3] 蔺雷, 吴家喜. 内创业革命 [M]. 北京：机械工业出版社, 2017.

[4] ULRICH S. 工业 4.0 [M]. 邓敏, 李现民, 译. 北京：机械工业出版社, 2015.

[5] CHARLES W C. 大数据预测 [M]. 漆晨曦, 张淑芳. 译. 北京：人民邮电出版社, 2015.

[6] 本间峰一, 北岛贵三夫, 叶恒二. 生产计划 [M]. 陈梦阳, 译. 北京：东方出版社, 2012.

[7] 段昕宏. 管理者的财务思维 [M]. 北京：人民邮电出版社, 2021.

[8] CIARAN W. 关键管理比率 [M]. 李闻, 程春华, 译. 北京：清华大学出版社, 2015.

[9] 刘大永. 图解全面闭环生产维护 [M]. 北京：人民邮电出版社, 2020.

[10] 李永飞. 供应链质量管理前沿和体系研究 [M]. 北京：机械工业出版社, 2016.

[11] 堀口敬. 成本管理 [M]. 王占平, 译. 北京：东方出版社, 2013.

[12] 王建伟. 工业赋能 [M]. 北京：人民邮电出版社, 2018.

[13] 小林俊一. 库存管理 [M]. 张舒鹏, 译. 北京：东方出版社, 2012.

[14] 唐湘民. 汽车企业数字化转型 [M]. 北京：机械工业出版社, 2023.

[15] 魏强, 王文海. 工业互联网安全架构与防御 [M]. 北京：机械工业出版社, 2021.

[16] Project management institute. 项目管理知识体系指南（PMBOK 指南）[M]. 6 版. 北京：电子工业出版社, 2018

[17] 李彤, 贾小强, 季献忠. 企业数字化转型 [M]. 北京：人民邮电出版社, 2021.

[18] 思二勋. 商业生态 [M]. 北京：电子工业出版社, 2017.

[19] 吕廷杰. 5G 新机遇 [M]. 北京：人民邮电出版社, 2020.

致　　谢

在本书编著的两年过程中，我有幸获得了老师们和朋友们的大力支持。

首先，我要感谢机械工业出版社的李万宇老师。李老师作为资深编辑，工作既专业又认真。在沟通的过程中，李老师总是非常耐心、善解人意，给了我很多积极的鼓励。在李老师的帮助下，有幸在两年前出版了《大数据赋能供应链管理》一书，然后再接再厉，在李老师和机工社各位老师的支持下，才有了《制造业运营管理的数字化实践》与读者见面。

其次，我要感谢中国新闻出版传媒集团董事长马国仓先生、创新创业畅销书作家蔺雷先生，他们在百忙之中为本书作推荐序，对我们在数字化实践上的努力给予充分的肯定和好评，这给了我们很大的鼓励。

再次，我还要感谢给了我很大启迪的数字化顾问、协会专家、领导们、同事们、朋友们，短期内品尝到创新开拓的痛苦，但长期却也让我们感到了成功的喜悦。

最后，还要感谢我的家人对我的支持和鼓励，感谢周水老师对我学习上的鼓励。

雄关漫道真如铁，而今迈步从头越。再次诚挚地感谢你们！

韩胜建　敬上

2024 年 1 月 31 日